BERNHARD SCHMALTZ

GRIECHISCHE GRABRELIEFS

ERTRÄGE DER FORSCHUNG

Band 192

BERNHARD SCHMALTZ

GRIECHISCHE GRABRELIEFS

WISSENSCHAFTLICHE BUCHGESELLSCHAFT
DARMSTADT

Einbandgestaltung: Neil McBeath, Stuttgart.

1. Auflage 1983

Die Deutsche Bibliothek – CIP-Einheitsaufnahme

Schmaltz, Bernhard:
Griechische Grabreliefs / Bernhard Schmaltz. –
2., unveränd. Aufl. – Darmstadt: Wiss. Buchges., 1993
(Erträge der Forschung; Bd. 192)
ISBN 3-534-08562-0
NE: GT

Bestellnummer 08562-0

2., unveränderte Auflage 1993

Gedruckt auf säurefreiem und alterungsbeständigem Papier
Satz: Fotosatz Janß, Pfungstadt
Druck und Einband: Wissenschaftliche Buchgesellschaft, Darmstadt
Printed in Germany
Schrift: Linotype Garamond, 9/11

ISSN 0174-0695
ISBN 3-534-08562-0

INHALT

Vorwort VII

Bibliographische Hinweise zu den griechischen Grabreliefs XI
Abkürzungsverzeichnis XI
Literaturverzeichnis XII
I. Erfassung, Sichtung und Überblick über die Denkmäler (S. XII) – II. Untersuchungen zu Stil, Werkstätten und Chronologie (S. XV) – III. Zur Deutung griechischer Grabreliefs (S. XVI) – IV. Arbeiten zu einzelnen Grabreliefs (S. XVII) – V. Zur Polychromie der Grabreliefs (S. XIX) – VI. Griechische Grabreliefs und ihr ursprünglicher Zusammenhang in der Nekropole (S. XX) – VII. Griechische Grabreliefs und ihre metrischen Inschriften (S. XX) – VIII. Bestattungssitten (S. XXI).

Zur Einführung 1

Zur Wissenschaftsgeschichte 24

Zur Herstellung griechischer Grabreliefs 59
Das Material 59
Die farbliche Ausgestaltung der Grabreliefs 71
Grabsteine mit gemalter oder geritzter Darstellung . . . 81
Inschriften, Inschriften-Korrekturen und Verwendung der Grabreliefs 101
Werkstatt-Fragen 123
Bestellung, Kauf und Kosten 136

Historischer Überblick 149
Die archaische Zeit 149

Die klassische Zeit 189
Die hellenistische Zeit 223

Abbildungsnachweis 251

Tafeln 253

VORWORT

Das Thema „griechische Grabreliefs" scheint durchaus weit gefaßt zu sein. Und doch zwingt es zur Einschränkung, nötigt zur Beschränkung auf bestimmte Denkmälergruppen, die aus verschiedensten Gründen eigentlich nicht isoliert von anderen Denkmälern betrachtet werden sollten; auch werden Aspekte der Form und der inhaltlichen Aussage in den Vordergrund gerückt, die in einem weiteren Rahmen, zumal in dem zu rekonstruierenden historischen Kontext, ein anderes Gewicht haben werden. Dennoch müssen solche Einschränkungen in Kauf genommen werden, um den Rahmen der vorliegenden Arbeit nicht zu sprengen. So sei hier wenigstens in Stichworten einiges erwähnt, was der Leser im folgenden kaum oder gar nicht berührt findet, was aber zur Abrundung unserer Vorstellungen vom griechischen Grabrelief zweifellos beitragen würde.

Mancher wird so z. B. erwarten, daß Grabbeigaben und Bestattungssitten behandelt werden, teils als Ergänzung oder gar als unverzichtbarer Hintergrund für die Betrachtung der Grabdenkmäler selbst. Beide Komplexe sind im folgenden so gut wie ganz ausgeklammert. Denn Grabbeigaben sind nur in Ausnahmefällen zusammen mit den entsprechenden Grabdenkmälern ausgegraben worden, so daß ein weiterer, gar statistisch relevanter Überblick über das Verhältnis Beigaben/Grabmal nicht möglich ist. Und die Bestattungssitten sind uns teils nur aus literarisch geprägten Quellen bekannt, teils nur aus seltenen und mehr oder weniger eindeutigen Befunden zu rekonstruieren; zudem scheint man gerade in diesem Bereich mit landschaftlich bedingten Variationen und Eigenarten rechnen zu müssen. Die Grundlage für eine sorgfältige Betrachtung von Grabbeigaben und Bestattungssitten in Relation zu den Grabdenkmälern ist daher m. E. unzureichend.

Grabdenkmäler mit bildlichen Darstellungen und aus dauerhaftem Material, meist aus Marmor gefertigt, stehen fast einseitig im

Blickpunkt der folgenden Betrachtung. Bescheidenere Grabdenkmäler, etwa aus korrosionsanfälligem Material wie weichem Kalkstein oder zerbrechlichem Ton (Grabgefäße als bekrönendes Denkmal, teils mit 'erzählendem' Bild), oder solche mit bloßer Namensinschrift versehen sind dagegen kaum berücksichtigt. Unzureichende Erhaltung solcher Grabmäler (man denke z. B. nur an die großen weißgrundigen Lekythen des späten 5. Jh.) bzw. ihre ungenügende wissenschaftliche Erschließung (vgl. z. B. die Inschriftenstelen) sind der Grund dafür, daß sie im folgenden so gut wie ganz außer Betracht bleiben. Ohne Zweifel würden jedoch diese Denkmäler unser Bild vom 'Griechischen Grabrelief' erheblich bereichern, würden Größe und Bedeutung der mit dem Begriff 'Grabreliefs' umschriebenen Denkmalgruppe noch deutlicher ins rechte Licht rücken.

Auch Sarkophage und Grabbauten sind in dieser Arbeit nicht behandelt. In einem Fall handelt es sich um Denkmäler, die im Gegensatz zu den Grabreliefs in aller Regel den Blicken der Nachwelt entzogen waren. Inwieweit ihr Dekor und ihr gelegentlicher bildlicher Schmuck zum Verständnis griechischer Grabreliefs beitragen können, muß offenbleiben. Immerhin sind sie als Grabdenkmäler auf keinen Fall zu vergessen, insbesondere wenn sie in aufwendigen Heroa vielleicht doch auch zugänglich waren, wie es z. B. für das Alexandergrab in Alexandria zu vermuten ist (zumindest für bestimmte Zeiten). Diese Heroa, aufwendige Steigerung und oft auch beträchtliche Erweiterung der schlichten Grabbauten, sind vor allem außerhalb des griechischen Kernbereiches (Festland und Ägäische Inseln) bezeugt, etwa in Lykien und Umgebung sowie in tarentinischem Bereich; dazu sind auch die unterirdischen Grabkammeranlagen des makedonischen Bereiches zu erwähnen. Lokale Eigentümlichkeiten dürften hier – wie auch bei den Sarkophagen – eine große Rolle gespielt haben, obwohl andererseits im Thematischen des Bildschmuckes (z. B. Amazonomachien, Kentauromachien, Klagefrauen, Jagdszenen usw.) durchaus Verbindungen zu sepulkralen Denkmälern des Festlandes nachzuweisen sind.

Schließlich ist noch auf eine allgemeinere Einschränkung hinzuweisen, die schon anläßlich der Sarkophage und Heroa angesprochen wurde, nämlich die topographische Eingrenzung auf das griechische Mutterland, die Inseln und – vor allem in hellenistischer Zeit bedeutsam – die kleinasiatische Westküste. Abgelegenere Gebiete wie etwa Ägypten, Syrien, die Kyrenaika, Sizilien/Großgriechenland und das Schwarzmeergebiet sind nur ganz am Rande berücksichtigt, obwohl z. T. reichlich Grabdenkmäler bekannt sind, gelegentlich auch Grabreliefs. Inwieweit letztere in Form und Aussage dem entsprechen, was man als Kanon der jeweiligen Zeit bezeichnen mag, inwieweit sie gar griechische Eigenart betont oder konservativ vortragen, gleichsam als Antwort auf die 'barbarische' Umgebung, oder inwieweit aufgrund der fremden Umgebung und ihres Einflusses ganz neue Lösungen gesucht werden, – all dies wäre im einzelnen zu untersuchen, würde die Behandlung des Themas 'Griechische Grabreliefs' gewiß bereichern, doch von seinem Kern wohl eher wegführen. Hierfür wie für die anderen Aspekte sei auf die einschlägige Literatur verwiesen, die teilweise in der Bibliographie aufgeführt ist, vollständiger aber (bis 1971) über die Bibliographie der Arbeit von D. C. Kurtz und J. Boardman, Greek Burial Customs (Thames and Hudson 1971) zu ermitteln ist.

Es bedarf keiner ausführlichen Erwähnung, wie sehr vorliegender Versuch eines Überblicks älteren Arbeiten verpflichtet ist. Jeder, der mit der Materie etwas vertraut ist bzw. sich anhand der Literatur ein wenig einarbeitet, wird rasch merken, in welchen Punkten und wieweit Vorarbeiten als Grundlage benutzt sind, wo fruchtbare Ansätze aufgegriffen und weitergeführt sind, und in welchen Bereichen die kritische Auseinandersetzung mit älteren Thesen oder Vorstellungen zu neuen Positionen verhalf. Gerade auch im Hinblick auf letztere Arbeiten, deren Standpunkt oder Ergebnis ich selbst nicht teile, möchte ich mit Nachdruck betonen, daß ich mir ihres Wertes durchaus bewußt bin, auch wenn dies im folgenden kaum oder gar nicht zum Ausdruck kommt. Darüber hinaus bin ich zahlreichen Freunden und Kollegen für mannigfache Hilfe sehr dankbar, für die Beschaffung von Photos, für die großzügige Überlassung der Publikation neuer Photos oder bisher unpublizierter Grabreliefs, für Hinweise, Auskünfte und Ratschläge sowie für lehrreiche Diskussion: D. v. Bothmer, K. Buraselis, A. Delivorrias, A. Despini, J. Dörig,

R. M. Errington, G. Hübner, F. Işik, G. Jöhrens, F. Johansen, V. Kallipolitis, S. Karusu, U. Knigge, N. Lazaridou, U. Mandel, Chr. Marek, E. Mastrokostas, B. Müller, B. Niemeier, A. Pasquier, V. Petrakos, E. Rohde, W. Schiering, M. Schmidt, R. H. W. Stichel, E. Touloupa, S. Walker, D. Williams, A. Yaylali. Besonderer Dank gilt indessen C. Reinsberg, die es freundlicherweise auf sich nahm, das Manuskript in seiner ersten Fassung durchzusehen, und die durch zahlreiche Hinweise und Ratschläge die Lesbarkeit des Textes erheblich verbesserte. Schließlich gilt mein Dank der Wissenschaftlichen Buchgemeinschaft, die zur vorliegenden Arbeit die Anregung gab, und die meinen Wünschen nach Abbildungen und Tafeln großzügig entgegenkam.

BIBLIOGRAPHISCHE HINWEISE ZU DEN GRIECHISCHEN GRABRELIEFS

Abkürzungsverzeichnis

Außer den in der Archäologischen Bibliographie und im Archäologischen Anzeiger (1978, 661 ff.) aufgeführten Abkürzungen sind in vorliegender Arbeit noch folgende benutzt:

Berger	E. Berger, Das Basler Arztrelief. Studien zum griechischen Grab- und Votivrelief (Mainz 1970).
Brueckner	A. Brueckner, Der Friedhof am Eridanos bei der Hagia Triada zu Athen (Berlin 1909).
Collignon	M. Collignon, Les Statues Funéraires dans l'Art Grec (Paris 1911).
Conze	A. Conze, Die attischen Grabreliefs I–IV (Berlin 1893–1922).
Délos 30	Exploration archéologique de Délos Bd. 30: M. Th. Couilloud, Les monuments funéraires de Rhénée (Paris 1974).
Diepolder	H. Diepolder, Die attischen Grabreliefs des 5. und 4. Jh. v. Chr. (Berlin 1931).
Dohrn	T. Dohrn, Attische Plastik vom Tode des Phidias bis zum Wirken der großen Meister des IV. Jh. (Krefeld 1957).
Fraser	P. M. Fraser, Rhodian Funerary Monuments (Oxford 1977).
Fraser-Rönne	P. M. Fraser/R. Rönne, Boeotian and West Greek Tombstones (Lund 1957; Skrifter utgivna av Svenska Institut i Athen).
Hiller	H. Hiller, Ionische Grabreliefs der 1. Hälfte des 5. Jh. (IstMittBeih 12, 1975).
Himmelmann	N. Himmelmann, Studien zum Ilissos-Relief (München 1956).
Karusos	Chr. Karusos, Aristodikos. Zur Geschichte der spätarchaisch-attischen Plastik und der Grabstatue (Stuttgart 1961).

Kokula	G. Kokula, Marmorlutrophoren (Köln 1974).
Kübler	K. Kübler, Kerameikos. Ergebnisse der Ausgrabungen Bd. V ff. (Berlin 1954 ff.).
Lebessi	A. Lebessi, Oi stiles tou Prinia (Athen 1976; Archeologikon Deltion, Demosieumata 22).
Neumann	G. Neumann, Probleme des griechischen Weihreliefs (Tübingen 1979).
Peek	W. Peek, Griechische Grabgedichte (Berlin 1960).
Pfuhl-Möbius	E. Pfuhl/H. Möbius, Die ostgriechischen Grabreliefs (Mainz 1977/79).
Richter	G. M. A. Richter, The Archaic Gravestones of Attica (London 1961).
Ridgway	B. S. Ridgway, Archaic Style in Greek Sculpture (Princeton 1977).
Rodenwaldt	G. Rodenwaldt, Das Relief bei den Griechen (Berlin 1923).
Samos XI	Samos XI: B. Freyer-Schauenburg, Bildwerke der archaischen Zeit und des strengen Stils (Bonn 1974).
Schmaltz	B. Schmaltz, Untersuchungen zu den attischen Marmorlekythen (Berlin 1970).
Stupperich	R. Stupperich, Staatsbegräbnis und Privatgrabmal im klassischen Athen (Münster 1977).

Literaturverzeichnis

(Auswahl nach Bedeutung des Werkes und letztem Stand)

I. Erfassung, Sichtung und Überblick über die Denkmäler

A. Archaische Zeit

G. M. A. Richter, The Archaic Gravestones of Attica (London 1961).

L. H. Jeffery, BSA 57, 1962, 115 ff. (The Inscribed Gravestones of Archaic Attica).

Chr. Karusos, Aristodikos. Zur Geschichte der spätarchaisch-attischen Plastik und der Grabstatue (Stuttgart 1961).

A. Lebessi, Oi stiles tou Prinia (Athen 1976; Archeologikon Deltion, Demosieumata 22).

B. Freyer-Schauenburg, Samos XI, Bildwerke der archaischen Zeit und des strengen Stils (Bonn 1974).
B. S. Ridgway, Archaic Style in Greek Sculpture (Princeton 1977).

B. Zu den ionischen Grabreliefs des 5. Jh.

E. Berger, Das Basler Arztrelief. Studien zum griechischen Grab- und Votivrelief (Mainz 1970).
H. Hiller, Ionische Grabreliefs der 1. Hälfte des 5. Jahrhunderts (IstMitt Beih 12, 1975).
H. Biesantz, Die thessalischen Grabreliefs (Mainz 1965).

C. Klassische Zeit

A. Conze, Die attischen Grabreliefs I–IV (Berlin 1893–1922).

Die seitdem bekanntgewordenen klassischen Grabreliefs ließen sich nur in einer langwierigen Auflistung von Museumskatalogen, Grabungspublikationen, einzelnen Aufsätzen und Berichten erfassen. Einige wenige Arbeiten sind unter Abschnitt IV aufgeführt. Hingewiesen sei hier lediglich auf vorbildliche Kataloge wie z. B. die von Kopenhagen und New York (Fr. Poulsen, Catalogue of Ancient Sculpture in the Ny Carlsberg Glyptotek, Copenhagen 1951 und G. M. A. Richter, Catalogue of Greek Skulptures in the Metropolitan Museum of Art, Cambridge 1954) sowie auf die Berichte in den neueren Bänden des Archeologikon Deltion und der Praktika (vor allem Praktika 1975, 5 ff.; 1976, 5 ff.; 1977, 3 ff. zu den jüngsten Arbeiten in Rhamnus).

Zu den Palmettenstelen:
H. Möbius, Die Ornamente der griechischen Grabstelen (Berlin-Wilmersdorf 1929).

Zu den Marmorlutrophoren:
G. Kokula, Marmorlutrophoren (Köln 1974).
Ch. Dehl, AM 96, 1981, 163 ff. (Eine Gruppe früher Lutrophorenstelen aus dem Kerameikos).

Zu den Marmorlekythen:
B. Schmaltz, Untersuchungen zu den attischen Marmorlekythen (Berlin 1970).
A. Prukakis-Christodulopulos, AM 85, 1970, 54ff. (Einige Marmorlekythen).

Zu den böotischen Grabreliefs:
W. Schild-Xenidou, Böotische Grab- und Weihreliefs archaischer und klassischer Zeit (München 1972).
U. Heimberg, Antike Plastik XII (1973) 15ff.

D. Hellenistische Zeit

E. Pfuhl – H. Möbius, Die ostgriechischen Grabreliefs (Mainz 1977/79).
M. Th. Couilloud, Les monuments funéraires de Rhénée. Exploration archéologique des Délos Bd. 30 (1974).
M. Th. Couilloud, BCH 98, 1974, 397ff. (Reliefs funéraires des Cyclades de l'époque hellénistique a l'époque impériale.)
N. Firatli, Les stèles funéraires de Byzance Gréco-Romaine (Paris 1964).
R. Horn, Samos XII. Hellenistische Bildwerke auf Samos. (Bonn 1972) 50ff.
P. M. Fraser, Rhodian Funerary Mounuments (Oxford 1977).
E. Pfuhl, AM 26, 1901, 258ff. (Alexandrinische Grabreliefs.)
P. M. Fraser – T. Rönne, Boeotian and West Greek Tombstones (Lund 1957, Skrifter utgivna av Svenska Institutet i Athen).
P. M. Fraser – T. Rönne-Linders, Opuscula Atheniensia X 1971, 53ff. und 85ff. (Some More Boeotian and West Greek Tombstones.)
J. A. Papapostolou, AAA 8, 1975, 291ff. (Stiles me ioniko epikrano sto mouseio tes Patras.)
A. S. Arvanitopoulos, Graptai Stelai Demetriados (Athen 1928).

Überblicke:
M. Collignon, Les Statues Funéraires dans l'Art Grec (Paris 1911).
G. Rodenwaldt, Das Relief bei den Griechen (Berlin 1923).
H. Möbius, Artikel Stele in RE III A, Sp. 2307ff. (1929).
Ch. Picard, Manuel d'Archéologie Grecque IV 2 (1963) 1314ff.
D. C. Kurtz/J. Boardman, Greek Burial Customs (London 1971).

Zu den Staatsgrabmälern und zum Wiederbeginn der attischen Grabreliefs:
R. Stupperich, Staatsbegräbnis und Privatgrabmal im klassischen Athen (Münster 1977).

II. Untersuchungen zu Stil, Werkstätten und Chronologie

Vgl. auch Abschnitt I: mehrere der dort genannten Werke gehen mehr oder weniger intensiv auf diese Aspekte ein.

A. Archaische Zeit

A. Milchhoefer, AM 5, 1880, 164ff. (Gemalte Grabstelen.)
E. Buschor, AM 58, 1933, 22ff. (Altsamische Grabstelen.)
W. Deyhle, AM 84, 1969, 1ff. (Meisterfragen der archaischen Plastik Attikas).
J. Frel, AA 1973, 193ff. (An Archaic Attic Grave Relief.)
B. S. Ridgway, Archaic Style in Greek Sculpture (Princeton 1977).

B. Ionische Grabreliefs des 5. Jh.

E. Buschor, AM 74, 1959, 6ff. (Altsamische Grabstelen II.)
H. Hiller, AA 1976, 230ff. (Noch einmal zum Basler Arztrelief.)
A. Kostoglu-Despini, Problemata tis parianis plastikes tou 5 aiona (1979).

C. Klassische Zeit

E. Kjellberg, Studien zu den attischen Reliefs des 5. Jahrhunderts (Uppsala 1926).
H. Diepolder, Die attischen Grabreliefs des 5. und 4. Jahrhunderts v. Chr. (Berlin 1931).
J. Kamps, Grabreliefs und Freiplastik, Dissertation Rostock 1935.
A. Kaltenhäuser, Handwerkliche Gestaltung im attischen Grabrelief des 5. und 4. Jh. (Erlangen 1938).
H. K. Süsserott, Griechische Plastik des 4. Jh. v. Chr. (Frankfurt 1938).
T. Dohrn, Attische Plastik vom Tode des Phidias bis zum Wirken der großen Meister des IV. Jahrhunderts (Krefeld 1957).

K. Braun, Untersuchungen zur Stilgeschichte bärtiger Köpfe auf Grabreliefs und Folgerungen für einige Bildnisköpfe (München 1966).
J. Frel, Les Sculptures Attiques Anonymes 430–300 (Prag 1969).
J. Frel, ADelt 25, 1970 A 1ff. (Deux Sculpteurs Attiques Mineurs.)
J. Frel und B. M. Kinsley, GrRomByzSt 11, 1970, 197ff. (Three Attic Sculpture Workshops of the Early Fourth Century.)
R. Stupperich, Staatsbegräbnis und Privatgrabmal im Klassischen Athen (Münster 1977).

D. Hellenistische Zeit

C. Wolters, La Thessalie, Actes de la Table-Ronde 1975, 81ff. (Recherches sur les stéles funéraires hellenistiques de Thessalie.)

III. Zur Deutung griechischer Grabreliefs

O. M. v. Stackelberg, Gräber der Hellenen (Berlin 1837).
L. Friedlaender, De operibus anaglyphis in monumentis sepulcralibus Graecis (1847).
F. Ravaisson, Gaz. Archéol. 1, 1875, 21ff. und 41ff. (Vase funéraire attique.)
O. Benndorf, AM 4, 1879, 183ff. (Relief einer attischen Grabvase.)
A. Furtwängler, Slg. Sabouroff, Berlin 1883–87, Einl.
A. de Ridder, RA 30, 1897, 373ff. (La Poignée de Mains sur les Bas-Reliefs Funéraires Attiques.)
J. H. Holwerda, Die attischen Gräber der Blütezeit (Leiden 1899).
A. Milchhoefer, Graeberkunst der Hellenen (Kiel 1899).
M. Collignon, Les Statues Funéraires dans l'Art Grec (Paris 1911).
E. Buschor, Bruckmanns Wandbilder alter Plastik (München 1911). (Grabstele der Hegeso; wiederabgedruckt in E. Buschor, Von griechischer Kunst, München 1956, 145ff.)
S. Wenz, Studien zu den attischen Kriegergräbern (Erfurt 1913).
F. Studniczka, Die griechische Kunst an Kriegsgräbern, Leipzig und Berlin 1915, NJbKlassAltert 35, 1915, 185ff.
P. L. Couchoud, RA 18, 1923, 2, 233ff. (L'Interpretation des stèles Funéraires Attiques.)

P. Devambez, BCH 54, 1930, 210ff. (Sur une Interpretation des Stèles Funér. Att.)
C. H. Young, Emotional Expression in Attic Grave Stelae, Festschrift E. Capps (1936) 364ff.
E. van Hall, Over den Oorsprong van de Griieksche Grafstele (Amsterdam 1942).
K. Friis Johanssen, The Attic Grave-Reliefs (Kopenhagen 1951).
N. Himmelmann, Studien zum Illissos-Relief (München 1956).
Chr. Karusos, Aristodikos, Zur Geschichte der spätarchaisch-attischen Plastik und der Grabstatue (Stuttgart 1961).
Ch. Picard, Manuel d'Archéologie Grecque IV 2 (1963) 1383ff.
J. Thimme, AntK 7, 1964, 16ff. (Die Stele der Hegeso als Zeugnis des attischen Grabkults.)
J. Thimme, AA 1967, 199ff. (Bilder, Inschriften und Opfer an attischen Gräbern).
Chr. Karusos, MüJb 20, 1969, 7ff. (Ein attisches Grabmal im Nationalmuseum Athen).
N. Kontoleon, Aspects de la Grèce Préclassique (Paris 1970).
K. Schefold, AntK 13, 1970, 103ff. (Die Thronende, Euthesion und Antigenes.)
W. Schiering, AA 1974, 652ff. (Stele und Bild bei griechischen Grabmälern).
G. Neumann, Probleme des griechischen Weihreliefs (Tübingen 1979).
B. Schmaltz, MarbWPr 1979, 13ff. (Verwendung und Funktion attischer Grabmäler.)

IV. Arbeiten zu einzelnen Grabreliefs

(mit z. T. ausführlichen Hinweisen zu Datierung, Ikonographie oder Deutung)

A. Archaische Zeit

E. Buschor, AM 51, 1926, 142ff. (Eine Poros-Stele vom Heiligen Tor.)
E. Harrison, Hesp. 25, 1956, 25ff. (Archaic Gravestones from the Athenian Agora).
N. Himmelmann-Wildschütz, AM 73, 1958, 1ff. (Ein archaisches Gemälde vom Friedhof am Eridanos.)
Ch. Karusos, AM 77, 1962, 121ff. (Aspil' en neoisin.)
F. Willemsen, AM 78, 1963, 104ff. (Archaische Grabmalbasen aus der Athener Stadtmauer.)

J. A. Papapostolou, ADelt 21, 1966 A 102 ff. (Anaglypho apo te Velanideza.)
J. A. Papapostolou, ADelt 21, 1966 A 116 ff. (Thrausma charaktes steles.)
F. Hiller, MarbWPr 1967, 18 ff. (Zur Berliner Ritzstele.)
F. Willemsen, AM 85, 1970, 23 ff. (Stelen.)
A. Lebessi, AntPl XII (1973) 7 ff. (dyo epitymbies hystero-archaikes kritikes stiles.)
A. G. Kalogeropoulou, Festschrift N. Kontoleon Athen 1980, 541 ff. (Thema attikis archaikis epitymbias steles.)

B. Zu ionischen Grabreliefs des 5. Jh.

Ch. Karusos, AM 71, 1956, 245 ff. (Eine Mädchenstele kimonischer Zeit in Skyros.)
Ch. Karusos, AM 76, 1961, 115 ff. (Stelenfragment aus Amorgos.)
A. Kostoglu, ADelt 24, 1969 A 118 ff. (Duo anaglypha ek Martinou Lokridos.)
J. Fink, ÖJh 51, 1976/77, Beibl. 13 ff. (Das neue Deines-Bild auf der Grabstele in Sofia.)
A. Choremis, Festschrift Konteleon (Athen 1980) 551 ff. (Mikion Kalos.)

C. Klassische Zeit

A. Brueckner, AM 35, 1910, 183 ff. (Kerameikos-Studien. – Zu Staatsgrabmälern.)
A. v. Salis, Das Grabmal des Aristonautes, 84. BerlWPr (1926).
S. Papaspyridi, ADelt 10, 1926, 111 ff. (Stele tou Ethnikou Mouseiou.)
K. Kübler, AM 59, 1934, 25 ff. (Die Stele der Ampharete.)
Ch. Karusos, Festschrift W.-H. Schuchhardt (Baden-Baden 1960), 113 ff. (Phrontismata.)
B. Schlörb-Vierneisel, AM 79, 1964, 85 ff. (Zwei klassische Kindergräber im Kerameikos.)
H. Möbius, AM 81, 1966, 136 ff. (Eigenartige attische Grabreliefs.)
B. Schlörb-Vierneisel, AM 83, 1968, 89 ff. (Drei neue Grabreliefs von der heiligen Straße.)
E. Tsirivakos, ADelt 23, 1968, A 70 ff. (Epitymbia Stele ek Athenon.)
E. Tsirivakos, ADelt 24, 1969 A 23 ff. (Epitymbia Stele ek Piraios.)

B. F. Cook, AntPl IX (1969) 65 ff. (An Attic Grave Stele in New York.)
Ch. Karusos, MüJb 20, 1969, 7 ff. (Ein attisches Grabmal im National-Museum Athen.)
C. Vermeule, AJA 76, 1972, 49 ff. (Greek Funerary Animals 450–300.)
D. Peppas-Delmusu, ArchCl 25/26, 1973/74, 529 ff. Tf. 91 ff. (Monumento sepolcrale di un guerriero. Stele e „Loutrophoros".)
E. Tsirivakos, ADelt 29, 1974 A 88 ff. (Eniochos Technes Tragikes.)
A. G. Kalogeropoulou, ADelt 29, 1974 A, 195 ff. (Nea Attike Epitymbia Stele.)
S. Karusu, AM 89, 1974, 151 ff. (Neues zur Aphrodite „Fréjus") [und zu einem Grabrelief eines Auleten].
F. Willemsen, AM 89, 1974, 173 ff. (Vom Grabbezirk des Nikodemos in Dekeleia.)
S. Karusu, AM 96, 1981, 179 ff. (Der Grabnaiskos des Alexos.)

D. Hellenistische Zeit

H. Möbius, AM 71, 1956, 113 ff. (Drei Grabreliefs in Oberitalien.)
H. Möbius, AM 81, 1966, 136 ff. (Eigenartige attische Grabreliefs.)
J. Touratsoglou, Kernos, Festschrift G. Bakalakis (1972) 153 ff. (Paterinos Antigonou, Heros.)
E. Atalay – E. Voutiras, AA 1979, 58 ff. (Ein späthellenistisches Grabrelief aus Phokaia.)

V. Zur Polychromie der Grabreliefs

Allgemein:

P. Reutersward, Studien zur Polychromie der Plastik. Untersuchungen über die Farbwirkung der Marmor- und Bronzeskulpturen (Stockholm 1960).
V. v. Graeve, La Thessalie, Actes de la Table-Ronde 21./24. 7. 75, Lyon, 111 ff. (Zum Zeugniswert der bemalten Grabstelen von Demetrias für die griechische Malerei.)
I. Scheibler, Pantheon 36, 1978, 299 ff. (Zum Koloritstil der griechischen Malerei.)

Abhandlungen zu einzelnen Denkmälern oder Denkmälergruppen:

A. Milchhoefer, AM 5, 1880, 206 ff. (Gemalte Grabstelen.)
G. Rodenwaldt, AM 35, 1910, 118 ff. (Zu den Grabstelen von Pagasae.)
A. S. Arvanitopoulos, Graptai Stelai Demetriados (Athen 1928).

S. Karusu, AM 71, 1956, 124 ff. (Bemalte attische Stele.)
Chr. Wolters, MüJb XI, 1960, 11 ff. (Eine bemalte attische Grabstele unter der Quarzlampe.)
D. Lazarides, AntK 12, 1969, 68 ff. (Stèle peinte d'Amphipolis.)
J. Papaoikonomou, RA 1977, 203 ff. (La Stèle d'Eukoline au Musée du Louvre.)
A. G. Kalogeropoulou, Festschrift N. Kontoleon (Athen 1980) 541 ff. (Tmima attikis archaikis stilis.)

VI. Griechische Grabreliefs und ihr ursprünglicher Zusammenhang in der Nekropole

A. Brueckner, Der Friedhof am Eridanos bei der Hagia Triada zu Athen (Berlin 1909).
A. Brueckner, AEphem 1910, 95 ff. (Kerameikou Anaskaphai.)
S. J. Charitonides, AEphem 1958, 1 ff. (Anaskaphe klassikon taphon para Platian Syntagmatos.)
D. Ohly, AA 1965, 278 ff. (Kerameikos-Grabung, Tätigkeitsbericht 1956 bis 61.)
B. C. Petrakos, Prakt 1975, 5 ff. Prakt 1976, 5 ff. Prakt 1977, 3 ff. Prakt 1978, 1 ff.
K. Kübler, Kerameikos VII 1, (1976) Die Nekropole der Mitte des 6. bis Ende des 5. Jahrhunderts (bes. S. 174 ff.).

VII. Griechische Grabreliefs und ihre metrischen Inschriften

W. Peek, Griechische Grabgedichte (Berlin 1960).
E. Griessmaier, Motiv der mors immatura... (1966).
K. Vierneisel, AM 83, 1968, 111 ff. (Das Epigramm der Eukoline.)
C. W. Clairmont, Gravestone and Epigram (Mainz 1970).
F. Willemsen, AM 85, 1970, 100 ff. (Grab- und Weihinschriften.)
G. Daux, BCH 96, 1972, 503 ff. (Stèles funéraires et épigrammes.)
G. Daux, ArchClass 25/26, 1973/74, 238 ff. (Sur quelques stèles funéraires grecques d'époque archaïque ou classique.)
E. Atalay – E. Voutiras, AA 1979, 58 ff. (Ein späthellenistisches Grabrelief aus Phokaia.)

VIII. Bestattungssitten

K. Kübler, Kerameikos. Ergebnisse der Ausgrabungen V 1, (1954), Die Nekropole des 10. bis 8. Jahrhunderts (bes. S. 19 ff.).

M. Andronikos, Totenkult. Archaeologia Homerica III (Göttingen 1968).

D. C. Kurtz – J. Boardmann, Greek Burial Customs (London 1971).

J. Geroulanos, AM 88, 1973, 1 ff. (Grabsitten des ausgehenden geometrischen Stils im Bereich des Gutes Trachones bei Athen.)

ZUR EINFÜHRUNG

Immer wieder abgebildet, besprochen oder wenigstens kurz erwähnt, mag man das Grabrelief der Hegeso (Abb. 1) als exemplarischen Vertreter seiner Gattung ansehen. Schon bald nach seiner Aufdeckung im März 1870 setzte sich die Einsicht durch, daß dieses Relief bei aller Typik der Darstellung doch ein Meisterwerk sei. „Die edle würdevolle Haltung und die ruhige einfache Stellung beider Figuren sowie die meisterhafte Behandlung der Gewänder, welche die Körperformen in der anmuthigsten Weise durchblicken lassen, sichern diesem Relief nach Aller Urteil unter den bei der Heiligen Trias (= im Kerameikos) gefundenen Grabsteinen den ersten Rang nach dem Reitermonumente (d.h. dem des Dexileos) und erinnern lebhaft an den echten Stil des Phidias.“ [1] Und dieser Hinweis auf Phidias verdeutlicht, wie nahe der Zusammenhang dieses Grabreliefs mit dem absoluten Höhepunkt der antiken Kunst gesehen wurde. Andere betonen die „einfache Schönheit der dem Bild zugrundeliegenden Idee, die Feinheit der Zeichnung, insbesondere im Gewand, die Leichtigkeit der Meißelführung, die Genauigkeit und Eleganz der Arbeit sowie das in Reliefhöhe und in Detailbildung eingehaltene Maß, das gesucht und doch nicht raffiniert erscheint“ [2]. Dergleichen und ähnliche Aspekte werden bis in die jüngste Vergangenheit angesprochen oder stehen doch im Hintergrund knapp wertender Urteile, so wenn z. B. das Relief als „eines der wunderbarsten attischen Grabreliefs“ angesprochen wird [3]; oder wenn es heißt, „das Thema sei neu und einzig schön gelöst, der Meister muß einer der Großen seiner Zeit gewesen sein“ [4]. Meist bleibt es bei einem derar-

[1] C. Curtius, AZ 29, 1872, 20.

[2] R. Schoell, BdI 1870, 149f.

[3] W. Fuchs, Skulptur der Griechen (1979) 490.

[4] E. Buschor, Bruckmanns Wandbilder alter Plastik (1911) 4.

tigen Hinweis auf einen anonymen Meister, doch wird gelegentlich – freilich merkwürdig selten, und dies ist zugleich bezeichnend – auch ein konkreter Name genannt, der des Kallimachos, des ‚Erfinders' des korinthischen Kapitells, der für seine allzu große Sorgfalt berühmt gewesen zu sein scheint.[5]

Der ästhetische Reiz des Hegeso-Reliefs, dem sich auch heute noch kein Betrachter entziehen kann, hat sicherlich mit dazu beigetragen, daß in der archäologischen Literatur die kunstgeschichtliche Betrachtung in den Vordergrund rückte, d. h. die Betrachtung und Analyse der sichtbaren Formen, der Faltenstege und Faltentäler, der Flächen, Wölbungen und Mulden, der Bewegung der Linien und plastischen Werte, des Verhältnisses von Körper zu Gewand zueinander sowie des Verhältnisses der Figuren zueinander, zum Reliefgrund und damit auch zum umgebenden Raum. Der anschließende Vergleich mit anderen Denkmälern, zumal mit fest datierten wie etwa Parthenon-Fries oder Urkundenreliefs, lenkt das Augenmerk auf Unterschiede in der Formgebung, ermöglicht es, diese Unterschiede zu deuten im Sinne enger, loser oder auch mangelnder Verwandtschaft; und von hier aus bietet sich der Schritt gleichsam an, Unterschiede und Verwandtschaft der Denkmäler zeitlich zu interpretieren, um so ein einzelnes Monument wie das Relief der Hegeso in einen historischen Zusammenhang ungefähr einzuordnen. Nicht mehr angewiesen auf das Votum der Epigraphiker, die durch Vergleich der Schriftformen Datierungen zu ermitteln versuchen, rückt der Betrachter selbst durch den Formenvergleich ein Kunstwerk wie das Grabmal der Hegeso in einen außerordentlich vielschichtigen Kontext. Denn verschiedenartigste Verbindungen in Einzelheiten wie in allgemeineren Merkmalen wollen verstanden und gedeutet werden, und mit zunehmendem Denkmäler-Bestand erweitern sich die Möglichkeiten, vermehren sich aber auch die Schwierigkeiten. Denn neben dem Aspekt eines zeitlichen Nacheinanders gilt es auch Qualitätsunterschiede zu sehen und zu berücksichtigen, wie sie gerade innerhalb der Grabreliefs offensichtlich sind; oder es ist an Ei-

[5] W. Schrader, Phidias (1924) 342; S. Karusu, Katal. NatMus (1968) 77 ff; Fuchs a. O.

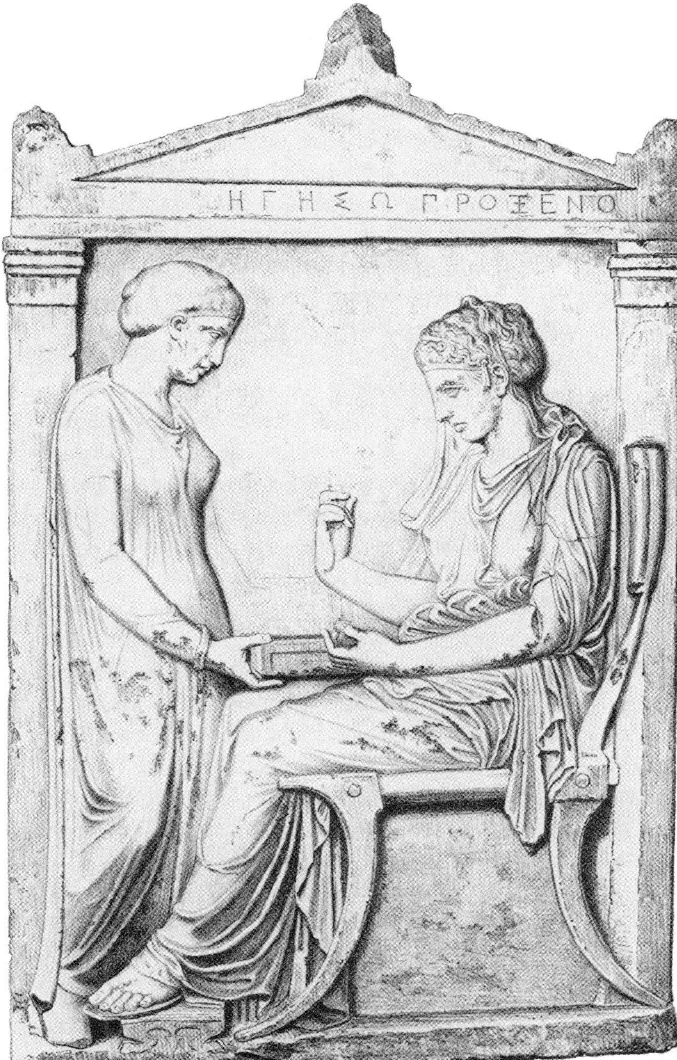

Abb. 1. Grabrelief der Hegeso, Athen NatMus. 3624.

genheiten der jeweiligen Gattung zu denken, die den unmittelbaren Vergleich mit anderen Denkmälergruppen erschweren – lebhafte oder gar heftige Bewegungen sind z. B. dem Gros der Grabreliefs aus inhaltlichen Gründen fremd, weshalb z. B. der Vergleich mit Kampffriesen des 4. Jh. schwierig ist; oder es ist auf typologische Gebundenheit zu achten: bestimmte Figurentypen werden lange tradiert, halten mitunter über Jahrzehnte hin an älteren Formen oder Formeln fest, wogegen ‚moderne' Figurentypen vielleicht im gleichen Relief ganz neue Stiltendenzen erkennen lassen. Damit ergeben sich aber zwangsläufig von Betrachter zu Betrachter abweichende Einschätzungen, je nachdem, welchen Aspekt oder welche Einzelheit er im Auge hat. Und von daher ist es nicht verwunderlich, daß ein Relief wie das der Hegeso recht unterschiedlich bewertet wurde. Die stilistische Nähe zum Parthenon wurde bald nur mehr als Verwandtschaft im Ethos verstanden, womit ein größerer zeitlicher Abstand durchaus vereinbar erschien; oder es wurde gar eine „Wendung zum Klassizismus" festgestellt,[6] die es erlaubt, die Distanz zum Vorbild noch größer anzunehmen, bis hin zu einem Rückgriff auf „Altväterisches" über zwei Generationen hinweg.[7]

Zugrunde liegt solchen Betrachtungen in der Regel vor allem die Kategorie ästhetisch wertenden Sehens. Die Ebene einer inhaltlichen Bewertung wurde meist mehr beiläufig angesprochen, so als handle es sich um eine unzweifelhafte Angelegenheit. Dabei hat man nicht selten den Eindruck, daß die ästhetische Hochschätzung, die Bewunderung der Formen zugleich das Verständnis der inhaltlichen Aussage des Bildes mitbestimmt. Die Schönheit des Faltenwurfes wird gewissermaßen übertragen auf die Trägerin des verhüllenden Gewandes selbst, die wie selbstverständlich als schön beschrieben wird. Das Fehlen irgendwelcher Alterszüge, z. B. im Gesicht, ergänzt diesen Eindruck: „eine schöne jugendliche Frau sitzt" vor uns. Im Zusammenhang mit ihrer Kopfneigung und Handhaltung wird ihr „große Zartheit" zugesprochen, die dennoch im Gegenüber mit der Dienerin als „edle würdevolle Haltung" verstanden werden

[6] W.-H. Schuchhardt, Kunst der Griechen (1940) 277.
[7] Dohrn 114.

kann. Wohl nicht zufällig ist nun von der „Herrin“ die Rede, womit die Beschreibung unwillkürlich die Sphäre der Umgangssprache, des Alltages verläßt und damit in gewisser Weise auch die dargestellte Szene dem alltäglichen Lebensbereich entzieht. Zugleich wird aber gerade dies als gleichsam ausgemachte Sache vorausgesetzt, wird betont, daß wir „auch auf diesem Relief eine dem täglichen Leben entnommene Schmuckscene“ vor uns haben.[8]

Ein anderer Betrachter sieht, wie Chiton und Mantel mit ihren Falten „weich die reifen Körperformen umspielen“.[9] Zugleich deuten ihm Schmuckbetrachtung und bräutliche Schmückung darauf, daß die Verstorbene als Braut des Hades vorgestellt sei. Und damit bleibt Hegeso „die schöne junge Frau, die im Betrachten des Schmuckes bräutlich dem Leben entgegenblüht“. „Das schöne Lebensbild“ zeigt demnach die reife Frau – und meint in ihr die junge Braut. Die Frage liegt nahe, was nun eigentlich dies Lebensbild „schön“ macht: Das, was gezeigt ist, d.h. die Gestalt der reifen Frau, die „lässig und gelassen auf einem Klismos“ sitzt? Oder das, was gemeint ist, was aus der Handlung und aus ähnlichen Darstellungen erschlossen wird, die „bräutliche Blüte“? Oder ist es die Schönheit der greifbaren Form: „die feinen Schwünge und Kurven, der organische Rhythmus der Figuren und des von Menschenhand geschaffenen Stuhles ...“? Oder ergibt sich erst aus allem zusammen „das schöne Lebensbild“? In diesem Fall wie bei den meisten kurzen Würdigungen ist es dann kaum mehr möglich, sicher zu klären, wieweit sich Beschreibung, ästhetische Wertung und inhaltliche Deutung gegenseitig bestimmen. Denn sieht der eine an Hegeso „die etwas ungefügen Hände“, so hat der andere „die feinen Finger“ der Braut im Auge;[10] mag dem einen „der etwas künstliche Fall des Kopftuches“ auffallen,[11] so steht für den anderen im Vordergrund, daß die „Falten weich die reifen Körperformen umspielen“. Und ein dritter betont „überhaupt die strenge Gebundenheit und Stilisierung

[8] Curtius a.O. 19f.

[9] Fuchs a.O. 490ff.

[10] Conze Nr. 68; Fuchs a.O. 491.

[11] Conze a.O.

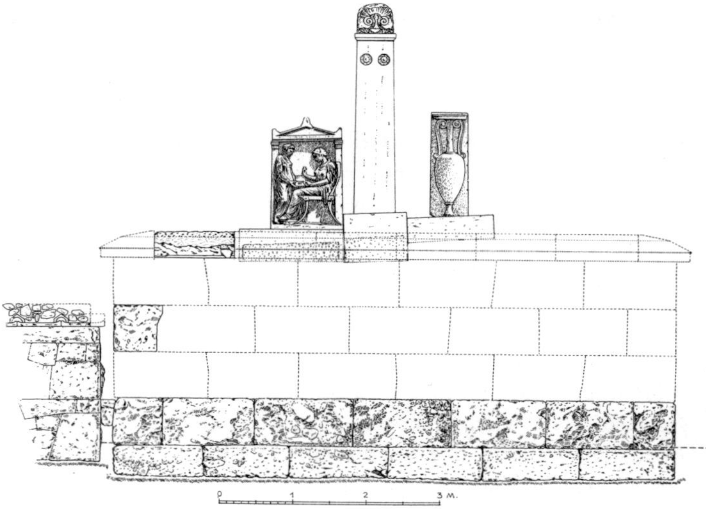

Abb. 2. Grabbezirk des Koroibos von Melite im Kerameikos.

der Formen“ [12]. Gemeinsam bleibt solchen Äußerungen in aller Regel, daß die Ebene der Betrachtung und Aussage nicht klar bestimmt ist und daß im Grunde ästhetische Werturteile und d. h. subjektive Würdigungen an die Stelle formaler und inhaltlicher Aussagen treten. Für diese ist es aber unerläßlich, den Blick über das einzelne Denkmal hinauszulenken, zu versuchen, vom ästhetischen Reiz des womöglich herausragenden Einzelwerkes etwas abzusehen und es stärker als Vertreter eines Typus zu sehen, als Vertreter einer Gattung, die auch in schlichtester, ja handwerklich-roher Ausprägung ihre Funktion erfüllt.

Der Gesichtspunkt der Funktion ist natürlich und gerade im Fall des Hegeso-Reliefs nie völlig außer acht gelassen worden. Denn das Denkmal wurde ja an seiner ursprünglichen Stelle und in ursprünglichem Zusammenhang gefunden (Abb. 2): Neben anderen Grab-

[12] Buschor a. O.

mälern stand es als Denkmal seitlich der Straße, war dem Betrachter zugekehrt und diente zur Bezeichnung des Begräbnisses.[13] Zugleich schien eine runde Einlassung in der Basis des Reliefs darauf zu deuten, daß hier an dieser Stelle anläßlich der regelmäßigen Gedächtnisfeiern zu Ehren der Toten die üblichen Trankspenden dargebracht wurden. Damit bot sich die Möglichkeit, das Grabrelief selbst in engere Beziehung zu diesen rituellen Handlungen der Gedächtnisfeiern zu bringen, es im Sinne eines Andachtsbildes zu verstehen und von daher sogar das Bild selbst neu zu deuten. Doch wurde dieser Weg vergleichsweise selten beschritten.[14] Denn solchen Vorstellungen stand die weitgehend vorherrschende Ansicht im Wege, es handle sich bei diesen Grabreliefs stets um schlichte Lebensbilder, die lediglich der Erinnerung an den Toten dienten: Wie der mehrfach belegte antike Begriff μνῆμα besagt, handle es sich um reine Erinnerungsmale.

Im Fall des Hegeso-Reliefs erschien in diesem Zusammenhang noch eine Einzelheit bemerkenswert. Die Stele der Hegeso steht nämlich seitlich einer hohen Palmettenstele, an die von der anderen Seite ein weiteres Grabdenkmal herangerückt ist, die Stele eines jungen, unverheiratet verstorbenen, männlichen Familienmitgliedes, wie Epigramm und in flachem Relief ausgeführte Lutrophore lehren. Auffällig ist nun, daß das Relief der Hegeso ausgesprochen exzentrisch auf seiner Basis steht und ganz eng, fast unmittelbar an die große Palmettenstele herangerückt ist, „wie um den Zusammenschluß mit der großen Palmettenstele greifbar zu machen". Der Ausgräber des Grabbezirkes, A. Brueckner, dachte dabei daran, daß es sich um die „Denkmalgruppe einer Familie" handle, in die das Einzeldenkmal eingebunden ist; es erfüllt dann unter diesem Gesichtspunkt eine weitere, formale Funktion, ergänzt nämlich den dekorativen Zusammenhang der übrigen Grabmäler im Sinne einer kunstvoll ausgewogenen Gruppe.[15]

Brueckner hatte freilich auch noch einen inhaltlichen Aspekt im

[13] Brueckner 104ff.

[14] J. Thimme, AntK 7, 1964, 16ff.

[15] Brueckner a. O.

Auge. Er wies auf die merkwürdige Tatsache hin, daß auf der hohen Palmettenstele wie so häufig männliche Namen verzeichnet sind, wobei die Nennung des Vaternamens keinen Zweifel daran läßt, daß hier über Generationen hin nur die männlichen Erstgeborenen bzw. Stammhalter eingetragen wurden. Die Stele bezeugt also das Fortleben der Familie über die Generationen hinweg, und zugleich bezeichnet sie den Bezirk als Begräbnisplatz der entsprechenden Familie. Frauen sind demnach von solchen Palmettenstelen in der Regel ausgeschlossen, und für sie wurden „Denkmäler anderer Form zu einer Art Notwendigkeit. Eben daraus erklärt sich die überwiegende Zahl der aus den athenischen Friedhöfen erhaltenen Frauenbildnisse, und es fällt auch ein Licht auf den Umstand, daß so häufig die Frau allein oder nur im Kreise ihrer Kinder, ohne ihren Mann, dargestellt ist". Das Bild der Hegeso zeigt also nicht nur, wie die Frau mit ihrer Sklavin für sich beschäftigt ist, ‚erzählt' nicht nur eine Episode aus dem Frauenleben, vielmehr spricht sie im engen Verbund mit der großen Palmettenstele der ‚patres familiae' die Gemeinschaft der Familie selbst an. Das Grabrelief steht demnach nicht nur als beliebiges Glied im mehr oder weniger dekorativen Zusammenhang einer „Denkmalgruppe einer Familie", sondern es führt in Verbindung mit der Palmettenstele bildhaft die Familie vor Augen.

Diese allgemeinere Aussage des Hegeso-Reliefs wird noch von einer anderen Seite her bestätigt. Bereits Brueckner kamen Jahre nach seinen Grabungen Zweifel, ob die Stellung der Grabmäler wirklich die ursprüngliche sei, oder ob sie nicht „erst nachträglich dorthin versetzt" worden seien, wo sie gefunden wurden.[16] Neuere Untersuchungen lassen keinen Zweifel daran, daß alle drei Denkmäler anläßlich einer Zweitaufstellung versetzt wurden, wobei man im Fall des Hegeso-Reliefs sogar damit rechnen muß, daß es entweder dem älteren Grabbau der Familie an gleicher Stelle oder aber vielleicht gar einem aufgelösten fremden Grabbau entnommen wurde.[17] Inschrift und Bild scheinen dabei unangetastet geblieben zu sein, obwohl die

[16] E. Kjellberg, Stud. z. d. att. Reliefs d. 5. Jh. 137 mit Hinweis auf Brueckner.

[17] D. Ohly, AA 1965, 340f.

Stele sicher nicht nur aus musealer Pietät neu aufgestellt wurde, sondern in eindeutiger Funktion als Grabrelief. Zumindest bei dieser letzten Verwendung der Grabmäler wurden sie als Gruppe aufeinander bezogen und wiesen bildhaft auf die familiäre Gemeinschaft hin – obwohl die inschriftlich genannten Namen zu diesem Zeitpunkt an einer konkreten familiären Verbindung eher zweifeln lassen. Denn ob Hegeso, Tochter des Proxenos, die Frau des Koroibos war, der als erster auf der Palmettenstele eingetragen wurde, ist durchaus unsicher, auch wenn es immer wieder vermutet wird. Doch selbst wenn man dies voraussetzt, bleibt dann als Merkwürdigkeit festzuhalten, daß die nachfolgenden Generationen, selbst Mitglieder einer anderen, vermutlich eingeheirateten Familie das Bild der Ahnin Hegeso unangetastet und unverändert ließen, es respektierten und damit doch wohl auch weiterbenutzten. Gerade die Neuaufstellung der Denkmäler, die nach der Schlacht bei Chaironea 338 v. Chr. notwendig wurde, wirft ein bezeichnendes Licht auf diese Funktion des Grabreliefs: Allem Anschein nach ist es eben nicht nur bildliches Denkmal eines Individuums, eben der Proxenos-Tochter Hegeso; vielmehr ist es darüber hinaus zugleich Träger einer allgemeineren Aussage, die auch für die Frauen der Koroibos-‚Nachfahren' anscheinend so viel Gültigkeit besaß, daß sie auf eigene Bilder, d. h. Grabreliefs verzichteten bzw. sie nicht für notwendig hielten. Dabei könnte man nun wieder an das Thema des „schönen Lebensbildes" erinnern,[18] das, im Bild der sitzenden Hegeso einmal formuliert, auch für die Frauen ihrer Nachfahren noch unverändert Geltung besaß. So schlüssig sich dies zu fügen scheint, so sind doch Zweifel angebracht, und man muß sich fragen, ob nicht die Wendung „schönes Lebensbild" zu weit, zu allgemein, zu stark ästhetisch überhöht und daher nicht mehr treffend ist. Denn hält man Ausschau nach einem Äquivalent zum „schönen Lebensbild" der Frau, nach einem entsprechenden Bild für Männer, dann muß man feststellen, daß es – abgesehen von wenigen und bezeichnenden Ausnahmen – ein derartiges „Lebensbild" des Mannes nicht gibt. Und eine Erklärung dafür bietet ja die Palmettenstele neben dem

[18] Fuchs a. O. 490

Hegeso-Relief, auf der 5 patres familiae nacheinander aufgeführt sind: Für sie alle genügte die schlichte, mit Rosetten und Palmettenbekrönung verzierte Stele ohne jegliches figürliches Bild. Dies eine Denkmal galt 5 Generationen als Grab- und Erinnerungsmal, ungeachtet der 5 individuellen Persönlichkeiten, die nach ihrem Tod in unmittelbarer Nähe der Stele begraben wurden. Und ähnlich mag auch das Bild der Hegeso vier weiblichen ‚Nachfahren' als Erinnerungsmal gedient haben. Eine derartige Analogie läßt freilich auch noch fragen, ob sich nicht ebenso die Aussage der Monumente bis zu einem gewissen Grade entsprach, ob nicht die inhaltliche Aussage „schönes Lebensbild" unbewußt, aber unzulässigerweise von der Schönheit des Hegeso-Reliefs her bestimmt ist, obwohl es in erster Linie oder gar ausschließlich darum ging, mit dem Relief an ein Frauenleben zu erinnern – an ein Frauenleben, das zusammen mit dem Leben des Mannes familiäre Gemeinschaft ausmacht, Familie konstituiert, wie es die Denkmalgruppe sinnbildlich vor Augen führt.

Das Beispiel des Hegeso-Reliefs mag gezeigt haben, in welcher Richtung sich neue Gesichtspunkte für das Verständnis klassischer Grabreliefs ergeben, wenn man sie im Zusammenhang ihrer ursprünglichen Aufstellung betrachtet, d. h. als Teil in einem größeren Rahmen. Dieser Rahmen ließe sich natürlich noch über den konkret-lokalen Bereich des Grabbezirkes hinaus erweitern, um dann auch von dorther rückblickend ein Grabmal wie das der Hegeso zu befragen. So liegt es immerhin nahe, auch einmal nach der Toten selbst zu fragen, nach dem genauen Platz ihrer Bestattung, nach Bestattungsweise und Beigaben. Gerade aus dem Kerameikos sind ja aus älterer Zeit Gräber mit überreichen Beigaben bekannt; vor allem Keramik, aber auch Schmuck oder Waffen wurden beigegeben, dazu vereinzelt kleine Tiere, und immer wieder wurden auch Reste von Speisen gefunden oder solche Speisen konnten erschlossen werden.[19] Im Fall der Hegeso scheint es anders gewesen zu sein. Denn geht man davon aus, daß das Relief der Hegeso vom gleichen Bezirk stammt, in dem es später erneut aufgestellt und auch gefunden wur-

[19] Vgl. z. B. für die geometr. Zeit K. Kübler, Kerameikos V 1, 22 ff.

de, und verbindet man mit dem Relief jenes der nachgewiesenen Frauengräber des Bezirkes, das durch die Beigabe am engsten mit dem Relief chronologisch verbunden werden kann, dann wurde Hegeso in einem einfachen Porossarkophag bestattet, in dem ihr nur drei kleine, geradezu unscheinbare Ölfläschchen beigegeben waren sowie ein kleines Alabastergefäß.[20] Die Bescheidenheit dieser Beigaben steht in einem augenfälligen Kontrast zu dem Aufwand des Grabreliefs, das durch Größe, Material und nicht zuletzt durch seine Qualität herausragt. Die Frage liegt zumindest nahe, inwieweit sich in diesem Fall die Akzente verschoben haben: Der Aufwand der Beigaben, die bei der feierlichen Bestattung im Zuge ritueller Handlungen den Toten früher beigegeben wurden, scheint drastisch eingeschränkt gewesen zu sein – man könnte in gewisser Weise sagen: zugunsten des marmornen Erinnerungsmales, so als biete das bloße Abbild so etwas wie ein Äquivalent für die Ausstattung der Toten für das Jenseits, für ihren Anteil an Speisen und Opfer. In diesem Zusammenhang sei noch erwähnt, daß jene runde Einlassung in der Basis des Hegeso-Reliefs wohl doch nicht den Trankspenden galt, wie man zunächst vermutete, d.h. nicht konkret dem Totenkult; vielmehr lassen Größe und sorgfältig zylindrische Form vermuten, daß hier ein marmornes ‚Gefäß', wohl eine Lekythos, eingelassen war, die zwar von ferne noch an das kleine Spendegefäß aus Ton und damit an den Totenkult erinnerte, die aber durch Format und Material nun selbst Denkmal war und die Gruppe der anderen Grabdenkmäler dekorativ ergänzte. So ergibt sich zumindest für die letzte Aufstellung des Hegeso-Reliefs kein konkreter Hinweis für rituelle Handlungen, die unmittelbar am Grabmal selbst ausgeführt wurden und der Toten galten. Vielmehr mag man sich fragen, inwieweit das Bild der Hegeso vorrangig Denkmalcharakter hatte, repräsentative Denkmalfunktion erfüllte, wogegen alles, was mit dem Totenkult zu

[20] Besagter Sarkophag ist bei Kübler, Kerameikos VII 1, 106 Grab 321 aufgeführt und von R. H. W. Stichel auf Hegeso bezogen, während Kübler (vgl. auch AA 1938, 586) einen höher liegenden, also jüngeren Sarkophag auf Hegeso bezieht, wohl wegen des beigegebenen Spiegels (vgl. Keram. VII 1 Beil. 49).

tun hatte, sichtlich eingeschränkt war, während und nach der Bestattung vielleicht nur in schlichtester Form an der Stelle der Bestattung selbst vollzogen wurde.

Sicherlich wird man von einem Einzelbeispiel wie dem der Hegeso nicht gleich allgemeine Gültigkeit ableiten können und behaupten wollen, daß um die Wende vom 5. zum 4. Jh. v. Chr. in Attika die Grabreliefs insgesamt als dauerhafte, für die Nachwelt bestimmte Erinnerungsbilder an die Stelle der kultischen Pflege des Toten selbst getreten seien; daß bloße Repräsentation von einem ursprünglich umfassenden Totenglauben übriggeblieben sei, daß hier eine „Veräußerlichung des Totenkultes spürbar" sei.[21] Denn natürlich gibt es auch einzelne andere Beispiele, wenig ältere und wenig jüngere Fälle, in denen ausgesprochen reichliche Beigaben, selbst reichliche Speisen nachgewiesen werden konnten.[22] Und im Fall der Hegeso dürfte der Totenkult doch vollzogen worden sein, wenn vermutlich auch nur in eingeschränkter Form. Schließlich ist zu bedenken, daß viel zu selten Grab und zugehöriges Denkmal gefunden wurden, um wirklich weiter reichende und allgemeinere Aussagen begründen zu können. Dennoch lohnt es sich wohl, diesen Gesichtspunkt wenigstens beiläufig angesprochen zu haben. Denn die formale Entwicklung der klassischen Grabreliefs führt in Attika zu der oft schon beschriebenen monumentalen Steigerung der Gattung, eine Entwicklung, die zumindest auch, wenn nicht vor allem den repräsentativen Charakter der Denkmäler unterstreicht: Mehr oder weniger knapp hinter der Frontmauer des Bezirkes zu großartiger Fassade komponiert, waren die Denkmäler des 4. Jh. in erster Linie auf den Betrachter hin ausgerichtet, kündeten von Stolz und Reichtum der Familie, deren verstorbene Mitglieder im Bezirk dahinter bestattet waren. Das örtliche Verhältnis vom Grabmal zum Toten war also durchaus locker, wie es zumal im Fall der Palmettenstelen mit ihren zahlreichen Namen evident bzw. vorauszusetzen ist. Eine solche

[21] K. Kübler, Kerameikos VII 1, 98.

[22] Vgl. z. B. das Grab des Eupheros: AM 79, 1964, 85 ff.; ein Frauengrab aus Anavyssos: J. D. Beazley ARV² 1687 (Bird-P.); außerhalb des Grabes in Trachones beobachtet: AM 88, 1973, 15 f.

lose Beziehung wird auch für Grabmäler wie das der Hegeso gegolten haben, und damit in Einklang steht die erschlossene Zweitaufstellung des Reliefs sowie seine Weiterverwendung. Zusammengenommen unterstreichen diese Faktoren die Bedeutung des Grabreliefs als erinnerndes Denkmal und lassen daran zweifeln, ihm vorrangige Bedeutung im Totenkult zuzusprechen. Und in diesem Sinne scheint eben auch aufschlußreich zu sein, daß im Laufe der Zeit die Beigaben im Grabe immer spärlicher werden[23] – wie im Fall der Hegeso: Ihre Hinterbliebenen legten offensichtlich weniger Wert auf traditionelle Ausstattung der Toten für das Jenseits durch reichliche Beigaben, als vielmehr auf ihre angemessene Repräsentation für die Nachwelt. Ihr Bild gar als „Grabkultbild" verstehen zu wollen,[24] stößt demnach in mehrfacher Hinsicht auf Widersprüchlichkeiten und Schwierigkeiten.

Im Fall des Hegeso-Reliefs ist der ursprüngliche Zusammenhang des Bezirkes so gut wie sicher zu rekonstruieren, und selbst die entsprechende Bestattung läßt sich mit guten Gründen zuweisen. Von daher sind, wie knapp skizziert, Aussagen oder zumindest Vermutungen möglich, die zum Verständnis des Hegeso-Reliefs selbst beitragen, dem Bild allein aber nicht unmittelbar zu entnehmen sind. Das Gros der erhaltenen Grabreliefs ist freilich ohne jeglichen Zusammenhang auf uns gekommen, und insofern ist es angebracht, noch einen letzten Gesichtspunkt am Beispiel des Hegeso-Reliefs anzusprechen, den typologischen. Weniger fixiert auf den ästhetischen Reiz des Reliefs als zumeist in der Vergangenheit, mag man den Typus „sitzende Frau mit Sklavin" ins Auge fassen und fragen, auf welchen Denkmälern dies Thema belegt ist, seit wann und wie lange es tradiert wird, welche Veränderungen der Typus im Laufe der Zeit erfährt, auch jenseits der Grenzen der Klassik, und ob das Bild der Hegeso Besonderheiten erkennen läßt.

So gut wie singulär innerhalb der klassischen, attischen Grabre-

23 Vgl. z. B. den Herakleoten-Bezirk AEphem 1910, 129ff.; die Gräber des späten 5. Jh. am Syntagma-Platz: AEphem 1958, 1 ff. (bes. 138) oder den Grabbezirk am Rande Athens ADelt 18, 1963 B 46ff.

24 Thimme, AA 1967, 206.

liefs ist z. B., soweit ich sehe, das bereits erwähnte „Kopftuch" der Hegeso.[25] Üblich scheint zu sein, daß die sitzende Frau den weiten Mantel über den Kopf zieht, falls sie nicht überhaupt barhäuptig ist. Doch ein eigenes Tuch, ein allem Anschein nach feiner Schleier kehrt nicht wieder, ist auch im Fall einer Marmorlekythos in Boston weggelassen, die ansonsten den Typus der Hegeso motivisch recht genau wiederholt (abgesehen von Armhaltung und Attributen in den Händen), lediglich in einer stumpferen, handwerklicheren Ausprägung. Zufällig wird dieser Kopfschleier sicher nicht sein, sowenig wie er eben üblich ist – innerhalb der klassischen Grabdenkmäler Attikas. Lenkt man den Blick über Attika und die klassische Zeit hinaus, so sind hellenistische Grabreliefs mehrerer Demeterpriesterinnen aus Smyrna zu erwähnen, bei denen z. T. demonstrativ ein knappes Kopftuch angegeben ist.[26] Die Deutung der Frauen als Demeterpriesterinnen ist in diesen Fällen durch Fackel, Ähren und Mohnkapsel gesichert – bei Hegeso fehlen dagegen jegliche weiteren Indizien, sofern sie nicht in Malerei angegeben waren. Sollte man Hegeso demnach allein wegen des ungewöhnlichen Kopfschleiers als Priesterin ansprechen?[27] Wäre auf diese Weise so etwas wie ein Berufsbild angedeutet? Als Angehörige einer alten und sicher reichen Familie mag sie ein solches, oft erbliches Priesterinnenamt innegehabt haben, und damit, so könnte man folgern, bezog sich das auszeichnende Grabmal vielleicht nicht nur auf die Person der Hegeso, sondern ebenso auch auf ihr Amt, das womöglich in der Familie

[25] Einzige mir bekannte Parallelen sind die Myrrhine der bekannten Marmorlekythos (Conze Nr. 1146; AM 76, 1961, Beil. 61; Clairmont, Festschrift v. Blanckenhagen 107 f.) sowie vielleicht die junge Frau der Lekythos im Piräus (Mus. 2152; BCH 87, 1963, 699). Fast lang wie ein Mantel ist das Gewandstück bei der Frau im Kerameikos (AM 83, 1968, Tf. 34) und Aegina, Mus. 2222 (unpubl.). Nichtatt. Beispiel die Timarista in Rhodos (AM 76, 1961, Beil. 56). Im Fall der Phrasikleia (Diepolder Tf. 19) hat Stackelberg, Gräber der Hellenen 56 einen Teil des Mantels als Hochzeitsschleier verstanden, den Gegenstand in ihrer rechten Hand als Ehevertrag.

[26] Pfuhl-Möbius Nr. 407, 410, 530, 855; doch ist der Schleier anscheinend nicht kanonisch.

[27] Vgl. dagegen AM 83, 1968, 101f. Tf. 36.

tradiert wurde. Gleichwohl bleibt eine solche Lösung fragwürdig, da die Parallelen zeitlich und lokal weit abliegen und da bei Hegeso eben nur ein Indiz vorliegt.

Bleibt man umgekehrt im attischen Bereich der Klassik, so kann man noch auf einige Vasenbilder verweisen, die Frauen mit solchen „Kopftüchern" oder Schleiern zeigen. In diesen Fällen handelt es sich meist sicher um Darstellungen von Bräuten, wie z. B. Thetis oder Alkestis.[28] Wäre demnach Hegeso durch ihren Schleier als Braut gekennzeichnet? Als Braut, die vielleicht am Hochzeitstag auf tragische Weise um Leben kam, oder unmittelbar davor oder danach? So plausibel dieser Gedanke zunächst erscheint, so bleibt dann die Merkwürdigkeit, daß Hegeso lässig auf einem Lehnstuhl sitzt und nicht steht, wie so viele junge Mädchen auf Grabstelen, die noch unverheiratet starben, daß sie als im Motiv des bequemen Sitzens einem Typus entspricht, der ebenso für eine Großmutter mit ihrem Enkelkind im Arm verwendet werden konnte, oder für eine Mutter von vier erwachsenen Kindern, wie sie ein jüngst gefundenes monumentales Grabrelief aus Rhamnus zeigt.[29] Auch wäre zu fragen, ob nicht bei einem so frühen Tod unmittelbar vor oder nach der Hochzeit mit einer Bildformel zu rechnen wäre, die gerade von dieser Zeit an häufiger zu beobachten ist, mit der Hydria-Lutrophore. Im Bild der Grabreliefs, darüber oder auch als eigenständiger Bildträger, weist sie wie die zweihenklige Lutrophore auf die Tongefäße hin, in denen das Wasser für das Brautbad geholt wurde, und diesen Hinweis hat man mit guten Gründen so verstanden, daß die Person, der das Grabmal gilt, noch unverheiratet starb: „Den unverheiratet Verstorbenen pflegte man symbolisch das zu geben, was ihnen das Leben vorenthalten hatte",[30] wobei die Ehe unter den anerkannten

[28] Vgl. z. B. E. Simon – M. Hirmer, Die griech. Vasen (1976) Tf. 195, 216, aber auch Tf. 189 und FR Tf. 55; ein großes Schleiertuch trägt Eurydike auf dem Orpheus-Relief (Schuchardt, Das Orpheus-Relief [1964] 7 ff.); sieht man in ihm mit Schuchhardt das homer. Kredemnon, so ist zu erwähnen, daß dies von vornehmen, meist verheirateten Damen getragen wird.

[29] Ampharete: AM 59, 1934, Tf. 5; Relief aus Rhamnus: Prakt. 1976, Tf. 3 f.

[30] G. Klaffenbach, Griech. Epigraphik (1957) 55. Zu den entsprechenden

Gütern an erster Stelle genannt wird. Bei dieser vermeintlichen Braut Hegeso fehlt aber ein solcher Hinweis. Schließlich ist noch zu bedenken, daß gerade im Fall des Hegeso-Reliefs die Weiterverwendung des Grabmals für die Frauen der Koroibos-Nachfahren so gut wie sicher zu erschließen ist. Hätte der Schleier der Hegeso wirklich die prägnante Bedeutung „Braut", dann wäre das Bild bei weiterer Verwendung, z.B. für verheiratete Frauen, mißverständlich gewesen.

Die Betrachtung des Typus ‚Sitzende Frau' stößt im vorliegenden Fall an einem unscheinbaren Detail auf Schwierigkeiten und wirft Fragen auf, deren Berechtigung wohl kaum von der Hand zu weisen ist, auch wenn eine zuverlässige Beantwortung aussteht; denn zufällig wird das Attribut des Kopfschleiers bei Hegeso sicher nicht sein, und ebensowenig wird es bedeutungslos sein. In jedem Fall ergeben sich aber Folgen für das Verständnis der Darstellung selbst. Ähnlich mag es sich auch mit anderen Einzelheiten verhalten, z.B. mit den kleinen Wickelkindern im Arm stehender Frauen, mit dem merkwürdigen Detail der recht oft sorgfältig angedeuteten Sandalen bei einer Figur der Gruppe, mit den unterschiedlichen Sitzgelegenheiten oder gar dem so häufig verwendeten Fußschemel, der etliche Male auch fehlt. Erst bei nüchternem Vergleich typologisch entsprechender Bilder fallen dergleichen Einzelheiten ins Auge, und zugleich ergibt sich erst dann ein Ansatz für eine Deutung, z.B. als stilistische Erscheinung oder als bedeutungsvolle Aussage über die Hauptperson der Darstellung, und beides mag gelegentlich auch unlösbar miteinander verquickt sein. Entsprechend kann man auch das ganze Bild des Hegeso-Reliefs als etablierten Typus betrachten und versuchen, ihn über die Generationen hin zu verfolgen.

Dabei fällt, sofern der erhaltene Denkmälerbestand nicht trügt, die Beliebtheit dieses Typus am Ende des 5. Jh. und im ersten Drittel des 4. Jh. v. Chr. auf, wobei immer häufiger an die Stelle der Sklavin auch eine ‚Verwandte' treten kann, die durch ihre Tracht der sitzenden Toten angeglichen ist. In der folgenden Zeit rückt die Sklavin

Denkmälern vgl. Kokula. Zur Bewertung des frühen Todes in der Antike vgl. E. Griessmair, Motiv der mors immatura... (1966) bes. 63ff.

deutlich zur Seite oder in den Hintergrund, ist meist auch kleiner gebildet und mehrfach nur unvollständig ausgearbeitet. Das Bild beherrschen dagegen die großen Hauptfiguren der Familie, nun sehr oft drei oder gar mehr Personen, von denen in der Regel die beiden Protagonisten seitlich im Vordergrund angeordnet sind, während die Bildmitte durch eine oder zwei ‚Hintergrundsfiguren' gefüllt wird. Das schlichte Beieiander zweier Personen, zumal das im einfachen Profil aufeinander bezogene Gegenüber von Sitzender und Stehender ist dagegen im mittleren und späteren 4. Jh. so gut wie aufgegeben – zumindest unter den anspruchsvolleren Denkmälern. Bisher vorgetragene, meist beiläufige oder andeutende Äußerungen zu dieser Erscheinung werten sie im Sinne eines formalen, d. h. stilistischen Wandels im Zusammenhang mit der bühnenartigen Raumerweiterung spätklassischer Reliefs,[31] oder sie sehen sie im Zusammenhang mit der veränderten Aussage der Bilder: Im schlichten Gegenüber à la Hegeso wird zunächst Versunkenheit ausgedrückt, die Tote und Hinterbliebene gleicherweise erfaßt hat; im folgenden hebt sich dann die Eigenart des Toten immer stärker ab, bis hin zu seiner Verklärung, die sich mitunter kraß von der Trauer der Hinterbliebenen abhebt.[32] So sicher beide Gesichtspunkte dazu beitragen, das Fehlen des ‚Hegeso-Typus' im späteren 4. Jh. verständlich zu machen, so bleiben doch Ansatzpunkte für weitere Fragen. Bescheidene Denkmäler wie Marmorlekythen und Bildfeldstelen kennen auch im späteren 4. Jh. durchaus das zweifigurige Bild, wobei freilich sitzende und stehende Frau (die letztere nur selten als Sklavin anzusprechen) in der Regel im traditionellen Handschlag verbunden sind. Müssen demnach Bildtypus und Denkmaltypus im Zusammenhang betrachtet werden? Hat womöglich die eine Denkmalform eine Funktion, für die der ältere Bildtypus als angemessen beibehalten wurde, wogegen die großen Naiskoi eine Aufgabe erfüllten, für die sich neue Bildtypen durchgesetzt hatten? Auch die beobachteten Merkmale der Verklärung fehlen den bescheideneren Denkmälern in aller Regel, was man natürlich zunächst als Zeichen der Handwerk-

31 Diepolder, 43 ff.

32 Dazu vgl. Himmelmann passim, bes. 23 ff.

lichkeit verstehen möchte. Doch liegt auch hier die Frage nahe, ob nicht die Funktion der Denkmäler im Rahmen des Grabbezirkes mit eine Rolle spielte, vielleicht gar den Ausschlag gab für die Charakterisierung der Darstellung. Versunkenheit und Verklärung wären dann wohl nicht nur als „zeitgebundene Verkörperung eines alten Gedankens" zu verstehen,[33] nämlich das Eigene des Toten und damit ihn selbst herauszustellen. Vielmehr ist zu fragen, ob nicht auch diese mehr stimmungshaften Charakterisierungsmöglichkeiten in engstem Zusammenhang von Bild- und Denkmaltypus zu sehen sind – als Mittel, die Aussage des Grabreliefs als Denkmal im Familienbezirk zu präzisieren oder zu betonen.

In diesem Zusammenhang mag das oft zitierte Grabrelief aus Rhamnus (NM 833) (Abb. 3) als Beispiel zu denken geben. Denn gerade in diesem Fall fiel schon immer die Diskrepanz in der Charakterisierung der beiden durch den Tod getrennten Personen in die Augen; „der Trauer im zerfurchten Antlitz des Mannes steht der verklärte, festlich erhöhte Ausdruck der Frau als etwas Fremdes und Unerreichbares gegenüber". Neue Funde in Rhamnus scheinen nun aber keinen Zweifel daran zu lassen, daß Basis und Giebel mit Nennung eines Hieron zugehörig sind, womit der bärtige Alte als verstorbene Hauptperson anzusprechen ist – trotz seiner Trauer. Man könnte nun überlegen, ob vielleicht die Inschriften einer Zweitverwendung des Denkmals zuzuschreiben sind, vielleicht anstelle ursprünglich gemalter Inschriften, womit dann doch die junge Frau als ursprüngliche und alleinige Hauptperson angesehen werden könnte. Trotz einer solchen vermuteten Zweitverwendung muß man sich fragen, ob wirklich vorrangiges Anliegen der Verfertiger war, das Eigene des Toten im Bild vor Augen zu führen, auch mit Mitteln wie dem der verklärten Züge der Frau. Denn sollte es dann wirklich wenig später möglich gewesen sein, die vermeintliche, so eindeutige Aussage des Bildes schlicht umzukehren bzw. außer acht zu lassen? Oder lag der Darstellung doch ein anderer Aspekt als ‚Leitgedanke' zugrunde, ein Gedanke, der die ‚Umdeutung' der Szene anläßlich einer Weiterverwendung des Grabmales als durchaus möglich mit

[33] Himmelmann 26.

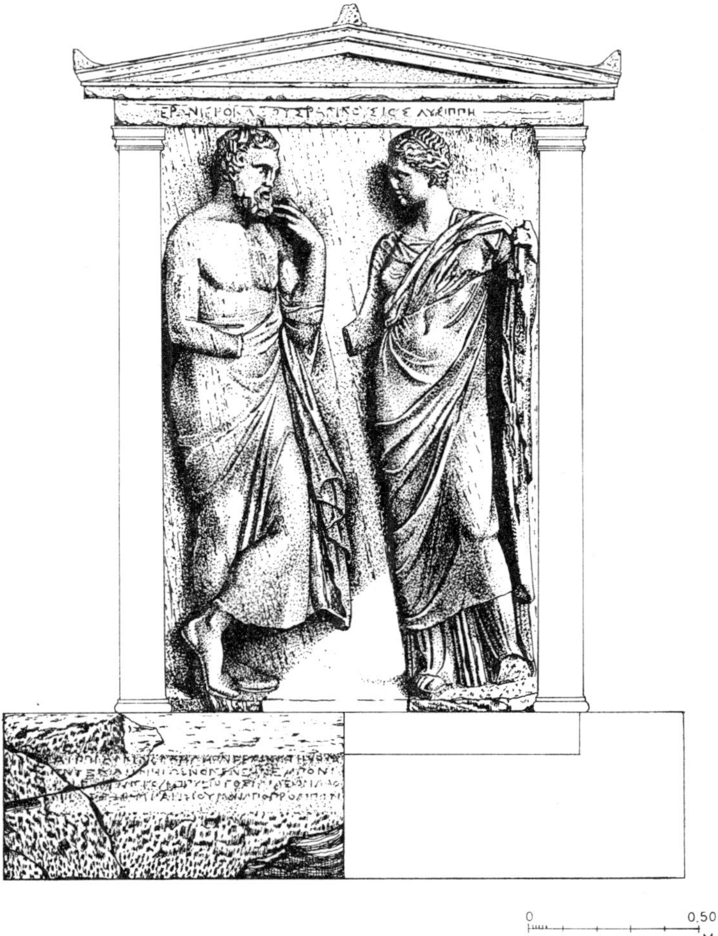

Abb. 3. Grabrelief des Hieron und der Lysippe, Athen NatMus. 833
mit zugefügtem Epistyl und Basisblock.

einschloß? Oder war durch Bild- und Denkmaltypus die Aussage des Denkmals bereits so offensichtlich und eindeutig, daß die Zweitverwendung für Hieron nur so etwas wie eine Erweiterung des ursprünglichen Themas bildete?

Kehren wir noch einmal zum Bildtypus der Hegeso selbst zurück, dann ist für die nachklassische Zeit so etwas wie eine Renaissance festzustellen. Zumal im Bereich der Inseln, seltener an der kleinasiatischen Westküste, vereinzelt bis hin nach Alexandria wird das Thema variiert.[34] Dabei fallen rasch zwei Merkmale auf. Die Sklavin ist regelmäßig erstaunlich klein im Verhältnis zur sitzenden Frau, oft geradezu kindlich klein; und die Bilder sind im Vergleich zu den klassischen Grabreliefs eindeutiger in ihrer Aussage: Entweder ist das Beieinander von Frau und Sklavin im Sinne eines alltäglichen Geschehens aktualisiert – die Sklavin reicht über größere Distanz die Kithara oder hält ein Kästchen hin, aus dem die Frau etwas herausnimmt –, oder aber die Figuren sind trotz Attributen für sich isoliert, teils durch die abrupte, frontale Kopfwendung der Frau, teils durch die statuarische Frontalität beider Personen. So nahe es einerseits liegt, an einen Rückgriff auf attische Vorbilder der Klassik zu denken, vielleicht gar an eine Tradition, da einzelne dieser Grabreliefs sicher aus dem 3. Jh. v. Chr. stammen, so offensichtlich sind die Unterschiede. Das kleine Format der Sklavin degradiert sie selbst beinahe zum Attribut, von einem fast gleichwertigen Gegenüber wie bei Hegeso kann nicht die Rede sein; die Eindeutigkeit der Handlung bringt etwas Vordergründig-Reales ins Bild, der Gedanke an eine Szene im Frauengemach ist unabweisbar, anders als bei vielen klassischen Bildern mit ihrem handlungslosen Gegenüber von Frau und Sklavin. Beide Eigentümlichkeiten gelten indessen der Kennzeichnung der sitzenden Frau, ihrer Betonung, sie steht als eindeutige Hauptperson im Mittelpunkt, von einer dialogischen Beziehung ist nichts zu spüren. Hinzu kommt nun noch die aufs Ganze gesehen recht geringe Anzahl solcher Bilder, insbesondere im 3. Jh. v. Chr., ferner eine gewisse Häufung im Athen nahe gelegenen Inselbereich

[34] Vgl. Délos 30, Nr. 143 ff.; BCH 98, 1974, 422 ff.; Pfuhl-Möbius Nr. 822 ff.; AM 26, 1901, 271 ff.

der Kykladen, und gerade von daher ist die Vermutung plausibel, daß es sich um einen Rückgriff auf einen klassischen Bildtypus Athens handelt, der gewissermaßen ins Hellenistische übertragen wurde.[35]

Der Vergleich mit solchen hellenistischen ‚Nachfahren' rückt unwillkürlich Eigenarten klassischer Reliefs deutlicher ins rechte Licht, beispielsweise beim ‚Hegeso-Typus' die annähernde Gleichwertigkeit von Frau und Sklavin in Komposition wie im Inhaltlichen. In Gesten und Stimmung ist die Sklavin der sitzenden Frau angeglichen, antwortet ihr gleichsam in angemessener Verhaltenheit und nimmt eben auch den Platz ein, den ebensogut eine ‚Verwandte' innehaben kann. Nur die Tracht unterscheidet sie und die Tatsache, daß sie nie mit ihrer Herrin im Handschlag verbunden ist – trotz aller „Verbundenheit" im Bild. Der soziale Tatbestand wird also durchaus angedeutet, und doch fragt man sich im Hinblick auf die Sklavinnen hellenistischer Grabreliefs und ihre Charakterisierung, inwieweit in der skizzierten Eigenart des klassischen Bildes lediglich die formale Sehweise des Verfertigers und seiner Zeit zum Tragen kommt, der es eben auch auf ausgewogene Komposition ankommt, oder inwieweit hier ein anderes Menschenbild zu fassen ist, das auch im Sklaven den Menschen sieht.[36]

Ein ähnlich tiefer reichendes Problem ergibt sich, wenn man das Bild der Hegeso in noch weiteren Rahmen stellt. Trotz ihrer Größe ist die Sklavin natürlich Hegeso zugeordnet, und insofern kann man das Grabrelief als Einzelbild auffassen: Es gilt Hegeso allein, stellt sie als Verstorbene heraus. Im folgenden 4. Jh. werden solche Einzelbilder sitzender Frauen zusehends seltener, ohne freilich ganz aufgegeben zu werden. Auch im Hellenismus ist das Thema vergleichsweise selten, wird allerdings ergänzt durch das Bild der allein in Vorderansicht stehenden Frau, der eine oder mehrere kleine Sklavinnen zugeordnet sind.[37] Neben diesen Einzelbildern von Frauen sind dann freilich auch solche von Männern zu berücksichtigen, vor

[35] Vgl. Délos 30, 288.

[36] Vgl. z. B. Rodenwaldt 65; dazu Himmelmann, AbhMainz 1973, 648 ff.

[37] Pfuhl-Möbius Nr. 374 ff.

allem bürgerlich gekleideter und ebenfalls für sich stehender Männer, wie sie im klassischen Attika kaum bekannt sind. Gerade in den Jahrzehnten um 400 v. Chr. hat hier das Frauenbild eine herausragende Bedeutung, und insofern bringt der Hellenismus so etwas wie eine Gleichstellung des Bürgers. Um so merkwürdiger erscheinen die Verhältnisse, wenn man auch die archaische Zeit mitberücksichtigt. Denn beispielsweise sind unter den attischen Grabdenkmälern archaischer Zeit kaum solche für Frauen bekannt, wogegen zahlreiche Kouroi und Grabreliefs männlichen Verstorbenen gelten.[38] Deswegen sowie aufgrund anderer Indizien hat man auf eine tiefgreifende „soziale Umschichtung" geschlossen, „aus dem Privileg der Feudalherren sei nunmehr eine Einrichtung geworden, die jedem Bürger freisteht"[39] – eben auch Bürgerinnen. Sowenig bei dieser Folgerung daran zu zweifeln ist, daß Grabmäler archaischer Zeit allem Anschein nach einer kleinen, feudalen Oberschicht Attikas vorbehalten waren, während nach Ausweis der erhaltenen Denkmäler klassischer Zeit dieser Kreis größer war, so fraglich ist, ob mit der getroffenen Unterscheidung der Kern der Veränderungen angesprochen ist. Denn dann müßte man wohl noch einen Schritt weitergehen: Die frühesten und besten klassischen Grabreliefs Attikas gelten erstaunlich häufig und weitaus überwiegend Frauen wie Hegeso, und gerade sie sind in archaischer Zeit kaum bedacht worden. Dennoch wird man deshalb auf keine ‚Emanzipation' der Frau im späteren 5. Jh. v. Chr. schließen wollen – die Art, wie z. B. Perikles in der Thukydideischen Leichenrede des Jahres 430 v. Chr. ganz am Schluß auf die Frauen der Gefallenen eingeht, zeigt zur Genüge, welche Stellung die Frau in der damaligen gesellschaftlichen Ordnung innehatte – sie dürfte sich nur unwesentlich von der des 6. Jh. v. Chr. unterschieden haben. Die mehr oder weniger plötzlich in nachparthenonischer Zeit einsetzenden Frauenstelen sind demnach kaum als Zeichen sozialer Umschichtung zu werten, müssen vielmehr in anderem Zusammenhang gesehen werden, um sich

[38] Vgl. BSA 57, 1962, 115 ff., bes. 149 f.; MarbWPr 1979, 36. Anders Ridgway 165 f.

[39] Dohrn 187.

dann vielleicht deuten zu lassen; wieder mag man an den Rahmen der Grabbezirke denken sowie an die mögliche Aussage der Bild- und Denkmaltypen. Dies gilt natürlich auch für das als Beispiel angesprochene Grabmal der Hegeso, dessen Darstellung eben nicht für sich gesehen werden darf; selbst der Blick in weiter zurück liegende Zeit, in der es vergleichbare Bilder fast gar nicht gab, scheint Ansatzpunkte für das Verständnis liefern zu können. Sie gilt es zu nutzen.

ZUR WISSENSCHAFTSGESCHICHTE

Wenn die Archäologie als historische Wissenschaft ihre eigenen historischen Voraussetzungen bedenkt, steht meist der Name J. J. Winckelmanns am Anfang. Denn „mit ihm beginnt das Selbstverständnis der Archäologie als Wissenschaft" [40]. Für die Beschäftigung mit griechischen Grabreliefs, für unser Verständnis dieser Monumente ist indessen der um gut 20 Jahre jüngere J. W. Goethe weitaus wichtiger, obwohl er außerhalb des Faches selbst stand.

Auf seiner ersten italienischen Reise besuchte Goethe 1786 in Verona das dortige Museum. Die dort aufbewahrten Denkmäler sind keine Kunstwerke, vielmehr zum überwiegenden Teil nur Inschriften, und die mit Reliefs geschmückten sind durchaus bescheidene, typische Vertreter ihrer Gattung. 18 Jahre vorher hatte auch Winckelmann dies Museum aufgesucht, und sein Begleiter, der Bildhauer B. Cavaceppi, hatte notiert: „Von Venedig begaben wir uns nach Verona, wo es unser erstes Geschäft war, das berühmte Museum Maffei zu besichtigen. Aber die Wahrheit zu sagen, fand ich hier in Ansehung der Kunst wenig bedeutendes, ..." [41] Und nicht viel anders wird es auch Winckelmann selbst ergangen sein, der noch in den Jahren zuvor in Rom selbst, aber auch in Neapel eine Fülle herausragender Kunstwerke kennengelernt hatte, nicht zuletzt auch dank seiner engen Verbindung mit dem Kardinal Alessandro Albani, der ihm als „Freund und Wohltäter" mit der Reichhaltigkeit seiner Sammlung „die wichtigste Grundlage für seine Studien bot". [42] Durch Albani war Winckelmann auch ein bedeutendes Relief bekanntgeworden, das 1764 in Rom gefunden worden war, und von dem Winckelmann im gleichen Jahr Freunde benachrichtigte:

[40] A. H. Borbein, Gnomon 44, 1972, 287.

[41] C. Justi, Winckelmann II (1872) 427.

[42] Helbig[4] IV S. 175.

Unter den „größten" der Neufunde erwähnt er „eine erhobene Arbeit mit Figuren, über Lebensgröße, nebst einem Pferde, in älteren Griechischen Stile" – das nach seinem Aufbewahrungsort so genannte Reiterrelief Albani.[43] Drei Jahre später kommt Winckelmann in seinen ›Monumenti Antichi Inediti‹[44] auf das Relief zurück, bildet es in einem Stich ab und nimmt die etwas kursorische Ausarbeitung der Ohren zum Anlaß einer gelehrten Erörterung über die spezifischen Pankratiasten-Ohren, die von Faustschlägen deformierten Ohren der Freistilkämpfer. Ganz zum Schluß seiner Ausführungen kommt er auch noch einmal kurz auf das Relief zurück, überlegt, ob es sich wegen der Ohrform um einen der Dioskuren handeln könne, und denkt an Pollux und seinen Gegner Lynkeus, womit die Darstellung als mythologische Episode gedeutet wird. 100 Jahre später erkennt C. Friedrichs, daß es sich um ein attisches Grabrelief handelt, „um das schönste aller griechischen Grabreliefs"[45] – eine Erkenntnis und Bewertung, die Winckelmann in seiner Zeit noch fern lag, auch nicht möglich war. Denn als private Denkmäler sind die griechischen Grabmonumente in der einschlägigen antiken Literatur so gut wie nie erwähnt; einmal nennt Pausanias im Zusammenhang mit einem Grabmal den Namen des Praxiteles, ein andermal den des Malers Nikias.[46] Und dieser zweite Name war für Winckelmann auch Anlaß, im Rahmen seiner ›Geschichte der Kunst des Alterthums‹[47] auf die Gattung der griechischen Grabmäler beiläufig hinzuweisen. Doch bleibt es bei diesem theoretischen Hinweis, ohne daß er durch Beispiele veranschaulicht würde. Denn zum einen sind zu Winckelmanns Zeiten nur sehr wenige griechische Grabmäler zugänglich gewesen,[48] und diese vereinzelten Vertreter waren zum anderen weder in ihrer Funktion noch in ihrer Bedeutung erkannt, auch nicht so herausragende Beispiele wie das Reiter-

[43] Helbig[4] Nr. 3257.

[44] (1767) S. 75 ff.

[45] AZ 21, 1863, 14 (auf Grund des ähnlichen Reliefs aus Chalandri/Berlin, dessen Funktion durch die Inschrift gesichert ist).

[46] Pausan. I 2,3 und VII 22,6.

[47] Dresden (1764) 137.

[48] Vgl. z. B. Helbig[4] 875, 3262.

relief Albani. Noch viel mehr gilt dies für so bescheidene Reliefs wie die im Museum in Verona; sie boten in der Tat kaum Anreiz für eine Zeit, die an antiken Autoren – und Autoritäten! – wie Plinius und Pausanias geschult, sich vor allem für große oder doch nennenswerte Künstlerpersönlichkeiten interessierte oder aber den Inhalt einer Darstellung, besonders mythologischer Szenen, im Auge hatte.

Um so merkwürdiger ist es, daß 18 Jahre nach Winckelmanns Besuch im Maffeianum J. W. Goethe in eben diesem Museum von den dort aufbewahrten, fast unscheinbaren Grabsteinen nachhaltig beeindruckt war.[49] Wie hoch er selbst diese Begegnung und dies Erlebnis in Verona einschätzte, beleuchtet seine Bemerkung gegenüber Herder, der zwei Jahre später nach Italien aufbrach, und dem er die Abschrift seines „Reise-Tagebuches" abschlug: „Du kannst sie nirgend brauchen als in Verona." Und ähnlich bezeichnend erscheint, in welcher Weise Goethe in der späteren Fassung seiner „Italienischen Reise" den Text seiner Verona-Notizen veränderte. In gewisser Distanzierung unterdrückt er einmal eine Wendung, die ihm wohl allzu persönlich, zu stimmungshaft erschien. Den Zusatz, „daß ich mich der Trähnen nicht enthalten konnte", streicht er, es bleibt bei dem verhaltenen Hinweis: „Mir war die unmittelbare Gegenwart dieser Steine höchst rührend." Umgekehrt gibt es (neben anderen) auch einen unscheinbaren, doch sehr bezeichnenden Zusatz. Dem ursprünglichen Bekenntnis spontanen Empfindens „die Grabmähler sind herzlich und rührend" fügt er später in fast nüchterner Weise eine knappe Deutung bei: „... und stellen immer das Leben her". Gerade diese Wendung Goethes faßt seine Beobachtungen und den Tenor seiner Äußerungen zusammen, ist aus Distanz und gewachsener Einsicht formuliert. Andere Sätze, die Goethe fast unverändert seiner ursprünglichen Fassung entnahm und die ihm demnach auch später wesentlich erschienen, beziehen auch den Künstler mit ein, gehen beschreibend auf die dargestellten Menschen ein, weisen auf ihr Weiterleben hin: „Hier hat der Künstler mit mehr oder weniger Geschick immer nur die einfache Gegenwart der Men-

[49] Dazu und zum folgenden vgl. G. Rodenwaldt, 102. BerlWPr 1942 passim.

schen hingestellt, ihre Existenz dadurch fortgesetzt und bleibend gemacht... sie sind was sie waren, sie stehen beysammen, sie nehmen Antheil an einander, lieben sich..." Der kurze Vermerk „die Grabmäler... stellen immer das Leben her" zielt dagegen auf die Aussage der Denkmäler, bildet so etwas wie ein Resümee aller Eindrücke und Überlegungen und formuliert den Gedanken, dem diese Bilder selbst gelten – nach Goethes Meinung.

Den ganzen Abschnitt der ›Italienischen Reise‹ hat 30 Jahre nach ihrer Publikation (1816) L. Friedlaender in seiner Arbeit über griechische Grabreliefs in vollem Wortlaut zitiert,[50] schließt damit das Hin und Wider einer schon damals in ihrem Ursprung nicht mehr klar rekonstruierbaren Diskussion ab und fügt selbst noch zusammenfassend hinzu, daß „auf diesen Grabmälern weder der Tod noch das Leben nach dem Tod dargestellt sei, sondern das menschliche Leben selbst". Auf Friedlaenders Arbeit sowie auf dessen Goethe-Zitat weist drei Jahre später F. G. Welcker in seinen ›Alten Denkmälern‹ ausdrücklich hin und geht in gewisser Weise noch einen Schritt weiter.[51] Denn er gebraucht nun für die Darstellungen der griechischen Grabdenkmäler abkürzend die einprägsamen Begriffe „Lebensscenen" und „Lebensbilder", wobei er selbst nur „eine der beliebtesten dieser auf den Denkstein gesetzten Lebensscenen" ausführlicher behandelt, die der „täglichen Mahlzeit".

Spätestens mit Welcker hat Goethes Deutung der griechischen Grabreliefs Eingang in die archäologische Fachliteratur gefunden, mit ihm hatte sich eine Autorität für diese Betrachtungsweise eingesetzt. Und von daher ist es nicht verwunderlich, wenn in der folgenden Zeit immer wieder wie selbstverständlich und ohne Verweis auf den Urheber dieser Anschauung gesagt werden kann: „Wie es die Griechen liebten, auf ihren Grabsteinen Scenen des Lebens, nicht des Todes darzustellen..." – so z. B. bei Bekanntmachung des Hegeso-Reliefs (1872), dessen Bild als „eine dem täglichen Leben ent-

[50] De operibus anaglyphis in monumentis sepulcralibus Graecis (1847) 29f.

[51] 2. Teil (1850) 232f.; erneut wörtlich auf Goethe verweist A. Milchhoefer, Graeberkunst der Hellenen (1899) 5.

nommene Schmuckscene" verstanden wird.[52] Gelegentlich meint man sogar, daß Goethes Gedanke bis in die Formulierung späterer Äußerungen nachwirkt, so z.B. wenn E. Buschor 1911 schreibt (wieder zur Hegeso)[53]: „Die Verstorbene ist dargestellt, wie sie im Leben war; nichts von Heroisierung, keine Andeutung des Todes, des Jenseits, des Schmerzes." Goethe hatte notiert: „... kein geharnischter Mann auf den Knieen, der eine fröhliche Auferstehung erwartet... Sie falten nicht die Hände, schauen nicht in den Himmel, sondern sie s i n d hienieden was sie w a r e n und was sie s i n d. Sie stehen beysammen, nehmen Antheil an einander, lieben sich, ..."[54] Oder wenn G. Rodenwaldt betont,[55] daß „rein menschliches Dasein in Form einer einfachen Handlung dargestellt sei, die... sich mit einer Gebärde oder einem Blick der Zusammengehörigkeit begnügt", so mag man an Goethes Worte denken: „Da stehen Vater und Mutter, den Sohn in der Mitte, einander mit unaussprechlicher Natürlichkeit anblickend. Hier reicht sich ein Paar die Hände ... Von späterer Kunst sind sie (sc. die Steine) aber einfach, natürlich und allgemein ansprechend."

Neben Goethes Deutung der Grabreliefbilder wurden in der Fachliteratur natürlich auch ganz andere Meinungen vertreten, gleichfalls bis in die jüngste Vergangenheit hinein. So wertet z.B. Baron v. Stackelberg in seinem prächtigen Werk ›Die Graeber der Hellenen‹ (1837) den architektonischen Rahmen einer Stele des ‚Hegeso-Typus' im Sinne eines „Heroons",[56] er weist auf die „vergrößerte Gestalt" der Toten hin, die demnach als „Verklärte"[57] am Eingang ihres eigenen Heroon sitze; der Fußschemel wird als „Zeichen

[52] AZ 29, 1872, 19.

[53] Bruckmanns Wandbilder alter Plastik (1911). In: Die Plastik der Griechen (1958) 79 fügt Buschor freilich zu: „die Kästchenszene ist zugleich Grabbesuch".

[54] „so liebten sie sich" – Friedrichs-Wolters (1885) Gipsabgüsse antiker Bildwerke 326.

[55] Das Relief bei den Griechen (1923) 63.

[56] S. 36; vgl. dazu in ähnlichem Sinn A. Milchhoefer AM 5, 1880, 221 und B. Schweitzer, HdArch (1939) 377 und (1969) 178.

[57] So jüngst auch wieder J. Thimme, AntK 7, 1964, 24.

ihres hohen Ranges“ angesprochen, und die Begleiterin trägt „ein Opferkästchen, um der Verklärten die darin enthaltenen frommen Todtengaben zu weihen“. Dabei spielten für v. Stackelberg zweifellos antike Vorstellungen vom Hades, von Elysium und Tartarus sowie vom Schattendasein der Verstorbenen eine große Rolle, wie sie in der antiken Literatur immer wieder belegt sind, und wie sie v. Stackelberg selbst in der Einleitung seines Werkes zusammengestellt hat. Auch auf Bestattungsbräuche wies er hin, die z. T. gerade für das Verständnis der publizierten Grabbeigaben wichtig sind. Vor diesem Hintergrund entwickelt v. Stackelberg seine Deutung der erhaltenen Grabreliefs, wobei er sich von dem Gedanken leiten läßt, daß „die genaue Kenntnis des Fundortes und der Nebenumstände der Findung der Denkmäler den wesentlichen Vortheil biete, dass einheimischer Cultus und gangbare Volksideeen als Richtschnur dienen können, um die Bestimmung der Denkmäler und ihren bildlichen Sinn zu ergründen“ [58]. Zu kurz kommt dabei, daß die literarischen Zeugnisse nach Zeit und Landschaft nicht einheitlich sind und z. T. auch religiösen Vorstellungen verpflichtet sind, die durchaus nicht allgemein verbreitet waren; diese recht unterschiedlichen Vorstellungen werden gewissermaßen nach Bedarf mit den Denkmälern bzw. mit Einzelheiten ihrer Darstellungen verbunden, was zur Folge hat, daß es neben Bildern der verklärten Toten vor ihrem Heiligtum ebenso auch schlichte Abschiedsszenen gibt. Die Möglichkeit, daß einer mehr oder weniger kanonischen Bildform ein Bildgehalt zugrunde liege, bleibt außer Betracht.

Stärker auf die Darstellungen selbst bezogen ist eine Generation später der Standpunkt von R. Kekulé.[59] Er betont, daß in diesen Grabreliefs doch „ein Bild des Verstorbenen beabsichtigt“ sei, ein Bild, das ihn so darstellt, wie man „ihn im Leben zu sehen gewohnt war“. Aber in vielen Fällen habe man an die Art des Todes erinnert, etwa in Bildern Kämpfender, oder man habe durch „ausdrucksvollste Geberden“ Trennung und Schmerz auszudrücken versucht. Auf Grund dieser „Erkenntnis“ gewahrt Kekulé im Grabrelief der

[58] S. 27.
[59] Das Akademische Kunstmuseum zu Bonn (1872) 42f.

Hegeso „dieselbe Stimmung leiser Klage“, der Gedanke einer „dem täglichen Leben entnommenen Schmuckszene“ erscheint ihm nicht mehr genügend, die Situation sei „bedeutsamer“, vielleicht schon von der Nähe des Todes bestimmt. Mit dieser Deutung setzt sich Kekulé nicht nur von der Meinung seines Lehrers Welcker deutlich ab, vielmehr tritt er auch ganz bewußt in Gegensatz zu jener „Vorstellungsweise, die durch einen berühmten Ausspruch Goethes eine gewisse Classicität erhalten“ habe.

Kekulé formulierte seine Überlegungen im Zusammenhang mit einem dreifigurigen Grabrelief des mittleren 4. Jh., das kurz vorher wie das der Hegeso vor dem Dipylon, also im Kerameikos gefunden worden war. Wie der Kontext seines beschreibenden Kataloges zeigt, hatte Kekulé dabei jedoch nicht nur diese beiden einzelnen Denkmäler im Auge, sondern durchaus auch noch weitere. Denn gerade in jenen Jahren kam dank der ersten systematischen Grabungen im Kerameikos eine große Anzahl von Grabmälern zutage, von denen einzelne sogar im Abguß von den Sammlungen deutscher Universitäten erworben werden konnten. Fast ausschließlich handelt es sich bei diesen Neufunden um klassische Grabreliefs, meist um solche des 4. Jh. Auf sie bezieht sich Kekulés Deutung, und um die gleichen Monumente geht es, wenn in dieser Zeit auch immer wieder die von Kekulé kritisierte Vorstellung, eben die Meinung Goethes angesprochen wird, wie etwa im genannten Fall des Hegeso-Reliefs. Aus dem Blick geriet dabei, daß Goethe seine Einsicht vor den Veroneser Grabreliefs formulierte bzw. seine später redigierte Fassung auf sie bezog. „Von späterer Kunst sind sie“ hatte er selbst bemerkenswerterweise in der Rückschau dem ursprünglichen Text seiner Notizen zugefügt, d. h. es scheint ihm klargeworden zu sein, daß er keine klassischen Grabreliefs in Verona vor sich gehabt hatte. Dabei muß man indessen umgekehrt festhalten, daß Goethe klassische Grabreliefs gar nicht kannte bzw. nicht erkannte, wie etwa im Fall des Reiterreliefs Albani, das zu seiner Zeit durchaus zugänglich war. Auch ist nicht zu übersehen, daß der Aspekt der Chronologie in dieser Zeit insgesamt kaum Bedeutung hatte. Denn weder bot eine entsprechende Denkmälerfülle Anlaß für eine chronologische Ordnung, noch sah man damals methodische

Hilfsmittel, private und d. h. anonyme Werke wie Grabreliefs historisch genauer einzuordnen. Noch Friedlaender geht in seiner Arbeit von 1847 auf alle ihm bekannten Grabmäler ein und berücksichtigt hellenistische Grabreliefs von den Inseln und von der kleinasiatischen Westküste ebenso wie klassische Werke Attikas. Doch ist es vielleicht nicht zufällig, daß er Goethes Vorstellung im Anschluß an die Erwähnung eines vor allem klassischen Bildtypus zitiert: Gerade für „Schmuckszenen des täglichen Lebens“ à la Hegeso erschienen ihm Goethes Worte besonders treffend.

Und wenig später rückten dann solche klassischen Grabreliefs unversehens in den Vordergrund des Interesses, als seit den 60er Jahren im Kerameikos zunächst zufällig, dann systematisch klassische Grabanlagen und Monumente aufgedeckt wurden. Nur allzu verständlich zogen diese z. T. großartigen Werke (wie z. B. Hegeso) die Aufmerksamkeit auf sich, zumal der Zeitgeschmack für klassische Formen noch viel unmittelbarer empfänglich war als zwei oder mehr Generationen später. Gefördert wurde diese zunehmende Beschäftigung mit klassischen Grabreliefs durch ein wissenschaftliches Unternehmen, durch die Sammeltätigkeit der k. u. k. Akademie der Wissenschaften zu Wien für ein Corpus der attischen Grabreliefs (seit 1873). Da in Attika aufgrund eines Gesetzes des Demetrius von Phaleron zur Einschränkung des Gräberluxus (entsprechende Hinweise bei Cicero) in hellenistischer Zeit kaum Grabreliefs hergestellt wurden, rückten Vorarbeiten und Publikationen des Corpus (seit 1893) geradezu zwangsläufig, aber auch einseitig die Denkmäler klassischer Zeit weiter in den Blickpunkt. Ihnen galt in allererster Linie, z. T. sogar ausschließlich, die wissenschaftliche Arbeit, auf sie zielten die Bemühungen um die Deutung der Darstellungen, und auf sie wurde auch Goethes Vorstellung – oft nur vage angedeutet – bezogen. Die Denkmäler aber, die Goethe selbst vor Augen gehabt hatte, waren in den Hintergrund getreten, waren geradezu verdrängt von der Fülle und Großartigkeit der klassischen Grabreliefs Attikas, so daß G. Rodenwaldt sie 1923 in seinem Buch ›Das Relief bei den Griechen‹ mit einem einzigen Satz als „unbedeutende hellenistische Nachfahren des attischen Reliefs“ abtun konnte. Denkt man zurück an Goethe und sein Veroneser Erlebnis, so liegen die Fragen auf der

Hand, inwieweit hellenistische Grabreliefs wirklich nur „unbedeutende Nachfahren“ ihrer klassischen Vorgänger sind, inwieweit sie zu Recht Goethes Vorstellung vom Sinngehalt griechischer Grabsteine prägten, und inwieweit es zulässig war, ihre Deutung auf ältere, eben die klassischen Grabreliefs zu übertragen. Oder hatte Goethe mit seiner Aussage vielleicht nur einen recht allgemeinen Aspekt im Auge, den er gegenüber christlichen Grabmälern als eigentümlich griechisch abhob, der aber im Hinblick auf die Epochen Klassik – Hellenismus zu modifizieren wäre, zumal bei heutiger Kenntnis des immens angewachsenen Denkmälerbestandes?

Bereits Kekulé hatte stärker als früher die Notwendigkeit gesehen, den Darstellungen der Grabmäler im Sinne einer „bedeutsamen“ Situation gerecht zu werden. Anlaß boten ihm dazu vor allem Gebärden des Schmerzes und der Trennung. Und von daher deutete er im Fall der Hegeso die Möglichkeit an, daß hier die Nähe des Todes die scheinbar so alltägliche Schmuckszene bestimme: Hegeso suche sich vielleicht Schmuck, der ihr wert war, für ihre letzte Reise aus. In ähnlicher Weise wurde auch bei jenen Szenen, die man schon lange als Abschiedsszenen angesprochen hatte, das Moment des aktuellen Geschehens in den Vordergrund gerückt. Weniger der Zuständlichkeit eines typischen Vorganges galt das Augenmerk, als vielmehr dem Augenblicklichen der Handlung. Im Sinne einer somit konkretisierten Deutung der Bilder schlug F. Ravaisson 1875 einen ganz neuen Weg ein.[60] Dargestellt sei nicht der Abschied von Hinterbliebenen und Verstorbenen, sondern das Wiedersehen der Familie im Elysium. Ausgangspunkt für ein solches Verständnis der klassischen Grabreliefs bildete die völlig ungewöhnliche Marmorlekythos der Myrrhine,[61] deren Bild ausnahmsweise Hermes zeigt, wie er Myrrhine an der Hand faßt, um sie, wie Ravaisson meinte, ins Elysium zu bringen, wo sie von früher verstorbenen Familienmitgliedern empfangen werde. Die lebhafte Bewegung des Hermes, die

[60] Gaz. Archéol. 1, 1875, 21 ff. und 41 ff.

[61] Zu ihr zuletzt C. W. Clairmont, Festschrift von Blanckenhagen (1979) 103 ff.

Aktion seiner linken Hand, aber auch die Geste des bärtigen Mannes, der die Gruppe der angeblich früher Verstorbenen links anführt – all diese Aktivitäten werden im Sinne eines gerade vor unseren Augen sich entwickelnden Geschehens verstanden, wie wenn es sich um eine Momentaufnahme handle. Daß Gesten auch über den momentanen Zusammenhang hinaus Bedeutung haben können, zumal in einem Kunstwerk, geriet dabei aus dem Blick.

Schon wenige Jahre später wurde Ravaissons Interpretation der Myrrhine-Lekythos mit guten Gründen widerlegt;[62] seine Vorstellung vom Wiedersehen im Elysium fand jedoch weitere Fürsprecher, unter ihnen vor allem A. Furtwängler. Er versuchte, in der Einleitung zum Katalog der ehemaligen Sammlung Sabouroff (1883–1887) „einige besonders wichtige Fragen, die sich an die Denkmäler aus Griechenland überhaupt knüpfen, im Zusammenhange zu behandeln". Und eine solche Betrachtung schien ihm vor allem die Gruppe der sepulkralen Denkmäler zu verlangen. Dabei ging er zunächst auf die „ältesten Vorstellungen von Grab und Tod" ein, die auch anderweitig zu fassen seien, „wie uns die moderne Ethnologie lehrt, welche uns überhaupt erst den Blick erweitert und das allgemein Menschliche im Griechischen hat erkennen lassen". „Alte, auch den rohesten Völkern gemeinsame Anschauung" sei, daß der Tote „eine dämonische Kraft habe, auf die Lebenden zu wirken", und zahlreiche Äußerungen der griechischen Literatur bezeugen für Furtwängler, daß auch den Griechen „die Seele des Verstorbenen als übermächtiges Wesen" galt. Von solchen Vorstellungen geleitet, wendet er sich dann den Denkmälern selbst zu, ganz sicher nicht zufällig zuerst den Totenmahl- und Reiterreliefs, die inschriftlich gesichert oft Heroen errichtet waren, als Grabreliefs demzufolge die heroische Natur der Verstorbenen herausstellten. Es folgt die zweite Gruppe von Denkmälern, „welche den Toten darstellt, wie er im Leben war" – was freilich nicht bedeute, „daß man von den Todten geringer gedacht hätte". All diese Stelen gelten nach Furtwänglers Meinung nur e i n e m Toten und stellen ihn allein dar, allenfalls durch Nebenfiguren charakterisiert. „Sowohl der Todte als die Nebenfigur

[62] O. Benndorf, AM 4, 1879, 183ff.

sind durchaus von jener gleichmässigen heiteren inneren Ruhe beseelt, welche die Werke dieser Zeit ja so einzig auszudrücken verstehen. Die Wehmuth, die wir in die so oft etwas geneigten Köpfe zu legen pflegen, ist unser modernes Empfinden." – Im 4. Jh. tritt dann nach Furtwänglers Meinung die dritte Denkmälergruppe in den Vordergrund, die „Familienscenen, die Vereinigung von mehreren Familienmitgliedern, deren Hauptpersonen in der Regel durch den Handschlag verbunden sind". Hier seien „alle als Todte gemeint", abgesehen natürlich von Sklavinnen und nicht namentlich genannten Kindern. Zugrunde lägen diesen Bildern die „erst später ausgebildeten Unterweltsvorstellungen, von einem Orte, wo man sich trifft, sich wiedersieht und durch den Handschlag die treue enge Verbindung untereinander bekräftigt, mit seinen Angehörigen vereinigt weiterlebt".

In gebotener Kürze geht Furtwängler auf ältere Meinungen ein, und diese seine Stellungnahme beleuchtet wohl noch schärfer seine eigene Position. Daß Handschlagszenen nicht einfach immer Szenen des Abschieds meinen könnten, hatte schon L. Stephani betont, indem er auf Grabreliefs hinwies, die laut Inschrift zwei Toten gelten und diese im Bild durch den Handschlag verbunden vorführen. Unberücksichtigt für die Bewertung der klassischen Grabreliefs blieb dabei, daß es sich in den genannten Fällen um hellenistische Grabmäler handelt, meist späte, z. T. erst aus römischer Zeit, die also für ältere Zeiten kein schlüssiges Argument liefern. Die andere Auffassung, daß Tote und Hinterbliebene im Bild dargestellt seien, wobei der Händedruck „die Liebe und Zuneigung betone, welche die dargestellten Familien-Glieder sowohl im diesseitigen, als auch im jenseitigen Leben verband",[63] diese Auffassung läßt sich nach Furtwängler gleichfalls unschwer widerlegen. Denn es sei völlig unmöglich, „den Todten und die ‚Überlebenden' auf den Denkmälern zu unterscheiden", und zum anderen sei es eine „falsche Grundanschauung von dem Verhältnisse der Lebenden zu den Verstorbenen bei den Alten", in den Darstellungen einen „Verkehr von beiden wie zwischen Gleich und Gleich, ein Händedrücken und gemüthliches

[63] L. Stephani, Compte rendu 1861, 102.

Zusammensein" erkennen zu wollen. Zumal die letzte Äußerung Furtwänglers macht deutlich, wie er die angezweifelte Deutung im Sinne eines aktuellen Geschehens mißversteht und damit geradezu banalisiert, was dann mit der überlieferten Einschätzung der Grabmäler ganz und gar nicht in Einklang zu bringen sei. Bemerkenswert erscheint nun, daß Furtwängler selbst mit seiner eigenen Deutung durchaus nicht über den Rahmen der von ihm kritisierten bzw. widerlegten Meinungen hinausgeht. Denn seine eigene Interpretation stellt so sehr den Geschehenszusammenhang der Bilder heraus, daß er die eine Gruppe klassischer Grabmäler als eine Art Lebensbilder deutet – Jünglinge säubern sich mit der Strigilis, spielen mit Tieren, oder eine Frau spinnt im Sitzen Wolle, ganz so, wie sie es im Leben auch tat –, die andere als Bilder des Jenseits, wo sich Ahnen und Jüngstverstorbene treffen. Grabreliefs ein und derselben Epoche, die sicherlich auch mehrfach nebeneinander in einem Grabbezirk standen, wären demnach in ihrer Aussage durchaus nicht einheitlich, würden nach Furtwänglers Vorstellungen ganz unterschiedliche Sphären im Bild vor Augen führen – eine Folgerung, deren Fragwürdigkeit, wie längst gesehen, an der Richtigkeit der vorgeschlagenen Deutung zweifeln läßt.

Gerade im Hinblick auf Furtwänglers Stellungnahme ist es gerechtfertigt, auf 20 Jahre ältere Äußerungen L. Stephanis kurz hinzuweisen,[64] zumal Furtwängler sie selbst zitiert. In ganz anderem Zusammenhang kommt Stephani auf das Motiv des Handschlages zu sprechen, dem er in unterschiedlichsten Denkmälergattungen, aber auch in recht verschiedenartigen Szenen nachgeht. Und fast nur beiläufig weist er dabei auch auf die griechischen Grabreliefs hin. Deutlich wird hierbei, daß Stephani den Formelcharakter des Motivs im Auge hat, der durchaus unterschiedliche Aussagen zuläßt, je nach dem vorliegenden Kontext. So gut der Handschlag im Sinne einer Handlung als Abschied oder als Wiedersehen verstanden werden kann, so gut kann er den Zustand enger Verbundenheit meinen, und gerade für diese zweite Bedeutungsmöglichkeit erinnert Stephani an eine eindrucksvolle Homer-Stelle. Vor seinem Aufbruch in den

[64] Compte rendu 1861, 77ff.

Kampf hält nämlich Hektor während des langen Zwiegespräches mit Andromache deren Hand (Il. VI, 406ff.), nimmt dann seinen kleinen Sohn noch einmal selbst in den Arm, legt ihn anschließend seiner Frau wieder an die Brust, und nun zum Schluß streichelt er sie, von Mitleid ergriffen, während er die eigentlichen Abschiedsworte spricht. Offenkundig meint in diesem Fall der Handschlag nicht momentanes Geschehen, verdichtet keine Aktion der beiden Handelnden in einem kurzen Handlungszeitraum, sondern verdeutlicht als Ausdruck einer zuständlichen Haltung die vertraute Verbundenheit der Partner. Gerade deshalb scheint dieses Homer-Zitat in Stephanis Diskussion des Handschlagmotives für die Grabreliefs bemerkenswert zu sein. Doch fast noch wichtiger dürfte sein, daß Stephani im weiteren den Eigenwert der Bildformel betont, die ihre Bedeutung eben nicht allein aus einem bestimmten Handlungskontext erhält, sondern als Formel eine eigene, klare Aussage bietet, die durch den Bildzusammenhang allenfalls noch aktualisiert bzw. modifiziert werden kann. Bei Kekulé und Furtwängler – um nur diese beiden zu nennen – hat man dagegen den Eindruck, daß die Grabreliefbilder insgesamt als Geschehen gesehen werden, dem sich die einzelnen Bildelemente und Motive unterordnen, von dem sie in ihrer Aussage festgelegt werden.

Soweit ich sehe, ist Stephani auf seine Betrachtungsweise im Zusammenhang mit klassischen Grabreliefs nicht wieder zurückgekommen. Dabei wäre es wohl denkbar, vom Formelcharakter des Handschlagmotives aus weiterzugehen und in gleicher Weise andere Motive zu befragen, etwa die Geste der den Mantelsaum fassenden Hand bei stehenden und vor allem sitzenden Frauen – mehrfach drängt sich dem Betrachter der Eindruck auf, daß es sich nicht um ein momentanes Lüften des Mantelsaumes handeln kann;[65] oder gar in entsprechender Weise Figurentypen und Szenentypen schärfer ins Auge zu fassen. Zumal bei Figurentypen, die in verschiedenen Zusammenhängen kombiniert werden können, liegt die Frage nahe, inwieweit sie auch unabhängig vom aktuellen Kontext bereits Be-

[65] Vgl. z. B. Diepolder Tf. 51,1.

deutungsträger sein können.[66] Ein Ansatz zu solcher Betrachtungsweise liegt in den genannten Äußerungen Stephanis zweifellos vor, doch er scheint in der folgenden Zeit unbeachtet geblieben zu sein. Zum einen mag dies daran liegen, daß man Grabreliefbilder im Sinne eines konkreten, gerade ablaufenden Vorganges zu sehen suchte, angeregt von neuen Möglichkeiten der Zeit wie der Photographie. Zum anderen ist aber auch nicht zu vergessen, daß gerade in den Jahrzehnten nach 1860 eine enorme Fülle von Grabmälern entdeckt wurde, daß damit eine Vielzahl von Szenen, Figurentypen, Gesten und ‚sprechenden' Gesichtern bekannt wurde, die konkreten Gegebenheiten durchaus Rechnung zu tragen schienen; sie förderten sicherlich jene Betrachtungsweise, die in den Grabreliefdarstellungen Abbilder eines augenblicklichen Geschehens suchte, eines Geschehens, das alle Figuren, Gesten und Gegenstände im Sinne einer rational nachvollziehbaren Handlung eint. Dagegen steht die Möglichkeit einer kompositen Darstellungsweise, die eigenständige Elemente (Formeln, Motive, Typen) mit ihrem eigenen Aussagewert zu einem komplexen Bedeutungsträger verbindet.

Kommen wir noch einmal auf Furtwänglers Ausführungen zurück, so scheint es sinnvoll, kurz noch einen anderen Gesichtspunkt anzusprechen. Kursorisch weist Furtwängler auf das Verhältnis der Grabepigramme und der Grabreliefs zueinander hin, soweit die damals vorhandenen Denkmäler Einblick gewährten. Er betont nachdrücklich die Eigenständigkeit beider Gattungen, den mangelnden Bezug aufeinander – eine Einschätzung, die durch später gefundene Monumente nur bestätigt wurde.[67] „Man wendet sich vergeblich an die Epigramme, um Aufschluß über den Sinn der Reliefbilder zu empfangen." Und darüber hinaus skizziert Furtwängler an einem Beispiel, wie sehr die in Epigrammen geäußerte Anschauung mitunter von jener divergieren kann, „aus welcher die bildlichen Typen entstanden". Rückblickend fällt uns heute wohl als Merkwürdigkeit

[66] Nur vereinzelt, wenn man sich durch eine Figur an ein berühmtes Vorbild erinnert fühlte, ist diese Möglichkeit angesprochen, z. B. von A. Milchhoefer, Graeberkunst der Hellenen (1899) 20, Anm. 10.

[67] Vgl. z.B. G. Daux, BCH 96, 1972, 503ff.

auf, daß Furtwängler bei Besprechung der literarischen Zeugnisse nicht entsprechende Vorsicht walten ließ und nicht mit der gleichen Möglichkeit rechnete. Äußerungen der Tragödie wertet er z. B. als authentische Belege für zeitgenössische Jenseitsvorstellungen, fügt mit ihrer Hilfe so etwas wie eine Grundlage zusammen, von der aus das Verständnis der bildlichen Darstellungen für ihn gefördert, wenn nicht gar bestimmt ist.[68] Dabei manifestiert sich die Eigenständigkeit der Gattung Tragödie bis in die Sprache hinein, und die üblichen Themen der Sage, der mythischen Vergangenheit lassen trotz aller möglichen (meist freilich umstrittenen) Bezüge zum Zeitgeschehen fragen, inwieweit nicht auch die auf der Bühne angesprochenen Jenseitsvorstellungen vor diesem Hintergrund mythischer Vorzeit zu sehen sind, inwieweit sie vom ‚heroischen' Kontext geprägt sind. Sowenig sich zwar von vornherein ausschließen läßt, daß derartige in der Tragödie geäußerte Anschauungen auch für den athenischen Bürger des späteren 5. Jh. vielleicht gewisse Gültigkeit besaßen, so ist doch auch gegenüber der Tragödie wie bei den Epigrammen die Eigenständigkeit der Gattungen zu bedenken – wie umgekehrt die der bildlichen Typen und ihrer Tradition. Sie gilt es zunächst für sich ins Auge zu fassen und in ihrer historischen Entwicklung zu verfolgen, um dann Rückschlüsse über ihre Aussage zu ziehen.[69]

Furtwänglers entschiedene Argumentation, aber wohl auch sein Gewicht als Wissenschaftler brachten es mit sich, daß die Diskussion um die Deutung der attischen Grabreliefs wieder in Bewegung geriet. Hinzu kam die 1890 beginnende Auslieferung des Corpus der attischen Grabreliefs, mit dem eine bewunderswürdige Materialsammlung zur Verfügung stand, die in gewisser Weise dazu herausforderte, vorgeschlagene Interpretationen zu überprüfen. So ist es wohl verständlich, wenn in dem einen Jahrzehnt nach Publikation der ›Sammlung Sabouroff‹ gleich fünf Arbeiten zum gleichen Thema

[68] Ganz in dieser Tradition steht z. B. das Vorgehen von J. Thimme, AntK 7, 1964, 16ff.

[69] In diesem Sinne K. Friis Johansen, The Attic Grave-Reliefs (1951) 62ff.

erschienen, wobei die Resultate z. T. erheblich voneinander abweichen. Der betont „novellistischen" Auffassung, es handle sich um Abschiedsbilder, wurde der Vorschlag entgegengesetzt, es seien in die Sprache der Kunst umgesetzte Wunschvorstellungen der Hinterbliebenen, mit ihrem verstorbenen Angehörigen vereint zu sein. Oder es wurde unter ausdrücklicher Bezugnahme auf Furtwängler die Deutung der Abschiedsszene modifiziert, insofern der Bildträger unmittelbar mit in die Deutung einbezogen wurde: Er bezeichne den Ort der Handlung, d. h. Verstorbener und Hinterbliebene nehmen am Grabe selbst voneinander Abschied. Umgekehrt konnte gar die Anwesenheit des Toten überhaupt bestritten werden – lediglich Hinterbliebene träfen sich am Grabe, Grabbesuch und damit angedeutet Grabpflege seien Thema der Darstellungen. Schließlich wurde auf der Suche nach einer „Schlußformel für die Deutung" der Darstellungen an die Analogie der „santa conversazione" der christlichen Malerei erinnert. Begriffe wie Lebensbild oder Erinnerungsbild würden der „Summe der bildlichen Tradition", der „Mehrheitsaussage" nicht gerecht; vielmehr sei es das Anliegen dieser Denkmäler, „von der Existenz der Toten zu reden", und dies geschehe, indem sie die Toten zeigen, wie sie „in den Kreis des Lebens gleichsam erst wieder zurückgetreten" sind.[70]

Insgesamt verbindet diese Arbeiten, daß ihre Argumentation von einer breiteren Denkmälerbasis als früher ausgeht. Nicht nur standen je nach Abfassungszeit die ersten Lieferungen des Corpus der Grabreliefs zur Verfügung, hinzu kommt, daß weitgehend auch andere Gattungen mit berücksichtigt wurden, beispielsweise die weißgrundigen Lekythen oder gar unteritalische Gefäße mit Grabszenen. Auch wird z. B. in den Überlegungen Milchhoefers, dessen Auffassung an letzter Stelle referiert wurde, stärker als früher der Gesichtspunkt der Entwicklung hervorgehoben: Er beobachtet eine Tendenz „zu einer immer vertraulicheren Annäherung von Seiten der Hinter-

[70] J. L. Heiberg, Attiske Gravmaeler (1895); J. Lange, Rez. zu Heiberg, Udvalgte Skrifter II, 385 ff.; de Ridder, RA 30, 1897, 379 ff.; J. H. Holwerda, Die attischen Graeber der Blütezeit (1899); A. Milchhoefer, Ueber die Graeberkunst der Hellenen (1899).

bliebenen“ an den Toten, so daß im 4. Jh. „diese Compositionen oft äusserlich gleichwerthige Gestalten zeigen“. Diese Erscheinung bezieht er zugleich in seine Deutung mit ein, insofern „auch aus den Hinterbliebenen dereinst Mitinhaber des Denkmals werden sollten“. Man fragt sich, ob diese Möglichkeit tatsächlich erst mit dem späteren 4. Jh. genutzt wurde, quasi als Folge einer stilistischen Entwicklung, oder ob sie nicht doch ebenso schon im späten 5. Jh. bestand, für uns vielleicht nur weniger offensichtlich ist. Doch wichtiger als das von Milchhoefer angedeutete Ergebnis ist die Tatsache, daß überhaupt der Aspekt des Wandels, der Entwicklung von Form und Inhalt in die Diskussion eingebracht wurde, wenn auch nur knapp andeutend.[71] Freilich wurde gerade dieser Aspekt in den folgenden Jahrzehnten nicht weiterverfolgt, wenigstens nicht systematisch, und gleiches gilt für Milchhoefers Frage nach einer „Mehrheitsaussage“.

Überhaupt werden in der Folgezeit Fragen der Deutung meist mehr beiläufig behandelt. So widmet z. B. M. Collignon 1911 eine umfangreiche Arbeit der Gattung der Grabstatuen,[72] die er über die Jahrhunderte hinweg zu verfolgen sucht, wobei er fehlende Denkmäler gelegentlich in einer für uns heute sehr fragwürdigen Weise erschließt. Nur nebenbei kommt er auch auf die Grabreliefs und ihre Aussage zu sprechen, deutet manche als Bilder des Lebens (Jugendliche), andere (Frauen) als „idealisierte Bilder“, erinnert hierbei sogar an den literarischen Begriff des Euphemismus und konstatiert insgesamt für die Zeit vom 6. bis zum 4. Jh. v. Chr. eine Entwicklung von „Heroisierung“ zu einem „humanisierten Bild“. Zwei andere Arbeiten dieser Zeit gelten dem mehr historisch orientierten Problemkreis des Staatsfriedhofes von Athen und der athenischen Staatsbegräbnisse,[73] und die jüngere dieser Arbeiten schließt die Be-

[71] Furtwängler a. O. betrachtete die formalen Unterschiede als Reflexe veränderter Jenseitsvorstellungen, nicht als primäre Folge immanenter Veränderungen der Denkmälergattungen.

[72] M. Collignon, Les Statues Funéraires dans l’Art Grec (1911).

[73] Brueckner, AM 35, 1910, 183 ff.; S. Wenz, Studien zu den attischen Kriegergräbern (1913).

trachtung der privaten Kriegerdenkmäler an. Dabei kommt der Autor, S. Wenz, zu dem Ergebnis, daß die Krieger natürlich im Kriege Gefallene meinen können, daß es sich aber bei der Mehrzahl der Darstellungen um Veteranen handle, die sich eben in voller Rüstung darstellen ließen; unbärtige, d. h. jüngere Krieger bezieht er mitunter auf solche Bürger, die ihrer zweijährigen Dienstzeit genügten und daher die vom Staat gestellte Uniform, Schild und Lanze tragen. Die von Wenz auch wieder zitierte Auffassung, wonach die Grabreliefs immer das Leben darstellen, bekommt auf diese Weise eine realitätsbezogene Färbung, die ins Banale abzugleiten droht.[74]

Auch andere Äußerungen zur Interpretation der Grabreliefs wie die bereits genannten von E. Buschor und G. Rodenwaldt geben sich mehr als beiläufige Aussagen, als daß sie systematische Untersuchungen wären. Der eine behandelt das Grabmal der Hegeso in einem kurzen, monographisch „erläuternden Text" und offeriert dabei dem Leser seine Deutung ohne weitere Begründung. Der zweite bietet in einem weit gesteckten Rahmen zum ›Relief bei den Griechen‹ (1923) einen knappen, auf 8 Seiten gedrängten Überblick über die Gattung der attischen Grabreliefs, ihre Formentwicklung sowie ihre Aussage. Wohl in Anlehnung an früher vorgetragene Deutungen betont Rodenwaldt das „rein menschliche Dasein in Form einer einfachen Handlung, die keines irgendwie gearteten novellistischen Themas bedarf, sondern sich mit einer Gebärde oder einem Blick der Zusammengehörigkeit begnügt". Er findet in den Bildern „eine unserem Fühlen vertraute seelische Zusammengehörigkeit" ausgedrückt, „ein reines, herzliches Gefühl", spricht gar von einer „Intimität, die kein Familienbild anderer Zeiten erreicht". Doch bleibt es bei diesen recht allgemeinen, z. T. von subjektivem Empfinden geprägten Äußerungen; auf die vorangehende Diskussion wird nicht verwiesen, ebensowenig auf einzelne Grabreliefs, die merkwürdig sind und Ausgangspunkt für ganz unterschiedliche Interpretationswege waren. – Wenn wenige Jahre später noch ein-

[74] Bereits F. Studniczka, Die griechische Kunst an Kriegergräbern, NJbKlassAltert 35, 1915, 285 ff. widersprach der Deutung von Wenz und bezog die Kriegerdenkmäler generell auf Gefallene.

mal ausführlicher auf Schwierigkeiten und Möglichkeiten der Deutung eingegangen wird, so konzentriert man sich auf einzelne Denkmäler, die geeignet erscheinen, Ravaissons und Furtwänglers Jenseitsdeutung zu unterstützen.[75] Oder es werden Einzelheiten etlicher Reliefs hervorgehoben wie Trauer und Schmerz in Gesichtern von Hinterbliebenen, Ruhe oder gar Glück im Ausdruck der Verstorbenen, um damit die Vorstellung vom Abschied zu erhärten.[76]

Doch ist trotz dieser Beiträge offenkundig, daß die Diskussion um die Deutung der Grabreliefs mit dem Beginn dieses Jahrhunderts ins Stocken geriet. Das Interesse scheint sich zu verlagern, und zwar zugunsten der formalen Seite. Einen ersten, grundlegenden Beitrag in dieser Richtung hatte A. Brueckner mit seiner Dissertation zu ›Ornament und Form der attischen Grabstelen‹ schon 1886 geleistet. Dank seines Lehrers A. Michaelis konnte er die bereits ansehnliche Photo- und Materialsammlung des Corpus benutzen, so daß die Grundlage seiner Betrachtung beachtlich war. Die einzelnen Dekorationselemente der attischen Grabstelen werden von archaischer Zeit an verfolgt, zu einzelnen Gruppen zusammengestellt, mit Hilfe der Epigraphik ungefähr datiert, und von hier aus wird der Versuch unternommen, eine Entwicklung aufzuzeigen. Das Zusammenfügen der einzelnen Teile in archaischer Zeit – „das Compositionsgeschick lag darin, die verschiedenen Felder in ein richtiges Verhältnis zueinander zu bringen" – wird in der „freien Kunst" aufgegeben, „Stelenschaft und Krönung oder Umrahmung und Relieffeld zu einem innerlich zusammenhängenden Organismus" verbunden. Im Ergebnis zeichnen sich Entwicklungslinien ab, die sich in ihrer Richtung zum guten Teil bewähren sollten. Freilich, der wichtigste Teil der Grabreliefs, die figürliche Darstellung, blieb bei Brueckner außerhalb der Betrachtung.

[75] P. Devambez, BCH 54, 1930, 210ff. – als Antwort auf die unvollständige Arbeit von P. L. Couchoud, RA 18, 1923, 2, 233ff., dessen Ansicht, Unterweltgottheiten seien dargestellt, D. widerlegt. Vgl. auch als Beispiel AM 66, 1941, 51.

[76] C. H. Young, Emotional Expression in Attic Grave Stelae, Festschrift E. Capps (1936) 364ff.

Die schon genannten Arbeiten von Collignon und Wenz konzentrieren sich dann zum ersten Mal auf bestimmte, formal (Statuen) bzw. inhaltlich (Kriegergrabmäler) abgegrenzte Denkmälergruppen, womit sich die Möglichkeit anbahnt, formal Vergleichbares sorgfältig auf Unterschiede hin zu untersuchen und diese im Sinne einer möglichen Entwicklung zu deuten. Doch ist eine derartige Stilgeschichte nicht vorrangiges Ziel dieser Arbeiten, und wenn z. B. Collignon auf solche Veränderungen zu sprechen kommt, dann sieht er darin Einflüsse der großen Meister des 4. Jh., das Pathos des Skopas („Analyse von Leiden und Gefühl") oder die Wirkung des Praxiteles in „Geschmeidigkeit und Vielfalt im Faltenwurf". Bleibt dagegen eine Betrachtung innerhalb des Rahmens der Grabreliefs, wie es bei Studniczkas Arbeit der Fall ist, so greift die Beschreibung der Veränderungen nur allzu rasch über den Bereich der greifbaren Formen hinaus und begnügt sich mit dem vagen Hinweis auf einen letztlich recht subjektiven Eindruck: Die Entwicklung zeige sich in der „Zunahme des seelischen Ausdrucksvermögens". Erst nach dem 1. Weltkrieg wird die Formgeschichte der Grabreliefdarstellungen bzw. -figuren konsequent verfolgt. So konzentriert sich E. Kjellberg 1926 auf die Gattung Relief[77] – bei zeitlicher Beschränkung auf das 5. Jh. – und berücksichtigt dabei gerade auch die Grabreliefs. Sie bilden nach Funktion, Format und meist gut handwerklicher Qualität ein weitgehend homogenes Material, sind aber auch aufgrund ihrer Bild- und Figurentypen gut zu vergleichen. So lassen sich stilistische Unterschiede für eine relative Abfolge auswerten, womit die Chronologie eine überprüfbare Grundlage erhält. – Anders geht im gleichen Jahr A. v. Salis vor,[78] der sich um die Datierung eines einzelnen, freilich qualitativ herausragenden Grabreliefs, das des Ari-

[77] Studien zu den attischen Reliefs des 5. Jh. v. Chr. Uppsala 1926; dazu vgl. die Rez. von A. Rumpf, Gnomon 5, 1929, 15 ff. Der Landschaftsstil steht bei E. Buschor – R. Hamann, Die Skulpturen des Zeus-Tempels zu Olympia (1924) 28 ff. im Vordergrund.

[78] Das Grabmal des Aristonautes, 84. BerlWPr (1926). In diesem Zusammenhang auch zu erwähnen der Aufsatz von S. Papaspyridi, ADelt 10, 1926, 111 ff., in dem es ebenso ausschließlich um den Stil geht, obwohl das behandelte Denkmal durchaus ikonographische Probleme aufgibt.

stonautes, bemüht. Er hat gerade auch Kopien von Meisterwerken des 4. Jh. im Auge, dazu auch originale Reliefs, und er achtet besonders auf die Bewegung der Figuren und ihr Verhältnis zum umgebenden Raum. Zumal der Vergleich mit annähernd bzw. fest datierten Werken wie Mausoleum und Lysikrates-Monument führt zu einer überzeugenden Einordnung des Aristonautes ins späte 4. Jh.; noch wenig vorher war das Monument in die erste Hälfte des 4. Jh. datiert worden. Indessen ist wohl bezeichnend, daß für v. Salis die Betrachtung des Aristonautes nur Mittel zum Zweck ist. Denn es geht ihm eigentlich um die Beurteilung der Florentiner Niobiden: Um ihnen besser gerecht werden zu können, sucht er den Blick an originaler Plastik zu schärfen, und hierfür ist die zeitliche Einordnung natürlich von entscheidender Bedeutung.[79]

Ausschließlich um die klassischen Grabreliefs, um ihre Stilgeschichte geht es dann erst H. Diepolder in seiner Habilitationsschrift von 1931, einer Arbeit, die trotz einzelner Korrekturen doch aufs Ganze ihre Gültigkeit bis heute bewahrt hat.[80] Wenig später erscheinen Dissertationen, die sich mit den Urkunden- und Nymphenreliefs beschäftigen,[81] – also auch hier das Eingehen auf eine in sich geschlossene Gruppe eng verwandter Denkmäler, an denen sich der stilistische Wandel beispielhaft ablesen läßt – im einen Fall sogar in absolut gesicherter Abfolge. Wenig vorher war in noch engerer, nämlich thematischer Eingrenzung ein bestimmter bildlicher Typus, der der Zweifigurengruppen, in den Mittelpunkt einer Untersuchung gerückt worden, wobei es darum ging, „die Gesetzmäßigkeit seiner Entstehung und Entfaltung besonders augenfällig aufzuzeigen“[82]. Dergleichen intensive Bemühungen um formale Sachver-

[79] Ähnlich sind für Kjellberg die Reliefs der Rhamnunter Nemesis-Basis Anstoß seiner Arbeit.

[80] Fast gleichzeitig entstand H. Möbius, Die Ornamente der griechischen Grabstelen (1929) – ebenso wegweisend, doch nur auf den Dekor ausgerichtet.

[81] R. Binneboeßel, Studien zu den attischen Urkundenreliefs des 5. und 4. Jh. (1932). R. Feubel, Die attischen Nymphenreliefs und ihre Vorbilder (1935).

[82] H. Speier, RM 47, 1932, 1f. (Dissertation Heidelberg 1925).

halte, um Formenwandel und Formtradition führen im Bereich der Grabreliefs zu eingehender Behandlung des Verhältnisses von Grabreliefs und Freiplastik.[83] Augenfällige Ähnlichkeiten einzelner Vertreter beider Gattungen werden in loser Folge vorgeführt, Begriffe wie „Massenstil" oder „energischer Stil" verdeutlichen die Vorstellungen, die der Autor anhand der Denkmäler herausarbeitet, doch bleibt die Auswahl dieser Denkmäler notwendigerweise etwas zufällig: Es fehlt die systematische Berücksichtigung, die für eine so große und geschlossene Gruppe wie die Grabreliefs unverzichtbar ist. Auch bleibt unbeachtet, daß die verglichenen Meisterwerke der Freiplastik fast stets nur in Kopien überliefert sind, die untereinander oft erheblich abweichen, je nach Entstehungszeit oder auch Verwendung der Kopien.

Vorsichtiger beim Vergleich mit der statuarischen Plastik rückt eine andere Arbeit die „handwerkliche Gestaltung" der Gattung in den Vordergrund, faßt einzelne Motive ins Auge und versucht, sie in relativer Reihe zu verfolgen.[84] Bietet auch manche Entscheidung, welches Relief ein Motiv wie etwa die gefalteten Hände zuerst belege, wo das Motiv also ‚erfunden' sei, Ansatz zu Kritik, so bleibt doch, daß man mehrfach von festen Formeln sprechen kann, die den Gedanken an eine gemeinsame ausführende Hand oder Werkstatt nahelegen. Nicht zufällig findet sich auch der Hinweis auf die Morellische Methode, die in der Vasenforschung schon längst befolgt worden war: Gerade an nebensächlichen Details lasse sich in der formelhaften Wiederholung die ausführende Hand, die ‚Handschrift' erkennen. Dies gelinge aber im Fall der attischen Grabreliefs nur unvollkommen – wegen ihrer Handwerklichkeit. Indessen ist diesem Argument entgegenzuhalten, daß auch die attischen Vasen nicht durchgehend von ‚Meistern' bemalt wurden und dennoch nach Malern gruppiert werden können, und daß umgekehrt gerade meisterhafte Werke wie das Relief der Hegeso merkwürdig vereinzelt bleiben: Als ob der „Hegeso-Meister" nur dies eine Grabrelief gear-

[83] J. Kamps, Grabreliefs und Freiplastik, Dissertation Rostock 1935.

[84] A. Kaltenhäuser, Handwerkliche Gestaltung im attischen Grabrelief des 5. und 4. Jh. (1938).

beitet hätte. – Das Relief der Hegeso wird auch – zum ersten Mal! – einer Kompositionsanalyse unterzogen, die gleichsam im Nachhinein die Arbeitsweise des entwerfenden, dann ausführenden Meisters aufzeigen soll. Auch dabei ist das Ziel, aufgrund von Entsprechungen Werke der gleichen Schule, der gleichen Hand ausfindig zu machen. Doch macht die sorgfältige Betrachtung eher skeptisch; denn es ist nicht zu übersehen, wie wenig optischen Wert, wie wenig Anschaulichkeit manche der rekonstruierten Linien im Relief besitzen, wie künstlich-abstrakt sie weitgehend sind. Auch handelt es sich eben nicht um eine Zeichnung, um Malerei, sondern um ein Relief, dessen plastischer Wert für den herantretenden Betrachter, zumal bei Sonnenlicht, greifbar in den Vordergrund drängt, jegliches Liniengerüst verzerrt und damit aufhebt. Mit Recht betont 10 Jahre später G. v. Kaschnitz-Weinberg[85] die „plastische Verwirklichung des lebenserfüllten Bildes“, den „plastischen Mikrokosmos“ des Hegeso-Reliefs. Die Schwünge und Kurven „kennen keine Symmetrie, und doch entwickelt sich aus ihrer Gesamtheit jene innere Harmonie, in die das organische Gewächs der schönen Leiber eingetaucht erscheint“.

Als letzte dieser formgeschichtlichen Untersuchungen sei vorerst die von H. K. Süsserott genannt.[86] Er versucht zu einer „einheitlichen Vorstellung von der Stilentwicklung“ zu kommen und schließt daher alle Gruppen von Reliefs und die Freiplastik in die Betrachtung ein, selbst datierte Vasenbilder sind berücksichtigt. Wieweit er sein Ziel dabei erreicht hat, wieweit sein Ergebnis zu überzeugen vermag, dies spielt in unserem Zusammenhang nur eine sekundäre Rolle.[87] Wichtiger erscheint mir Süsserotts Ansatz, insofern für ihn die Grabreliefs ganz ungeachtet ihrer Funktion, ungeachtet möglicher inhaltlicher Aussagen bloße Vertreter von Form-Merkmalen sind: Ihre Figuren bezeugen angeblich in der raschen

[85] Das Kunstwerk 1, 1946/7, 31 ff. (Kleine Schriften zur Struktur 146 ff.) (= Ausgew. Schriften II).

[86] Griechische Plastik des 4. Jh. v. Chr. (1938).

[87] Vgl. Rez. von Lippold, Gnomon 16, 1940, 316 ff.; auch Fuchs, Gnomon 33, 1961, 237.

Folge der Jahrzehnte einen ständigen Wechsel ihrer „Rhythmisierung", „den Wandel der plastischen Form" – so als sei dies wie in einer modebewußten Umwelt die vordringliche Aussage der Denkmäler. Es scheint deutlich zu sein, daß hier die formgeschichtliche Betrachtungsweise so bewußt und einseitig den Blick bestimmt, daß sie angesichts der Monumente selbst fragwürdig zu werden beginnt.

Trotz gelegentlicher ‚Auswüchse' sind die Verdienste der formgeschichtlichen Bemühungen keineswegs zu unterschätzen. Denn erst damit hat sich ein gewisser Konsens ergeben, sowohl über die relative Abfolge der Grabreliefs wie über ihre absolute Datierung. Beides ist aber unverzichtbar, um sich ein Bild von der historischen Situation zu machen, von den unterschiedlichen und womöglich doch gleichzeitigen Formen klassischer Grabreliefs, von ihrem Wandel und ihrer Tradition. Aufgrund eines solchen Bildes lohnt es sich dann auch, erneut Fragen der Deutung nachzugehen. Denn erst jetzt läßt sich abschätzen, welche Konstanten der Grabreliefdarstellungen auf die inhaltliche Aussage bezogen werden dürfen, welche Veränderungen mehr oder weniger ausschließlich als formale angesprochen werden können und welche vielleicht auch auf einen Wandel in der Bedeutung der Grabreliefbilder weisen. Dergleichen Zusammenhänge zwischen der zeitlichen Stellung der Denkmäler und ihrer Aussage waren durchaus immer wieder angesprochen worden, so z. B. schon 1899 von Milchhoefer, der auf die zunehmende „Annäherung" von Toten und Hinterbliebenen im Bild hingewiesen hatte, die fast bis zu einer „Gleichwerthigkeit" der Gestalten führe. Oder v. Salis hatte beim Aristonautes auf die „betonte Wirklichkeitsnähe" der Gesichtszüge aufmerksam gemacht, die nicht Porträt bedeute, sondern Merkmal der kunstgeschichtlichen Situation sei. Und natürlich hatte auch Diepolder in seinem Überblick den Wandel des Gehaltes mitberücksichtigt, hatte die „in sich gekehrte Stimmung" im 2. Viertel des 4. Jh. betont und die dann folgende Steigerung im Ausdruck: Er spricht von der „unvergleichlichen Reinheit und Innerlichkeit" einer Abschiedsszene, von der „Dramatisierung des Vorganges" und schließlich von „Auflösung". Und doch ist dabei nicht zu übersehen, daß es sich hier in der Regel um Einzelaspekte der Aussage handelt, um mögliche Porträtabsicht im Grabrelief oder um den Stimmungsgehalt dieser Szenen. Die konkrete Bedeutung dieser Bilder bleibt indessen außer Betracht, wird mit dem Begriff des Abschiedes zwar fast beiläufig referiert, doch lassen sich die Autoren auf keine Diskussion ein. Angesichts der intensiven stilistischen Bemühungen erscheint dies bemerkenswert, zumal eine Generation vorher gerade dieser Aspekt der Deutung soviel Aufmerksamkeit auf sich gezogen hatte. Und unwillkürlich fragt man sich, ob es für diesen merkwürdigen Verlauf der Forschungsgeschichte über das Prinzip der Dialektik hinaus noch einen weiteren Grund gibt.

Lenkt man den Blick noch einmal zurück auf die verschiedenen Interpretationsvorschläge, so fällt auf, daß sie alle von den Darstellungen ausgehen, von einzelnen oder von einer für repräsentativ gehaltenen Vielzahl, daß sie aber in keiner Weise den Bildträger, seine Form berücksichtigen. Zwar hatte P. Wolters 1891 in einer sorgfältigen Untersuchung[88] einen dieser Grabmaltypen, die Lutrophoros, herausgestellt und ihre Bedeutung als Denkmal unverheiratet Verstorbener ermittelt, doch hatte dies Ergebnis kaum Konsequenzen. Er selbst war von Tonlutrophoren ausgegangen, von ihren Darstellungen, ihrer Funktion als Behälter für das Wasser des Brautbades, und für die Lutrophorengrabmäler hatte er die literarischen Zeugnisse als Bestätigung herangezogen. Doch beließ er es bei seinen generellen Beobachtungen, wertete sie nicht anhand des verfügbaren Materiales aus und faßte auch nicht die Bilder der Lutrophoren schärfer und systematisch ins Auge. Und auf der anderen Seite gab das beachtliche Resultat seiner Arbeit, daß eben schon die Form eines Denkmals Bedeutung habe, keinerlei Anstoß, auch die anderen unterschiedlichen Denkmaltypen der klassischen Sepulkralkunst in ähnlicher Weise zu befragen. Die figurlichen Darstellungen, „der ganze wundervolle Chor dieser schlichten Gestalten"[89] stand so sehr im Vordergrund des Interesses, daß man den ‚Rahmen' dieser Bilder, den Bildträger selbst so gut wie übersah. Bezeichnend er-

[88] AM 16, 1891, 371 ff.

[89] Buschor a. O.

scheint in diesem Zusammenhang die Gliederung des Corpus der attischen Grabreliefs, das in jenen Jahren erschien. Denn die Gruppierung folgt den Figuren, ob sitzend oder stehend, einzeln oder in Verbindung mit anderen Figuren, ob männlich oder weiblich. Und folglich werden monumentale Naiskoi unmittelbar neben bescheidenen Marmorlekythen, -lutrophoren oder Bildfeldstelen aufgeführt. Dabei wäre es doch immerhin auch denkbar gewesen, die Denkmäler nach ihren Typen zusammenzustellen – vielleicht hätte sich dadurch ein Hinweis für die spezielle Bedeutung oder Funktion des einen oder anderen Typus ergeben, ähnlich der von Wolters für die Lutrophoren erschlossenen Aussage.

Das vorherrschende Interesse für die figürlichen Darstellungen der Grabmäler verstellte jedoch den Blick nicht nur für die Denkmalformen, für ihre Typen, sondern auch für den weiteren Zusammenhang der Grabbezirke. Aufschlußreich ist insofern, daß sich die alten Ausgrabungen von 1863 und 1870 im Kerameikos damit begnügten, die Grabmäler selbst freizulegen; obwohl man vor ihnen mehrfach auf Reste von Mauern stieß, sogar unterschiedliches Mauerwerk und Stuckreste beobachtete, verfolgte man diese Mauern nicht weiter in die Tiefe, sondern verharrte auf dem erreichten Niveau: Auf gleicher Ebene mit den Monumenten hatte man die klassischen Gestalten unmittelbar vor Augen, konnte sie in den Reihen der Denkmäler verfolgen, „Reihen, in denen die Formschönheit und die Stimmung des einzelnen Monumentes gefangen nahmen und den Gedanken an das Ganze, dessen Teile sie einst gewesen, wenn nicht vergessen, so doch zurücktreten ließen.... Denkmäler wie das der Hegeso schienen nur darauf berechnet, mit dem vollsten Reize der Unmittelbarkeit sich der Betrachtung des Wanderers darzubieten“.[90] Erst 37 Jahre nach Entdeckung des Hegeso-Reliefs wies A. Brueckner 1907 durch Nachgrabungen nach, daß es sich an jener Stelle im Kerameikos um eine erheblich tiefer liegende Gräberstraße handelt, zu deren Seiten sich sorgfältig abgegrenzte Grabbezirke mit hohen Frontmauern aneinanderreihen, und erst über diesen Frontmauern ragen dann die Grabmäler auf. Gelegentlich ließ sich auch

[90] Brueckner 13 f.

zeigen, wie diese Denkmäler in ihrer jeweiligen Position, selbst in ihrer Darstellung auf den tiefer stehenden Betrachter ausgerichtet sind. Selbst der Blickpunkt des aus der Stadt kommenden Besuchers oder Passanten scheint gelegentlich berücksichtigt zu sein.

In einzelnen Fällen ist somit deutlich, daß die Grabmäler im Sinne einer durchaus kunstvoll komponierten Schaufront in einen formalen Zusammenhang eingebunden sind. Doch wichtiger ist wohl noch der inhaltliche Zusammenhang, für den die verschiedenen Denkmaltypen von Bedeutung sind. Wieder war es Brueckner, der aufgrund der damals bekannten Monumente, vor allem aber aufgrund der Verhältnisse im Kerameikos betonte, daß ähnlich den Lutrophoren auch andere Denkmaltypen in ihrer Funktion und damit in ihrer Aussage anscheinend weitgehend festgelegt sind: Die hohen Palmettenstelen in der Mitte der Bezirke tragen gewöhnlich kein Bild, verzeichnen nur die Namen der patres familiae und dokumentieren auf diese Weise den Rechtsanspruch der Familie auf den Bezirk; zugleich bezeugen sie die Kontinuität der Familie über die Generationen hinweg und werden damit – so darf man ergänzen – zu einem Symbol des Lebens über den Gräbern. Da Frauen in der Regel auf diesen Palmettenstelen nicht verzeichnet sind, um so häufiger aber in Naiskosstelen dargestellt sind, schloß Brueckner bereits auf eine entsprechende spezielle Funktion dieses Denkmal-Typus. Es liegt auf der Hand, daß Brueckner im Rahmen seiner Grabungspublikation den angedeuteten Aspekten nicht weiter, schon gar nicht systematisch nachgehen konnte. Und doch hätte es wohl – zumindest aus unserer heutigen Sicht – bis zu einem gewissen Grade nahegelegen, z. B. anhand des Corpus der attischen Grabreliefs (der 3. Band war 1906 erschienen) die von Brueckner angesprochenen Möglichkeiten zu überprüfen – wozu es aber nicht kam. Noch immer war das Interesse so sehr auf die figürlichen Darstellungen konzentriert, war man, wie es scheint, ästhetisch von den menschlichen Gestalten, von „ihrer Formschönheit und Stimmung“ so sehr gefangen, daß man nach vergleichsweise so prosaischen Dingen wie Funktion und entsprechendem Zusammenhang nicht fragte. So blieb Brueckners Arbeit über Jahrzehnte hin zwar viel zitiert, in ihrem Ansatz aber so gut wie ungenutzt.

Vor diesem Hintergrund mag man auch sehen, daß seit Beginn des Jahrhunderts, wie skizziert, die Diskussion um die Interpretation der klassischen Grabreliefs ins Stocken geraten war. Ausgehend von den Denkmälern selbst, auf ihre Darstellungen geradezu fixiert waren neue Deutungsvorschläge kaum zu begründen,[91] und neue Argumente für den einen oder den anderen schon vorgetragenen Vorschlag ergaben sich allenfalls durch Neufunde, die aber nur selten brauchbare Ansatzpunkte dafür boten.[92] Den von Brueckner gewiesenen neuen Weg, nämlich systematisch die Funktion der verschiedenen Grabmaltypen zu prüfen, um von daher vielleicht Aufschluß über ihre Darstellungen und deren Bedeutung zu gewinnen, – diesen Weg zu befolgen sah man offensichtlich keinen Anlaß, eben aufgrund der geschilderten Konzentration auf die Darstellungen, die man wohl als eine letztlich klassizistische Einstellung verstehen muß. Auch ist nicht zu vergessen, daß seit H. Wölfflins ›Kunstgeschichtlichen Grundbegriffen‹ von 1915 der formgeschichtliche Aspekt zunehmend in den Vordergrund trat, womit sich ein weites und höchst aktuelles Betätigungsfeld eröffnete: Das Interesse für inhaltliche Interpretationsfragen wird gleichsam überlagert von dem für „Forminterpretation"[93].

Aufbauend auf den bisher genannten Arbeiten haben die Bemühungen um die griechischen Grabreliefs nach dem Zweiten Weltkrieg durch den Dänen K. Friis Johansen einen neuen, nachhaltigen Impuls erhalten, und zugleich läßt sich in der Betrachtungsweise, im

[91] So entbehrt Ch. Picards Vorstellung vom «ésprit éleusien» der Darstellungen jeglicher sachlicher Argumente: Manuel d'archéologie grecque I (1935) 429ff.; II (1942) 840ff. und IV 2 (1963) 1383ff.

[92] Vgl. z.B. W. Peek, AM 66, 1941, 51.

[93] Vgl. B. Schweitzer, Das Problem der Form in der Kunst des Altertums, HdArch (1969) 163ff. Als besonders eindrucksvolle Beispiele solcher Interpretationen mag man die von L. Curtius nennen, die zwei sepulkralen Denkmälern gelten, einem Grabkuros und einem Grabrelief, mit keinem Wort aber auf eine konkrete Deutung bzw. Bedeutung der Werke eingehen: L. Curtius, Interpretationen von sechs griechischen Bildwerken (1947) 11ff. und 37ff.

Standpunkt abermals eine Verschiebung erkennen. Bevor wir uns jedoch dieser jüngsten Vergangenheit zuwenden, ist es angebracht, die Voraussetzungen dafür noch unter einem anderen Aspekt zu betrachten. Unübersehbar ist nämlich, daß bislang das Interesse fast ausschließlich den klassischen Grabreliefs Attikas galt, daß dagegen archaische und hellenistische Denkmäler kaum berücksichtigt wurden. Ihre Vernachlässigung ist zweifellos sowohl durch den Zufall der Erhaltung begründet als auch durch zeitgenössische Ereignisse der Gegenwart. Denn im einen Fall, für die archaische Zeit, gab es lange Zeit über nur wenige Denkmäler, so daß für sorgfältige Untersuchungen die Grundlage recht schmal war.[94] Im anderen Fall, für die hellenistischen Grabreliefs, deren wichtigste Gruppe, die ostionischen Grabreliefs E. Pfuhl seit 1902/03 vorzulegen beabsichtigte, waren es dagegen in erster Linie äußerliche Hindernisse, die zur Verzögerung der Publikation führten.[95] Und doch spielt gerade in diesem Fall auch wieder ein ‚innerer Beweggrund' mit. Denn wie Pfuhl schon bald sah, haben „die vielen Hunderte späterer Grabreliefs aus allen Teilen des griechischen Kulturreiches wenig Anteil an der Kunst". Und so hatte er bis zu einem gewissen Grade auch Verständnis für „die Abneigung, welche der Ästhetiker ihnen entgegenbringt",[96] eine Einstellung, die sich nur allzu leicht zu einem abschätzigen Urteil verallgemeinerte: „Die unbedeutenden hellenistischen Nachfahren des attischen Reliefs"[97] sind gerade noch dieser Erwähnung wert. So ist es um so mehr anzuerkennen, daß Pfuhl selbst es nicht dabei beließ, den besonders interessanten Teil des Materials, das „Beiwerk auf den ostgriechischen Grabreliefs", in einem gewichtigen Beitrag zu behandeln,[98] sondern auch weiter das Ziel verfolgte, einen Stoff zugänglich zu machen, „der verspricht, durch mehr als ein halbes Jahrtausend zusammenhängende, örtlich be-

[94] Dennoch wegweisend der Aufsatz von A. Milchhoefer, AM 5, 1880, 164 ff.

[95] Vgl. dazu das Vorwort in Pfuhl-Möbius IX f.

[96] JdI 20, 1905, 47.

[97] Rodenwaldt 67.

[98] JdI 20, 1905, 47 ff. und 123 ff.

stimmte Denkmälerreihen zu bieten". Sein allzufrüher Tod 1940 und der 2. Weltkrieg haben es dann mit sich gebracht, daß der Plan erst 1977/79 verwirklicht werden konnte.[99]

Festzuhalten bleibt, daß bis zum 2. Weltkrieg archaische und hellenistische Grabreliefs wenig Beachtung fanden. Wohl wurden Einzelfunde vorgelegt, auch wurde meist versucht, durch Vergleichsbeispiele den Neufund einzuordnen, ihn verständlich zu machen, doch steht der formale Aspekt eindeutig im Vordergrund: Ergänzung, typologische und chronologische Einordnung von Fragmenten archaischer Stelen,[100] landschaftliche Eingrenzung späterer ionischer Grabstelen oder ihre beiläufige Erwähnung im Zusammenhang mit hellenistischen Bildnissen.[101] Zu systematischen Untersuchungen, zumal auch unter dem Aspekt der Ikonographie und Bedeutung, kommt es indessen nicht. Selbst G. M. A. Richters ›Archaic Attic Gravestones‹ (1944) sieht von diesem Gesichtspunkt völlig ab, obwohl andererseits gerade diese Arbeit als monographische Behandlung aller damals bekannten archaischen Stelen Attikas einen wegweisenden Beitrag darstellt.

Richter konnte für ihre Untersuchung bereits Anregungen nutzen, die sich durch Neufunde der 30er Jahre im Kerameikos ergeben hatten. Dort hatte K. Kübler unter den klassischen Denkmälern zahlreiche Gräber der früheren Epochen, der geometrischen und früharchaischen Zeit aufgedeckt,[102] darunter auch einige mit dem noch in situ erhaltenen Steinmal. Damit brauchte man nun nicht mehr über mögliche Beziehungen zum Orient zu spekulieren, um die Anfänge der griechischen Grabstele zu erhellen,[103] vielmehr gab es nun Denkmäler, die zwar vereinzelt, aber unzweideutig als Vor-

99 Pfuhl-Möbius I (1977) und II (1979).

100 Vgl. z. B. AM 51, 1926, 142 ff.; AD IV 1929, 33 ff. (mit vager Andeutung ikonographischer Fragen S. 35); AA 1938, 587 ff. Zu den sam. Stelen: AM 58, 1933, 22 ff.

101 E. Pfuhl, JdI 50, 1935, 9 ff.; E. Buschor, Das hellenistische Bildnis 26, 36.

102 AA 1936, 185 und 1938, 587.

103 Dazu vgl. B. C. Watzinger, Tübinger Beiträge zur Altertumswissenschaft 5, 1929, 141 ff.; H. Möbius, RE III A s. v. Stele, Sp. 2312 f. (1929).

gänger der archaischen Grabreliefs weit in die Vergangenheit zurückführten, in eine Zeit, die der Phase des orientalischen Einflusses noch vorausliegt. Es ist dieser Hintergrund, den Richter im Auge hatte, um vor ihm „die Entwicklung" der attischen Grabstelen des 6. Jh. „zu verfolgen". Freilich ging es ihr ausschließlich um die Entwicklung der Form.

Es scheint so etwas wie eine innere Konsequenz vorzuliegen, wenn K. Friis Johansen 1949 nicht nur auf die genannten Vorarbeiten zurückgreift und eingeht, sondern auf ihnen aufbauend einen wichtigen Schritt über sie hinausgeht.[104] Zunächst hat es den Anschein, als liege ihm nur daran, die Diskussion um die Deutung der klassischen Grabreliefdarstellungen wiederaufzugreifen und fortzuführen. Und sicherlich ist dies das zentrale Thema seiner Untersuchung – zugleich wohl auch so etwas wie eine Reaktion auf die formgeschichtlichen Arbeiten der vorangehenden Generation. Doch konzentriert er nicht mehr den Blick allein auf einzelne oder eine Vielzahl klassischer Grabstelen, sondern berücksichtigt den von der formgeschichtlichen Betrachtungsweise so betonten Aspekt der Entwicklung nun auch für die Interpretation. Gerade weil es sich bei den Grabreliefs um eine eindeutig traditionsgebundene Gattung handle, sei es notwendig, den historischen Hintergrund mit in die Überlegungen einzubeziehen. Vorläufer der klassischen Grabreliefs in Attika, aber auch in anderen Landschaften werden so als „eigentlicher Kontext" herangezogen, und ihre Form und Ikonographie werden untersucht auf die Möglichkeit hin, daß sie zur Eigenart der klassischen Grabreliefs Attikas beigetragen haben. Als Ergebnis zeichnet sich dabei für die so kontroversen Gruppenbilder mit Handschlag ab, daß sie weder Abschied noch Wiedersehen, weder Diesseits noch Elysium vor Augen führen, sondern daß es ihnen darum geht, im Bilde durch diese Geste Verbundenheit zum Ausdruck zu bringen.

Es liegt auf der Hand, daß Friis Johansen bei der Betrachtung der Denkmäler Wertungen vornahm und Folgerungen zog, die Ansatz

[104] Die englische Übersetzung erschien 1951: The Attic Grave-Reliefs of the Classical Period, An Essay in Interpretation.

für Kritik boten. So sah er z. B. – um nur einen wichtigen Komplex seiner Arbeit anzusprechen – in den spartanischen Heroenreliefs, in der Verbindung des sitzenden heroischen Paares mit den kleiner gebildeten Adoranten den entscheidenden Vorläufer für die Handschlagszenen der späteren attischen Grabreliefs. Dabei ist formal gesehen im Bildtypus, im Gegenüber zweier Parteien eine Entsprechung zweifellos zu fassen, doch fragt man sich, ob nicht neben der Form auch die Aussage und die Entwicklung dieser lakonischen Heroenreliefs zu bedenken sind. Und in der Tat läßt sich zeigen, wie N. Himmelmann dargelegt hat,[105] daß es sich bei den lakonischen Heroenreliefs eher um Weihreliefs handelt, die auch als Grabreliefs, wohl für Gentilheroen, verwendet werden konnten. Im Bereich der Votive ist der Bildtypus zumindest bis in klassische Zeit belegt,[106] und gerade diese Beispiele lassen keinen Zweifel an der ‚Unvereinbarkeit' der beiden Parteien. Der Handschlag der attischen Stelen, ein erstes Mal auf einem Relief in Ägina im frühen 5. Jh. zu fassen (Tf. 4), dokumentiert dagegen eine Verbundenheit der Protagonisten, die den spartanischen Heroenreliefs abgeht, ihnen völlig widersprechen würde. Auch macht Schwierigkeiten, der provinziellen Kunst Lakoniens einen so entscheidenden Anstoß und Einfluß auf die attische Sepulkralkunst zutrauen zu wollen – eine Folgerung, die Johansen in Kauf nehmen mußte.

So sehr Friis Johansen durch Betrachtung des geschichtlichen Zusammenhanges den Aspekt der Entwicklung für die Fragen der Deutung nutzte, sowenig ist zu übersehen, daß er innerhalb der Denkmälergruppen, innerhalb der einzelnen Epochen bzw. Zeitabschnitte diesem Gesichtspunkt kaum Aufmerksamkeit schenkte. Die attischen Grabreliefs des späteren 5. und die des 4. Jh. werden vielmehr als einheitliche Gruppen betrachtet, so als würde die über 100jährige Entwicklung lediglich stilistischen Wandel, Veränderungen der Form mit sich bringen. Daß dennoch in eben diesem Zeitraum auch ein Wandel in der Aussage der Reliefs zu fassen ist, hat wenige Jahre später N. Himmelmann herausgearbeitet. Er konzen-

105 Himmelmann 31 ff.

106 Vgl. z. B. Tk-Reliefs aus Amyklai: BCH 81, 1957, 550f.

triert sich darauf, das „eigentümliche Wesen" des Toten ins Auge zu fassen, und gerade mit dieser Fragestellung gelingt es ihm, „das Eigene des Toten in seiner Versunkenheit, in seiner Entrückung und in seiner Verklärung deutlich" zu machen. Bezogen ist dieser Vorgang auf das Grundthema der Bilder, auf die Verbundenheit – „von Verbundenheit und Entrückung handelt der stille Dialog, den die Figuren der klassischen Grabstelen untereinander führen".

Diese „dialogische Beziehung" läßt zugleich, wie angedeutet, an dem geschichtlichen Zusammenhang zweifeln, der angeblich die lakonischen Heroenreliefs mit den klassischen Grabreliefs Attikas verbindet. Doch nicht nur in dieser Frage nach der Genese des klassischen Verbundenheitsbildes geht Himmelmann über Friis Johansen hinaus. Vielmehr ist es ihm möglich, mit dem Hinweis auf „das Eigene des Toten" auch all die einfigurigen Darstellungen mit in die Betrachtung einzubeziehen, die bei Friis Johansen etwas aus dem Blickfeld geraten waren. Er hatte sie als „idealisierte Vergegenwärtigung des Toten" verstanden, die ihn zeigen, „wie er im Leben war", und merkwürdig abgesetzt von ihnen standen die Gruppenbilder mit Handschlag, Sinnbilder der Verbundenheit – also ein durchaus erweitertes und damit auch verändertes Thema. Für Himmelmann ist das Eigene des Toten in allen Darstellungen mehr oder weniger stark ausgeprägt zu fassen, sowohl in den einfigurigen Bildern wie in den Gruppenbildern. In diesen wird „die Charakterisierung seines (sc. des Toten) Eigenen, der Entrückung bewegter und heftiger vorgetragen als früher... die Entrückung wird zum Vorgang, wird dramatisches Ereignis" – eine Möglichkeit, die dem einfigurigen Bild meist fehlt. Dennoch bleibt festzuhalten, daß von diesem Standpunkt aus die klassischen Grabreliefs als thematische Einheit verstanden werden können – sie gelten dem Verstorbenen und stellen ihn heraus –, und daß dieser „alte Gedanke in der Folge zeitgebundener Verkörperung bis zur letzten Klarheit geführt" wird.

In fast überraschender Weise haben Friis Johansens Arbeit und seine Forderung, die klassischen Grabreliefs nicht isoliert zu betrachten, die Diskussion um den Sinngehalt dieser Denkmäler belebt und vorangebracht. Dabei hat sich für ihn wie für Himmelmann gerade der Gesichtspunkt des historischen Zusammenhanges, der

Entwicklung als fruchtbar erwiesen. Dennoch scheinen manche Schwierigkeiten fortzubestehen, wie sich insbesondere an kontroversen Einzelfällen immer wieder gezeigt hat.[107] Dies konnte sogar so weit führen, daß z.B. J. Thimme in Anlehnung an ältere Deutungsvorschläge wieder den religiösen und kultischen Gehalt und den Bereich des Jenseits in den Grabreliefs betonte.[108] Versucht man solchen Schwierigkeiten nachzugehen, dann bietet sich als eine Möglichkeit an, die von Friis Johansen ausgesprochene und befolgte Einschränkung fallenzulassen: Er hatte nur Grabreliefs mit menschlichen Darstellungen berücksichtigt, und gleiches tat Himmelmann. So naheliegend dies Vorgehen ist, wo es doch um die Deutung der Darstellungen geht, so hatten doch schon Wolters und Brueckner gezeigt, daß die so verschiedenartigen Denkmalformen nicht unterschiedslos verwendet wurden, daß mitunter schon ihre Form Bedeutung hatte, womit für die Deutung der Darstellung selbst schon erste Hinweise gegeben sein können. Dieser Aspekt, Bildträger und Bild, also Denkmaltypus (und seine Funktion) und Darstellungen zusammen zu betrachten, wurde vor wenigen Jahren für bescheidene Denkmaltypen, für Marmorlekythen und Marmorlutrophoren bereits befolgt,[109] und beide Male ergaben sich Hinweise für das Verständnis bestimmter Bildtypen, die auch auf großen Grabreliefs belegt sind. Dieser Ansatz erscheint mir aussichtsreich zu sein, zumal wenn man alle Grabmalformen, wie sie in einem klassischen Grabbezirk nachweislich nebeneinanderstehen konnten, berücksichtigt, auch die ohne bildliche Darstellung. Ihre verschiedenen Formen dürften kaum nur dekorativen Selbstzweck gehabt haben, sondern müssen Bedeutung gehabt haben. Hinzu kommt, daß sich inzwischen in einzelnen Fällen gezeigt hat, daß auch große Grabreliefs weiterverwendet werden konnten, daß ihre bildliche Aussage demnach variabel oder ergänzungsfähig war.[110] Auch diese Erscheinung

[107] Vgl. dazu schon H. Möbius, Gnomon 30, 1958, 49; Schmaltz 102f.; Kokula 50f.

[108] AntK 7, 1964, 16ff.; AA 1967, 199ff.

[109] Schmaltz; Kokula.

[110] MarbWPr 1979, 13ff.

steht im Zusammenhang mit der Funktion der Grabmäler, so daß dieser Aspekt in Anlehnung an Brueckners Überlegungen weiterzuverfolgen und zu prüfen ist.

Schließlich scheint es gerechtfertigt, ja notwendig zu sein, den geschichtlichen Zusammenhang über die Grenze der Spätklassik hinaus zu bedenken. Während Friis Johansen und Himmelmann den Blick allein in die Vergangenheit lenkten, um der Deutung der klassischen Grabreliefs von ihren Vorläufern her näherzukommen, bietet jetzt die Vorlage der ostgriechischen Grabreliefs, aber auch die der delischen Grabreliefs Anlaß und Möglichkeit, die spätere Zeit des folgenden Hellenismus mitzuberücksichtigen. Angesichts einer mehr als 100jährigen Entwicklung der klassischen Grabreliefs darf man vermuten, daß ihre Ausläufer im späten 4. Jh. im Lichte der hellenistischen Nachfolger vielleicht manche Eigenheit besser erkennen lassen, als dies bei ausschließlicher Blickorientierung auf die Vorläufer möglich ist. – Diesen wie auch die zuvor genannten Aspekte gilt es dann in den folgenden Kapiteln im Auge zu behalten, wobei sich dann auch Gelegenheit gibt, auf die neuere Literatur der letzten Generation einzugehen.

ZUR HERSTELLUNG GRIECHISCHER GRABRELIEFS

Das Material

Das Material, aus dem griechische Grabreliefs gefertigt sind, ist aufs Ganze gesehen in so überwiegender Zahl der Fälle Marmor, daß es fast überflüssig zu sein scheint, auf diesen Gesichtspunkt näher einzugehen. Zwei Aspekte rechtfertigen es indessen, wenigstens beiläufig erwähnt zu werden.

Zunächst ist festzuhalten, daß nach Landschaft und Zeit durchaus Schwankungen bzw. Unterschiede zu beobachten sind. Dabei sind die Verhältnisse in Attika am zuverlässigsten zu überblicken, da hier die Denkmäler am reichlichsten erhalten sind und die Lücken relativ gering zu sein scheinen. In der Frühzeit, d. h. in der geometrischen und früharchaischen Epoche, wird in Attika für steinerne Male meist Kalkstein von der Burg verwendet, vereinzelt auch einmal „schwärzlicher Marmor", zwei Male im 7. Jh. Glimmerschiefer.[111] In der Zeit um 600 v. Chr. und kurz danach scheint Kalkstein vorzuherrschen, mehrfach auch als Poros spezifiziert. Solch „gelblichgrauer, löcheriger Poros" ist auch für den gewaltigen Grabpfeiler von fast 3,20 m Höhe im Kerameikos verwendet (Abb. 4), ein ähnlicher Poros für die kleinere, fast ein halbes Jh. spätere Kriegerstele der gleichen Nekropole (Tf. 1, 1). In beiden Fällen ist die Oberfläche des porösen Steines ursprünglich mit feinem Marmorstuck überzogen gewesen, von dem nur noch geringe Reste erhalten waren;[112] dieser Stuck diente als Grundlage für die Bemalung – im Fall des großen Pfeilers war das Bild des Toten vielleicht gemalt[113] – und zugleich diente er der Konservierung der Oberfläche. Darüber hinaus

[111] Kübler, Kerameikos VI 2, 407 f.

[112] Kübler, Kerameikos VII 1, 13 f.

[113] Willemsen AM 85, 1970, 26 vermutet nur ornamentalen Schmuck.

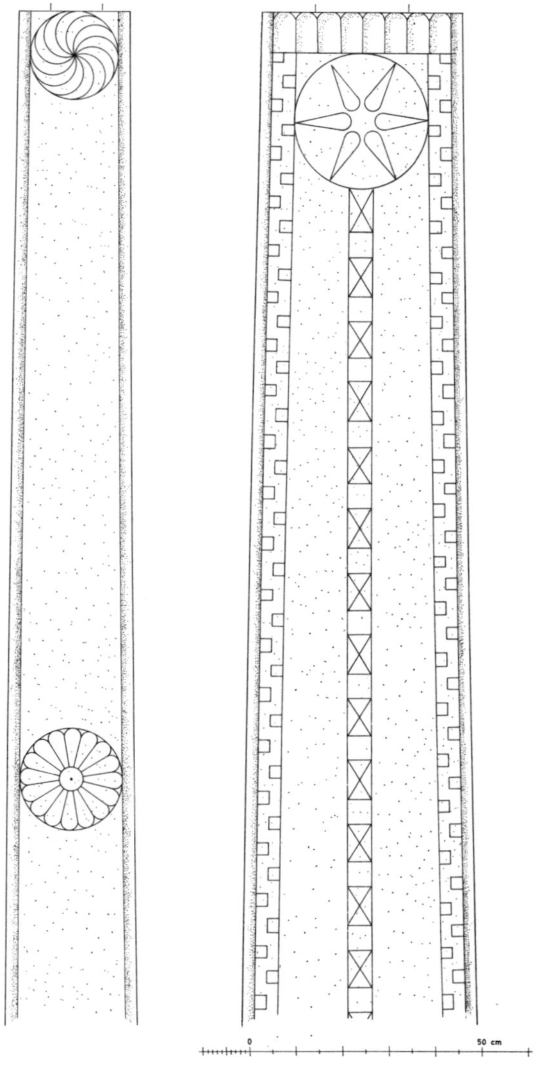

Abb. 4. Poros-Stele vom Heiligen Tor, Kerameikos P 1133.

sollte die stuckierte „Grabstele im Glanz ihrer Erscheinung vielleicht mit marmornen Genossinnen wetteifern“ [114] – der Stuck wäre dann nur billiger Ersatz für den teuren Marmor. Immerhin ist festzuhalten, daß sich erst mit dem 2. Viertel des 6. Jh. Marmor in zunehmendem Maße als Material für attische Grabstelen durchsetzt. [115]

Bei dem im 6. Jh. verwendeten Marmor handelt es sich in der Mehrzahl der Fälle um Inselmarmor, selten um einheimischen von Hymettos oder Penteli. Erst mit dem Ende des 6. Jh. wird dann pentelischer Marmor bevorzugt, ohne freilich den feinen, importierten parischen Marmor zu ersetzen. [116] Dies trifft dann erst für die klassische Zeit zu, in der so gut wie durchgehend einheimischer Marmor, in der Regel pentelischer Marmor für die Grabreliefs verwendet wird. [117] Nur für kleinere, bescheidenere Denkmäler wie Marmorlekythen und -lutrophoren greift man gelegentlich auch zu dem weniger ansehnlichen, weil meist streifig grauen Marmor vom Hymettos, vor allem in der 2. Hälfte des 4. Jh. [118] Dies Material wird auch gerne für die Basis der Reliefs, vor allem der großen Naiskoi benutzt, wodurch sich das eigentliche Denkmal um so leuchtender von dem dunkleren tragenden Glied der Basis abhob. Marmorlekythen aus hymettischem Marmor wurden demnach schon farblich als zweitrangig, als mehr dekorativ eingestuft.

In hellenistischer Zeit bestimmen die von Demetrios von Phaleron dekretierten bescheidenen Denkmalformen das Bild in Attika: schlichte Säulchen (columellae), schalenförmige Becken auf kleinen Säulen (labella) und Grabtische (mensae). Das Gros dieser Grab-

114 E. Buschor, AM 51, 1926, 143.

115 Richter 4 und 10 ff.

116 Vgl. dazu E. Homann-Wedeking, JdI 55, 1940, 262 ff.

117 Handelt es sich um Marmor außerattischer Herkunft oder werden entsprechende Vermutungen geäußert, dann liegen in der Regel auch stilistische oder ikonographische Indizien vor, die an der Herkunft Attika zweifeln lassen: Vgl. z. B. zur New Yorker Stele Diepolder Tf. 7 den Hinweis bei Stupperich 180, Nr. 490.

118 Vereinzelt scheint ein ganz aus hymettischem Marmor gearbeiteter Naiskos zu sein wie der des Agathon Conze Nr. 1443.

mäler, vor allem bei den zahlreichen columellae wird dies deutlich, war aus hymettischem Marmor gearbeitet, pentelischer wird nur mehr recht selten verwendet. Ähnlich scheint es sich auch bei den cippi zu verhalten, schlichten und kleinen Steinen von rechteckiger Form mit bloßer Inschrift, Denkmäler, die bereits in klassischer Zeit begegnen, meist weiter im Hintergrund der Familienbezirke aufgestellt waren und wohl oft Angehörigen des Hauses galten, die nicht vollwertige Familienmitglieder waren. Sie sind schon in klassischer Zeit oft aus hymettischem Marmor hergestellt.

Außerhalb Attikas sind Grabdenkmäler bis gegen Ende des 6. Jh. nur ausgesprochen sporadisch nachzuweisen. Nur drei zahlenmäßig nennenswerte Gruppen sind zu fassen, die jedoch teilweise schon ins 5. Jh. hinüberleiten. Lediglich die Stelen von Prinias auf Kreta sind als geschlossene, früharchaische Denkmälergruppe anzusprechen, die über das 7. Jh. nicht hinabzureichen scheinen. Sie alle sind aus einheimischem Poros gearbeitet, einem Material, das insgesamt in Kreta bis ins 5. Jh. hinein für jegliche Skulpturen üblich ist.[119] Einheimischer Kalkstein herrscht auch bei den samischen Stelen aus der 2. Hälfte des 6. Jh. vor, bei denen sich erst mit der Wende zum 5. Jh. Marmor einbürgert.[120] Und schließlich bleibt die Gruppe der spät- und z. T. schon subarchaischen Heroenreliefs Lakoniens zu bedenken, die in der Regel aus einem blaugrauen, einheimischen Stein gearbeitet sind, der meist als Marmor angesprochen wird.[121] Auf ihre mögliche sepulkrale Funktion wurde oben bereits beiläufig hingewiesen.

Abgesehen von diesen drei Denkmälergruppen bleiben insbesondere noch zwei frühe Zeugnisse zu berücksichtigen, deren Verwendung als Grabmal wahrscheinlich, wenn auch nicht über jeden Zweifel erhaben ist. Im einen Fall handelt es sich um ein Denkmal der Insel Kimolos, aus weichem Kalkstein gefertigt, zur Hälfte als

[119] Lebessi 37 f. Bei diesen Stelen war anscheinend kein Stucküberzug verwendet (s. a. O. S. 21).

[120] Samos XI 174 ff., 214 ff.

[121] Friis Johansen a. O. 82 ff.; dazu vgl. ADelt 28, 1973 B Tf. 146 (wohl Votive!).

schlichte Platte geglättet und nur im oberen Teil fast rudimentär als weiblicher Oberkörper gebildet. Das zweite Beispiel mag noch etwas älter sein, gehört aber dennoch sicherlich dem 7. Jh. an: Es ist eine Stele in Paros, die älteste mit figürlicher Darstellung, einer sitzenden Frau, zugleich die älteste Marmorstele.[122] – Vereinzelt bleibt eine kleine Marmorplatte aus Chalkedon, die dem mittleren 6. Jh. angehört, trotz Format und Darstellung wohl sepulkral verwendet war.[123] – Rechnet man gerade im Bereich der Kykladen mit der Möglichkeit schon früher Marmorstelen, so hat man aufs Ganze gesehen doch den Eindruck – zumal anhand der samischen Stelen –, daß im außerattischen Bereich Marmor für Grabstelen erst mit dem 5. Jh. üblich zu werden beginnt. Dabei scheint – soweit genauere Bestimmung möglich ist – meist lokaler Marmor verwendet worden zu sein, doch ist gelegentlich, z. B. auf Kreta, auch mit Marmorimport von den Kykladen her zu rechnen, vor allem wohl von Paros.[124] Andererseits bietet z. B. Böotien zahlreiche Belege dafür, daß auch noch im 5. und 4. Jh. immer wieder einheimischer Kalkstein verwendet wird; Marmor wird nur gelegentlich wie in archaischer Zeit aus Attika oder von den Inseln eingeführt.[125]

In hellenistischer Zeit ist Marmor dann weitgehend üblich für Grabreliefs, zumal im Bereich der Inseln und im kleinasiatischen Bereich.[126] Doch gibt es auch Landschaften, in denen einheimischer Kalkstein oder Poros bevorzugt oder gar ausschließlich verwendet wird, so wieder in Böotien, auch in Westgriechenland und in Ägypten.[127] Zumal im Falle Ägyptens liegt eine Erklärung für das Fehlen

[122] Neumann 5 f., Tf. 2 und 4 a.

[123] Pfuhl-Möbius a. O. 8, Nr. 1. – Schlichte Stelen ohne Bild, wohl archaisch: AM 11, 1886, 99 f. (von Amorgos); mit Inschrift in Thera: L. Jeffery, Local Scripts 317 (7. Jh.). Krieger aus Lemnos: AM 33, 1908, 47 ff.

[124] Zu den ionischen Grabreliefs der ersten Hälfte des 5. Jh. vgl. Hiller. Auch in Rhodos scheint importierter Marmor vorzuherrschen: Fraser 10.

[125] W. Schild-Xenidou, Böotische Grab- und Weihreliefs archaischer und klassischer Zeit (1972) 83 ff.

[126] Pfuhl-Möbius I 48 f.

[127] Fraser – Rönne 43 f., 112. – AM 26, 1901, 258 ff.

von Marmorstelen nahe: Da es keinen Marmor im Lande gibt, hätte man ihn für teures Geld einführen müssen. So gewichtig dieser ökonomische Gesichtspunkt zweifellos ist, so muß man sich doch fragen, ob er allein den Ausschlag gab. Immerhin ist auch die lokale Kunsttradition zu bedenken, die gerade in Ägypten in all den Jahrhunderten zuvor Marmor so gut wie nie benutzt hatte. Und im gleichen Zusammenhang ist die Vorliebe für lebhafte Farben zu erwähnen, für die z. B. stuckierter Stein eine ungleich günstigere Grundlage bot als Marmor.[128] So scheint es zumindest zweifelhaft zu sein, ob in hellenistischer Zeit der äußerliche, ökonomische Sachzwang den ausschließlichen Grund dafür bietet, daß in Ägypten der importierte und daher teure Marmor so selten für Grabstelen verwendet wurde – wie auch für andere Skulpturen.

Auch für Böotien möchte man zunächst daran denken, daß nur das Fehlen geeigneter Marmorvorkommen dazu führte, daß vor allem einheimischer Kalkstein verarbeitet wurde. Den relativ seltenen Import von pentelischem oder Inselmarmor könnte man mit der ökonomischen Situation des Landes zu erklären versuchen: Sonderlich reich war Böotien wohl nicht, doch läßt sich das Gegenteil ganz und gar auch nicht behaupten.[129] Ferner ist nicht zu vergessen, daß gerade auch unter den Grabreliefs des 5. und 4. Jh. durchaus anspruchsvolle Werke sind, sowohl nach Format wie nach Qualität aufwendige Denkmäler, für die aber dennoch meist der helle, einheimische Kalkstein benutzt wurde. So könnte man sich fragen, ob nicht neben äußerlich-ökonomischen Gesichtspunkten doch auch so etwas wie eine ideeller Aspekt bei der Wahl des Materiales eine Rolle spielte.

In gleiche Richtung weist wohl noch eine andere Überlegung. Sieht man nämlich von der Frühzeit ab, in der die Möglichkeiten der handwerklichen Bewältigung mit geeigneten Werkzeugen die Bevorzugung weicheren Steinmateriales wie Poros bestimmt haben dürfte, dann ist für die klassische und hellenistische Zeit, z. T. schon für spätarchaische Zeit nicht zu übersehen, wie sehr aufs Ganze ge-

[128] Vgl. H. Kyrieleis, Bildnisse der Ptolemäer AF 2 (1975) 131 f.

[129] Vgl. z. B. M. Rostovtzeff, Die hellenistische Welt (1955) 162.

sehen die marmornen Grabmäler vorherrschen. Dabei ist nun zu bedenken, daß einzelne gut erhaltene Denkmäler keinen Zweifel daran lassen, daß zumindest zu bestimmten Zeiten und in bestimmten Landschaften solche marmornen Grabreliefs farblich so gefaßt waren, daß vom Marmor nicht mehr allzu viel sichtbar war. Einen unmittelbaren vollständigen Eindruck vermitteln freilich nur noch wenige Beispiele, z. B. einzelne archaische Grabreliefs bzw. -fragmente, Teile des vor wenigen Jahren in Kallithea gefundenen klassischen Monumentes oder die gemalten frühhellenistischen Stelen von Demetrias.[130] Doch lassen die insgesamt nachgewiesenen Farbreste keinen Zweifel daran, daß bei archaischen und klassischen Grabstelen in der Regel Reliefgrund und Figuren bemalt waren, wohl auch die unbekleideten Körperteile der Figuren.[131] Bei klassischen Naiskosstelen dürfte dann z. B. nur der architektonische Rahmen im Marmor-Weiß zur Geltung gekommen sein, wobei die architektonischen Zierglieder wie Kymata und Akrotere wieder farblich hervorgehoben waren, damit den Rahmen verstärkt gliederten und zugleich betonten.[132] Trotz dieses weitgehend deckenden Auftrages von Farben ist dennoch das teure Material Marmor verwendet worden, was offenbar bedeutet, daß er weniger seiner natürlichen, aber doch besonderen Erscheinung wegen verarbeitet wurde, als vielmehr aus anderen Gründen.

Immer wieder wird seit Homer als Aufgabe des Grabmales genannt, daß es die Erinnerung wachhalten soll. Natürlich geht es dabei in erster Linie um die Erinnerung an den Toten selbst, doch kann mitunter auch das Augenmerk auf den Helden gelenkt werden, der dem Toten im Kampf gegenüberstand und ihn besiegte (vgl. z. B. Ilias VII 87 ff.), oder die Erinnerung bezieht den mit ein, der seiner Pflicht gegenüber dem Toten nachkam, ihm das Grabmal setzte und

130 Vgl. z. B. Richter Nr. 45, 61, 67 und 70 f. AAA 1, 1968, 35 ff. und 108 f. V. v. Graeve, La Thessalie, Actes de la Table-Ronde 21./24. 7. 75, Lyon, 111 ff. Weißer Hintergrund bei einer gemalten Stele aus Amphipolis: AntK 12, 1969, 68 ff.

131 Vgl. P. Reuterswärd, Studien zur Polychromie der Plastik (1960) 54 ff.

132 Vgl. z. B. AM 59, 1934, 32.

deshalb namentlich genannt wird.[133] Dabei kann das Grabmal gelegentlich als „unvergängliches Mahnmal“ bezeichnet werden, etwa in Epigrammen für Staatsgräber oder auch für private Denkmäler.[134] Entsprechende Dauerhaftigkeit bietet zweifellos am ehesten ein steinernes Mal, und Marmor eignete sich dank seiner besonderen Festigkeit vorzüglich. Hinzu kommt noch ein weiterer Aspekt. Mehrfach werden nämlich die Gräber der Toten in einem Atemzug mit den Tempeln der Götter genannt, werden sogar gelegentlich „Heiligtümer derer, die des Lebens Mühe und Last ausgestanden haben“, genannt.[135] Für die Heiligtümer der Götter aber, für die Ausstattung ihrer Bezirke verwendete man seit archaischer Zeit immer wieder kostbaren Marmor, für Weihgeschenke und Baulichkeiten.[136] Die regelmäßige Verwendung dieses gleichen Materiales für Grabmäler läßt daher fragen, inwieweit es hier auch auf einen gesteigerten Anspruch deutet, der über die profane Welt hinausweist: Die „Heiligkeit“ der Gräber wäre gleichsam materiell greifbar. Umgekehrt müßte man dann z. B. im Falle Böotiens – und ähnlich auch für Westgriechenland – überlegen, ob nicht die vorherrschende Verwendung des einheimischen, festen Kalksteins (trotz der durch Einzelfälle belegten Möglichkeit des Marmorimportes) auch hier über alle durchaus gewichtigen ökonomischen Aspekte hinaus von Bedeutung ist; tiefere Gründe mögen eine Tradition mitgetragen haben, die immerhin auch zu so aufwendig gearbeiteten, fast raffiniert wirkenden Kalksteinstelen wie denen des Mnason und Rynchon führte, bei denen sich die Figuren mit ihrer sorgfältig geglätteten, ja wohl polierten Oberfläche von dem leicht gerauhten Grund abhoben.[137]

Diese Überlegungen zum Material griechischer Grabstelen lenken den Blick noch auf zwei weitere Gesichtspunkte. Erwähnenswert erscheint, daß es bei aller Fülle erhaltener Denkmäler bzw. -reste

[133] Vgl. z. B. G. Daux, BCH 96, 1972, 558.

[134] Peek Nr. 11 f.; ähnlich Nr. 79 und 88.

[135] Vgl. dazu Karusos 29 f.

[136] Vgl. dazu K. Tuchelt, IstMitt Beih. 23, 74: „Marmor bevorzugt im Sakralbereich“.

[137] W. Schild – Xenidou a. O. 41 ff., 177 f.

keine Anhaltspunkte dafür gibt, daß Grabstatuen aus Bronze errichtet wurden.[138] Während in den Heiligtümern und auf den öffentlichen Plätzen immer wieder steinerne Basen mit entsprechenden Einlassungen die Existenz bronzener Statuen oder auch Statuetten bezeugen, fehlen solche Basen in Nekropolen anscheinend völlig. Literarische Belege sind, woweit ich sehe, sehr selten, zugleich vielleicht signifikant. So spricht ein mit dem Namen Homers oder dem des Kleobulos von Lindos verbundenes Epigramm davon, daß eine eherne Jungfrau auf dem Grab des Midas „lag", des sagenhaften Königs der phrygischen Vorzeit.[139] Das Märchenhafte, Außerordentliche dieser mythischen Figur könnte durch die für griechische Verhältnisse anscheinend ungewöhnliche Ausstattung seines Grabes noch unterstrichen worden sein. – Bei den seltenen anderen Erwähnungen bronzener Grabstatuen handelt es sich, soweit ich sehe, um spätere, teils gar spätantike Zeugnisse:[140] Die Kenntnis der älteren antiken Verhältnisse, so könnte man argumentieren, ließ anscheinend nach, oder aber die alte Tradition hinsichtlich des zu verwendenden Materiales hatte an Gültigkeit eingebüßt. – Nimmt man nun den Befund der erhaltenen Denkmäler ernst und rechnet nicht mit zufälligen, aber gravierenden Lücken, dann ist auf der anderen Seite an die seit etwa 400 v. Chr. in zunehmendem Maße vor allem literarisch belegten Ehrenstatuen zu erinnern, die aus Bronze gefertigt wurden. Die Verwendung dieses Materiales scheint dabei so üblich geworden zu sein, daß z. B. Demosthenes in einer Rede das Substantiv ‚Bild' (eikon) weglassen konnte und einfach von der Errichtung „der bronzenen" reden konnte:[141] Der Zusammenhang ließ keinen Zweifel daran, daß Ehrenstatuen gemeint waren, doch scheint eben

[138] Bei Xenophon und Diogenes sind Grabstatuen überliefert – aus Marmor! Bei den sonst überlieferten Bronzestatuen berühmter Persönlichkeiten handelt es sich regelmäßig um Ehrenstatuen – vgl. G. M. A. Richter, Porträts of the Greeks II.

[139] Anthol. Gr. VII 153; freilich ist gerade die 1. Zeile nicht völlig zweifelsfrei: Peek a. O. Nr. 29.

[140] AntholGr. VII 563 f.

[141] Dem. XXIII 196 f.; auch XIII 20 f.; deutlich ist, daß in der 1. Hälfte des 5. Jh. solche Ehrenstatuen aus Bronze unüblich waren.

die Materialangabe für die Hörer bezeichnender gewesen zu sein als das Wort eikon. Bei diesen Ehrenstatuen handelte es sich nun um Bildnisse, um die Porträtstatuen der vom Demos geehrten Personen, die sich in irgendeiner Weise hervorgetan hatten. Für diese Bildnisse als Gattung war aber eben, wie es scheint, zu Demosthenes' Zeit der Werkstoff Bronze so verbindlich geworden, daß im Zusammenhang schon das Adjektiv ‚bronzen' für die Assoziation ‚Bildnis' ausreichte. Vor diesem Hintergrund fragt man sich dann, inwieweit umgekehrt der anscheinend regelmäßige Verzicht auf Bronze innerhalb der Sepulkralplastik[142] eine entsprechende Aussage nahelegt, d. h. als Eigenart dieser Gattung im Gegensatz zur Bildnisplastik verstanden werden darf – etwa in dem Sinne, daß es der Sepulkralplastik trotz der üblichen Nennung der Namen eben nicht auf den Bildnischarakter der Ehrenstatuen ankam. In einem Fall wie dem des schon genannten Aristonautes, dessen Figur teilweise freiplastisch gearbeitet ist, ergäbe sich auf diese Weise ein weiteres Argument, die so „betonte Wirklichkeitsnähe" seiner Gesichtszüge eben nicht im Sinne eines Porträts zu verstehen, sondern als Merkmal einer zeitbedingten Formgebung. – Freilich soll nicht verschwiegen werden, daß es auch noch eine andere Möglichkeit gibt, die anscheinend gängige Bindung der beiden Gattungen (Bildnis – Grabmal) an die verschiedenen Materialien zu deuten. Denn Bronze war zweifellos ein besonderer, kostbarer Werkstoff, vor allem in früherer Zeit – ein Epigramm des frühen 5. Jh. nennt Delphi den „erz-bekränzten Bezirk",[143] was offenbar eine Auszeichnung meint. Auch ist daran zu

[142] Die ἀνδριάντες des Epikteta-Testamentes (IG XII 3, 330) werden neben dem Heroon genannt – vielleicht waren dies bronzene Bidnisstatuen, die aber nicht die Funktion von Grabstatuen bzw. Grabreliefs hatten. Das wohl marmorne ἄγαλμα des Heros Aleximachos in Amorgos (IG XII 7, 515) genoß dagegen wohl kultische Verehrung, wie es bei μαρμάρινα ἀγάλματα zumindest in hellenistischer Zeit üblich gewesen zu sein scheint (vgl. Tuchelt a. O. 80). Rückblickend könnte dieser Zusammenhang zwischen Marmorbild und kultischer Verehrung auch für die klassischen Grabreliefs geltend gemacht werden.

[143] Diod. XI 14,4; dazu vgl. z. B. Demosth. XIX 272 (428): eine große Bronzestatue ist Weihgeschenk für den Sieg in den Perserkriegen.

denken, daß gerade die großen Meister des 5. Jh. und der folgenden Zeit Bronze als Werkstoff bevorzugten. Schließlich mag auch der mehr oder weniger stark an Gold erinnernde Glanz der Bronze eine Rolle gespielt haben[144] – vielleicht, daß sich in dieser Zeit mit Bronze der Gedanke an eine so besondere Auszeichnung verband, wie man sie im sepulkralen Bereich möglicherweise für unangemessen hielt. Das schließt nicht aus, daß später, etwa im Hellenismus, die Einschätzung des Materiales eine andere geworden war[145].

Die Frage nach dem Material griechischer Grabstelen lenkt den Blick noch auf ein historisches und kunstgeschichtliches Problem. Literarische Überlieferung und Denkmälerbestand bezeugen übereinstimmend, daß es in der 1. Hälfte des 5. Jh. in Attika keine Grabreliefs gab, auch keine größeren Grabstelen ohne Bild. Merkwürdig aber ist, daß ungefähr seit den 60er Jahren des 5. Jh. die Bilder der weißgrundigen Lekythen in zunehmendem Maße im Zentrum der Darstellungen Grabstelen wiedergeben, die an die spätarchaischen Palmettenstelen erinnern, zugleich so etwas wie Vorläufer der späteren Palmettenstelen des 4. Jh. sein könnten. Von daher vermutete man immer wieder, daß in jener fraglichen Zeit nach den Perserkriegen vielleicht hölzerne Stelen Form und Funktion der marmornen Vorgänger weiterführten: Sie bildeten angeblich den realen Hintergrund für die weißgrundigen Lekythenbilder, sind aber ihres Materiales wegen natürlich nicht erhalten.[146] Doch gibt es gegen diese Auffassung von zwei Seiten her Einwände. Versteht man nämlich die Bilder der wgr. Lekythen als Abbilder realer Gegebenheiten, dann müßte es sich um Stelen gehandelt haben, die hölzern, aber geweißt oder mit Stuck überzogen worden waren. Sie hätten sich in ihrer Erscheinung für kurze Zeit kaum oder gar nicht von den Marmorstelen unterschieden und hätten insofern den gleichen Anspruch vertreten wie diese. Falls nun das Gesetz zur Einschränkung des

[144] Vgl. dazu P. Reuterswärd a. O. 107 ff.

[145] Vgl. K. Tuchelt, IstMitt Beih. 23, 71 ff.

[146] Vgl. W. Schiering, AA 1974, 652; vgl. dazu auch B. S. Ridgway, Severe Style in Greek Sculpture (1970) 44. Zuletzt dazu Stupperich 85 mit Anm., jedoch skeptisch gegenüber Holzstelen.

Gräberluxus[147] nicht nur eine rein pekuniäre Maßnahme war, sondern auch darauf zielte, den Anspruch allzu üppiger Bestattungen zu begrenzen, z. B. den Repräsentations- und Geltungsdrang einer kleinen, aber begüterten und politisch aktiven Schicht – und dafür spricht, daß Grabreden nur noch bei Staatsbegräbnissen zugelassen wurden, und daß der Teilnehmerkreis bei Begräbnissen eingeschränkt wurde –, dann hätten die vermuteten Holzstelen die Gesetzgebung unterlaufen, was man doch wahrscheinlich zu unterbinden gewußt hätte. Zum anderen ist zu bedenken, daß die mutmaßlichen Holzstelen wohl trotz möglicher Stuckierung nicht die Dauerhaftigkeit eines ansonsten auch noch so bescheidenen Steinmales erreicht hätten[148] – und gerade auf diese Unvergänglichkeit kam es an, wie die literarischen Belege zeigen, ebenso aber auch die Tradition der marmornen Denkmäler selbst, die sich ungeachtet wiederholter Gesetzesmaßnahmen immer wieder durchsetzten, auch nach dem Erlaß des Demetrius von Phaleron.

Schließlich bleibt in diesem Zusammenhang eine letzte Einzelheit zu erwähnen. Die fast zahllosen wgr. Lekythenbilder, die seit dem strengen Stil mehr oder weniger regelmäßig die Grabstele in der Bildmitte zeigen, bilden zweifellos eine Merkwürdigkeit. Gemeinhin sieht man darin einen Hinweis auf die sepulkrale Verwendung der Gefäße, die den Darstellungen ansonsten nicht anzusehen wäre. Doch sei z. B. an die Möglichkeit archaischer Lutrophoren erinnert, deren Bilder durch Trauergesten keinen Zweifel daran lassen, welchem Bereich sie angehören. So liegt der Gedanke nahe, die Grabstelen der wgr. Lekythenbilder könnten doch mehr besagen,[149] könnten vielleicht im Bild das andeuten, was realiter mit marmornen Grabstelen auszusprechen gesetzlich verboten war: Durch ein hochragendes Steinmal „unsterbliche Erinnerung“ an den Toten wach-

[147] Dazu zuletzt Stupperich 71 ff.

[148] Vielleicht bezeichnend, daß auch für die Frühzeit nur ein zweifelhafter Hinweis bei Homer erhalten ist: XXIII 326 ff. (dazu M. Andronikos, Arch Hom III W. 33). Anders G. v. Kaschnitz-Weinberg, Ausgewählte Schriften I 104. – Das Ruder des Elpenor (Od. 12, 14 f.) bekrönt nur zusätzlich außer der Stele den Tymbos.

[149] Vgl. den ähnlichen Ansatz bei Stupperich 86.

zuhalten[150] – dieser anspruchsvolle Gedanke klingt im bescheidenen Bild der Lekythos nur verhalten, gleichsam gebrochen an. Mit dem Wiedereinsetzen der marmornen Grabmäler im späteren 5. Jh. büßen dann die wgr. Lekythen an Attraktivität ein und werden bald ganz aufgegeben – marmorne Lekythen setzen die Tradition fort.

Die farbliche Ausgestaltung der Grabreliefs

Schon kurz angesprochen wurde der Gesichtspunkt der Bemalung griechischer Grabreliefs. So gering aufs Ganze gesehen die Überreste sind, so wichtig ist es, sich wenigstens versuchsweise einen Eindruck von der farblichen Gestaltung dieser Gattung zu machen. Zumal für die klassische Zeit gilt es, von ‚klassizistischer Marmorblässe' abzusehen und durchaus mit Verwendung auch kräftiger Farben zu rechnen.[151]

Recht häufig läßt sich gerade an klassischen Grabmälern Farbe als Hilfsmittel zur Wiedergabe von Gegenständen nachweisen, etwa im Fall der Hegeso, deren Hände offensichtlich etwas fassen, was indessen nur gemalt war und spurlos verschwunden ist. Auch müssen die Riemen ihrer Sandale gemalt gewesen sein, während die Sohle plastisch ausgearbeitet ist. Bei anderen Frauenbildern ist der Ohrschmuck als kleine runde Platte angegeben – kein Zweifel, daß auch hier Farbe zur Verdeutlichung beitrug. Bei Ampharete sind die Haare als grob gepickte, amorphe und dicke Kalotte belassen, während sonst meist die wellige und strähnige Natur der Haare plastisch angedeutet wird. Und glücklicherweise waren bei Ampharete noch Reste von Dunkelrot im Haar selbst erhalten geblieben.[152] Ähnlich läßt sich auch in anderen Fällen hin und wieder mit Sicherheit die Verwendung von Farbe erschließen, selbst wenn keinerlei Reste

[150] Peek Nr. 88.

[151] Zum folgenden vgl. P. Reuterswärd, Studien zur Polychromie der Plastik (1960), Richter und V. v. Graeve, La Thessalie, Table Ronde Lyon 1975, 111 ff.; dazu allgemein I. Scheibler, AntK 17, 1974, 92 ff.

[152] AM 59, 1934, 31.

mehr vorhanden sind – so bei Kriegern mit erhobenem Arm, die eine Lanze hielten, oder bei sich stützenden Alten, die sich auf einen einst gemalten Stock lehnten.[153] Freilich ist zu sehen, daß solche Ergänzungen in Farbe häufiger an kleineren Reliefs zu beobachten sind, an Marmorlekythen, -lutrophoren und Bildfeldstelen, seltener dagegen an großen Reliefs. Bei diesen interessiert indessen noch ein Detail, nämlich die malerische Gestaltung der Augen. Für keines der großen, klassischen Grabreliefs Attikas sind entsprechende Farbreste nachgewiesen, und doch muß man in Entsprechung zu gemalten archaischen Grabstelen sowie analog zu vereinzelten anderen Reliefs klassischer Zeit davon ausgehen, daß die Augen gemalt waren, daß die Figuren also durchaus schauend, vielleicht gar gezielt blickend dargestellt waren. Dies zu berücksichtigen ist insbesondere wichtig, wenn man für Fragen der Interpretation auf den Ausdruck der Gesichter achtet, für den natürlich die Intensität des Blickes ausschlaggebend ist. Zumindest wird man sich hüten, vom heutigen ‚blicklosen' Zustand auf besondere Entrücktheit oder Versunkenheit der Toten zu schließen oder von einer Unbeweglichkeit des Blickes zur Kennzeichnung des Verstorbenen zu sprechen.[154]

Bei den großen Grabreliefs klassischer Zeit sind übrigens Accessoires der genannten Art gelegentlich auch in Metall, wohl vergoldeter Bronze, zugefügt gewesen, beispielsweise der Ohrschmuck bei Frauen. Beim Dexileos waren Zaumzeug und Lanze, beim Aristonautes Teile des Helmes[155] angesetzt worden, nach Ausweis der Löcher jeweils aus Bronze gefertigt. Entsprechend feine Löcher seitlich des Kopfes oder im Haar deuten gelegentlich darauf, daß wohl Kränze appliziert werden konnten, so etwa bei der ‚Tochter' des großen Naiskos in New York („Sostrate") oder beim Jüngling des Ilissos-Reliefs.[156] In diesem Fall war merkwürdigerweise auch der

[153]. Vgl. z.B. Conze IV 142 s. v. Bemalung.

[154] Dazu vgl. Kokula 51 ff.

[155] Vgl. V. v. Graeve, Der Alexandersarkophag und seine Werkstatt (1970) 92.

[156] Vgl. Himmelmann Abb. 2 und 19f. Ein schmaler Reif (?) in Marmor ausgearbeitet und sicher einst durch Farbe betont am Jünglingskopf AAA 8,

alte, trauernde Vater bekränzt, doch ist zu überlegen, ob dies nicht erst nachträglich geschah. Denn die beiden Löcher sind so angebracht, daß man sie von vorne sieht, während sie beim Jüngling mehr hinter dem Kopf verschwinden. Nach Errichtung des Naiskos auf dem Friedhof war es für den Steinmetzen schwierig, beim alten Vater die Löcher gut verdeckt anzubringen; daher befestigte er den Kranz, so gut es eben ging. Notwendig wurde diese Ergänzung wohl deshalb, weil der alte Vater inzwischen auch verstorben war – der Kranz zeichnete ihn nun in gleicher Weise wie den Jüngling aus. Ursprünglich war freilich nur dieser wie die ‚Tochter' des New Yorker Familienbildes durch den Kranz hervorgehoben, war zusätzlich dadurch als Hauptperson ausgezeichnet,[157] obwohl dies in Anbetracht seiner Nacktheit, der Attribute von Keule, Hund und pais und wegen seiner fast frontalen Stellung kaum mehr nötig war: Schon dadurch war er zweifelsfrei als Verstorbener in den Blickpunkt gerückt. Insofern bedeutet der vergoldete Kranz eine zusätzliche Kennzeichnung, und man mag erwägen, ob die für spätere Zeit belegte ikonographische Bedeutung des Goldes auch schon in klassischer Zeit gewisse Gültigkeit hatte, insofern dies Material mit seiner Unvergänglichkeit und Unveränderlichkeit auf übermenschliches Wesen, auf den göttlichen Bereich weist.[158] Der Jüngling des Grabmals vom Ilissos wäre dadurch in seiner heroischen Würde noch unmißverständlicher herausgestellt. In Einklang mit einer solchen Deutung steht, daß derartige vergoldete Kränze insgesamt sehr selten an klassischen Grabreliefs Attikas zugefügt wurden,[159] daß also von diesem Mittel der Heroisierung recht selten Gebrauch gemacht wurde – entsprechend den relativ selten angewandten anderen Heroisierungsmöglichkeiten der Zeit. Andererseits war mit einem

1975, 288 f. Mehrfach deuten feine Bohrlöcher im Ohrläppchen der Hauptperson auf applizierten Ohrschmuck, vgl. z.B. die Sostrate New York; Conze Nr. 320, 901.

157 Vielleicht gilt dies auch für den Dexileos, bei dem 3 Löcher erhalten sind, allerdings noch gefüllt mit Eisenstiften, s. Conze Nr. 1158.

158 Vgl. Reuterswärd a. O. 143 ff.

159 Vgl. Conze Nr. 97, 803, 1207, 1282.

solchen, recht leicht anfügbaren Attribut auch rasch der trauernde Vater als nunmehr verstorben, der menschlichen Sphäre gleichsam entrückt gekennzeichnet.

Die bisher erwähnten, farblich abgesetzten Einzelheiten geben indessen nur die Gewißheit, daß Farbe bei der Ausgestaltung der Grabreliefs mitgewirkt hat. Ein Bild der mehr oder weniger vollständigen Bemalung vermitteln sie nicht, und dies läßt sich auch nur aus vereinzelt erhaltenen Farbresten erschließen. So zeigen archaische Grabreliefs Attikas mehrfach Spuren von Rot am Reliefgrund, freilich auch einmal Blau wie im Fall der schon genannten frühen Kriegerstele aus Poros im Kerameikos[160] (Tf. 1, 1). Blau war dann anscheinend in klassischer Zeit die bevorzugte Hintergrundfarbe, bis endlich im 4. Jh. eine Aufteilung mehrfach zu beobachten ist: Der obere Teil wird rot gedeckt, der untere dagegen meist gelb.[161] Fast fühlt man sich an Sockelzonen späterer Wand-Dekorationen erinnert, und unwillkürlich fragt man sich, ob eine entsprechend gegenständliche Bedeutung auch bei dieser zweizonigen Hintergrundbemalung spätklassischer Grabreliefs intendiert ist (wie umgekehrt für die einheitlich blauen oder roten Hintergrundwände immer wieder symbolische Bedeutung vermutet wurde[162]). Immerhin ist zu bedenken, daß die Grabreliefs mit nachweislich zweizonig bemaltem Hintergrund allem Anschein nach vor allem der 2. Hälfte des 4. Jh. angehören, daß aber wenig später, im frühen 3. Jh. gemalte Grabstelen aus Demetrias trotz gut attischer Tradition gelegentlich den Hintergrund als häusliches Interieur gestalten, so etwa im Fall

[160] Kübler, Kerameikos VII 1, 14. Ebenso scheint der Hintergrund der Frauenstele im Kerameikos blau gewesen zu sein: AM 85, 1970, 37 Tf. 15,2. Die Predella kann auch unbemalten, also marmorweißen Hintergrund aufweisen, von dem sich die Figur in kräftigem Rot mit dunkler Kontur abhob: Vgl. AM 85, 1970, 36.

[161] Reuterswärd a. O. 57 f.; gleiche Farbverteilung beim Monument von Kallithea: AAA 4, 1971, 109 f. Gelb ist auch der Hintergrund des Fragmentes AA 1942, 257 f., Abb. 30, das zur Seitenwand eines spätklassischen Naiskos gehört und den – freilich nackten – pais zeigt wie das Fragment in Kopenhagen I. N. 2807 (AntPl XVII 85, Abb. 12).

[162] Vgl. zuletzt Ridgway 170 mit weiterführenden Überlegungen.

des Bildes der sterbenden Hediste.[163] Der ‚ideale', eben ungegenständlich nur rot oder blau gedeckte Hintergrund der früheren attischen Grabreliefs ist in diesem Fall aufgegeben und konkret als Scherwand, Tür und Durchblick gedeutet, schließt also die Szene ganz handgreiflich und real durch Wände ab, um daneben zugleich diesen Hintergrund durch Staffelung und Durchblick zu öffnen. Dies wie die gegenständliche Deutung des Grundes lassen sich im Sinne eines Realitätsbezuges verstehen, der gegenüber dem gleichförmigen klassischen, idealen Hintergrund etwas völlig Neues bedeutet. Vielleicht nimmt die zweizonige Farbgebung spätklassischer Grabrelief-Hintergründe nicht nur eine zeitliche Zwischenstellung ein, sondern ist auch inhaltlich in diesem Sinn zu interpretieren, als Vorstufe der realistischen Auffassungsmöglichkeit des frühen Hellenismus.

Schwieriger ist es, ein Bild davon zu gewinnen, in welcher Weise sich die Figuren der Reliefs vom farbigen Hintergrund abhoben. Mehrfach bezeugen Farbreste, daß die Haare durch Farbe, meist Rot, betont waren. An Gewändern sind gelegentlich Säume farblich abgesetzt, so bei einer spätarchaischen Frauenstele eine breite Mäanderborte, bei der Ampharete ein Zackenband am Tuch über dem Stuhl, oder auch zwei schmale Streifen in größerem Abstand bei einem archaischen Stelenfragment.[164] Beim Bild des Aristion sind Einzelheiten des Panzers durch Farbe angegeben,[165] und ähnliches muß auch für klassische Kriegerreliefs gelten, da meist Feinheiten wie die Verschnürung der Schulterklappen nicht plastisch angedeutet sind, sicherlich aber nicht gefehlt haben.[166] Gewänder scheinen im übrigen entweder einfarbig gewesen zu sein – Beispiele dafür lie-

[163] A. S. Arvanitopoulos, Graptai Stelai Demetriados (1928) Tf. 2; ferner V. v. Graeve in La Thessalie Tf. 2, 3; 6,4.

[164] Richter Nr. 59; AM 59, 1934, 31; Festschrift N. Kontoleon 541 ff., Tf. 247 ff.

[165] Richter Nr. 67; dazu vgl. Nachtrag bei Conze IV 112!

[166] Beim Aristonautes Conze Nr. 1151 war „Hellgrün in der Gegend der Schulterklappe" erhalten; Bemalung z. T. noch erhalten am Alexandersarkophag: v. Graeve a. O. Tf. 67.

fern gemalte Bilder wie die des Lyseas und des Tibeios[167] –, oder verstreute Muster hoben sich vom Marmorgrund ab, wie es freiplastische Figuren bezeugen.[168] Ob es eine Vorliebe für dieses oder jenes Verfahren gab, zumal zu bestimmten Zeiten, läßt sich auf Grund des Erhaltenen kaum entscheiden. Allerdings ist zu überlegen, inwieweit z. B. die zierlichen Streumuster spätarchaischer Koren auch ein Stilmerkmal der Zeit sind, womöglich an gleichzeitigen Frauenstelen verwendet wurden, dagegen in klassischer Zeit unüblich waren. Und in diesem Sinne mag man an die Vasenmalerei erinnern, vor allem die weißgrundigen Lekythen, was bedeuten würde, daß insbesondere die Mäntel in kräftigen, deckenden Farben einheitlich gegeben waren.

Noch schwieriger ist zu entscheiden, inwieweit die unbekleideten Partien der Grabrelieffiguren farblich gekennzeichnet waren, oder ob sie in der Weiße des Marmors belassen waren, lediglich schwach, wohl gelblich getönt durch die Oberflächenkonservierung und Politur der sogen. Ganosis.[169] In einem Fall, bei einem frühklassischen Frauen-Relief aus Thasos, wurde seinerzeit bei der Auffindung bemerkt, daß die Wange rötlich getönt war.[170] Allerdings ist dies, soweit ich sehe, der einzige Fall bisher, dazu ein frühklassischer Beleg und außerattisch. Andererseits bezeugen die frühhellenistischen, gemalten Stelen aus Demetrias einheitlich hell bräunliches Inkarnat, doch handelt es sich hier eben um gemalte Bilder (dazu s. u.).[171] Ob man ferner für die attischen Grabreliefs auf die Terrakotten verweisen darf, die so gut wie durchgehend in volkstümlichem Realismus rote Wangen andeuten – bis hin zu den frühhellenistischen Tanagräerinnen –, ist durchaus fraglich, da es sich um völlig verschiedene Gattungen handelt: So wenig man bündig ausschließen kann, daß z. B. Hegeso mit rosigen Wangen zu denken ist, so wenig gilt dies für

[167] Richter Nr. 70; AM 71, 1956, Tf. B – s. unten. Dazu vgl. Pantheon 36, 1978, 303 ff.

[168] Vgl. Reuterswärd a. O. 42 f.

[169] Vgl. RE Suppl. XIII 1381 ff.

[170] Vgl. Reuterswärd a. O. 58 ff.

[171] v. Graeve, La Thessalie (1975) 116.

die gegenteilige Möglichkeit, daß innerhalb der Gattung der klassischen Grabreliefs auf ein allzu naturalistisches, realitätsbezogenes Kolorit verzichtet wurde. Die erstaunlich wirklichkeitsnahe Auffassung der wenig späteren, frühhellenistischen Bilder aus Demetrias, ja schon des Alexander-Sarkophages vom Ende des 4. Jh. könnte wiederum vor allem Merkmal des veränderten Stiles sein. Entsprechendes gilt auch für die Wiedergabe nackter männlicher Figuren, die z. B. am Mausoleum von Halikarnass braunrot getönt waren und am Alexander-Sarkophag eine dünne, schwach gelbliche oder rötliche Haut hatten[171a]: Vielleicht muß man sich z. B. all die klassischen Jünglingsstelen ähnlich behandelt vorstellen. Doch bleibt wieder die eventuelle Eigenart der Gattung zu bedenken (wie umgekehrt der Alexander-Sarkophag mit seinem marmor-weißen Hintergrund eben nicht den Grabreliefs entsprich![172]), d. h. man muß wohl doch auch mit der Möglichkeit rechnen, daß die klassischen Grabreliefs den unbekleideten männlichen Körper in einer weniger wirklichkeitsgetreuen Farblichkeit vor Augen führten. Eine Entscheidung ist derzeit kaum möglich; neue Funde oder neue photographische Verfahren,[173] die auch für das Auge nicht mehr wahrnehmbare Farbspuren registrieren, mögen hier weiterhelfen.

Versucht man schließlich, die wenigen Anhaltspunkte und Rückschlüsse über die Farblichkeit archaischer und klassischer Grabreliefs zusammenzufassen und auf einen möglichen Epochen-Wandel hin zu betrachten, so läßt sich in Attika, wo ein solcher Überblick allein möglich ist, ein stilistischer Epochen-Unterschied dieser Art nicht recht fassen. Allein die an archaischen Reliefs bevorzugte Hintergrundfarbe Rot wäre gegenüber dem in der Klassik vorherrschenden Blau zu erwähnen, und sofern sich Relieffiguren vor einem

[171a] Dazu vgl. das Monument von Kallithea (AAA 4, 1971, 109 f.), an dessen Amazonomachiefries im Falle eines Kriegers noch reichliche Reste von intensiv gelber Farbe am Unterschenkel erhalten sind.

[172] Gleiches gilt für das Grabgemälde des Hermon im Kerameikos: sein „rostbraunes“ Karnat hebt sich stark vom weißen (!) Hintergrund ab: Pantheon 36, 1978, 304 f.

[173] Vgl. Chr. Wolters, MüJb XI, 1960, 11 ff.

blauen Hintergrund stärker in ihrem plastischen Wert abheben, kann man von einer stilistischen Veränderung sprechen. Von einer „kräftigeren und umfassenderen Polychromie“ der Klassik gegenüber der reifarchaischen Zeit zu sprechen,[174] geben jedoch innerhalb der Grabreliefs die außerordentlich wenigen Indizien keinen Anlaß.

Es bleibt noch kurz die farbliche Gestaltung hellenistischer Grabreliefs zu bedenken, die zum großen Teil erst vor wenigen Jahren in angemessenen Publikationen zugänglich gemacht wurden.[175] Eine Durchsicht unter dem genannten Aspekt führt indessen zu einem noch bescheideneren Ergebnis als im Fall der älteren Grabreliefs. Denn trotz der großen Anzahl erhaltener Reliefs sind Beispiele für einst oder jetzt noch erhaltene Farbreste außerordentlich selten. Mehrfach vermuten zwar z.B. Pfuhl und Möbius zur Verdeutlichung von Gegenständen die Verwendung von Farbe – so einige Male für Schuhe bzw. Sandalen oder für Schemel –, doch muß man sich dabei immer wieder fragen, ob angesichts der meist bescheidenen Qualität der Reliefs wirklich mit einer sorgfältigen Bemalung gerechnet werden muß. Jedenfalls können die selten erhaltenen oder einst bemerkten Farbreste hellenistischer Reliefs, die aus den unterschiedlichsten Landschaften stammen und sich über fast drei Jahrhunderte verteilen, keine statistisch relevante Aussage zur Polychromie rechtfertigen.

Dennoch seien zwei Möglichkeiten der Farbgebung wenigstens erwähnt. Ähnlich wie Terrakotten aus Myrina oder Smyrna (Izmir) könnten auch hellenistische Grabreliefs ein im Ganzen „pastellartiges Kolorit“ aufgewiesen haben, d.h. Farben wie Himmelblau oder Rosa könnten dominiert haben. Derartige Farben dringen aber in der Regel weniger in den Untergrund ein, liegen als mehr oder weniger dicke Schicht auf und lösen sich daher leicht ab, ohne jede Spur zu hinterlassen. Das fast vollständige Fehlen von Farbresten an hellenistischen Grabreliefs könnte man auf diese Weise zu erklären versuchen. – Eine andere Möglichkeit eröffnen Beispiele wie der große

[174] So Reuterswärd a.O. 80.

[175] So vor allem Délos 30 (1974) und Pfuhl-Möbius.

Fries des Pergamon-Altares, ein gewaltiges Relief mit Pferd und Pferdeknecht in Athen [176] oder – aus dem Bereich der Kleinkunst – monochrom glasierte hellenistische Terrakotten. In diesen Fällen ist auf Farbe weitgehend verzichtet, bei den Reliefs scheint gerade die helle Marmorfarbe in ihrem ästhetischen Reiz und Wert entdeckt und ausgenützt zu sein, eine Eigenart, die sich offensichtlich am Alexander-Sarkophag am Ende des 4. Jh. bereits abzuzeichnen beginnt. Denkbar wäre also, daß hellenistische Grabreliefs in einer solchen Tradition stehend nur sehr sparsame – und womöglich zugleich auch pastellartige – Bemalung getragen hätten, die in Verbindung mit reichlichen Marmorflächen den Eindruck starker Helligkeit vermittelt hätte.

Im einzelnen sind z. B. unter den delischen Reliefs, soweit ich sehe, nur in einem Fall Reste von Blau am Hintergrund erhalten. [177] Dabei handelt es sich um ein Beispiel eines speziell kykladischen Typus, der einem Verstorbenen gilt, der auf dem Meer umkam. Der blaue Hintergrund könnte hier also gegenständliche Bedeutung haben, könnte konkret das Meer bezeichnen, zumal bei diesem Bildtypus mehrfach das felsige Gestade des Meeres oder/und ein Schiff angedeutet sind, wogegen die Inselstelen ansonsten meist auf derartiges ‚Beiwerk' verzichten – im Gegensatz z. B. zu denen aus Smyrna und Umgebung. Zwei weitere Grabreliefs, eine ‚Stockwerkstele' aus Lydien und ein Totenmahl aus Samos zeigen Rot am Hintergrund. [178] Doch gehört die lydische Stele wohl schon der frühen Kaiserzeit an, und mit der roten Farbe ist zumindest in dem einen der Bildfelder nur ein horizontaler Streifen gemalt, der das oft flach vortretende Gesims einer Mauer meinen könnte. Ähnlich scheint im Fall des hellenistischen Totenmahles in Samos eben diese Partie der

[176] AntPl XVII 75 ff. Schuchhardt spricht der Bemalung „eine bedeutende Rolle" zu, vermutet auch, daß der Hintergrund bemalt war, räumt aber ein, daß „gesicherte Spuren nicht mehr" zu erkennen seien; Reuterswärd a. O. 63 spricht dagegen davon, daß „nur etwa ein Zehntel der gesamten Fläche farbig" sei/war.

[177] Délos 30 Nr. 348 (dazu vgl. S. 261).

[178] Pfuhl-Möbius Nr. 701 und S. 564.

Mauer mit roter Farbe gedeckt worden zu sein; darüber wurden an einer Stelle noch Reste von Blaugrün registriert, Hinweis für einen wohl gemalten Baum. Merkwürdigerweise ist dies das einzige Totenmahl, an dem sich noch Farbe erhalten hatte; ansonsten gibt es nur noch ganz vereinzelte Fälle, in denen durch die unterschiedliche Verwitterung der bemalten und der unbemalten Oberfläche am Hintergrund Motive wie Schild, Pferdekopf oder eben die Mauer in schwachem Umriß zu erkennen waren.[179] Diese so seltenen Beispiele beweisen, daß Farbe zur Gestaltung hellenistischer Grabreliefs herangezogen, daß die ‚Erzählung' solcher Bilder durch Farbe erweitert werden konnte. Und angesichts des reichlichen ‚Beiwerks', das hellenistische Totenmahle und andere, vor allem smyrnäische Grabstelen in meist flachem Relief vorführen, möchte man ohnehin vermuten, daß zur übersichtlichen Unterscheidung der ganzen kleinteiligen Staffage und Utensilien Farbe recht wesentlich beigetragen hat.[180] Doch läge es dann nahe, dabei an pastellartige, helle Farben zu denken, die eben in der Regel spurlos verschwinden konnten.

Auf der anderen Seite sind ebenso die kykladischen Grabreliefs zu bedenken, die auf plastisch ausgeführtes Beiwerk erstaunlich regelmäßig verzichten und den Hintergrund meist als kahle Wand zur Geltung kommen lassen.[181] Gerade insofern scheinen sie an die klassischen Grabreliefs Attikas anzuschließen, die auch nur sehr selten Pfeiler oder Lutrophore im Bild neben dem Toten zeigen.[182] Eine derartige klassische Tradition klingt in den Bildtypen dieser kykladischen Grabreliefs an, insofern sehr oft das Motiv des Handschlages verwendet wird, dazu die Verbindung von sitzender Frau und stehender Person – im Gegensatz etwa zum smyrnäischen Bereich, wo Einzelfiguren vorherrschen oder stehende Paare ohne Handschlag. Wohl zu Recht hat man u. a. auch in dieser Eigenart der

[179] Pfuhl-Möbius Nr. 1903, 2035 und 2078.

[180] Vgl. Pfuhl-Möbius S. 359f.

[181] Vgl. Délos 30, 276ff. und 285ff.

[182] Wichtige 'Ausnahmen' neben Diepolder Tf. 6, 35, 48 und 52 sind Conze Nr. 1405 und ADelt 19, 1964 B Tf. 69.

Instelstelen so etwas wie einen klassizistischen Rückgriff gesehen, zumal die Blüte der delischen Grabreliefs – und sie machen das Gros der kykladischen aus – mit dem historischen Ereignis der Zollfreiheit zusammenfällt (ab 166 v. Chr.), d. h. vor allem mit der 2. Hälfte des 2. Jh. v. Chr.: Die Entsprechungen mit den klassischen Grabmälern Attikas können also gerade in diesem Fall nicht im Sinne einer ungebrochen durchlaufenden Tradition verstanden werden, vielmehr handelt es sich um einen Rückgriff über genau 1½ Jahrhunderte hinweg. Dabei ist der durch diese lange Zeit veränderte Zustand der klassischen Vorbilder zu bedenken, beispielsweise ein mehr oder weniger verblichenes Kolorit. Ähnlich wie ein Jahrhundert später die Patina klassischer Bronzen einen eigenen ästhetischen Wert darstellte, so könnte man Entsprechendes für die delischen Grabreliefs des 2. Jh. v. Chr. vermuten: In ihrer bewußten Anlehnung an die klassischen Vorbilder imitierten sie vielleicht auch die farbliche Erscheinung, die freilich durch Umwelteinflüsse weitgehend zu Marmorblässe reduziert gewesen sein dürfte. Ein solcher Vorgang würde zwar unmittelbar an die „klassizistische Neigung" der Neuzeit erinnern, „die Griechen so weit wie möglich von der Buntfarbigkeit zu verschonen",[183] und insofern könnte er fraglich erscheinen. Doch böte er eben auch einen Ansatz, das auffällige Fehlen von Farbresten an hellenistischen Grabreliefs zu erklären.

Grabsteine mit gemalter oder geritzter Darstellung

Es hätte naheliegen können, für Fragen der Polychromie griechischer Grabreliefs auch jene Stelen mit heranzuziehen, die lediglich gemalte Bilder trugen. Und einzelne von ihnen wurden oben bereits beiläufig berücksichtigt. Dennoch gibt es Indizien, die dafür sprechen, gemalte Grabbilder gesondert von den in Relief gearbeiteten zu betrachten.

Aus Attika sind einige archaische Stelen bzw. Fragmente erhalten, die eine lediglich gemalte Darstellung zeigen, und die „zu den besten

[183] Reuterswärd a. O. 28.

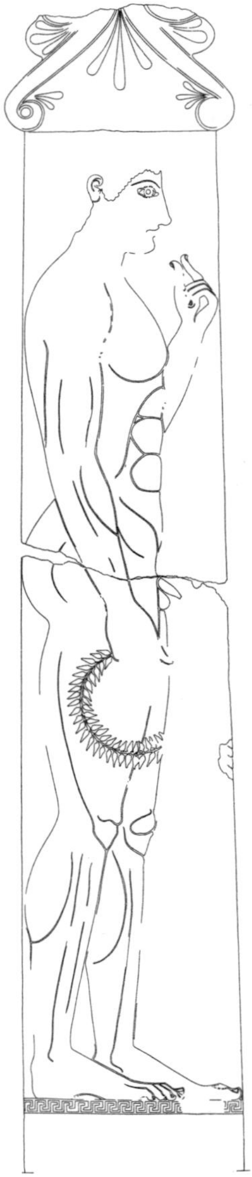

Abb. 5. Gemalte Grabstele eines Jünglings, Kerameikos-Mus.

Leistungen" ihrer Zeit gehört haben werden – so z. B. G. Loeschke zur Stele des Lyseas.[184] Gleiches gilt zweifellos für eine Jünglingsstele im Kerameikos (Abb. 5), die sich erst bei sorgfältigem Studium erschließt, da von den ursprünglichen Farben so gut wie nichts mehr erhalten ist und nur die minimal stärkere Verwitterung und Patinierung der einst unbemalten Teile für das Auge einen Anhalt bieten, Linien und Umrisse zu erkennen.[185] Neben solchen „Grabgemälden" seien noch jene Stelen mitberücksichtigt, bei denen Umriß und Binnenzeichnung der dargestellten Figur geritzt waren, gleichsam als Vorzeichnung für eine im übrigen von Farbe bestimmte Darstellung. Bei diesen Stelen lassen sich trotz der insgesamt geringen Anzahl zeitliche und qualitative Unterschiede beobachten, selbst im Format sind erhebliche Abweichungen festzustellen.[186] Die gleiche Technik der Ritzung mit Bemalung wurde demnach für bescheidene und handwerkliche Denkmäler ebenso angewandt wie für wahrhaft herausragende Monumente, wobei letztere von entsprechenden Reliefs nicht zu trennen sind. Denn Ikonographie[187] und Farbgebung (z. B. roter Hintergrund) stimmen mit den Grabreliefs durchaus überein. Eine solch enge Verbindung zwischen Relieftechnik, Ritzung und Malerei wird auch durch einen Einzelfall wie die Frauenstele aus Anavyssos nahegelegt (Tf. 3, 1), bei der ein und dasselbe Gewand, nämlich der Mantel, teils allein durch Farbe wiedergegeben wurde, teils aber auch in flachem Relief ausgearbeitet wurde, wie am Handrücken der Frau.[188] Und schließlich läßt ein vereinzeltes Monument wie die Basis für den Grabkuros des Neilonides (Abb. 6) vermuten, daß auch tatsächlich ein handwerklicher Zu-

184 AA 1913, 62.

185 AM 73, 1958, 1 ff.

186 Neben Richter Nr. 24 und 57 vgl. AA 1963, 433 und ADelt 21, 1966 A Tf. 47 (Athen NM 4526).

187 Das Berliner Fragment Richter Nr. 24 wurde von F. Hiller, MarbWPr 1967, 18 ff. als Bild einer sitzenden Frau gedeutet. Doch läuft der mutmaßliche Gewandsaum am Hals nicht bis zum Kontur vor, sondern schließt vorher rundlich ab: So muß es wohl das Schlüsselbein sein, das gemeint ist (vgl. AD III Tf. 32 f.). Dann aber dürfte es sich doch um einen Jüngling handeln.

188 Richter Nr. 59.

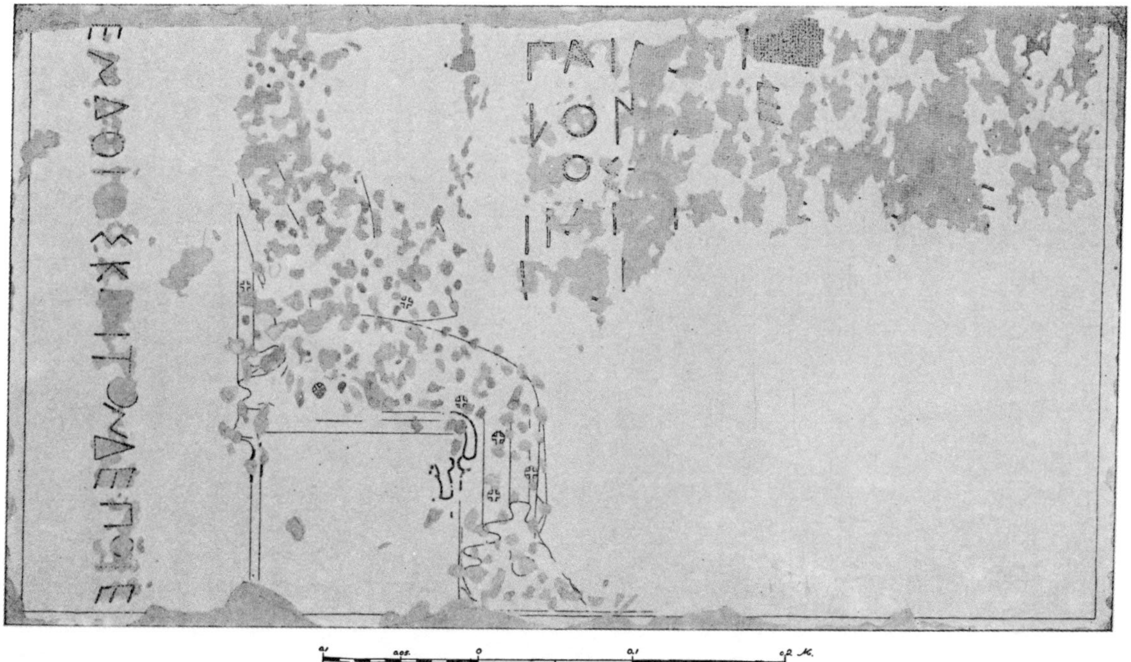

Abb. 6. Bemalte Basis einer Grabstatue, Athen EM 12870.

sammenhang bestehen konnte[189]. Denn auf dieser Basis ist neben dem Epigramm eine wohl bärtige, sitzende Figur im Mantel gemalt, hinter der geschrieben steht: „Endoios hat auch diesen gemacht" – was sich nicht auf das übrige Grabmal beziehen kann, sondern nur auf das gemalte Bild. Endoios, ein auch ansonsten bezeugter Bildhauer des spätarchaischen Athen, weist demnach – wohl nicht ohne Stolz – darauf hin, daß er eben auch die Kunstfertigkeit des Malers beherrscht – ein womöglich nicht singulärer Fall in dieser Zeit.[190]

Faßt man vor diesem Hintergrund die klassische Zeit ins Auge, wieder lokal auf Attika beschränkt, dann fällt auf, daß schon der Quantität nach Stelen mit lediglich gemaltem Bild eine geringere Rolle spielen. Dabei ist zu bedenken, daß z.B. Conze in seinem Corpus auch solche Grabmäler verzeichnete, bei denen allein die Verteilung der Inschriften auf eine gemalte Darstellung schließen läßt; oder solche, bei denen unmittelbar nach der Ausgrabung Farbreste bemerkt wurden, die dann aber rasch verlorengingen. Auch unter neueren Funden fehlen auffälligerweise derartige Stelen mit gemalten figürlichen Szenen, obwohl erhöhte Sorgfalt bei den Grabungen gerade auch auf Farbspuren achten läßt und solche bei der Publikation natürlich erwähnt werden.[191] Insofern scheint es nicht nur ein Zufall der Erhaltung bzw. Überlieferung zu sein, daß gemalte Grabstelen klassischer Zeit relativ selten sind. – Hinzu kommt nun noch, daß die erhaltenen Stelen mit gemaltem Bildfeld in der Regel bemerkenswert bescheidene Denkmäler sind: Selten überragt die Marmorplatte die Höhe von 1 m, und das Bildfeld selbst füllt nur einen Teil davon aus, ist meist nur ‚Bildchen' auf der hohen Stelenfläche. Erst die 1,06 m hohe Naiskosrückwand vom Grabmal des Hermon im Kerameikos ist anscheinend ganz mit dem Bild des Verstorbenen ausgefüllt, so daß dieser auf einem Lehnstuhl sitzend nur

189 Karusos 63ff.; Himmelmann 35; J. A. Papapostolou, ADelt 21, 1966 A 120; zuletzt Ridgway 294f.

190 Vgl. die Überlieferung zu Eumares: A. Raubitschek, Dedications 498ff.

191 Vgl. z.B. die Lissos-Stele AM 79, 1964, 98f. oder NM 4519 (Kokula Tf. 1, 1–2).

wenig unter Lebensgröße blieb.[192] Doch handelt es sich hier schon um ein Denkmal aus dem späten 4. Jh., wie die Fügung des Naiskos aus separat gefertigten Teilen vermuten läßt, und wie die Figur des frontal sitzenden Hermon bezeugt. Etwa gleichzeitig dürften die monumentalen Naiskoi des Agathon und Dionysios im Kerameikos entstanden sein, deren Rückwände in leicht überlebensgroßem Format den Verstorbenen zeigten – in Farben, von denen kaum mehr etwas übrigblieb.

Derartig große und damit anspruchsvolle Grabgemälde scheinen indessen im späteren 5. Jh. und zu Beginn des 4. Jh. zu fehlen. Andererseits ist gerade für diese Zeit zu erwähnen, daß die erhaltenenen, meist kleineren, bemalten Stelen eine Eigenheit erkennen lassen, die sie von den Grabreliefs merkwürdigerweise unterscheidet: Der Hintergrund dieser ‚Bildchen' ist in der hellen Farbe des Marmors belassen, und vor ihm hoben sich dann die Figuren um so lebhafter und leuchtender ab – im Fall der kleinen Eukoline-Stele im Louvre mit roten Mänteln, grünem bzw. blauem Chiton, und das Ikarnat der Figuren zeigt braune Umrißlinien[193]. Selbst Lehnstuhl und Bodenlinie sind in brauner, nur dunklerer Farbe angegeben. Ähnlich kräftig hob sich auch die Figur des Tibeios aus Paphlagonien ab, bei dem das Inkarnat rötlich, der Mantel „fast purpurrot" gedeckt war, der Grund aber wieder marmorhell schimmerte.[194] Und nicht viel anders wird es bei einigen weiteren Stelen kleineren Formates gewesen sein, bei denen Farben zwar nicht mehr erhalten sind, um so deutlicher aber der Unterschied zwischen der korrodierten und patinierten Oberfläche des einst unbemalten Hintergrundes und der durch Farbe offensichtlich lange Zeit geschützen Fläche der Figuren hervortritt.

Vergegenwärtigt man sich demgegenüber die insgesamt nicht allzu zahlreichen klassischen Grabreliefs, bei denen noch eindeutige Farbreste erhalten sind bzw. waren – man denke z. B. nur wieder an Ampharete oder Aristonautes mit reichlichem Blau am Hintergrund –,

[192] AA 1964, 462; Pantheon 36, 1978, 305.

[193] RA 1977, 203 ff.

[194] AM 71, 1956, 135 Tf. B.

dann sticht die Eigentümlichkeit der genannten weißgrundigen Grabbilder in die Augen: Obwohl die Denkmäler von ihrer Funktion her ein und derselben Gattung angehören, unterscheiden sich reliefierte und gemalte Bilder allem Anschein nach in dieser Zeit in augenfälliger Weise durch abweichende Färbung des Hintergrundes (inwieweit entsprechend auch die farbliche Gestaltung der Figuren eine andere war, vielleicht nur geringfügig im Ton auf weißen bzw. blauen Hintergrund abgestimmt, läßt sich aufgrund des Erhaltenen nicht sagen). Einen Hinweis zum Verständnis dieser merkwürdigen Differenzierung könnte u.a. die schon genannte Eukoline-Stele im Louvre geben, bei der für das Ikarnat braune Umrißlinien benutzt wurden – eine Technik, die unmittelbar an die weißgrundige Vasenmalerei, insbesondere der Lekythen, erinnert. In einem anderen Fall gab auch die Strichführung der Umriß- und Binnenlinien Anlaß, an weißgrundige Lekythen, sogar an einen bestimmten Meister zu denken.[195] Von daher ist in der Tat zu erwägen, inwieweit hier Zusammenhänge bestanden, inwieweit die reichlich überlieferten, offensichtlich in Massen produzierten und z.T. nach Qualität und Format recht anspruchsvollen weißgrundigen Lekythen Anregung oder gar Vorbild für kleinformatige Marmorgemälde boten, die vielleicht sogar in den gleichen Werkstätten und in ähnlicher Maltechnik hergestellt wurden.[196] Eine überzeugende Antwort darauf ist freilich wegen der so geringen Anzahl ausreichend erhaltener Grabgemälde bisher nicht möglich.

Dennoch erscheint diese Verbindung zwischen Vasenmalerei und gemalten Grabstelen bedenkenswert zu sein. Denn letztere würden auf diese Weise näher in den Bereich der volkstümlichen Kleinkunst gerückt werden und sich mehr von den Grabreliefs absetzen, denen sie indessen in ihrer Funktion wohl zuzurechnen sind. In diesem Zusammenhang ist auch noch einmal das bescheidene Format zu be-

195 S. Karusu, AM 71, 1956, 133.

196 Aus Gründen der Dauerhaftigkeit möchte man regelmäßig enkaustisches Malverfahren vermuten, das bisher ein einziges Mal nachgewiesen ist (vgl. RE Suppl. XIII Sp. 1374 ff.). Ohne den entsprechenden Nachweis von Temperamalerei sollte man mit diesem Begriff vorsichtig sein.

denken, dazu einige gleichartige oder ähnliche Grabsteine mit Inschrift, teils mit und teils ohne figürliche Darstellung.[197] Aus diesen Inschriften geht nämlich hervor, daß es mehrfach Ausländer waren, denen solche Grabmäler galten, vielleicht sogar Sklaven, wie möglicherweise im Falle zweier Männer aus Torone, dessen Einwohner nach der Eroberung im Jahre 422 v. Chr. in die Sklaverei verkauft wurden. In einem anderen Fall, beim Grabstein des Getes,[198] würde sich auf diese Weise das gemalte Requisit erklären lassen, ein Köcher, wie ihn Skythen trugen, die u. a. als Staatssklaven in Athen eine Art Polizeitruppe stellten.[199] Und insbesondere würde auf diese Weise die in klassischer Zeit ganz ungewöhnliche Ergänzung „Aristomedes hat ihn gesetzt", d. h. den Grabstein, verständlich werden. Denn nur der Besitzer konnte für seinen Sklaven bzw. für seine Sklavin einen Grabstein setzen lassen, natürlich im eigenen Familienbezirk, wo dann ein solch kleiner Grabstein im Hintergrund, wohl über dem Grab des Toten selbst, aufgestellt wurde.[200]

Natürlich ist in Anbetracht der relativ wenigen bekannten Beispiele Vorsicht angebracht, bevor weiterreichende Schlüsse gezogen werden. Gerade bei solch unscheinbaren Denkmälern wie den angesprochenen, die nur eine Inschrift tragen, gelegentlich noch eine gemalte Binde und noch seltener weiteren nur gemalten Schmuck – gerade bei ihnen ist zu bedenken, daß sie bislang fast ganz vernachlässigt wurden, da sich Archäologen in der Regel auf 'Kunstwerke' konzentrierten. Viele solcher Denkmäler dürften daher auf Farbreste hin gar nicht untersucht worden sein, viele wohl überhaupt nicht erfaßt worden sein.[201] Eine sorgfältige Aufarbeitung des ganzen Materials müßte weiteren Überlegungen vorausgehen. Dennoch mag es gerechtfertigt sein, wenigstens auf die eventuelle Problematik hinzuweisen, auch auf einen weiteren Aspekt. Denn sollten die bemal-

[197] Conze Nr. 1324a, 1325, 1327, 1328a, 1330; AM 71, 1956, 135 (Tibeios).

[198] Conze Nr. 1320.

[199] RE III A Sp. 692f.

[200] Vgl. Brueckner 100.

[201] Abgesehen von rein epigraphischen Sammelwerken.

ten Grabstelen des späteren 5. Jh. und früheren 4. Jh. mit ihrem Format, mit ihrer farblichen und vielleicht auch maltechnischen Entsprechung zur volkstümlichen Kleinkunst (weißgrundige Lekythen) und mit ihrer gelegentlichen Erwähnung von Ausländern auch einen Hinweis auf den sozialen Status des Verstorbenen selbst ermöglichen, dann würde dies doch wohl zugleich einen Rückschluß auf die Gattung klassischer Grabmalerei erlauben. Denn im Gegensatz zur archaischen Zeit scheint die sepulkrale Tafelmalerei im späteren 5. Jh. nicht gleichberechtigt neben der Relieftechnik zu stehen, sondern so etwas wie einen Ersatz für diese zu bilden: Malerei ermöglicht auch für sozial schwache Bevölkerungsschichten wie Sklaven einen mit einem Bild geschmückten Grabstein.[202]

Dieser Stellenwert gemalter Grabbilder hat sich indessen im Laufe des 4. Jh. offensichtlich verändert. Denn zumindest in seiner 2. Hälfte gibt es dann so stattliche Denkmäler wie die des Agathon und Dionysios im Kerameikos[203], die bei einer Naiskoshöhe von mehr als 2m den Toten zweifellos in überlebensgroßem Bild vor Augen führten. Und zumal im Fall des Dionysios-Naiskos wird der Anspruch des Grabmals durch den dahinter aufragenden Stierpfeiler noch erhöht. Zum anderen ist zu bedenken, daß es sich hier wie bei Agathon und Hermon so gut wie sicher um bejahrte Männer handelt, für die ein monumentales, aber eben gemaltes Bild errichtet wurde, wogegen z. B. Jünglinge oder junge Mädchen bis gegen Ende des 4. Jh. in unmittelbarer Körperlichkeit, gelegentlich sogar als frei stehende Statuen vor den Grund treten. Möglich erscheint daher, daß sich in der Bevorzugung der Bildhauerei bzw. der Malerei für dieses oder jenes Thema doch eine unterschiedliche Wertung beider Techniken verrät,[204] die sich freilich erst anhand eines reichlicheren

[202] Auch beim Kollion Conze Nr. 1049 ist zu fragen, ob er aus Athen/Attika stammte.

[203] Brueckner 68f. und 75ff.

[204] Vgl. indessen die Stele des Kriegers Demylos: AM 81, 1966, 113f. Beil. 69 und die bescheidene gemalte Jünglingsstele im Kerameikos (M. Robertson, Griechische Malerei 157), die nur Palästragerät, Hund und Lekythos zeigt.

Materiales schlüssig belegen ließe. – Immerhin bleibt unübersehbar, daß Malerei nun für aufwendige Grabmäler verwendet werden kann, was vielleicht auf den Einfluß großer Maler wie Apelles oder Nikias zurückzuführen ist, vielleicht auch unmittelbar auf neue Maltechniken, über die indessen keine konkreten Anhaltspunkte vorliegen. Der allein im Fall des Hermon-Naiskos erhaltene weiße Hintergrund[205] könnte dabei sowohl in diesem Sinne eines engen Zusammenhanges mit der großen Tafelmalerei verstanden werden, ließe sich aber ebensogut auch als Tradition im Gefolge der kleineren weißgrundigen Grabgemälde des späten 5. Jh. begreifen. Das vereinzelt Erhaltene läßt hier keine begründete Entscheidung zu. Wichtiger ist indessen, daß Grabgemälde auch im späteren 4. Jh. – sofern der Hermon-Naiskos repräsentativ ist – durch die weiße Hintergrundfarbe auffällig von den Grabreliefs unterschieden waren – trotz gleicher Funktion der Denkmäler. Die Berechtigung, nach einer Bedeutung der verschiedenen Gattungen: Grabrelief und Grabgemälde zu fragen, wird dadurch nur unterstrichen.

Es bleibt in diesem Zusammenhang noch zu erwähnen, daß die literarische Überlieferung nur in einem Fall die Kunst eines großen Malers mit einem Grabmal in Verbindung brachte: Pausanias (VII 22,6) berichtet von einem Grabmal in Tritia, in der Nordwestecke der Peloponnes, das eben Nikias von Athen gemalt habe. Vielleicht ist es kein Zufall, daß es der einzige derartige Fall ist, dazu einer in der fernen Provinz – in Athen scheinen große Maler nicht ihre Aufgabe darin gesehen zu haben, private Grabmäler auszumalen. Doch gilt gleiches auch für die großen Bildhauer der Zeit.

Die kleine Eukoline-Stele im Louvre lenkt den Blick noch auf eine letzte technische Einzelheit. Zahlreiche Linien der Figuren sind in diesem Fall geritzt, vor allem im Umriß, und dergleichen erinnert unmittelbar an die archaischen geritzten Stelen Attikas oder auch aus Prinias. Indessen machen schon die Unvollständigkeit dieser Ritzlinien und ihr wiederholtes Absetzen deutlich, daß es sich bei der Eukoline-Stele nur um ein Hilfsmittel handelt, um eine vermutlich schwach und nur teilweise angelegte Vorzeichnung, die dann hinter

[205] Pantheon 36, 1978, 304f.

der Malerei völlig zurücktrat. Gerade dies gilt aber sicherlich nicht für die archaischen Stelen, bei denen die Ritzlinien ausgesprochen gleichmäßig und sorgfältig ausgeführt sind und auch unterschiedlich tief in die Oberfläche eingreifen,[206] so daß sie offensichtlich als künstlerisches Mittel auch einen eigenen ästhetischen Wert darstellen – gleichwertig neben Relief und bloßer Malerei.

Die klassischen Grabmäler Attikas machen dagegen in der Regel von der geritzten Linie im Bild keinen Gebrauch und benutzen sie allenfalls ergänzend als ganz flache Vorzeichnung im Bereich der Bekrönung[207]. Nicht zu verwechseln sind jene Fälle, vor allem kleinere Monumente wie Marmorlekythen und Bildfeldstelen, bei denen in die vorgegebene und geglättete Fläche nachträglich Figuren eingetieft wurden: Infolge einer raschen, kursorischen Arbeit wurden dabei die Umrisse nur ‚eingezeichnet' und der Grund ringsum meist nur ganz flach mit dem Meißel eingetieft – ein Verfahren, das sich auch in späterer Zeit noch beobachten läßt, etwa bei den columellae, die mit einem ‚Bildchen' geschmückt wurden. Offensichtlich handelt es sich hier um einen durch Wieder- oder Weiterverwendung des Grabsteines bedingten Notbehelf, nicht um ein vollwertiges künstlerisches Verfahren, das die geritzte Linie wie in archaischer Zeit ästhetisch nutzt.

Um so bemerkenswerter ist es, daß im späten 5. Jh. in Böotien die Ritztechnik noch einmal angewandt wird, und zwar als vollwertiges Gestaltungsmittel und in meisterhafter Handhabung.[208] Grundlage bildet dabei stets ein dunkelgrauer, dichter und harter Kalkstein, dessen Oberfläche sorgfältig geglättet und poliert ist, soweit es die Figuren und Gegenstände betrifft, der daneben aber, also im Bereich des Bildhintergrundes, in einigen Fällen ebenso sorgfältig und gleichmäßig als leicht gerauhte Fläche behandelt ist. Der Umriß der

[206] Vgl. J. Charbonneaux, Mon Piot 1940, 57. E. Buschor, AM 51, 1926, 147 sah Ritzung noch im Zusammenhang mit den „Gepflogenheiten der Porosbildhauer". Im Fall der Stelen von Prinias führt Lebessi 38 ff. die Ritzung überzeugend auf den Einfluß der Bronzetechnik zurück.

[207] Vgl. z. B. ADelt 29, 1974 A Tf. 124.

[208] W. Schild-Xenidou, Böotische Grab- und Weihreliefs archaischer und klassischer Zeit (Diss. München 1972) 41 ff. und 176 f.

Figuren sowie die Binnenzeichnung sind in der Regel in dünnen, durchlaufenden Ritzlinien gegeben, die im Gegensatz zu den archaisch-attischen Stelen nur sehr flach ausgeführt sind. Freilich kann die Zeichnung gelegentlich auch von durchlaufenden Linien absehen, wie im Fall eines Fragmentes im Louvre, bei dem sich alle Linien des bärtigen Kriegerkopfes aus feinen Punkten zusammensetzen.[209] Hier sind übrigens Hintergrund und Binnenflächen des Kopfes in gleicher Weise geglättet (dies gilt auch für die Stele des Saugenes, bei dem die Linien des Kopfes gleichfalls gepunktet sind[210]). Gerade bei diesem Fragment im Louvre wird man sich fragen müssen, inwieweit diese Stelenbilder tatsächlich auf zusätzliche Bemalung hin angelegt waren, wie man weitgehend als selbstverständlich angenommen hat.[211] Der rauhe, für Farbauftrag geeignete Hintergrund sowie der Reichtum der Binnenzeichnung (teils somatischer Befund, teils Requisiten) ließen bei einigen Stelen natürlich besonders reiches Kolorit vermuten – ohne daß indessen entsprechende Farbspuren, auch nur in geringsten Resten erhalten, einen Anhalt dafür bieten. Umgekehrt gibt nun ein Beispiel wie das Fragment im Louvre zu denken. Denn Hintergrund und Figur sind in ihrer Oberfläche gleich sorgfältig geglättet, nichts deutet auf eine unterschiedliche Farbgebung hin; an Bart und Haar fehlt ein geschlossener Kontur, der die Grenze zwischen unterschiedlichen Farbtönen bilden könnte; und schließlich würde ein Farbauftrag, so wie er in anderen Fällen als richtige Farbschicht aufliegt (vgl. z. B. wieder die Ampharete), die mühsam eingetragene Zeichnung, ihren Reichtum, ihre Feinheit und ihre Beweglichkeit so gut wie verdecken. So muß man sich fragen, ob nicht auf Farben weitgehend oder ganz verzichtet war, ob nicht die dunkle, polierte Fläche des Steines zur Geltung kommen sollte, von der sich etwas heller die feinen Striche bzw. Punkte der Zeichnung abhoben. Auch die eigentümliche Technik könnte man sehr wohl in dieser Richtung verstehen, insofern Ritzlinien und Punktreihen am ehesten den toreutischen Ver-

209 RA 1977, 207.

210 AEphem 1920, Tf. 2; dazu vgl. aber AAA 1, 1968, 92 ff.

211 Zweifel äußerte bereits u. a. G. Rodenwaldt AM 35, 1910, 118.

fahren der Gravur und Punzarbeit entsprechen, die auf eine einheitlich glänzende Oberfläche abgestimmt sind.[212] Und in diesem Zusammenhang ist endlich auch noch einmal die Farbe des Steines zu bedenken: Stets ist für diese geritzten Bilder der dunkle, fast schwarze Kalkstein verwendet, kein Mal der ähnlich harte, sonst für Grabreliefs mehrfach benutzte helle Kalkstein, auf dem sich geritzte Linien freilich überhaupt nicht abheben würden. Das aber bedeutet doch wohl, daß die dunkle, polierte Oberfläche des Steines und die hellen Ritzlinien in dieser ihrer Erscheinung aufeinander bezogen sind, in ihrem fast raffinierten Kontrast gesehen werden wollen und eben nicht auf ergänzende Buntheit hin angelegt sind.

Die erhaltenen Stelen gehören sicherlich einem sehr engen Zeitraum an. Das vorherrschende Thema des Kriegers ließ daran denken, die Grabsteine mit den Gefallenen der Schlacht bei Delion (424 v. Chr.) zu verbinden.[213] Doch ist nicht zu übersehen, daß vereinzelt auch andere Themen belegt sind, dazu auch bescheidenere Ausführungen mit leerem und d. h. wohl wirklich ausgemaltem Bildfeld.[214] So wird man die eigenartigen böotischen Ritzstelen am ehesten als Arbeiten einer Werkstatt verstehen, die im späten 5. Jh. für relativ kurze Zeit die ungewöhnliche Technik handhabte – in einer freilich erstaunlich meisterhaften Weise. Nicht viel anders dürfte es sich auch bei einigen wenigen Grabmälern in Chios verhalten, die in ganz ähnlicher Technik ausgeführt sind, allerdings vom Ende des 4. Jh. bzw. aus frühhellenistischer Zeit stammen.[215] Zeitlich und lokal bilden auch sie eine isolierte, noch kleinere Gruppe, weshalb eine Bewertung besondere Schwierigkeiten macht. Für sie hatte bereits E. Pfuhl den Gegensatz von Hell und Dunkel als beabsichtigt herausgestellt, er hatte auch auf Metallgravierung als Vorbild hingewiesen[216], womit sich freilich weitere Fragen ergeben. Denn problema-

[212] Vgl. z. B. gravierte Innenbilder von Klappspiegeln, wo Punkte freilich meist als Flächenmuster für Gelände u. ä. benutzt werden: JdI 14. Ergh. 94 f. Vgl. auch Pfuhl, MuZ Abb. 628.

[213] Skeptisch schon Pfuhl, MuZ XIV.

[214] AEphem 1920, 8 ff. und 28 ff.

[215] Pfuhl-Möbius 566 ff.

[216] MuZ 631 und Pfuhl-Möbius 566 zu Nr. XXI.

tisch erscheint es, mit einer bloß äußerlichen Übernahme einer Technik zu rechnen; wie bei den böotischen Ritzstelen könnte die dunkle Steinfarbe, die sorgfältige Politur und der Verzicht auf weiteres Kolorit vermuten lassen, daß neben der Technik auch das Material Bronze als Vorbild empfunden bzw. angesprochen war. Doch welchen Sinn sollten die Verfertiger dieser Grabmäler damit verfolgt haben?

Zwei der geritzten Grabsteine in Chios gehören sicherlich schon dem frühen 3. Jh. an und bieten insofern Anlaß, unter den genannten Aspekten der Malerei und Ritzung die Grabmäler der hellenistischen Zeit kurz zu betrachten. Dabei fällt Attika, wie bereits angedeutet, so gut wie aus, da mit dem Ende des 4. Jh. durch das Gesetz des Demetrios von Phaleron zur Einschränkung des Gräberluxus die bis dahin üblichen Denkmalformen verboten und nur noch unscheinbare Typen zugelassen wurden. Umgekehrt treten die anderen Landschaften jetzt um so mehr in den Vordergrund – sicherlich auch eine Folge der Ausweitung des griechischen Einflußbereiches im Zusammenhang mit den Alexanderzügen sowie der Verlagerung der wirtschaftlichen und politischen Zentren. Es sind Landschaften, in denen z. T. bis dahin keinerlei griechische Grabdenkmäler üblich waren, man denke an Syrien und Ägypten, in denen aber teils auch schon vereinzelte Grabreliefs klassischen Gepräges, meist unter stark attischem Einfluß, bezeugt sind, wie z. B. in Rhodos.[217] Auffällig ist nun, daß in manchen hellenistischen Zentren, etwa in Smyrna und Umgebung, gemalte Grabstelen anscheinend völlig unbekannt sind[218] und reliefierte Grabmäler geradezu einseitig dominieren. Umgekehrt sind aus Syrien oder Demetrias nur gemalte Grabsteine erhalten, Grabreliefs aber offenbar nicht überliefert.[219] In Syrien wie auch in Ägypten mag das verfügbare Steinmaterial, ein lokaler, sehr poröser Kalkstein, die Verwendung von Malerei auf stuckierter Oberfläche begünstigt haben, doch läßt sich damit allein

217 Pfuhl-Möbius Nr. 60, 64, 66 ff., 72.

218 Einziges Beispiel aus Smyrna bei Pfuhl-Möbius S. 565, Nr. XI.

219 Mendel, Catal. Constantinopel I 258 ff.; R. Pagenstecher, Nekropolis (1919) 32 ff.

die Existenz dieser gemalten Grabstelen nicht schlüssig erklären. Denn in Ägypten sind auch Grabreliefs erhalten, die aus dem gleichen Kalkstein gefertigt und mit Stuck überzogen und bemalt waren. Die unterschiedliche Technik, Relief oder Malerei, könnte aber gerade hier in Ägypten auch mit der Funktion der Denkmäler zusammenhängen, insofern bemalte Grabstelen allem Anschein nach nie als überirdische Grabmäler verwendet wurden, sondern insbesondere als Verschlußplatten unterirdischer Bestattungen. Hier, wo diese Bilder nur selten und bei künstlichem Licht zu sehen waren, scheint Bemalung ausgereicht zu haben, wogegen Relief als wohl anspruchsvollere Technik für die sichtbaren Grabmäler als angemessen angesehen wurde. Mag man daher in diesem Fall auf eine unterschiedliche Wertschätzung von Grabreliefs und Grabgemälden schließen, so bieten auf der anderen Seite die zahlreichen bemalten Grabstelen von Demetrias für eine solche Vermutung gerade keinen Anhalt.[220] Denn hier scheinen im 3. Jh. v. Chr. – neben Palmettenstelen ohne Bild – nur bemalte Grabstelen üblich gewesen zu sein; regelmäßig handelt es sich um das anspruchsvolle Material eines lokalen Marmor, und in teils respektabler Größe werden zwei attische Grabrelief-Typen des späteren 4. Jh. ‚zitiert': hochrechteckige Bildfeldstelen mit Giebelbekrönung, unter dieser häufig zwei Rosetten, und ‚Naiskos-Stelen' mit Traufleisten-Gebälk (statt Giebel), letztere gelegentlich in einem Format, das lebensgroße Darstellung der Personen ermöglichte. Von einem billigeren Ersatz für Reliefstelen kann man in Demetrias zweifellos nicht reden: Da ausschließlich Stelen mit gemaltem Bildfeld belegt sind, da kostbarer Marmor verwendet ist, und da sie „in ihrem Figurenstil, in ihrer farbigen Gesamthaltung und der Behandlung von Licht und Schatten die klassische Tafelmalerei des späteren 4. Jh. widerspiegeln",[221] muß man sich

[220] A. S. Arvanitopoulus, Thessalika Mnemeia (1909) 97 ff.; ders., Graptai Stelai Demetriados (1928); V. v. Graeve, La Thessalie, Actes de la Table-Ronde Lyon 1975, 111 ff.

[221] v. Graeve a. O. 122. – Da der Hintergrund mehrfach einheitlich rot gegeben ist, einmal auch horizontal geteilt ist, muß auch mit einer Tradition der sepulkralen Denkmäler gerechnet werden.

fragen, inwieweit hier in lokal begrenztem Bereich bemalte Grabstelen als vollwertige Grabdenkmäler verwendet wurden[222] – ganz im Sinne der sonst so häufigen Grabreliefs, die indessen hier in Demetrias aus einem uns bisher unbekannten Grunde fehlen.

Abgesehen von den drei genannten Gebieten Ägypten, Syrien und Demetrias sind hellenistische Grabstelen mit gemaltem Bildfeld bislang ausgesprochen selten.[223] Eine Stele aus Amphipolis könnte sehr wohl Import aus Demetrias sein, Gleiches gilt vielleicht auch für eine jetzt verschollene Stele „aus Olbia", deren Herkunft bezweifelt wurde, da sie eben so vereinzelt ist.[224] Indessen sind inzwischen auch Neufunde aus Makedonien zu bedenken, schlichte Platten mit Giebel und gemaltem Bildfeld, die einen wohl aus dem frühen 3. Jh., die anderen wohl eher noch etwas älter.[225] So gut es sich auch hier um Import aus Demetrias handeln könnte, weil es bisher vereinzelte Beispiele sind, so sehr ist Vorsicht angebracht, wenn solche Stelen in Makedonien doch häufiger auftauchen sollten. Da auch Grabreliefs – bereits im 4. Jh. – in diesem Bereich gelegentlich errichtet wurden,[226] mögen beide Gattungen, reliefierte und lediglich bemalte Stelen, nebeneinander existiert haben, vielleicht Erzeugnisse der gleichen Werkstätten. Die Frage nach einer Erklärung für das Nebeneinander beider Gattungen muß freilich in diesem Fall offenbleiben, da bisher zu wenig Grabmäler bekannt sind.

Neuerdings sind auch hellenistische Grabsteine des westlichen Griechenlands intensiver untersucht worden, Eigenheiten und Zusammenhänge mit Böotien bzw. Süditalien wurden herausgearbeitet, auch Besonderheiten bestimmter kleinerer landschaftlicher Gruppen.[227] Unter diesen Stelen sind gelegentlich auch solche ver-

[222] Vgl. z. B. die Kalksteinstele aus Zypern: Robertson, Griechische Malerei 171.

[223] Durch das Epigramm bezeugt: z. B. Peek Nr. 110.

[224] AntK 12, 1969, 68 ff.; Festschrift A. Rumpf (1952) 116 ff.

[225] AAA 9, 1976, 124 f. Vgl. dazu den älteren Fund BCH 87, 1963, 804 und neuerdings vor allem M. B. Hatzoloulos – L. D. Loukoloulos, Philip of Macedon (Athen 1980) 148, 153 und 206 f.

[226] BCH 79, 1955, 88 ff.; AAA 9, 1976, 128 f.

[227] Fraser – Rönne; diess., Opuscula Athen. X 1971, 53 ff. und 85 ff. Zu-

treten, die unter dem Giebel und einer attikaähnlichen Zwischenzone ein von einem Epistyl und korinthischen Säulen gerahmtes, aber leeres Bildfeld aufweisen. Der Gedanke an gemalte Darstellungen liegt auf der Hand, auch wenn in keinem Fall bisher entsprechende Spuren beobachtet werden konnten. Auf der anderen Seite sind die zahlreichen, schlichteren Stelen ohne jenen architektonischen Rahmen zu bedenken, die zeigen, daß es bei diesen Grabmälern besonders auf die Inschrift ankam, die meist in eigenem Feld kunstvoll ausgearbeitet ist. Darüber, gelegentlich auch darunter ist eine vegetabilisch geschmückte Frieszone angebracht, stets in sehr flachem Relief, oft von ausgesprochen graphischer Wirkung. Die Sparsamkeit des Dekors scheint den Namen hervorheben zu sollen, und die oft weiten, leeren Flächen darunter lassen sich in gleichem Sinne verstehen: Es handelt sich bei diesen Grabsteinen offensichtlich in erster Linie um „Namenstelen",[228] weniger um Träger figürlicher, erzählender Darstellungen. Insofern ist für die Stelen mit Bildfeld, Säulen und Epistyl zu fragen, inwieweit sie Ausnahmen innerhalb eines landschaftlich festgelegten Typus bilden, zumal sie selten sind und teilweise aus ausgesprochenen Randgebieten wie Apollonia Illyrica stammen. Eine Stele von dort weist übrigens im teilweise erhaltenen Bildfeld zwei mit Blei ausgegossene Bohrlöcher auf, die „vielleicht zum Festhalten eines Tafelbildes" dienten[229] – demnach handelte es sich hier also anscheinend weder um eine Darstellung in Relief noch um eine gemalte. Diese Abweichung von dem sonst Üblichen läßt ferner fragen, ob für die anderen Stelen mit Bildfeld die geläufigen figürlichen Darstellungen anzunehmen sind. Da das Gros der westgriechischen Stelen vor allem „Namenstelen" sind, bei denen eben nicht das Bild des Toten zentrales Anliegen ist, mag man auch daran denken, daß nur Gegenstände in den Bildern jener

letzt I. Papapostolou, AAA 8, 1975, 291 ff. und ADelt 27, 1972 B 436 ff.; ADelt 28, 1973 B 197, Tf. 163; ADelt 29, 1973/4 B 534 ff. Tf. 355 ff. und 362 f.

[228] AA 1974, 652.

[229] C. Praschniker – A. Schober, Archäologische Forschungen in Albanien und Montenegro (1919) 71.

selteneren Stelen gemalt waren: vielleicht Wollkorb und Spindel im Fall des Grabsteines der Nikaia, Tochter des Dion, oder Palästragerät oder Waffen bei Diophantos.[230] Schließlich: Selbst wenn die Bildfelder dieser beiden Stelen eine gemalte figürliche Szene trugen und die bzw. den Verstorbenen allein oder mit Angehörigen zeigten, bleibt dennoch festzuhalten, daß es sich in diesen so seltenen Fällen dann eben ‚nur' um Malerei handelte, daß der Tote nicht in Relief, in greifbarer Körperlichkeit dargestellt war – wie Bukranien, Greifen oder Löwen etc. im attikaartigen Fries oder Giebel –, sondern in lediglich gemaltem Bild.[231] Die Gattung Malerei hätte demnach auch hier innerhalb der westgriechischen Sepulkralkunst einen Stellenwert gehabt, der dem der Gattung Relief nicht entsprach.

Es bleiben noch einige Grabsteine aus Delos zu bedenken. Einige wenige haben wohl sicher eine gemalte Darstellung getragen,[232] für andere hat H. Möbius aus der Stellung der Inschrift innerhalb der Stelenfläche auf ein einst gemaltes Bild geschlossen.[233] Bei diesen sind in keinem Fall Spuren solcher Bilder beobachtet worden, doch mag dies z. B. auch an der Qualität der pastellartigen Farben gelegen haben, die sich leicht vom Untergrund lösten. Freilich verwundert dann, daß z. B. bei zwei dieser Stelen Reste des gemalten unteren Abschlußprofiles noch zu erkennen waren, vom mutmaßlichen Bildfeld aber keine Spur blieb.[234] Hinzu kommt, daß mehrfach Stelen erhalten sind, die die Inschrift ungefähr in der Mitte tragen, wobei der Spielraum nach oben und unten durchaus sichtbar ist. Hier handelt es sich demnach wohl wieder um schlichte Namenstelen, zumal es auch einfache Platten mit bekrönendem Giebel sind, wie sie bereits im klassischen Attika als Stelen ohne Bild vertreten sind. Nicht ausgeschlossen erscheint, daß auf solchen Stelen die Inschrift auch einmal ganz nach oben oder unten gesetzt werden konnte, was nicht zwangsläufig bedeuten muß, daß die verbleibende Fläche für

230 Vgl. ADelt 29, 1973/4 B 535 und 538.

231 Bezeichnende Ausnahme die Stele aus der Mani: AAA 1, 1968, 121.

232 Délos 30, 261.

233 Pfuhl-Möbius 563 f.

234 Délos 30, Nr. 381, 411.

ein gemaltes Bild genutzt wurde.[235] Behält man diese Möglichkeit im Auge, dann bleibt festzuhalten, daß im hellenistischen Delos – und dies dürfte ungefähr auch für die umliegenden Kykladen gelten – Stelen mit gemalter Darstellung ausgesprochen selten waren im Vergleich zu den Grabreliefs. Diese dominieren hier eindeutig, was noch klarer für den Bereich der kleinasiatischen Westküste gilt, wo vor allem Smyrna seit dem späteren 3. Jh. v. Chr. als Zentrum hellenistischer Grabreliefkunst angesprochen werden kann. Fast könnte man sagen, daß hier – und auf den Kykladen – die klassischen Grabreliefs Attikas so etwas wie eine Nachfolge gefunden hätten, wogegen auf dem griechischen Festland bildlose Grabsteine oder solche mit lediglich gemalten Darstellungen bestimmend sind. Dies schließt natürlich nicht aus, daß auch dort gelegentlich Grabreliefs anzutreffen sind, mitunter durchaus qualitätvolle wie die Paterinos-Stele in Verria oder die Polykratis-Stele aus der Mani.[236] In beiden Fällen lassen sich übrigens Verbindungen zu benachbarten Landschaften erkennen, etwa zu den Kykladen bei der makedonischen Stele (Anordnung der Protagonisten, Typus der sitzenden Frau) oder zu Akarnanien im Fall der Stele aus der Mani (Rankendekor). Doch ist die jeweilige Besonderheit nicht zu übersehen, so daß man sicher nicht an Import denken darf, sondern mit eigenständigen Werkstätten rechnen muß. Inwieweit diese in den fraglichen Gebieten nur ausnahmsweise Grabreliefs herstellten, in der Regel jedoch nur Namenstelen, läßt sich aufgrund der wenigen Funde kaum entscheiden.

Abschließend bleibt festzuhalten, daß in archaischer Zeit in Attika verschiedene Möglichkeiten nebeneinander bestehen: Neben der schlichten Namenstele kann für einen gleichartigen Todesfall, z. B. für den jung verstorbenen Sohn, ebenso eine vollplastische Figur, ein Kuros errichtet werden, aber auch eine reliefierte, geritzte oder lediglich bemalte Stele. In klassischer Zeit sind dann in Attika Reliefs eindeutig vorherrschend, daneben gibt es Namenstelen ohne Bild und nur sehr selten Stelen mit gemalter Darstellung. Geritzte Stelen

235 Vgl. z. B. rhodische Denkmäler: Fraser 9f.

236 AAA 1, 1968, 121.

sind aus Attika in der Klassik unbekannt, allein abgelegene Gebiete wie Böotien und Chios bieten einige Beispiele. Grabstatuen scheinen insgesamt nicht bezeugt zu sein, obwohl die stilistische Entwicklung im 4. Jh. zu einer statuarischen Lösung der Relieffigur vom Hintergrund führt.[237] Doch bleiben diese ‚Statuen' stets eingebunden in den Rahmen eines Naiskos (Rückseiten der Figuren in der Regel vernachlässigt), bleiben auf die bildhafte Rahmung angewiesen.

Im Hellenismus scheint sich diese Tendenz der Einschränkung und Festlegung der Möglichkeiten fortzusetzen. Grabstatuen bleiben weiterhin unbekannt; auch geritzte Stelen sind abgesehen von den vereinzelten frühhellenistischen Beispielen in Chios nicht bezeugt. Neben den immer noch und fast überall gebräuchlichen Namenstelen – reichlicher ornameniert vor allem in Mittel- und Westgriechenland – herrschen Grabreliefs vor, insbesondere an der kleinasiatischen Westküste und auf den Inseln. Stelen mit gemalten Darstellungen scheinen sich auf wenige, teils abgelegene oder lokal eng begrenzte Gebiete zu beschränken. Teilweise mag bei ihnen das Material, der jeweils verfügbare Kalkstein die Bevorzugung bloßer Malerei begünstigt haben; doch kann allein ein solch materiell-äußerlicher Grund z. B. in Demetrias die dortige Tradition der lediglich bemalten Stelen nicht begründet haben, schon weil hier die Stelen aus lokalem Marmor gearbeitet sind. Auch bietet hier die Gattung der sepulkralen Denkmäler keine Anzeichen dafür, daß etwa Grabmäler mit gemalter Darstellung einen geringeren Stellenwert innehatten als Grabreliefs, wie es sich für Ägypten wahrscheinlich machen läßt, und wofür im klassischen Attika manche Hinweise sprechen. Denn Grabreliefs fehlen, wie gesagt, in Demetrias. Allenfalls der Vergleich über die Landschaften hinweg könnte Aufschluß geben, inwieweit die gemalten Grabbilder von Demetrias so etwas wie eine Zwischenstellung einnehmen zwischen den Grabreliefs des östlichen Bereiches (Inseln und Westküste Kleinasiens) und den bildlosen Namenstelen des festländischen, vor allem westgriechischen Gebietes. Diese Zwischenstellung könnte dann auch für die Wertschätzung dieser Gattung gelten. Doch ist für solche Vergleiche

[237] Vgl. AM 93, 1978, 94f.

und Überlegungen der erhaltene und publizierte Denkmälerbestand wohl noch zu gering.

Inschriften, Inschriften-Korrekturen und Verwendung der Grabreliefs

Ähnlich wie im Fall der Polychromie vermittelt der meist bruchstückhafte oder korrodierte Zustand der griechischen Grabreliefs auch von der Beschriftung der Grabmäler nur allzu leicht ein unzureichendes oder gar trügerisches Bild. Hinzu kommt, daß die weitgehende Fixierung der Betrachter auf den figürlichen Schmuck der Denkmäler dazu verleitete, über Inschriften und damit verbundene Fragen hinwegzusehen, zumal das oft schematisch-nüchterne Registrieren von Namen kaum eines Kommentares zu bedürfen scheint. Nur gelegentlich berücksichtigte man die Inschriften, wenn nämlich damit ein Argument für die Deutung einer sonst fraglichen Darstellung zu gewinnen war. Und schließlich hatten sich schon lange die Epigraphiker um die Inschriften der Grabreliefs gekümmert, womit Spezialisten den kunsthistorisch orientierten Archäologen entlastend einen Teilbereich der Denkmäler gewissermaßen in ihre Obhut nahmen, einen Teilbereich, der eigentlich doch untrennbar zu den Grabmälern gehört und bei ihrer Würdigung unbedingt zu berücksichtigen ist.

Geht man zunächst einmal vom attischen Bereich klassischer Zeit aus, d.h. von einem nach Quantität und Qualität repräsentativen Material, dann ist festzuhalten, daß Grabreliefs dieser Zeit und Landschaft in aller Regel beschriftet waren. Dies gilt insbesondere für die anspruchsvolle Denkmalform der Naiskosstele, die immer wieder auch leicht überlebensgroßes Format erreicht. Aber auch auf bescheideneren Stelen wird immer wieder der Name des Toten genannt, mehrfach sogar in Verbindung mit einem weiteren oder gar mehreren Namen. Auf kleineren Denkmälern kann die Inschrift im Bildfeld selbst angebracht sein, gelegentlich auch unter dem Bild,[238]

[238] Vgl. z.B. Conze Nr. 893, 956; ADelt 23, 1968 A Tf. 34f.; Conze Nr. 115; ADelt 24, 1969 A Tf. 26.

wogegen bei größeren Stelen der meist architektonisch gegliederte Rahmen in aller Regel auf einer Leiste über dem Bild Platz für die Inschrift bietet. Freilich gibt es doch auch etliche Beispiele, bei denen eine Inschrift nicht zu erkennen ist. Es sind Grabreliefs, die entweder zwischen Bildfeld und Giebel nur ein profiliertes Übergangsglied aufweisen oder den Giebel unmittelbar auf den Anten aufruhen lassen[239] (Tf. 8 u. 12,2). Anscheinend war hier der verfügbare Platz für eine Inschrift nicht ausreichend. Doch gibt es ebenso gegenteilige Beispiele, die zeigen, daß Platzmangel durchaus kein zwingender Grund für das Fehlen einer Inschrift ist: Bei der schönen Stele der Eukoline aus dem Kerameikos (Tf. 10,2) werden z. B. die schmalen, seitlich rahmenden Leisten des Bildfeldes dazu benutzt, zugleich auch das vertikal geschriebene Epigramm zu tragen.[240] Hinzu kommt, daß grundsätzlich wohl auch mit der Möglichkeit gemalter Inschriften zu rechnen ist. Zwar scheint für ein repräsentatives Grabrelief die gemeißelte Inschrift die angemessene Form zu sein (unter dem Aspekt der Technik und Dauerhaftigkeit), doch ist das Fragment einer ‚parthenonischen' Mädchenstele in Athen ein unzweifelhaftes Zeugnis für eine einst gemalte Inschrift: Ein wenig vor dem Gesicht ist auf der Giebelleiste noch klar ein Σ zu erkennen.[241] Die übrigen Buchstaben des Namens sind verloren, was nicht verwundert, da diese Leiste etwas weiter vorragt und Wind und Wetter stärker ausgesetzt war. Dies mag auch erklären, weshalb weitere Beispiele für ähnlich gemalte Inschriften bislang fehlen, zumindest unter den anspruchsvollen Grabreliefs.[242] Andererseits sind entsprechende Reste vereinzelt auch an bescheideneren Denkmälern

239 Vgl. z. B. Conze Nr. 50, 78, 280, 843, 895; Diepolder Tf. 12,1; ADelt 23, 1968 B Tf. 2; Conze Nr. 69, 293.

240 AM 83, 1968, 89 ff. und 111 ff. Vgl. ferner z. B. Conze Nr. 429, 676, 912.

241 Conze Nr. 1178; Diepolder Abb. 1. Zuletzt: Stupperich Nr. 50 – gegen die dort vorgeschlagene Datierung (um 420) vgl. H. Hiller, Gnomon 47, 1975, 596.

242 Vgl. lediglich noch Conze Nr. 321. Dazu vgl. Himmelmann 21 zu Conze Nr. 755.

beobachtet worden,[243] so daß man wohl doch häufiger mit dieser Möglichkeit wird rechnen müssen, daß sich der Name allein durch Farbe abhob, deshalb aber auch leicht verlorenging.[244]

Es bleiben noch zwei frühe Grabreliefs aus dem 5. Jh. zu bedenken, bei denen die obere abschließende Leiste von einem Lotosblüten-Palmetten-Band geschmückt wird.[245] In diesen Fällen hätten Inschriften im Bildfeld gemalt sein müssen, wenn man nicht annehmen will, daß Inschriften überhaupt fehlten. Indessen bleibt noch eine letzte Möglichkeit zu berücksichtigen, für die das oben schon genannte Grabmal des Dexileos ein herausragendes Beispiel ist. Bei ihm ist nämlich die Inschrift auf der Basis des Reliefs eingetragen. Gleiches gilt ein halbes Jahrhundert später für die monumentale Marmorlekythos der Aristomache im Kerameikos.[246] Handelt es sich bei diesen beiden Monumenten auch um recht vereinzelte Vertreter, so erweitern sie doch den Bereich, in dem Inschriften angebracht werden konnten. Behält man dies im Auge, besonders auch die Möglichkeit gemalter Inschriften, und bedenkt man die Fülle der beschrifteten Denkmäler: Palmetten-, Giebel- und Bildfeldstelen, die regelmäßig einen oder mehrere Namen verzeichnen und darauf hin angelegt zu sein scheinen, ferner die Masse der Naiskosstelen, dazu die Marmorlutrophoren und -lekythen, die nur bei nachweislich ornamentaler Verwendung auf Beschriftung verzichten konnten, – bedenkt man all dies, dann möchte man das relativ seltene Fehlen einer Inschrift eher dem Zufall der Erhaltung zuschreiben als einer erklärbaren Absicht. Das aber bedeutet, daß aufs Ganze gesehen die klassischen Grabmäler Attikas trotz aller Unterschiede in Form und Bild durch das Merkmal der Inschrift bestimmt sind, daß die

243 Vgl. Conze Nr. 790/Tf. 143 (Bildfeldstele) und 1439; vgl. Schmaltz A 76. Vgl. ferner AM 5, 1880, 186.

244 Gemalte Inschrift zu erschließen bei Conze Nr. 755: Die jetzt gemeißelte Inschrift bezieht sich auf eine Hintergrundsfigur.

245 Conze Nr. 103 und 1032.

246 AM 85, 1970, 94ff. Tf. 38f. Vgl. ferner ebenda 101 Nr. 3 und AM 89, 1974, 180ff. Dazu vgl. die spätklassischen Mensen Conze Nr. 1767 und 1769, die als Basen für Stelen dienten. Inschrift am Sockel des Monumentes aus Kallithea: AAA 4, 1971, 110. Ferner vgl. ADelt 27, 1972 B Tf. 42.

Nennung des Namens so etwas wie einen Grundzug darstellt. Grabreliefs sind demnach ungeachtet aller Betonung ihrer figürlichen Darstellung bis zu einem gewissen Grade stets auch „Namenstelen", sind dies sogar in erster Linie, wogegen die bildliche Ausgestaltung gleichsam etwas Sekundäres ist.

In diesem Zusammenhang lohnt es sich, auch auf die außerattischen Grabmäler kurz hinzuweisen, auf die relativ frühen, sicher archaischen Stelen in Thera, die lediglich den Namen des Toten nennen,[247] auf die späteren im westlichen Griechenland, aber auch auf die ostgriechischen Grabreliefs hellenistischer Zeit, bei denen gleichfalls in aller Regel der Name genannt ist. Und nicht zuletzt zeigen die hellenistischen Grabmäler Attikas, vor allem die schlichten columellae, welche Bedeutung der inschriftlichen Nennung des Namens zukam. Nur für die Frühzeit, für die Stelen des 7. Jh., insbesondere die von Prinias wird man die Frage der Beschriftung offenlassen müssen. Erhalten sind keine Spuren, doch könnte dies damit zusammenhängen, daß die Inschriften nur gemalt waren.[248] Oder es könnte z. B. im Fall der zahlreichen Stelen von Prinias auch mit ihrer Aufstellung zu erklären sein; denn anscheinend wurden die Platten nicht als selbständig aufragende Mäler verwendet, sondern im Rahmen von Grabbauten, an denen dann vielleicht ein anderes Bauglied die Inschrift trug, wie dies für eine Inschriften-Platte in Thera durch den Befund als Möglichkeit nahegelegt wurde.[249]

Angesichts der Häufigkeit, ja wohl Regelmäßigkeit der Namen-Inschriften griechischer Grabmäler seit archaischer Zeit ist es gerechtfertigt, gerade auch bei den klassischen Grabreliefs Attikas auf Besonderheiten der Inschriften zu achten. Immer wieder sind nämlich am gleichen Monument Unterschiede in Buchstabengröße, Tiefe der Furchen, Abständen und auch Duktus der Buchstaben zu beobachten, Unterschiede, die keinen Zweifel daran lassen, daß die

[247] Vgl. L. H. Jeffery, The Local Scripts of Archaic Greece (1961) 316 ff.

[248] Für die Porosstele vom HL. Tor möchte Willemsen AM 85, 1970, 23 ff. gemalte Inschrift nicht ausschließen; das Fragment vom Dipylon-Ostturm (S. 27) wäre ein etwa gleichzeitiges Beispiel mit gemeißelter Inschrift.

[249] Vgl. Lebessi 68 ff.; AM 28, 1903, 86 Grab 111.

fraglichen Inschriften nicht gleichzeitig eingemeißelt wurden. Es genügt, hier an die oben erwähnte Palmetten-Stele des Hegeso- bzw. Koroibos-Bezirkes zu erinnern,[250] bei der die Deutung der Schriftunterschiede auf der Hand liegt: Vater, Sohn und Enkel starben in natürlicher Reihenfolge, und entsprechend wurden ihre Namen verzeichnet, anschließend dann die beiden Namen der vermutlich angeheirateten Euthydemos-Familie. Wie längst gesehen, ist der erste Name, der des Koroibos, am sorgfältigsten, auch bemerkenswert gleichmäßig und ausgewogen verteilt eingemeißelt, sicher weil der Stein in der Werkstatt auf geeigneter Unterlage liegend mit dem Namen versehen wurde. Bei Anbringung der folgenden Namen stand die Stele dann aufrecht im Grabbezirk, man sparte sich die umständliche Demontage und einen aufwendigen Transport in die Werkstatt. Doch hatte dies zur Folge, daß die Furchen der Buchstaben teils weniger tief eingemeißelt wurden, und daß die Buchstaben meist nach Abständen, Größe und Stellung weniger gleichmäßig eingetragen sind, so daß der Eindruck einer leicht wackeligen Inschrift entsteht. Dergleichen Erscheinungen und ihre Bedeutung wurden bei Palmettenstelen meist gesehen und bieten keine Schwierigkeit für das Verständnis.[251]

Anders verhält es sich jedoch bei den Naiskosstelen, bei denen ähnliche Unstimmigkeiten innerhalb der Inschriften durchaus auftauchen, freilich nur selten beachtet wurden. Ein besonders augenfälliges Beispiel ist die fragmentierte Stele des Aristoteles und seiner ‚Frau' im Louvre.[252] Denn seitlich bzw. teils unter dem Namen des Aristoteles sind zwei weitere Männernamen eingetragen, sicher nachträglich, wie Größe und Stellung der Buchstaben zeigen. Zumindest der eine Name muß sich auch auf die Figur des Aristoteles beziehen, da selbst für einen in Malerei zugefügten Kopf kein ausreichender Platz gewesen wäre. Vermutlich wurden aber beide Namen auf ein und dieselbe Relieffigur, auf Aristoteles bezogen, womit in diesem Fall der Charakter der Namenstele besonders klar zu fassen

[250] Vgl. Brueckner 104f.
[251] Vgl. z.B. AM 18, 1893, 66f.
[252] MarbWPr 1979, 15ff. Tf. 2.

ist. Noch eindrucksvoller, für uns aber zugleich auch merkwürdiger ist das Beispiel der schönen Stele der Kallistrate in Kansas City,[253] bei der auf der horizontalen Giebelleiste in großen, aber dünnen und nur flach ‚eingeritzten' Buchstaben der Name des Kallisthenes eingetragen bzw. nachgetragen ist: Vielleicht ist es der wenig später verstorbene Bruder der Kallistrate, dem auf diese Weise dauerhaftes Andenken gesichert werden sollte. Im Bild war er freilich nicht dargestellt, nur sein Name hielt über dem Bild der ‚Schwester' die Erinnerung an ihn wach. Das bedeutet, daß in diesem Fall das Grabmal ganz im Sinne der Palmettenstele vor allem Namenstele war, für zwei Verstorbene diese Aufgabe des *mnema* erfüllte, wogegen das in die Augen fallende Bild des schönen Mädchens demnach eine mehr zusätzliche, erläuternde Funktion hatte: Mit dem Namen der Kallistrate verbunden, führte das Relief diesen Menschen in der Blüte seiner Jahre vor Augen und vergegenwärtigte den Hinterbliebenen das besonders Beklagenswerte dieses Todesfalles. Doch war diese Aussage des Bildes zugleich offensichtlich so wenig individuell gedacht, so wenig persönlich gebunden, daß auf dem gleichen Denkmal eben auch der ‚Bruder' der Verstorbenen verewigt werden konnte. Ihr Los war auch sein Los, so ist zu vermuten.

Die beiden Grabreliefs der Kallistrate und der Frau des Aristoteles sind zwar besonders einprägsame, aber doch nicht vereinzelte Beispiele.[254] Vielmehr ließen sie sich durch weitere durchaus ergänzen. Gelegentlich sind solche Fälle sogar im Corpus der griechischen Inschriften erwähnt, doch dürfte dies nur ein Bruchteil der tatsächlich veränderten Inschriften bzw. Grabreliefs sein. Denn meist hat man auf dergleichen feine Unterschiede der verschiedenen Namen zu wenig geachtet, man suchte die Möglichkeit der Identifikation von

[253] MarbWPr 1979, 16ff. Tf. 3. Bei der Stele des Aristokrates AM 78, 1963, 154f. mit den später nachgetragenen Frauennamen war die vielleicht gemalte Darstellung bei Weiter-/Wiederverwendung wohl verblaßt bzw. verschwunden.

[254] Als merkwürdiger Fall sei noch der Giebel Conze Nr. 1477 genannt, der zum Relief Conze Nr. 145 gehört: vgl. Brueckner 95f. sowie das Fragment ehem. Slg. E. Brummer: E. Brummer Collection, Auction Zürich 1979 (Gall. Koller) Nr. 603.

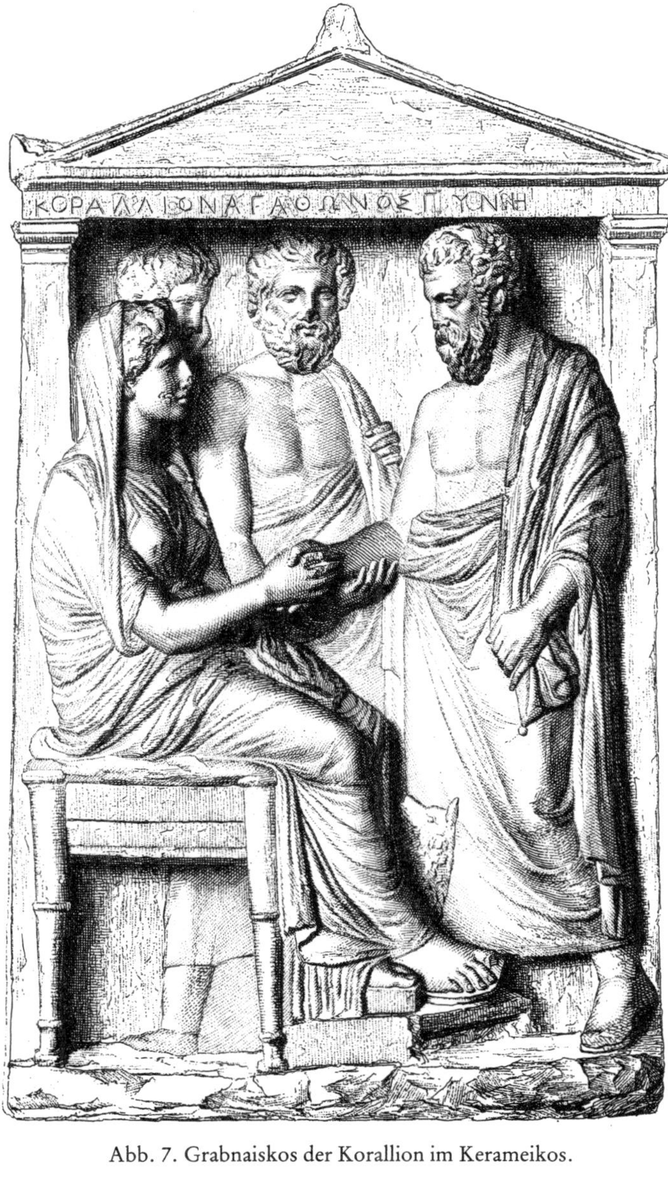

Abb. 7. Grabnaiskos der Korallion im Kerameikos.

Name und abgebildeter Figur, um die Szene zu ‚verstehen', und war diese Möglichkeit gegeben, so schien weiteres Fragen, auch sorgfältige Betrachtung der Inschriften überflüssig zu sein. Zwei weitere Beispiele mögen indessen die Tragweite solcher Namensergänzungen noch beleuchten.

Auf der immer wieder genannten Stele der Korallion im Kerameikos ist die Inschrift wie üblich auf dem Epistyl angebracht (Abb. 7), freilich in recht flachen, auch unregelmäßig verteilten Buchstaben, die auch nicht auf einer Linie stehen.[255] Die Inschrift nennt Korallion und bezeichnet sie als Frau des Agathon, dessen Naiskos auf der anderen Seite der Palmettenstele noch heute steht. Doch ist dies nicht die ursprüngliche Inschrift, denn bei entsprechender Beleuchtung ist der Name der Korallion noch heute darunter zu lesen: In großen, weitgestellten Buchstaben ist der Name auf dem Epistyl eingetragen, nur leicht aus der Stelenmitte zur Toten hin gerückt, in wahrhaft monumentaler Form. Doch wurde er merkwürdigerweise später ‚ausradiert', wurde fast ganz abgemeißelt und durch die ausführlichere Inschrift ersetzt, die nun eben auch Agathon nennt. Dabei wird es sich wohl kaum um einen Irrtum des Steinmetzen gehandelt haben, der einen Auftrag schlecht im Kopf hatte, und ebenso merkwürdig wäre, wenn sich Agathon als Auftraggeber nach Vollendung des Grabreliefs eines anderen besonnen hätte und die Änderung verlangt hätte. Denn in der Werkstatt hätte der Steinmetz sicher die erste Inschrift gründlich tilgen und durch eine ähnlich sorgfältige Inschrift ersetzen können. So ist zu vermuten, daß die zweite Inschrift erst später auf dem Friedhof angebracht wurde, wohl nach Agathons Tod: Nun bestand Anlaß, auch seinen Namen auf dem Grabmal zu verzeichnen, zwar nur indirekt, insofern Korallion als seine Frau bezeichnet wird, doch lag nun eine Verbindung seines Namens mit der entsprechenden Figur des Reliefs nahe, wurde damit auch bildlich die Erinnerung an ihn wachgehalten. Korallion blieb natürlich unzweifelhaft Hauptfigur, was zu ändern nicht nötig war, da ja Agathon einen eigenen Naiskos errichtet bekam. Festzuhalten bleibt aber, daß er eben doch namentlich auch auf dem Grab-

[255] S. Conze Nr. 411, Tf. 98.

stein seiner Frau erwähnt wurde, womit auch hier wieder der Charakter der Namenstele im Grabrelief zu fassen ist.

Etwas verwickelter ist der Sachverhalt im Falle der Denkmäler des Hierokles, Sohn des Hieron.[256] Hauptmonument ist zweifellos die große Stele im Epigraphischen Museum in Athen, die einerseits klar als Lutrophorenstele anzusprechen ist, da sie in flachem Relief im unteren Teil eine Lutrophore trägt, die aber andererseits von ihrer schlanken, hoch aufragenden Form her ebenso eindeutig der Gruppe der Palmettenstelen zuzurechnen ist. Entsprechend sind auch die beiden Rosetten im oberen Teil angegeben, und der korinthische Helm anstelle der sonst üblichen Palmette weist wie der große Rundschild am Schaft auf das besondere Schicksal des Toten. Diese Hauptperson kann nur Hierokles sein: Sein Name ist in großen, locker verteilten Buchstaben unter den Rosetten eingemeißelt, in ebenmäßiger, monumentaler Schrift, und er steht als Krieger gekennzeichnet in der Mitte des kleinen Lutrophorenbildes. Der Name des Vaters Hieron ist dagegen offensichtlich nachträglich eingetragen, in dünneren, flacheren und etwas wackelig angeordneten Buchstaben. Doch sein Name steht nun an erster Stelle, auch in der geläufigen Verbindung mit dem Vatersnamen und der Bezeichnung der Herkunft (Demotikon). Damit hat die Stele genau die sonst so oft bezeugte Funktion übernommen, Grabmal der patres familiae zu sein, wogegen sie vorher allein dem unverheiratet verstorbenen Sohn galt: An diesem seinem Schicksal läßt die Lutrophore keinen Zweifel, und in diesem Sinne ist wohl auch die Knappheit der Inschrift zu verstehen. Denn sie beschränkt sich auf den Namen Hierokles, weder Vater noch Herkunft werden genannt, wie es sonst üblich ist. Mit dieser großen Stele ist eine vollplastische Lutrophore zu verbinden, deren Form merkwürdigerweise altertümlicher ist als die der Lutrophore auf der Stele. Wie dort ist indessen in flachem Relief der sitzende Hieron abgebildet, wie er im Handschlag mit seinem Sohn verbunden ist, beide durch beigeschriebene Namen bezeichnet. Diese Inschriften zeigen wiederum deutliche Unregelmäßigkeiten, sind demnach auch hier nachträglich eingemeißelt. So liegt die Ver-

[256] ArchCl 25/26, 1973/74, 529 ff., Tf. 91 ff.

mutung nahe, daß Hieron ursprünglich in seinem Familienbezirk als Hauptmonument die große Lutrophorenstele errichten ließ, die seinem unverheiratet verstorbenen Sohn Hierokles galt, der das Geschlecht eigentlich hätte weiterführen sollen. Als Hieron selbst starb – vermutlich wenig später –, wurde sein Name als der des pater familias ganz oben auf dem Hauptmonument nachgetragen, so daß dies nun vor allem ihm selbst galt. Für den Sohn wurde daher ein zweites Monument errichtet, eben jene große Lutrophore, die aber, wie die Inschriften zeigen, nicht neu angefertigt, sondern übernommen wurde, sei es aus einem aufgelassenen Bezirk, sei es von einem weit zurückliegenden Todesfall der eigenen Familie bzw. Sippe. Und mit dieser Übernahme erklärt sich auch die altertümliche Form des Denkmals.

Bei diesen genannten Beispielen, bei den Denkmälern des Hierokles, bei den Grabreliefs der Korallion, der Frau des Aristoteles und der Kallistrate blieb die Darstellung selbst jeweils unverändert, und dies gilt auch für zahlreiche andere entsprechende Grabreliefs. Ihre Aussage lag demnach entweder so eindeutig fest, daß zusätzliche Inschriften sie nicht verändern konnten, oder aber diese Aussage war so weit, so allgemein, daß Inschriften später Verstorbener durchaus zugefügt werden konnten. Das bedeutet aber umgekehrt, daß die Darstellungen der klassischen Grabreliefs als etwas sehr Eigenständiges anzusehen sind, als weitgehend unabhängig von den Inschriften, als autarke Bilder der Kunst, die die grundlegende Funktion der Denkmäler, ihre Bedeutung als Namenstelen nicht berührte. Damit ergibt sich freilich, daß die Inschriften in aller Regel eben nicht für eine erschöpfende Deutung der Darstellungen herangezogen werden können. So sicher Hieron noch lebte, als er dem Sohn die große Lutrophorenstele errichten ließ, so sicher er mithin im Bild dieses Denkmals als Hinterbliebener anzusehen ist, der vom Sohn Abschied nimmt, so sicher ist er im Bild der Lutrophore nun eben auch als verstorben anzusehen. Denn sein Tod machte dies zweite Monument ja erforderlich. Das Bild ist aber jeweils genau entsprechend, seine Aussage muß demnach auf einer anderen Ebene als der des Abschiedes oder des Wiedersehens, muß jenseits einer solchen episodenhaften Thematik gesucht werden.

Die Betrachtung der handwerklichen und künstlerischen Ausführung von Namensinschriften lenkte fast unvermutet den Blick auf Fragen der Deutung, wie die skizzierten Beispiele zeigen. Im vorliegenden Zusammenhang der Herstellung von Grabreliefs sollten indessen noch zwei weitere Einzelheiten erwähnt werden, die zumal im Falle handwerklich-kursorischer Ausarbeitung in die Augen fallen und auf weitere Benutzung von Grabreliefs schließen lassen. Mehrfach ist nämlich an Grabmälern erkennbar, daß ältere Inschriften, wie am Relief der Korallion, ‚radiert' und durch neue ersetzt wurden. Häufiger läßt sich dies an bescheideneren Denkmälern beobachten, die eben meist auch handwerklicher ausgeführt sind, wogegen an den großen, aufwendigen Naiskosstelen mehr Sorgfalt bei solchen Veränderungen geübt wurde, weshalb ‚Rasuren' schwerer zu erkennen sind. Auch gehörten solche großen Denkmäler natürlich entsprechend finanzkräftigen Familien, die in der Regel wohl auch in der Lage waren, über Generationen hinweg den Familienbezirk zu pflegen: In diesen Fällen wird man von ‚Rasuren' abgesehen haben, wird das Andenken an früher verstorbene Familienmitglieder geehrt haben[257] und allenfalls durch Zufügung neuer Namen wie beim Aristoteles im Louvre den Geltungsbereich des Denkmals ‚erweitert' haben. Und schließlich war man bislang gerade bei diesen anspruchsvollen Grabreliefs so auf die Darstellungen konzentriert, daß man gewöhnlich auf die Inschriften, zumal einfache Namensinschriften, nicht sonderlich achtete. So verwundert es nicht, wenn z. B. im Fall des Eukoline-Naiskos im Kerameikos erst vor wenigen Jahren, d. h. fast ein Jahrhundert nach Freilegung des Reliefs, entdeckt wurde, daß zwei Namen ‚in rasura' angebracht sind.[258] Auch der Männername im Giebelfeld wird entsprechend erst nachträglich angebracht worden sein, gleichfalls erst im ‚Bedarfsfall', d. h. nach dem Tod des Onesimos aus Lesbos, der im Bild freilich durchaus nicht als verstorben gekennzeichnet ist. Andere ähnliche Fälle von

[257] Dies wäre bei Hegeso zu vermuten.

[258] Vgl. Willemsen, AM 85, 1970, 41 ff.; dazu vgl. AM 81, 1966, 84. Conze Nr. 1131 hatte nur die Rasur hinter bzw. rechts neben dem Namen Eukoline bemerkt.

‚Rasuren' dürften als solche bislang unerkannt geblieben sein und mögen sich vielleicht erst durch Zufall bei angemessener Beleuchtung des Grabreliefs zu erkennen geben. Nicht immer werden dabei mehrere oder ganze Namen getilgt worden sein, gelegentlich mag die Korrektur eines Buchstabens genügt haben, um das Grabrelief für die weitere Verwendung herzurichten. So verhält es sich z. B. bei dem oft genannten und abgebildeten Grabrelief der Philousia im Piräus-Museum (Tf. 12,1), das vorher einer Philo gegolten hatte, so daß für die Zweitverwendung des Denkmals nur das Omega zu einem Omikron verändert und die übrigen vier Buchstaben angefügt werden mußten.[259]

Im Zusammenhang mit einer derartigen Weiterverwendung eines Grabreliefs hat man sich endlich in einzelnen Fällen auch vor umfangreicheren Eingriffen nicht gescheut. Bei zwei Grabreliefs ließ sich zeigen, daß die mit der Hauptperson verbundene Nebenfigur verändert wurde.[260] Beim Grabrelief der Panathenais in New York wurde die stehende, ursprünglich männliche Figur zu einer Frau umgearbeitet, indem entsprechende charakteristische Gewandfalten in die Oberfläche ‚eingezeichnet' wurden. Ähnlich wurde auch bei der Stele des Philistides in Athen verfahren. Umgekehrt wurde bei einem Grabrelief in Chalkis (Tf. 14) aus einer ‚Dienerin' ein junger Mann, indem die Brustpartie abgearbeitet und das Wickelkind im Arm zu einem undeutlichen Gegenstand, vielleicht einem zusammengelegten Gewand, umgearbeitet wurde.[261] Dazu paßt, daß der

[259] Diepolder Tf. 18; gegen schlichte Verschreibung (AEphem 1916, 6 ff.) sprechen Sorgfalt und Größe der Inschrift, auch die Flachheit der zugefügten Buchstaben. IA müssen allerdings nur gemalt gewesen sein. Karusos, MüJb 20, 1969, 13 deutet den erhaltenen Namen als Genitiv.

[260] Richter, Catal. of Greek Sculptures of the Metropol. Mus. New York (1954) Nr. 86; ADelt 23, 1968 B 88, Tf. 49 a; vgl. zu beiden Reliefs MarbWPr 1979, 17 f. Vgl. ferner Conze Nr. 1113, das wohl gleichfalls nachträglich verändert wurde.

[261] Diepolder Abb. 6. Meine Beobachtungen datieren aus dem Jahre 1969 bzw. gründen auf eine neuere Aufnahme, die ich der Güte von E. Touloupa verdanke. Demnach schien mir sogar der Nachweis einer Rasur möglich.

Name Aristion lautet – vermutlich war Aristion ein enger Verwandter der sitzenden Paramone, starb wenig später und wurde deshalb durch mehr oder weniger geschickte Veränderung mit ins Bild des Denkmals aufgenommen.

Noch augenfälliger ist die Veränderung im Fall der großen Jünglinsstele aus Delos im British Museum (Tf. 16).[262] Denn am rechten Oberschenkel des pais ist seitlich noch das Gewand stehengeblieben, das von hinten in sparsamen Falten um den Unterkörper der Figur gelegt war, dann aber in einer schroffen Kante völlig unmotiviert abbricht, da eben anläßlich einer fälligen Veränderung nun eine unbekleidete Figur, ein Knabe, dargestellt werden sollte. Von der ursprünglichen Mantelfigur rühren auch die merkwürdigen Reste am Reliefgrund, die sich vor dem pais unterhalb der verstümmelten Hände bis ungefähr in Höhe der Schienbeinmitte verfolgen lassen; auch zwischen den Beinen ist grob gepickte Oberfläche stehengeblieben, wo ursprünglich verdeckender Mantel war. Und mit dieser Umarbeitung erklärt sich auch der Verlauf des Gewandes auf der linken Schulter des pais: Es ist eben nicht das zusammengelegte Mäntelchen des Jünglings, wie es die Knaben ihren Herren mehrfach im Bild nachtragen und dessen Enden dann vorne und hinten gleichermaßen dick abstehen.[263] Vielmehr ist es der übliche Mantelwulst, der vom Rücken kommend flach über die Schulter geführt ist, und der sich erst vor der Brust in stofflich-lockerem Fall vom Körper zu lösen beginnt. So liegt der Schluß nahe, daß eine ursprünglich zumindest mit dem Mantel bekleidete Figur umgearbeitet wurde,

Doch war K. Buraselis so freundlich, die Stele erneut in Augenschein zu nehmen. Reste einer radierten Inschrift konnte er nicht beobachten. Als Name notierte er: ΑΡΙΣΤΙΟΝΙΑΠΟΔΙΣΙΟΥ̣Α̣Ρ̣ . . . ΤΙΟΜΟΣ. Ferner notierte er am Haar des stehenden Aristion so etwas wie eine doppelte Konturlinie, wie sie an der Sitzenden nicht zu beobachten sei; vielleicht handelt es sich dabei um Spuren der Überarbeitung, die wohl die auffälligsten Eigenheiten einer weiblichen Frisur zu retuschieren suchte.

262 Smith, BM Catal. Nr. 625; zuletzt Délos 30, 153, Nr. 286.

263 Vgl. z. B. Conze Nr. 1034, 1038, 1040 ff., 1060; New York, Richter, Catal. Nr. 85.

sicherlich aus gegebenem Anlaß.[264] Und dieser Vorgang dürfte auch erklären, weshalb die Proportion des pais so merkwürdig verzogen wirkt (der Rumpf ist im Vergleich zu den gelängten Beinen offensichtlich gestaucht), und weshalb Jüngling und pais durch Kopfwendung und Aktion der rechten Hände sehr eng miteinander verbunden sind – so eng, wie es für das jetzt vorliegende Thema ansonsten nicht wieder belegt ist. Schließlich könnte selbst das Fehlen einer Inschrift mit der vermuteten Wiederverwendung des Grabreliefs zusammenhängen. Denn wie üblich wird der Jüngling eines so stattlichen Monumentes (H 1,60 m) ursprünglich benannt gewesen sein, so daß die folgenreiche Veränderung im Reliefbild wohl auch eine entsprechende im Bereich der Inschrift nach sich zog: Die neuen Inschriften mögen beispielsweise nur gemalt worden sein.

Die skizzierten Beispiele für nachträgliche Veränderungen der Darstellung werfen nicht nur ein Licht darauf, wie in klassischer Zeit mit Grabmälern mitunter verfahren wurde, wie sie bis zu einem gewissen Grade doch auch Gegenstände des täglichen Lebens waren, die neuen Gegebenheiten auf ökonomische Art und Weise angepaßt werden konnten.[265] Vielmehr bezeugen sie zugleich, daß zwischen Namensinschrift und figürlicher Darstellung sehr wohl auch eine enge Beziehung gesucht werden konnte, eine Verbindung, die über eine inschriftliche Ergänzung hinaus doch auch eine entsprechende Veränderung der Szene wünschenswert erscheinen ließ, um eine unmittelbare Identifikation von Bild und Verstorbenem zu ermöglichen. Während man also einerseits Namen ganz ungeachtet des Bildes zufügen konnte wie im Fall des Kallisthenes und seiner ‚Schwester' Kallistrate, konnte ebensogut die unmittelbare Über-

[264] Diepolder 37 Anm. 1 deutete die Unstimmigkeiten im Sinne mangelnder Vollendung des Reliefs, was sicher nicht zutrifft.

[265] Vgl. auch J. Frel, AAA 5, 1972, 75 ff. („antike Reparaturen"), G. Despinis, AntPl VII 82 (antike „Modernisierung") oder auch das Grabrelief des Leon und Leontios (ADelt 24, 1969 B Tf. 1), dessen linken Kopf Brueckner (Festschr. Amelung 35 ff.) und Diepolder 37 für weiblich hielten, Himmelmann 16 dagegen für den eines Jünglings; vgl. dazu S. Adam, Technique of Greek Sculpture 108,2.

einstimmung von Bild und Inschrift angestrebt werden, wie sie der moderne Betrachter wohl gern als selbstverständlich voraussetzt. Insofern scheint es gerechtfertigt zu sein, auf beide Möglichkeiten hinzuweisen, d.h. auf die Parallelität von inschriftlicher und bildlicher Repräsentation im Grabmal, aber auch auf die vorrangige Bedeutung der schriftlichen Erwähnung des Toten im klassischen Grabrelief.

Die angesprochenen Fragen zum Verhältnis von Inschrift und Bild griechischer Grabreliefs stellen sich nur bei denen der klassischen Zeit. Archaische Grabmäler gelten in aller Regel – auch außerhalb Attikas – nur e i n e m Verstorbenen, der im Bild, d.h. in Malerei, Relief oder als Statue vor Augen geführt wird, der aber auch nur inschriftlich genannt sein kann.[266] Vereinzelte Beispiele zweier Verstorbener wie im Fall der New Yorker ‚Geschwisterstele' (Tf. 1,2) beziehen sich wohl auf besonders tragische Umstände, denen zufolge die beiden vermutlich gleichzeitig ums Leben kamen.[267] Es fehlen bislang Denkmäler, bei denen wie in klassischer Zeit durch schlichte Zufügung eines weiteren Namens der Geltungsbereich des Grabmals gewissermaßen erweitert wurde. Dabei hätte eine solche Möglichkeit durchaus verwirklicht werden können, zumal die Inschriften gerne auf den Basen der Denkmäler eingetragen wurden, wo mehrfach noch reichlich Platz für ‚Nachträge' vorhanden war. Auch bezeugt die schon genannte Basis des Neilonides-Kuros (Abb. 6), daß auch einmal ein Bild zugefügt werden konnte. Denn in diesem Fall hat Endoios einen sitzenden Mann, wohl den Vater des früh verstorbenen Sohnes, auf der Front der Basis neben dem Epigramm in Malerei wiedergegeben, vermutlich, weil der Vater während der Errichtung des Grabmals starb.[268] Diese Besonderheit mag es gerechtfertigt haben, das Grabmal des Sohnes quasi zu ergänzen, wogegen man ansonsten, wie es scheint, von dieser Möglichkeit in

[266] Zur attischen Eigenart, den Namen des Toten im Genitiv zu nennen, und zur Deutung dieser Erscheinung vgl. Karusos 32 ff.

[267] Vgl. dazu Himmelmann 19, aber auch Willemsen, AM 78, 1963, 110 ff.

[268] So Friedländer, Epigrammata Nr. 69.

archaischer Zeit keinen Gebrauch machte. Dabei ist natürlich einschränkend festzuhalten, daß der Denkmälerbestand in dieser Frühzeit weitaus geringer ist als etwa in klassischer Zeit, womit die Grundlage für solche Beobachtungen bzw. Überlegungen sehr schmal ist. Dennoch mag man fragen, ob nicht weiter reichende Aussagen zulässig sind, wenn z. B. archaische Grabkuroi oder Grabreliefs ohne inschriftliche oder gar bildliche Ergänzung blieben, wenn sie als Grabmal des bzw. der Verstorbenen über Generationen hin unangetastet blieben.[269] Dafür wird man die Darstellungen selbst, die Bildtypen berücksichtigen müssen, die weiter unten betrachtet werden sollen.

Wie in klassischer Zeit lassen sich auch unter den hellenistischen Grabreliefs gelegentlich solche nachweisen, bei denen Inschriften zugefügt wurden, vereinzelt auch nach vorausgehender ‚Rasur' einer älteren Inschrift. Doch ergeben sich in solchen Fällen weiterer Benutzung der Grabmäler kaum Hinweise für das Verhältnis von Inschrift und Bild. Denn meist stehen die Hauptpersonen mehrfiguriger Grabreliefs isoliert und frontal nebeneinander, es fehlt ihnen die Verbindung durch Handschlag oder andere Gesten, etwa der Anteilnahme, und von daher stellt sich gar nicht die Frage, welche Figur die Hauptperson, d. h. verstorben sei, und welche als hinterblieben anzusehen sei. Vielmehr sind die Figuren gleichberechtigt nebeneinander aufgereiht und können entsprechend alle Verstorbene meinen. Einzelne Grabreliefs verdeutlichen sogar den Vorgang der Benutzung, insofern z. B. über der einen Figur der Ehrenkranz mit der Demos-Inschrift und dem Namen des Verstorbenen bereits fertiggestellt wurden, während über der anderen Figur der Kranz ohne Inschrift blieb und auch der Platz für den Namen noch frei ist.[270] Warum diese zweite Figur unbenannt blieb (oder war die Inschrift in Farbe zugefügt?), ist allenfalls zu vermuten. Wichtiger aber ist, daß zu einem bestimmten Zeitpunkt ein solches Grabrelief

[269] Selbst Reparatur eines solchen Grabkuros ist einmal in Thera bezeugt: Prakt 1965, 183 f., Tf. 224 – freilich ohne Anhaltspunkte dafür, wann dies geschah.

[270] Vgl. z. B. Pfuhl-Möbius Nr. 341, 564, 640, 1096.

offensichtlich nur einem Verstorbenen galt, der eben auch inschriftlich genannt war, daß aber zugleich die Möglichkeit vorbereitet war, zu einem späteren Zeitpunkt auch die zweite Figur auf einen Verstorbenen zu beziehen. Das Bild blieb dabei freilich unangetastet, brauchte nicht im geringsten verändert zu werden, da der Status hinterblieben oder verstorben nicht einmal angedeutet wurde. Dies gilt selbst für jene Grabreliefs – vor allem von den Kykladen –, die das klassische Motiv des Handschlages zeigen (Tf. 30), das doch die Möglichkeit bietet, im Gegenüber die beiden Welten zu charakterisieren, das Eigene des Toten z. B. abzusetzen vor der Folie der trauernden Hinterbliebenen. Statt dessen stehen sich in diesen Bildern die beiden Protagonisten starr und unbeweglich gegenüber, unterscheidende Gesten bis hin zur Kopfwendung fehlen, und die so oft überlängten Arme, die sich im Handschlag treffen, sind wohl nicht nur Zeichen minderer handwerklicher Qualität, sondern deuten zugleich auch an, wie sehr das Motiv zur bloßen Formel erstarrt ist, wie fern es einer realitätsbezogenen Handlung steht. Entsprechend können auf diesen Reliefs auch beide Figuren durch Inschriften als verstorben bezeichnet sein, wie umgekehrt auch nur eine in dieser Weise hervorgehoben sein kann, sowohl die sitzende wie die stehende.

Die bisherige Betrachtung lenkte das Augenmerk auf die Häufigkeit bzw. zu vermutende Regelmäßigkeit der Inschriften sowie auf ihre Veränderungen, z. B. ‚Rasuren' oder Ergänzungen, die gelegentlich sogar Änderungen im Bildfeld selbst zur Folge hatten. Im Hinblick auf die klassischen Grabreliefs ergaben sich dabei zwangsläufig auch Fragen nach der Bewertung dieser Erscheinungen, nach ihrer Bedeutung im Rahmen der Interpretation der Darstellungen selbst. Darüber hinaus sollten im Zusammenhang mit der Beschriftung griechischer Grabreliefs noch einige Gesichtspunkte wenigstens knapp gestreift werden, die in der bisherigen Literatur z. T. auch schon angesprochen wurden.

Die Formen der Inschriften lassen wie die Denkmäler und Darstellungen nach Zeit und Landschaft Unterschiede erkennen, denen vor allem epigraphische Arbeiten nachgehen. Dabei läßt sich cum grano salis auch festhalten, daß archaische Inschriften – vor allem in

Attika – meist durch Größe und dekorative Anordnung der Buchstaben sowie besondere Sorgfalt der Ausführung auffallen, so daß sich in Beschreibungen immer wieder Wertungen wie „meisterhaft" etc. finden. Die immer wieder belegten Signaturen der offenkundig selbstbewußten, oft auswärtigen Verfertiger rechtfertigen durchaus derartige Beurteilungen.[271] In klassischer Zeit fehlen solche „Meistersignaturen" völlig, und entsprechend sind die Inschriften im Gros schlichter, handwerklicher. Freilich gibt es auch immer wieder kunstvoll angeordnete, monumentale Inschriften bester Arbeit, zumal auf den aufwendigen Naiskos- und Palmettenstelen. Andererseits sind gerade unter bescheidenen Denkmälern auch kursorische, gelegentlich geradezu schlampig ausgeführte Inschriften belegt, so daß insgesamt die Qualitätsskala klassischer Inschriften sichtlich breiter ist als in früher Zeit. Auszunehmen sind dabei die Namenstelen mittel- und westgriechischer Herkunft, die auch in hellenistischer Zeit meist besondere Sorgfalt in den Namensinschriften erkennen lassen, sowohl im Hinblick auf die technische Ausführung wie im Hinblick auf die künstlerische Gestaltung. In fast krassem Gegensatz zu diesen Denkmälern bietet die Mehrzahl der hellenistischen Grabreliefs mit figürlichem Bild ausgesprochen handwerklich gearbeitete Inschriften, oft sogar kursorisch-nachlässige. Auch die Stellung der Inschrift am Denkmal variiert beträchtlich, unterliegt anscheinend nicht mehr so festen Regeln wie in älterer Zeit. Die Frage drängt sich daher auf, inwieweit es sich hier allein um ein mehr äußerliches, man könnte auch sagen: stilistisches Phänomen eines fast allgemein verbreiteten, bloßen Qualitätsverzichtes handelt, um einen Wandel der Schrift, der auch an Weihinschriften und Urkunden abzulesen ist, oder inwieweit damit zugleich innerhalb der Gattung sepulkraler Denkmäler eine geringere Einschätzung der Inschriften zu fassen ist: Inwieweit die Namensinschriften griechischer Grabreliefs im Laufe der Zeit an Bedeutung verloren,

[271] Bezeichnend in diesem Zusammenhang auch, daß es in archaischer Zeit möglich ist, einzelne Inschriften-„Meister" zu scheiden, die mit verschiedenen „Relief-Meistern" zusammenarbeiteten: vgl. L. H. Jeffery, BSA 57, 1962, 151 ff.

beispielsweise zugunsten der bildlichen Repräsentation des Verstorbenen. Zumindest für bestimmte Landschaften wie etwa Smyrna und Umgebung könnte eine solche Frage berechtigt sein, da hier z. B. einfache Namenstelen zu fehlen scheinen,[272] die Funktion des Grabmals also nicht durch die bloße Inschrift festgelegt wird, sondern anscheinend vorrangig durch die Darstellung.

Seit archaischer Zeit wurden griechische Grabdenkmäler immer wieder mit Epigrammen versehen, die in oft kunstvoller Weise auf das Schicksal des Verstorbenen oder seine Qualitäten eingehen. Wie schon lange gesehen, stellen sie ein eigenes Genus dar, sind in gewisser Weise ebenso selbständiges Denkmal wie die Darstellungen oder Grabmaltypen, und entsprechend fehlt in aller Regel ein wirklicher Bezug zwischen Epigramm und Bild.[273] Gelegentlich mag es zwar auf den ersten Blick den Anschein haben, als sei die Darstellung die unmittelbare Illustration des Epigrammes – so etwa im Fall der Ampharete, die das kleine Kind im Tode so wie einst im Leben auf den Knien hält.[274] Doch genügt der Hinweis auf entsprechende und ähnliche Darstellungen, um zu zeigen, daß der Bildtypus einer jungen, wohl im Kindbett verstorbenen Frau gilt, wobei allerdings meist die Dienerin oder Anverwandte das Wickelkind hält oder reicht.[275] Ohne das Epigramm würde man also bei Ampharete eine ganz andere Deutung ins Auge fassen – weder daß Ampharete Großmutter des Kindes ist, noch daß beide verstorben sind, würde man vom Bild her vermuten. Wie auch in anderen Fällen[276] ist ein konventioneller Bildtypus für die besonderen Umstände zweier Verstorbener übernommen und wird durch das Epigramm im Sinne des Sonderfalles ‚gedeutet'.

So wie im Einzelfall immer wieder die Eigenständigkeit von Epigramm und Darstellung deutlich wird, so läßt sich diese Eigen-

272 Allerdings fehlen hier Arbeiten wie die von Fraser, die für eine Landschaft sämtliche Grabmalformen sorgfältig sichtet.

273 Vgl. zuletzt G. Daux, BCH 96, 1972, 503 ff.

274 AM 59, 1934, 25 ff.; Daux a. O. 530.

275 Vgl. Kerameikos II Nr. 1; JHS 23, 1903, 358; Richter, Catal. New York Nr. 77.

276 Vgl. z. B. Himmelmann 20 zur Andron-Stele.

ständigkeit der epigrammatischen Dichtung gerade auch in einem historischen Überblick aufzeigen, wie ihn z. B. W. Peek in seinen ›Griechischen Grabgedichten‹ bietet.[277] Nach Wortwahl, Satzbau, Versform, Formeln, Bilderwelt und Aufbau der Epigramme läßt sich klar eine Entwicklung des Genus verfolgen, die einerseits z. B. im 4. Jh. durchaus Einflüsse der großen Dichtung, etwa der Tragödie, zu erkennen gibt, die zum anderen aber kaum oder nur sehr allgemein mit entsprechenden Veränderungen der Reliefdarstellungen in Verbindung zu bringen ist. Beispielhaft sei dabei auf einen Topos hingewiesen, der in hellenistischen Epigrammen mehrfach angesprochen wird, das Weiterleben des Verstorbenen im Jenseits, an einem Ort „der Frommen".[278] Der Gedanke ist wohl im Zusammenhang mit anderen Trostgründen zu sehen, gehört zur poetischen Bilderwelt dieser Dichtung und findet in aller Regel in den Darstellungen der Grabreliefs keinerlei Entsprechung, auch nicht in Form irgendwelcher Anspielungen. Um so bezeichnender erscheint eine vereinzelte Ausnahme wie das vor wenigen Jahren in Kyme gefundene Grabrelief des Philomusos (Tf. 32), das wohl aus dem späteren 2. Jh. v. Chr. stammt.[279] In diesem Fall ist in dem ausführlichen und kunstvollen Epigramm der „lichtdurchflutete Raum der Frommen" erwähnt, in dem sich Philomusos bereits aufhält. Vorher ist von seinem Militärdienst die Rede, von der Ephebie, die er nicht einmal vollenden konnte, dazu von den „zahllosen Wettkämpfen", an denen er teilgenommen hatte. Auf letztere weisen im Bild die Siegespalme und der nackte pais,[280] der seit klassischer Zeit immer wieder mit Palästriten verbunden wird, und auch der in der Tasche am Pfeiler aufgehängte Diskus scheint in Ergänzung zum Epigramm auf den Bereich der Palästra, auf Wettkämpfe und entsprechende Leistungen hinzudeuten. Mit der im Epigramm erwähnten Ephebie steht wohl die Lanze in Zusammenhang, die im Hintergrund schräg das Bild-

[277] Berlin 1960, Einführung S 1 ff.

[278] Vgl. z. B. Pfuhl-Möbius Nr. 766.

[279] AA 1979, 58 ff.; nach Auskunft von L. Robert stammt die Stele nicht aus Phokaia, sondern aus Kyme.

[280] Von Atalay und Voutiras AA 1979, 59 als Eros gedeutet.

feld quert, und die zur Ausrüstung der Epheben gehört. Gleiches gilt wohl auch für den Mantel, der, auf der rechten Schulter befestigt, Schulter und Unterkörper bedeckt: Es ist nicht die Manteltracht des Bürgers, und es fehlt auch der in hellenistischer Zeit übliche Chiton unter dem Mantel. Ergeben sich in diesen Einzelheiten bereits manche Entsprechungen zwischen Bild und Epigramm, so ist dies gerade auch im Hinblick auf den „Raum der Frommen" zu prüfen. Denn neben Philomusos kniet eine kleine Figur am Boden, die dank der Schmetterlingsflügel unschwer als Psyche zu deuten ist. Nur sehr selten taucht diese Gestalt in hellenistischen Grabreliefs auf (Tf. 26,2),[281] kein weiteres Mal in einer so eindeutig durch die ausgestreckten Hände bezeichneten, engen Verbindung mit der Hauptperson des Bildes. Gerade dieser Handlungszusammenhang macht es wahrscheinlich, daß Psyche hier nicht die Seele des Verstorbenen selbst meint – was sollte dann die Aktion bedeuten? Vielmehr wird es sich wohl um eine Anspielung auf jene literarisch überlieferte, märchenhaft-mythologische Begebenheit handeln, nach der Psyche, die schöne Königstochter, Eros erst verliert und sich dann abmühen muß, um ihn wiederzugewinnen: So kniet Psyche neben Philomusos, huldigend oder flehend die Hände emporstreckend.[282] Philomusos selbst erinnert mit seinem Figurentypus an heroisch gesteigerte Gestalten (s. Tf. 31, 2),[283] ist damit der bürgerlichen Welt gleichsam entrückt, und diese heroische Sphäre des „lichtdurchfluteten Raumes der Frommen" wird durch die Gegenwart der Psyche präzisiert: Wie einem Eros huldigt Psyche dem verstorbenen Philomusos, dieser ist jetzt gewissermaßen Eros selbst, der im Mär-

[281] Vgl. Pfuhl-Möbius Nr. 429, 1031, 2085; dazu auch Nr. 746; ferner AntK 22, 1979, Tf. 17 und ein weiteres unpubliziertes Relief in Basel.

[282] U. Mandel war so freundlich, auf meine Bitte hin die Stele, speziell die Gestik der Psyche genauer zu betrachten. Demnach „kann man mit Sicherheit sagen, daß sie (sc. die Psyche) nicht an/in das Gewand der stehenden Figur greift und auch keinen Gegenstand gehalten hat; vielmehr scheinen beide Arme einfach ausgestreckt". U. Mandel denkt an einen Klagegestus.

[283] Vgl. z. B. Pfuhl-Möbius Nr. 1430 ff., auch Nr. 1461, dazu den Frankfurter Diadochen: F. Eckstein und H. Beck, Antike Plastik im Liebieghaus (Frankfurt 1973) Abb. 40 ff.

chen unsterblich in seliger Gemeinschaft mit Psyche lebt. – Als gleichsam ergänzende Beschreibung dieser überirdischen Sphäre könnte man noch die Herme auf der anderen Seite des Philomusos verstehen. Denn hier handelt es sich gewiß nicht um die im Epigramm genannte chthonische Herme, vielmehr ist eindeutig ein Satyriskos zu erkennen (Nebris und Lagobolon): Damit klingt zweifellos ein dionysischer Aspekt an, der sich sehr wohl der vorgeschlagenen Deutung im Sinne eines glückseligen Jenseits fügen würde.[284]

Die skizzierte Interpretation der Philomusos-Stele weckt sicherlich Skepsis. Denn sie bedeutet nicht nur eine engere Verbindung von Epigramm und Bild, als sie sonst üblich ist;[285] darüber hinaus muß man sich fragen, ob nicht der Hinweis auf so konkrete Jenseitsvorstellungen mittels bildlicher Elemente (Psyche und Sayriskos) erst eine Möglichkeit späterer Zeit ist, man denke nur an die entsprechenden Bildprogramme römischer Sarkophage. Auf der anderen Seite ist indessen festzuhalten, daß die eindeutige und besonders

[284] Solche und ähnliche Vorstellungen sind bereits für das 4. Jh. v. Chr. bezeugt, vgl. z. B. den Text des Goldbleches aus einer Bronzehydria (bei Pharsalos gefunden): AEphem 1950/51, 80 ff. Doch handelt es sich eben nicht um Aussagen monumentaler Denkmäler. Vgl. in diesem Zusammenhang auch die Aussage bestimmter Themen wie der Amazonomachie auf sepulkral verwendeten Vasen: AntK 14, 1971, 81 ff.

Neue Detailaufnahmen der Philomusos-Stele, die mir liebenswürdigerweise F. Işik zuschickte, lassen trotz der korrodierten Oberfläche daran zweifeln, daß sich hinter dem Kopf des 'Satyriskos' die Lanze des Philomusos geradlinig fortsetzt; vielmehr läßt der geschwungene Umriß vermuten, daß es sich um einen an der Schulter ansetzenden Flügel handelt: Dann müßte es sich um eine Eros-Herme handeln, die mit dionysischen Attributen bedeutungsvoll ausstaffiert ist, – zu einer gleichsam komprimierten Aussage, wie sie freilich nicht einmal im unteritalischen Bereich vergleichbar zu belegen ist (vgl. W.-D. Albert, Darstellungen des Eros in Unteritalien 49 ff.), andererseits unmittelbarer mit der Psyche zu Füßen des Philomusos in Beziehung gesetzt werden kann.

[285] Eine wörtliche Illustration des Epigrammes ist das Bild trotz allem nicht, vgl. z. B. den im Epigramm genannten Köcher.

enge Verbindung von Psyche und Philomusos bislang innerhalb der hellenistischen Grabreliefs singulär ist, und das gleiche gilt für die Satyriskos-Herme. Beide Bildelemente verlangen aber gerade wegen ihrer Ungewöhnlichkeit eine Erklärung, und insofern mag es gerechtfertigt sein, den vorgeschlagenen Weg der Deutung zu befolgen, zumal sich andere schlüssige Möglichkeiten nicht abzeichnen. Auch bleiben einige wenige andere hellenistische Grabreliefs zu bedenken (z. B. Tf. 26,2), deren Bilder gleichfalls nicht im Sinne einer schlichten, diesseitig-vordergründigen ‚Erzählung' zu verstehen sind, bei denen jedoch die Anspielung auf Jenseitsvorstellungen bzw. -hoffnungen nicht ganz so eindeutig ist[286]. Die Philomusos-Stele bleibt insofern ein Einzelfall, der indessen um so schärfer den durch zahllose Grabreliefs belegten ‚Normalfall' beleuchtet, die ‚Diesseitigkeit' der Bilder und die Eigenständigkeit bzw. Unabhängigkeit von Epigramm und Bild.

Werkstatt-Fragen

Nach der Herstellung griechischer Grabreliefs zu fragen, schließt ein, auch konkret die Möglichkeiten von Meistern, Werkstätten und Werkstatt-Traditionen ins Auge zu fassen bzw. zu prüfen. Einen zusätzlichen Anstoß dafür bieten in archaischer Zeit die schon genannten Meistersignaturen attischer Grabmäler, die zu einem solchen Unternehmen geradezu herausfordern. Die Wiederkehr gleicher Signaturen an mehreren Werken, gelegentlich sogar an verschiedenen Orten, sowie die literarische Erwähnung einzelner Namen lassen keinen Zweifel daran, daß wir es hier mit herausragenden Persönlichkeiten zu tun haben. Von daher liegt der Gedanke nahe, die signierten Werke als Ausgangspunkt zu nehmen, um andere un-

[286] Vgl. Pfuhl-Möbius Nr. 429 (Spiegel in Psyches Händen), 746 (Schmetterling an der großen Traube); Délos 30, Nr. 58 (dionysische Laube). Eventuelle, vereinzelte Ansätze in dieser Richtung stehen in der Klassik nicht mit dem Bild des Verstorbenen im Zusammenhang: Vgl. z. B. JHS 36, 1916, 70 Abb. 3.

signierte anzureihen, sie alle chronologisch zu ordnen, das Oeuvre eines Meisters in seiner Entwicklung zu verfolgen und mögliche Beziehungen zu anderen Werken aufzudecken.[287] Auf der anderen Seite zwingt die Fülle der klassischen Grabmäler Attikas trotz fehlender Meistersignaturen zur Annahme entsprechender Werkstätten, in denen Meister zwangsläufig zu vermuten sind, und zugleich bietet sie eine ausreichende Grundlage, um durch Vergleiche jeweils ähnliche Grabreliefs zusammenzuschließen, sei es zu einem Oeuvre, das man einem einzelnen Bildhauer zuweisen möchte, sei es zu einer Gruppe, die an eine Werkstatt mit mehreren, nebeneinander arbeitenden Handwerkern denken läßt.

So verwundert es nicht, daß entsprechende Versuche längst unternommen wurden, wenn auch meist nur beiläufig und in aller Regel auf zwei oder drei Einzelwerke beschränkt. Für die archaische Zeit erweist sich trotz des plausiblen Ansatzes der geringe Denkmälerbestand als gravierendes Hindernis: Gerade signierte Werke sind ausgesprochen selten, und mehrfach ist der beschriftete Teil, etwa die Basis, der allein erhaltene Rest des Denkmals.[288] Zuweisungen unsignierter Werke, auch nichtsepulkraler, führen zwar weiter, doch bleiben sie fast immer umstritten, da die Würdigung der ‚Handschrift' und des Zeitstiles stets von subjektivem Ermessen abhängen. Für die klassischen Grabreliefs hat A. Kaltenhäuser bereits vor 40 Jahren auf die Schwierigkeiten hingewiesen, die sich bei Anwendung der in der Vasenforschung so erfolgreichen Morellischen Methode ergeben.[289] Nach ihrer Meinung bringt es das in aller Regel handwerkliche Niveau der Grabreliefs mit sich, daß Einzelmotive, die man im Sinne Morellis als handschriftliche Merkmale verstehen könnte, bei sorgfältiger Umschau sich immer wieder als übernommen herausstellen, sich als Nachahmung eines einzelnen Details zu erkennen geben, wogegen die Reliefs ansonsten sehr unterschiedlich erscheinen und „nicht gut von der gleichen Hand sein können"[290].

287 Vgl. zuletzt zu solchen Fragen Ridgway 283 ff.

288 Vgl. W. Deyhle, AM 84, 1969, 1 ff.

289 A. Kaltenhäuser, Handwerkliche Gestaltung im attischen Grabrelief des 5. und 4. Jh. (Erlangen 1938).

290 a. O. 39.

So stehen auch bei ihr die Betrachtung und stilistische Würdigung einzelner Typen und Motive im Vordergrund, und nur beiläufig ergeben sich Zuweisungen einzelner, meist zeitlich eng benachbarter Werke an einen Meister oder an eine Werkstatt. Verbindungen über größere Zeitabstände hinweg, wie etwa im Fall des Mnesistrate-Reliefs,[291] bleiben indessen ausgesprochen zweifelhaft.

Auch der bislang einzige systematische Versuch von J. Frel führt im Resultat nicht recht weiter[292]. Denn fast regelmäßig sind es nur 2, 3 oder 4 Grabreliefs, oft nur Fragmente, die er gelegentlich mit Weihreliefs verbunden in Listen zusammenstellt, und stets liegen sie zeitlich nicht weit auseinander. Gerade die von der Vasenforschung aufgezeigte Möglichkeit, das Werk eines Meisters über längere Zeit hin in seinem sichtbaren Wandel zu verfolgen, kommt in Frels Arbeit nicht zum Tragen. Mein eigener Versuch, innerhalb einer bestimmten Gattung, nämlich den Marmorlekythen, eine solche Tradition an einzelnen Beispielen aufzuzeigen, leidet daran, daß angesichts der Zeitabstände die verbundenen Denkmäler eine zu geringe Zahl ausmachen: So stellen sich berechtigte Zweifel ein, von einer Werkstatt, von einem ‚Meister' zu sprechen. Andere Grabmalformen wie Lutrophoren, auch Weihreliefs wären zu berücksichtigen.[293]

Die Schwierigkeiten, innerhalb der klassischen Grabreliefs die Handschrift eines Meisters oder die Gemeinsamkeiten einer Werkstatt überzeugend herauszuarbeiten, scheinen indessen nicht allein am Unvermögen des modernen Betrachters zu liegen. Es fällt nämlich auf, daß gerade solche Grabreliefs, die immer wieder zu Recht

[291] Conze Nr. 1087; Diepolder Tf. 43,1; Kaltenhäuser a. O. 27f.

[292] Les Sculpteurs Attiques Anonymes 430–300 (Prag 1969). Dazu vgl. J. Frel und B. M. Kingsley, GrRomByzSt 11, 1970, 197ff., und J. Frel, ADelt 25, 1970 A 1 ff. Kaum mehr nachvollziehbar ist das Unterfangen, auch Tiere wie Grablöwen bestimmten Meistern wie dem Ilissos-M. zuzuschreiben: Frel a. O. 42.

[293] Zu erwähnen ist der jüngste derartige Versuch von Ch. Dehl, AM 96, 1981, 163ff., die von einer Gruppe besonderer Denkmäler ausgeht und überzeugend Eigenheiten herausstellt. Freilich bleibt auch dieser Ansatz beschränkt.

als Meisterwerke herausgestellt werden, meist isoliert bleiben. Das Relief der Hegeso ist dafür ein typisches Beispiel, auch an den Aristonautes oder den Alexos könnte man erinnern.[294] An der überdurchschnittlichen, eben meisterhaften Qualität dieser Grabreliefs ist nicht zu zweifeln, und doch ließen sich bislang keine weiteren Grabreliefs der gleichen Hand schlüssig zuweisen. Ein Zufall der Überlieferung, des erhaltenen Denkmälerbestandes wird es wohl kaum sein, da es zu viele solcher isolierter Meisterwerke gibt. Andererseits ist zu erwähnen, daß manche Verbindungen gerade aufgrund einzelner Teile oder Details überzeugen, beispielsweise aufgrund sehr ähnlicher Köpfe. Dies gilt etwa für die Grabreliefs der Ampharete und des Agetor[295], für den Alten des Ilissos-Reliefs und entsprechende Köpfe in Florenz und im Piräus-Museum,[296] schließlich für die beiden Frauenstelen in Athen NM 726 und 3790 (Philonoe) sowie für den Kopf einer wohl ganz ähnlichen, dienenden Frau NM 2582.[297] Gerade im Fall der zuletzt genannten Reliefs (NM 726 und 3790) sind aber, abgesehen von den Köpfen der Stehenden, die Entsprechungen oder Ähnlichkeiten ansonsten durchaus nicht so offensichtlich und handgreiflich, daß sich die gleiche Handschrift gewissermaßen Falte für Falte ablesen ließe. Sicher ist zuzugestehen, daß im Fall der Gewänder, in ihrem Verhältnis zum Körper und in ihrem stofflichen Eigenwert die Verbindung plausibel erscheint, wobei dann eben auch die zeitliche Abfolge NM 3790 – NM 726 zu berücksichtigen ist. Doch bleibt zu fragen, ob man ohne die erhaltenen Köpfe der Stehenden an eine gemeinsame Herkunft gedacht

[294] Hegeso: NM 3624, vgl. Dohrn 137ff.; Frel a. O. 12f. Aristonautes und Alexos (Diepolder Tf. 50 und 53) sind von Frel nicht erfaßt. Vgl. auch die Bemerkungen von Frel-Kingsley a. O. 217f. zur Mnesarete (Diepolder Tf. 27) oder die Ausführungen von Chr. Karusos MüJb 20, 1969, 13ff. Zum Alexos vgl. jetzt AM 96, 1981, 179ff.

[295] AM 59, 1934, Tf. 5 – Diepolder Tf. 35,2: Frel a. O. 10.

[296] Himmelmann Abb. 18ff. – JdI 42, 1927, 66 – Conze Nr. 1287: Frel a. O. 41.

[297] Diepolder Tf. 26 – P. de Jong, Griekse Grafreliefs Abb. 89: Frel a. O. 33.

hätte.[298] In diesem Zusammenhang sei z. B. auch an zwei oft genannte Stelen erinnert, an die ‚Katzenstele' (NM 715) und das Grabrelief der Phainarete (NM 724) (Tf. 11,2).[299] So wenig im letzteren Fall von der stehenden Frau erhalten ist, so läßt gerade dieser Rest, vor allem die Haarpartie, an den pais der ‚Katzenstele' denken: Bei beiden ist die dicke Haarkalotte über der Stirn gescheitelt, die Strähnen fallen nach vorne und gabeln sich über der Stirnmitte, und bei beiden sind diese Strähnen wie in einer Schnitz- oder Linolschnitt-Technik ausgeführt, d. h. scharfkantig sind V-förmige Furchen ausgehoben und lassen entsprechende Stege stehen. Feine Unterschiede sollen dabei durchaus nicht übergangen werden, doch ließen sie sich zwanglos durch einen geringen zeitlichen Abstand erklären. Faßt man dann aber die beiden Hauptpersonen ins Auge, vor allem auch die Behandlung des Gewandes, dann fehlt offenkundig jeglicher Anhalt für eine Verbindung beider Grabreliefs.[300]

Es bleibt ein weiterer Gesichtspunkt zu bedenken. Gerade im späteren 5. Jh. und im früheren 4. Jh. ist immer wieder zu belegen, wie eng die Verbindungen zwischen monumentalen Grabreliefs und bescheideneren Denkmälern wie Lutrophoren, Lekythen und Bildfeldstelen sind. Dies gilt für ganze Figurentypen wie für einzelne Gewandmotive. Dennoch ist aufgrund des übrigen Zusammenhanges meist deutlich, daß es sich nicht um Werke der gleichen Hand handelt. Auch Qualitätsunterschiede erlauben hier oft ein klares Urteil. Sollten demnach vielleicht Erzeugnisse einer Werkstatt vorliegen, in einem Fall das Werk des Meisters, im anderen das des Gesellen? Oder liegt vielmehr nur eine typologische bzw. motivische Verwandtschaft vor, vielleicht erklärbar durch ein gemeinsames, plastisches Vorbild, vielleicht aber auch durch Hilfsmittel wie ‚Musterbücher' zu deuten? Es wäre dann eine Verwandtschaft, die keinerlei Schluß über irgendwelche Werkstattverhältnisse zuließe. –

[298] Vgl. im übrigen auch E. Tsirivakos, ADelt 29, 1974 A 88 ff.

[299] Diepolder Tf. 6 und Tf. 17. Zur Phainarete vgl. Frel-Kingsley a. O. 203 f.

[300] Ähnlich punktuell die Verwandtschaft der Stele Aegina 2222 zur Ampharete.

Im Fall der genannten Frauenstelen im Athener Nationalmuseum ist sogar noch eine weitere Erklärung zu erwägen. Denn hier handelt es sich um Köpfe dienender Frauen (zumindest bei NM 3790 und 726, vielleicht auch bei NM 2582), deren Frisur eindeutig unterschieden ist von der ,Kranzfrisur' der Sitzenden. Mag man die kurzgeschnittenen Haare auf den sozialen Stand beziehen oder auf Bräuche der trauernden Hinterbliebenen – in beiden Fällen ist mit dem Kopftypus eine inhaltliche Aussage verknüpft, die mit zur Ähnlichkeit der Köpfe beigetragen haben kann. Das bedeutet aber, daß nicht nur ein weit verbreitetes Repertoire von Formeln enge Entsprechungen in Typus und Einzelmotiv mit sich bringen konnte, vielmehr kann ebenso die inhaltliche Aussage ,trauernde Dienerin', ,hinterbliebener, alter Vater' etc. dazu geführt haben, für Köpfe oder ganze Figuren (Haltung!) bestimmten vorbildlichen Mustern mehr oder weniger eng zu folgen, ohne daß dies z. B. eine Werkstattgemeinschaft bedeuten muß.

Schließlich verdient hier noch ein Sachverhalt Aufmerksamkeit. An den Marmorlekythen läßt sich beobachten, wie im Laufe des 4. Jh. in Bild- und Figurentypen sowie in Einzelmotiven der Zusammenhang mit den großen Grabreliefs lockerer wird und mehr oder weniger schwindet.[301] Gleiches scheint auch für die Marmorlutrophoren zu gelten, weniger eindeutig für Bildfeldstelen. Der Gedanke liegt nahe, daß sich die Traditionen der verschiedenen Gattungen verselbständigten: ,Spezialisten' nahmen sich der großen Denkmäler an, andere sorgten für die bescheidenen. Doch bleibt ebenso denkbar, daß es auch schon im 5. Jh. eigene Werkstätten für Marmorlekythen, Naiskosstelen oder Palmettenstelen gab, die wie auch später sicherlich nebeneinander im gleichen Viertel der ,marmarades' arbeiteten. Dies würde freilich bedeuten, daß die Ähnlichkeiten zwischen kleineren und großen Denkmälern in dieser frühen Zeit im Einzelfall nicht auf gemeinsamer Herkunft aus gleicher Werkstatt beruhen müssen, sondern auf einen verbindlichen Formenkanon zurückgehen können, der im Laufe des 4. Jh. an Gültigkeit verlor.

[301] Schmaltz 57 f.

Versucht man die Resultate bisheriger Bemühungen sowie die skizzierten Beobachtungen und Überlegungen zusammenzufassen, so bleibt ein im Grunde recht negatives Ergebnis festzuhalten. So sicher es angesichts der Fülle der Denkmäler Werkstätten gegeben haben muß, die ihre Fertigkeiten pflegten und vermutlich innerhalb der Familie tradierten, wie es von einzelnen herausragenden Bildhauerfamilien überliefert ist,[302] so wenig ist dies für uns an den Grabdenkmälern des klassischen Attika schlüssig zu belegen. Einzelfälle enger, ‚handschriftlicher' Verwandschaft dürfen nicht darüber hinwegtäuschen, daß gerade eine Tradition, eine im Stilwandel erkennbare Formkontinuität einer Werkstatt, einer Bildhauerfamilie oder nur eines Meisters an den Denkmälern nicht abzulesen ist. Immer wieder ist mit der Möglichkeit einer formelhaften, d. h. übertragbaren und weit verbreiteten Prägung zu rechnen.

Dieses für Werkstattfragen negative Ergebnis erlaubt indessen, noch zu einem Aspekt der Meisterfragen Stellung zu nehmen, der in der bisherigen Literatur mehrfach als zweifelsfrei angesprochen ist. Ausgangspunkt bildet eine Pausanias-Notiz (I 2,3), der zufolge im Kerameikos ein Grabmal stand, das Praxiteles gearbeitet habe, ein Soldat neben einem Pferd stehend. Entsprechend deutete man an erhaltenen Denkmälern z. B. skopasische Stilmerkmale so, daß diese Grabmäler eben aus dem Umkreis, aus der Werkstatt des großen Meisters kämen.[303] Indessen ist zu bedenken, daß Pausanias nach seinem eigenen Eingeständnis nicht weiß, ob Praxiteles das Pferd oder den Soldaten gearbeitet habe. Ferner ist daran zu erinnern, daß unter den klassischen Grabmälern Attikas bislang kein einziges Beispiel mit einer Signatur des Verfertigers nachgewiesen ist[304], und daß die nach Pausanias zu vermutende vollplastische Form des epithema gleichfalls bisher ohne Parallele unter den bekannten Denkmälern wäre. Mag man diese letzte Schwierigkeit mit der Annahme umgehen, daß die vollplastischen Figuren in einem entsprechend tiefen Naiskos standen, wie es durch das Monument von Kallithea und

[302] Vgl. A. Burford, Craftsmen in Greek and Roman Society (1972) 82 ff.
[303] Vgl. z. B. Collignon 141 f.; so auch Karusos, MüJb 20, 1969, 14.
[304] IG II/III^2 7296: die sepulkrale Funktion dort bereits angezweifelt.

eines in Rhamnus gesichert ist,[305] so bleibt die Frage der Signatur. Die Regel der vielen Grabmäler klassischer Zeit spricht dagegen, daß jenes von Pausanias erwähnte Monument überhaupt eine Meistersignatur trug, und damit könnte zusammenhängen, daß Pausanias selbst über den Anteil des Praxiteles an diesem Werk Zweifel hatte. Denkbar wäre immerhin, daß der Stil des Grabmals lediglich ‚praxitelisch' war, und daß daher Pausanias den großen Namen nur vom Hörensagen her mit dem Monument verband.[306]

Die Frage läßt sich noch von einer anderen Seite her ins Auge fassen. Die geschilderten Schwierigkeiten, einzelne Grabreliefwerkstätten aus dem Denkmälerbestand herauszuarbeiten, und die offensichtlich weit verbreiteten Formeln, Motive und Typen legen die Vermutung nahe, daß es sich bei den qualitätvollen Verfertigern klassischer Grabmäler vor allem um Bildhauer eines hohen handwerklichen Niveaus handelte, die mit Geschick das Formengut der Zeit übernahmen bzw. handhabten und es auch variierten. Inwieweit große Meister wie Skopas oder Praxiteles in dies Metier fest etablierter Werkstätten sepulkraler Kunst eingriffen, muß selbst für Einzelfälle fraglich bleiben.[307] Sowenig sich Ausnahmen definitiv ausschließen lassen, sosehr ist auf der anderen Seite damit zu rechnen, daß geschickte Bildhauer jener Grabreliefwerkstätten von berühmten Meisterwerken ihrer großen Zeitgenossen beeindruckt und vielleicht beeinflußt waren. Skopasische oder praxitelische Formen mögen so hin und wieder Eingang in die Sepulkralkunst gefunden haben – ohne daß dies gleich eine unmittelbare Werkstattverbindung bedeuten muß, geschweige denn eine Meisterverbindung.

In diesem Zusammenhang sei an hellenistische Grabreliefs erinnert, deren Figuren mehrfach den Einfluß großer Vorbilder verraten, teils in erstaunlich getreuen ‚Kopien', teils in nur andeutenden

305 AAA 4, 1971, 108ff.; Prakt. 1975, 20ff. und 1976, 23ff.

306 Im Falle des sepulkralen Nikias-Gemäldes spricht Pausanias VII 22,6 nur von der *techne* des Nikias!

307 Dies ist auch von seiten der großen Meister her zu fragen, von ihrer gesellschaftlichen Stellung her, von ihrem Selbstverständnis – vgl. dazu zuletzt H. Lauter, AA 1980, 525ff.

Variationen. Bekanntes Beispiel ist die frühhellenistische Tyche von Antiochia, die seit dem späten 2. Jh. v. Chr. gleich etliche Male auf Grabreliefs ‚zitiert' wird, vor allem im Bereich der Kykladen, einmal auch auf einem Totenmahlrelief, das vielleicht aus Smyrna stammt.[308] Ähnlich häufig ist – wieder auf den Inseln – der Typus einer lässig sitzenden Frau mit Dienerin belegt (Tf. 29,1), vereinzelt sogar in spiegelbildlicher Umkehrung.[309] Das Besondere dieses Bildes liegt zum einen in der Dienerin, die in einer kunstvoll geschraubten Bewegung weitgehend von hinten gesehen ist,[310] zum anderen in der Hauptfigur: Die Frau ist nicht wie sonst üblich in Chiton und Mantel gehüllt und ‚eingepackt', vielmehr ist der Mantel herabgeglitten, der eng anliegende Chiton läßt den Körper in Erscheinung treten, die hohe Gürtung und die entblößten Arme fallen in die Augen. Hinzu kommt die merkwürdige Sitzgelegenheit, die sich auf gut erhaltenen und gut gearbeiteten Reliefs als Kopfteil einer Kline zu erkennen gibt. Diese, die Stellung der Frau und die Verbindung mit der Dienerin lassen ein gemeinsames Vorbild der Flächenkunst vermuten, vielleicht ein berühmtes Gemälde, das womöglich einer Heroine des Mythos galt. Für eine Heroine mag es angemessen gewesen sein, sich so lässig auf einer Kline zu lagern. Gerade diese Gruppe von Reliefs, aber auch die mit dem Tyche-Zitat lassen an eine jeweils gemeinsame Werkstatt auf einer der Inseln, vielleicht Paros, denken, wo der Bildtypus eben beliebt war und gepflegt wurde. Doch wie bei der ersten Gruppe das in Smyrna gekaufte Totenmahl Zweifel weckt, so gilt dies noch mehr für die lässig sitzende Schöne. Denn das mit Abstand qualitätvollste Exemplar dieser Grabreliefs stammt aus Ephesos, es scheint in seiner Lebendigkeit am getreuesten das freilich unbekannte Vorbild wiederzugeben.[311] Es der gleichen kykladischen Werkstatt zuschreiben zu wollen wie die ande-

[308] T. Dohrn, Die Tyche von Antiochia (1960) 45. BCH 98, 1974, 427ff. Nr. 18ff., 31, 33, 36. Pfuhl-Möbius Nr. 1840.

[309] Vgl. Délos 30, Nr. 147ff.; BCH 98, 1974, 425ff. Nr. 15ff., 34.

[310] Zu ihr vgl. das Fackeln tragende Mädchen des Telephosfrieses: AvP III 2, Tf. 32,2.

[311] Pfuhl-Möbius Nr. 974.

ren, wird abgesehen vom Bildtypus durch keine ‚handschriftlichen' Indizien bündig belegt. Der Bildtypus aber kann ebensogut durch Musterbücher oder andere Medien Verbreitung gefunden haben.

Noch deutlicher erscheint der Sachverhalt bei zwei ‚Zitaten' von Porträtstatuen des frühen Hellenismus. Zwei Grabmäler aus Kyzikos,[312] von denen das eine schon wegen des Stelentypus in dieser Landschaft gearbeitet worden sein muß (Tf. 23), geben leicht verändert, aber unverkennbar die Statue des Demosthenes wieder. Im anderen Fall ist es die Figur des Aischines, die erstaunlich getreu ‚kopiert' ist. Das eine Relief stammt sehr wahrscheinlich aus Smyrna.[313] Bei beiden ‚Zitaten' handelt es sich nicht um Reflexe zeitgenössischer Vorbilder, sondern um relativ vereinzelte Rückgriffe einer beträchtlich späteren Zeit auf Werke, die im fernen Athen standen. Über Anlaß und Grund dieser so merkwürdigen Rückbesinnung lassen sich nur Vermutungen anstellen. Wichtiger ist in unserem Zusammenhang, daß ohne Zweifel gelegentlich auch erheblich ältere Figurentypen in recht sorgfältigen Wiederholungen Verbreitung fanden, sei es durch regelrechte Musterbücher oder durch andere Bildträger, die ihrerseits konkrete Funktionen erfüllten.[314]

Zwei weitere Beispiel seien noch kurz genannt, weil sich für sie innerhalb des Hellenismus eine reichere Tradition nachweisen läßt. Dies gilt für den Typus der Muse mit der kleinen Kithara, die wohl auf eine Schöpfung des Philiskos aus der Mitte des 2. Jh. v. Chr. zurückgeht[315]. Bekannt ist der Typus – abgesehen von Kopien römischer Zeit – vor allem durch das Relief des Archelaos von Priene sowie durch die Musenbasis aus Halikarnass, beides Werke aus dem letzten Drittel des 2. Jh. v. Chr. Besonderes Interesse verdienen ge-

[312] Pfuhl-Möbius Nr. 111 und 1008.

[313] Pfuhl-Möbius Nr. 341 und 535; dazu vgl. die an den Sophokles/Lateran erinnernde Variante Nr. 646. Im übrigen vgl. auch Samos XII 27f. zu Nr. 33.

[314] In diesem Zusammenhang sei an das Schalenemblem mit dem Demosthenes-Porträt erinnert (Richter, Portraits of the Greeks II 221a), das eine hochhellenistische und doch erstaunlich getreue Wiederholung bietet.

[315] Dazu vgl. D. Pinkwart, Das Relief des Archelaos von Priene und die „Musen des Philiskos" (1965); diess., AntPl IV 55ff. und VI 89ff.

rade insofern drei qualitätvolle Grabreliefs, eines aus Pergamon, das andere wohl aus Smyrna und das dritte wohl eher aus einer weiter südlich gelegenen Landschaft.[316] Dies letzte gibt den Typus recht genau wieder, die beiden anderen variieren mehr oder weniger offensichtlich in Anlehnung an andere Frauenfiguren der Zeit. Vor allem die beiden Frauenstelen müssen älter sein als die beiden Musenvereine in London, dürften ihrem Stil nach der Zeit des vermutlichen Vorbildes recht nahe stehen und sind deshalb wohl als ungefähr zeitgenössische Reflexe des vollplastischen Originales anzusprechen.[317] Sie bezeugen damit eine lebendige Tradition, die den vorgegebenen Typus nicht nur motivisch variiert je nach der Verwendung, sondern ihn auch stilistisch dem Zeitgeschmack entsprechend prägt. An ‚Musterbücher' wird man in einem solchen Fall kaum mehr denken, vielmehr an Verbreitung durch zeitgemäße und beliebte Medien, beispielsweise Terrakotten.

Noch weiter ist die Tradition im Fall eines Manteljünglings zu verfolgen, dessen Typus man nach einer lebensgroßen Bronze aus Hierapetra/Kreta benennen mag.[318] Zwei römische Kopien bezeugen, daß der Typus im späten Hellenismus beliebt gewesen sein muß, und dies dokumentieren gerade auch die Grabreliefs in aller Deutlichkeit. Dabei bieten sie dank der stilistischen Unterschiede die Möglichkeit, den Typus bis in den hohen Hellenismus, wohl bis an den Anfang des 2. Jh. zurückzuverfolgen,[319] und von hier aus erscheint der Abstand zu erhaltenen frühhellenistischen bzw. spätklassischen Vertretern nicht mehr so gravierend, daß eine Tradition auszuschließen wäre. Die fehlenden Bindeglieder der Reihe aus dem

316 Pfuhl-Möbius Nr. 1477 (teilweise Umkehrung des Motives), Nr. 382 und Baltimore, Walters Art Gall. Ann. Report 1980, 41 (Inv. Nr. 23.230). Für die Datierung der beiden Frauenstelen wichtig auch die jeweilige Dienerin! Für die landschaftliche Einordnung der Stele in Baltimore gibt das schöne Fußprofil einen Hinweis (vgl. Beispiele von Rhodos und den Kykladen).

317 Vgl. z. B. Platten des Telephosfrieses: AvP III 2, Tf. 31,7 und 32,2.

318 E. G. Raftopoulou, L'enfant d'Hierapétra (1975) mit Hinweis auf Kopien und frühhellenistische Vertreter des Typus (S. 6f.).

319 Vgl. die Reihe der Reliefs Pfuhl-Möbius Nr. 114, 540, 115, 342.

3. Jh. mögen vielleicht einer empfindlicheren, vergänglicheren Gattung angehört haben. Wird in diesem Punkt auch eine gewisse Unklarheit bestehen bleiben, so ist doch unzweifelhaft, daß der Typus Hierapetra über Generationen hin tradiert wurde, und zwar gerade auch innerhalb der Grabreliefs. Wie zahlreiche andere Figurentypen – man denke nur an die verschiedenen Fassungen des Pudicitia-Motivs – gehörte er offensichtlich zum lebendigen Repertoire der hellenistischen Kunstproduktion, wurde ‚zitiert' und dabei verändert, wie es der jeweilige Zeitgeschmack wünschte. An Musterbücher wird man hier auch entfernt kaum mehr denken, aber ebensowenig an Herkunft aus einer Werkstatt. Nicht viel anders wird es sich auch mit den klassischen Grabreliefs Attikas verhalten, die ebenso formelhaft gebunden sind. Die Frage nach unterschiedlichen Werkstätten geht, so hat man den Eindruck, zumindest bis zu einem gewissen Grade ins Leere, obwohl es Werkstätten im Sinne von Produktionsstätten natürlich gab.

Schließlich mag eine letzte Gruppe hellenistischer Grabreliefs verdeutlichen, wie selbst innerhalb enger landschaftlicher Grenzen die Frage nach Werkstätten nur wenig weiterführt. Eigentümlichkeiten smyrnäischer Grabreliefs wie Ehrenkränze über den Darstellungen und das Podium, auf dem zwischen korinthischen Säulen die Figuren stehen, ermöglichen auch für Fragmente und verschleppte Stelen eine recht sichere Zuweisung. Hinzu kommt in einem Fall ein bestimmter Figurentypus, der meist mit Fackel, Mohnkapsel und Ähren verbunden an Demeterpriesterinnen denken läßt (s. Tf. 25 f.).[320] Von daher liegt es nahe, alle diese Grabreliefs auf ein gemeinsames Vorbild zurückzuführen, auf eine Demeter-Statue oder vielleicht eher auf eine Ehrenstatue eine Demeter-Priesterin, und dies Vorbild möchte man natürlich in Smyrna lokalisieren. Dann aber bietet sich gleichsam als Folgerung an, diese Reliefs auch handwerklich zu verbinden, d. h. auf eine oder einige wenige Werkstätten zu beziehen. Doch lehrt die Betrachtung, daß zwar für einzelne Grabreliefs ein solcher Zusammenhang wahrscheinlich ist,

[320] Pfuhl-Möbius Nr. 405 ff., 530, 855, 872. Dazu Nr. 524 ohne Attribute. Zur Deutung vgl. bereits O. Walter, ÖJh 21/22, 1922–24, Beibl. 248 f.

insgesamt aber die Unterschiede im Stil zu groß sind, als daß sich mehrere Reliefs über längere Zeit hin mit Zuversicht und greifbaren Anhaltspunkten einer Werkstatt zuweisen ließen. Hinzu kommt, daß gerade für den ältesten Vertreter dieses Figurentypus (Tf. 25,1) die nächste statuarische Entsprechung aus Pergamon stammt, dazu aus einem anderen ikonographischen Kontext: Es ist die Tragodia in Berlin.[321] Als Ausweg mag man erwägen, die pergamenische Figur auf das gleiche Vorbild zurückzuführen wie die Priesterin des wenig älteren Grabreliefs. Doch bleibt festzuhalten, daß offenkundige und enge Beziehungen die beiden Zentren Smyrna und Pergamon verbanden, entweder im Sinne einer konkreten Zusammenarbeit zweier Werkstätten oder im Sinne einer Koine der Typen- und Motivwahl wie der Formensprache. In beiden Fällen wird es schwierig, einzelne Werkstätten zu isolieren.

Freilich ist zu bedenken, daß das älteste erhaltene Grabrelief einer smyrnäischen Demeter-Priesterin einen anderen Gewandtypus zeigt (Tf. 24,2):[322] Er erinnert eher an die ,Juno Cesi', findet gar eine noch engere motivische Entsprechung in einer Frauenstatue aus dem Artemis-Heiligtum in Thasos.[323] Damit wird der Sachverhalt zweifellos komplizierter, die ins Auge gefaßte Lokalisierung des vermuteten Vorbildes, das der folgenden Reihe von Demeter-Priesterinnen sowie der Tragodia von Pergamon zugrunde gelegen haben mag, wird fraglich. Doch zeigt sich auf der anderen Seite dadurch nur um so deutlicher die Verflechtung der Beziehungen, die Kunstzentren

[321] AvP VII Tf. 14. Den Zusammenhang sah bereits R. Horn, Stehende weibliche Gewandstatuen 51. Die Reihe Pfuhl-Möbius Nr. 530, 855, 405, 872, 406, 407 und 524 zeigt klare Veränderungen in Proportionierung und Gewandstil; fraglich sind die Figuren Nr. 409 f., die trotz Handwerklichkeit mit den späten Vertretern der Reihe unvereinbar sind. Eher mag man an Ptolemäerkannen erinnern: z. B. D. Burr Thompson, Ptolemaic Oinochoai and Portraits in Faience (1973) Tf. 16. Vgl. auch A. Linfert, Kunstzentren hellenistischer Zeit 107.

[322] Pfuhl-Möbius Nr. 529.

[323] Vgl. A. Linfert a. O. Abb. 251 und 291 ff. Zur Datierung vgl. D. Pinkwart, Gnomon 52, 1980, 47 f. – doch steht sicher ein älteres Vorbild dahinter.

und Landschaften der Zeit verband. Gelegentlich mag man gar erwägen, ob solche Gewandfiguren nicht so etwas wie „Modeerscheinungen“ sind, denen nicht einmal „ein freiplastisches Urbild“ im Sinne eines prägenden Vorbildes vorgegeben war.[324]

Bestellung, Kauf und Kosten

Im Zusammenhang mit Werkstattfragen sei auch ein Aspekt berücksichtigt, der scheinbar nur äußerlicher Art ist und auf den Hergang der Grabreliefproduktion zielt. Gelegentliche und dann meist beiläufige Äußerungen der modernen Literatur deuten an, daß Grabreliefs auf Bestellung gearbeitet worden seien, oder daß sie umgekehrt quasi auf Lager produziert zum Verkauf standen.[325] Diese zweite Vorstellung geht wohl vor allem von der Gleichförmigkeit der Bilder, der Typik und Formelhaftigkeit aus, gelegentlich aber auch von Einzelheiten der Oberflächenbearbeitung, die auf eine vom Käufer gewünschte Korrektur zu deuten scheinen. Die erste Annahme stellt dagegen wohl mehr den Aufwand in Rechnung, den zumal große Denkmäler klassischer Zeit erforderten: Das Risiko der Unverkäuflichkeit wird man in solchen Fällen sicher nicht eingegangen sein. Hinzu kommt, daß bei aller Typik gerade auch im Motivischen der Gruppierung, Gesten und Requisiten immer wieder Unterschiede zu erkennen sind, die konkrete Bestellung vermuten lassen.

Eine Entscheidung der Frage ermöglichen, wie es scheint, Indizien, die gerade an bescheidenen Gattungen zu gewinnen sind. An Marmorlekythen, aber auch gelegentlich an Lutrophoren läßt sich beobachten, daß der Grund des Bildfeldes oft rauher gelassen ist als

[324] Linfert a. O. 153, der die Situation insgesamt freilich anders beurteilt.

[325] „auf Vorrat gearbeitet“ – so B. Schweitzer, Studien zur Entstehung des Porträts bei den Griechen, Kunst der Antike 133. Vgl. ferner Dohrn 188; S. Adam, Technique of Greek Sculpture (1966) 108. Beide Autoren rechnen mit beiden Möglichkeiten. Vgl. auch D. C. Kurtz/J. Boardman, Greek Burial Customs (1971) 137; für die hellenistische Zeit vgl. R. Horn, Samos XII 51 f.

die sorgfältig geglättete Oberfläche des gewölbten ‚Gefäßleibes' ringsum. Oder es zeichnet sich um die Figurengruppe in geringem Abstand der Umriß eines Rechtecks ab, der genau die Bodenleiste miteinbezieht, oft auch gerade noch die Inschriften über den Köpfen der Figuren. Der Sachverhalt läßt kaum einen Zweifel: Die ‚Gefäße' wurden fertig ausgearbeitet, die Oberfläche auch geglättet, und nur dort, wo das Bildfeld ausgearbeitet werden sollte, blieb eine flache Bosse stehen[326]. Diese wurde dann offensichtlich auf Bestellung hin für die figürliche Szene genutzt, die mit dem Meißel rasch ausgeführt wurde, meist ohne die Bosse sorgfältig zu beseitigen und den Grund zu glätten wie bei der umgebenden Oberfläche. Die Häufigkeit solcher Fälle läßt als Regel für solche bescheideneren Denkmäler wie Lekythen und Lutrophoren vermuten, daß sie weitgehend vorbereitet zur Wahl standen, daß dann aber das Bildfeld erst ad hoc auf Bestellung hin angelegt und ausgearbeitet wurde. Das bedeutet, daß die Bilder dieser Denkmäler trotz aller Typik doch als recht konkrete, in gewisser Weise individuelle Aussage angesehen wurden, die der Käufer mitbestimmen konnte. Seine familiären Verhältnisse sollten auf Wunsch durchaus berücksichtigt werden.

Geht man von diesen bescheidenen Denkmälern aus, dann kann kein Zweifel sein, daß auch die größeren Monumente, vor allem die Naiskosstelen erst auf Bestellung hin ausgearbeitet wurden. Die Stelenarchitektur wird sicherlich vorbereitet gewesen sein, so daß sich der Käufer hinsichtlich Größe und Typus ein Bild machen konnte und die Wahl ihm leichter fiel. Doch das eigentliche Bildfeld war sicherlich wie bei den Marmorlekythen in Bosse stehengelassen, um die Figuren nach Zahl, Geschlecht und Komposition entsprechend den Wünschen der Hinterbliebenen zu gestalten, soweit diese im Rahmen der zeitgemäßen Normen besondere Vorstellungen hatten. Die gewissermaßen persönliche Aussage dieser Bilder ist also gerade aufgrund des Werkvorganges zu erschließen, ist als Anspruch bei der Würdigung der Denkmäler voll und ganz zu berücksichtigen – auch wenn Zusätze und Veränderungen im Bereich der Inschriften gelegentlich auf eine fast sekundäre Bedeutung der Darstellungen

[326] Vgl. die entsprechend unfertigen Lekythen Conze Nr. 1710ff.

weisen oder auf ihre idealtypische, anonyme Aussage (vgl. die Kallistrate).

Die angesprochenen Fragen zur Herstellung griechischer Grabreliefs rechtfertigen es schließlich, wenigstens kurz auch auf den finanziellen Aspekt hinzuweisen. Zwar lassen sich für kein einziges erhaltenes Grabrelief die Unkosten mit Sicherheit abschätzen; doch war es gerade der enorme Aufwand im Zusammenhang mit Bestattungen und Grabdenkmälern, der beispielsweise in Attika mehrfach gesetzliche Maßnahmen zur Einschränkung dieses Luxus nach sich zog, und der deshalb Aufmerksamkeit verdient. Von Cicero (de leg. 2,26) wird überliefert, daß „einige Zeit" nach Solon unter anderem die Größe der Grabmäler so festgesetzt wurde, daß die Arbeit von 10 Leuten in drei Tagen ausgeführt werden konnte; auch wurden spezielle Formen, die architektonische Verkleidung und sogen. Hermen, vielleicht plastische Grabaufsätze, verboten. So vage diese Hinweise sind – offen bleibt etwa, inwieweit der Begriff sepulcrum auch sämtliche Erdarbeiten und Vorarbeiten mit umfaßt –, so ist die einschränkende Tendenz dieser Maßnahmen doch unzweifelhaft, zumal in Verbindung mit den anderen Bestimmungen. Mit den Auswirkungen dieses Gesetzes brachte schon A. Milchhoefer vor 100 Jahren in Zusammenhang, daß mit dem Anfang des 5. Jh. die Reihe der erhaltenen archaischen Grabmäler so gut wie unvermittelt abbricht, und dieser Zeitpunkt ließ wenig später G. Hirschfeld an die politische Tätigkeit des Kleisthenes denken, mit dessen anderweitig überlieferten Reformen er auch besagte Vorschriften zur Eindämmung des Gräberluxus verband.[327] Freilich zeichnet sich damit ab, daß dieses Gesetz nicht nur als ökonomische Maßnahme zu werten ist, die übertriebenen Aufwand und Verschwendung von Geld einschränken sollte, sondern daß es auch, vielleicht sogar vorrangig, eine politische Maßnahme war, die im Zuge anderer kleisthenischer Aktivitäten die alte Vorrangstellung der Aristokratie abbauen sollte zugunsten der demokratischen Seite.

[327] Vgl. A. Milchhoefer, AM 5, 1880, 164 ff. und G. Hirschfeld, Festschrift Overbeck (1893) 1 ff. Zuletzt zu beiden attischen Gräberluxusgesetzen Stupperich 71 ff., 261 f.

Anders scheint dagegen bei Demetrius von Phaleron zwei Jahrhunderte später gerade der ökonomische Aspekt im Vordergrund gestanden zu haben. Zwar knüpfte er bis zu einem gewissen Grade wohl an die älteren Gesetzesmaßnahmen an, doch bietet die politische Situation Athens kurz nach Alexanders Tod keinen Ansatz für eine vor allem politische Motivation des Gesetzes zur Einschränkung des Gräberluxus. Vielmehr vermitteln die Worte Ciceros, der auch in diesem Fall für uns wichtigster Gewährsmann ist, den Eindruck, daß es der übertriebene Aufwand bei den Begräbnissen und die Großartigkeit der Grabanlagen waren, denen das Gesetz in erster Linie galt. An die Stelle gewaltiger Naiskoi mit oft mehreren, vollplastisch und lebensgroß ausgearbeiteten Figuren aus teurem Marmor, wie sie teils erhalten, teils zu erschließen sind, traten nun Denkmäler, die gleichsam zu kargen Zeichen geschrumpft und wie genormt waren: Vor allem columellae, kleine Säulchen von allenfalls drei Ellen Höhe, daneben die kubischen Blöcke, mensae genannt, und seltener noch die labella, flache Becken auf kleinen Säulen.[328] Auf figürlichen Schmuck ist ganz verzichtet, meist auch auf ornamentalen, und nur die Namen der Verstorbenen ziehen das Augenmerk auf sich. Selbst in der Wahl des Materials hat man sich meist beschieden, insofern überwiegend der billigere, streifig-graue Marmor vom Hymettos verwendet ist.

Sind die Auswirkungen des Demetrius-Gesetzes archäologisch auch in vollem Umfang faßbar, so bleiben sie umgekehrt gewissermaßen nur negativer Hinweis für Aufwand und Unkosten spätklassischer Grabmäler. Darüber hinaus gibt es zwar gerade für die Zeit des 4. Jh. etliche konkrete Hinweise, wieviel Geld für Begräbnisse aufgewendet wurde, doch sind diese Angaben nur mit Einschränkungen heranzuziehen.[329] Denn meist handelt es sich um Angaben im Zusammenhang von Advokatenreden vor Gericht, so daß wohl auch mit forensischen Über- oder Untertreibungen zu rechnen ist. Ferner erstrecken sich die Unkosten meist auch auf die Bestattung

[328] Zu ihrer ursprünglich kultischen Bedeutung vgl. H. Dragendorff, Thera II 108.

[329] Vgl. J. K. Davies, Athenian Propertied Families (1971) XIX.

selbst, die damit verbundenen Opfer und womöglich auch auf den angemessenen Rahmen des Leichenzuges – das Grabmal selbst stellt dann nur einen Teil des ganzen Aufwandes dar. Und ist einmal nur vom μνῆμα die Rede, so läßt die Wendung ‚das Grabmal bauen' keinen Zweifel daran, daß hier an einen Grabbezirk mit ‚gebauter' Mauer gedacht ist, über der sich dann womöglich das eigentliche Grabmal, vielleicht in Form eines Reliefs, erhob. In diesem Fall nennt Demosthenes (XLV 79) den Preis von zwei Talenten, was in dieser Zeit des mittleren 4. Jh. etwas mehr als 52 kg Silber entspricht. Nicht einmal 1/10 dieser Summe benötigte Mantitheos einige Jahre früher, wie wir gleichfalls von Demosthenes erfahren (XL 52), für das Begräbnis seines Vaters, der immerhin so reich gewesen war, daß er nach dem Zeugnis einer Inschrift für ein Jahr, vermutlich aber für mehrere als Trierarch für Instandhaltung und Führung einer Triere, eines kostspieligen Kriegsschiffes, aufzukommen hatte. Der gleiche Preis von analog etwas über 4 kg Silber wird in einem pseudoplatonischen Brief (XIII 361) als obere Grenze für das Grabmal der Mutter des Briefschreibers genannt, wobei wieder die Formulierung ‚das Grab bauen' gebraucht wird. Ob dabei auch an die Errichtung eines Grabreliefs zu denken ist, wie sie in dieser Zeit des mittleren 4. Jh. so zahlreich erhalten sind, ob nur mit einer Marmorlekythos oder mit einem noch schlichteren Grabstein mit bloßer Inschrift zu rechnen ist, muß völlig offenbleiben.

Kaum verwundern wird, daß die Unkosten für Begräbnisse im klassischen Athen gewaltigen Schwankungen unterlagen. So wurden kurz vor 367 v. Chr. für die Bestattung eines älteren Ehepaares 30 Drachmen aufgewendet; der Sohn dieser Leute hatte immerhin ein Haus besessen, das zunächst für 150 Drachmen verpfändet worden war, dann aber für 575 Drachmen verkauft wurde.[330] Ganz arme Leute werden die Verstorbenen wohl nicht gewesen sein. Trotzdem wird der Aufwand bei ihrer Bestattung eher dem Minimum dessen entsprochen haben, was Sitte und Brauch forderten. Umgekehrt wird gegen Ende des Jh. für ein herausragendes Grabmonument, das der Hetäre Pythionike, der stolze Preis von 30 Ta-

[330] Hesp. 10, 1941, 14 ff.

lenten genannt, was fast 800 kg Silber entspricht.[331] Freilich wird zugefügt, daß man diese Summe dem Grabmal doch nicht so recht ansah. Eine andere Nachricht zu dem gleichen Denkmal betont jedoch seine unvergleichliche Größe, angesichts derer man zunächst an herausragende Persönlichkeiten wie Miltiades, Perikles oder Kimon dachte oder an ein öffentliches Monument. Und schließlich muß der Rahmen des Begräbnisses recht aufwendig gewesen sein, da selbst noch Poseidonios auf den bemerkenswerten Prunk des Leichenzuges hinwies. All diesen Aufwand sowie ein zweites Grabmal in Babylon, wo Pythionike als Geliebte des Harpalos starb, veranschlagt der Zeitgenosse Theopomp auf 200 Talente – eine Summe, die vermutlich etwas hoch gegriffen ist, die aber deutlich macht, daß die andere Zahl von 30 Talenten wohl wirklich allein auf das Grabmonument zwischen Athen und Eleusis zu beziehen ist. Zum Vergleich mag man sich vergegenwärtigen, daß der bislang höchste, zufällig in der Literatur dieser Zeit genannte Preis für ein selbstbewohntes Haus nicht einmal 1 Talent, nämlich 5000 Drachmen beträgt – und dabei muß es sich um ein stattliches Haus gehandelt haben, wie andere Nachrichten über Häuserpreise bezeugen.[332] Die oben genannten Summen von 1000 Drachmen für die Bestattung des Vaters bzw. der Mutter machen dann immerhin noch 1/5 dieses hohen Hauswertes aus und liegen auch noch über dem Wert, den z. B. Demosthenes (IX 39) einmal für ein wohl durchaus ansehnliches Stadthaus nennt (700 Drachmen). Dieser Aufwand galt der Ehrung des Toten sowie der Erinnerung an ihn, vielleicht auch seiner bildlichen Repräsentation und zugleich wohl auch dem Ruhm der Familie, ist aber andererseits unzweifelhaft ertraglose Investition.

Im Zusammenhang mit dem spektakulären Grabmonument der Pythionike mag man an das vor etlichen Jahren aufgedeckte Grabmonument in Kallithea/Athen erinnern, das bis jetzt als wohl aufwendigstes und größtes privates Denkmal anzusprechen ist.[333] Sein

331 Vgl. RE XXIV 564 ff. s. v. Pythionike (K. Ziegler).

332 Vgl. dazu G. Busolt, Griechische Staatskunde I (1920) 199.

333 E. Tsirivakos, AAA 4, 1971, 108 ff.

Unterbau von mehreren Metern Höhe bestand aus Kalkstein und wurde von mehreren Marmorgliedern bekrönt, von einem Amazonenfries von ca. 0,5 m Höhe, einer schmalen, unverzierten Zone mit der Inschrift und einem kleineren Tierfries, jeweils durch Geisa voneinander abgesetzt. Auf diesem Sockel erhob sich dann der Naiskos, ein ‚Antenbau' mit frei stehenden Säulen vor den Anten, in dem drei lebensgroße Statuen nebeneinander standen, die eines jungen Mannes und seines Vaters aus Istria am Schwarzen Meer sowie die des pais des Jünglings. In unmittelbarer Nähe scheint sich ein weiteres, ähnlich aufwendiges Denkmal befunden zu haben, wie aus wenigen Überresten zu erschließen ist. – Gerade das sicher rekonstruierbare Monument des Istrianers mag eine vage Vorstellung davon geben, wie etwa das Grabmal der Pythionike ausgesehen haben mag. Dies gilt um so mehr, als selbst das aufwendigste Grabmal dieser Zeit, das namengebende und als Weltwunder gepriesene Mausoleion in Halikarnass im Typus von ferne vergleichbar erscheint, insofern ein mächtiger, massiver Unterbau, von Friesen geschmückt, einen von Säulen umgebenen und damit ‚leichten' Oberbau trug, der mit seinen Säulen, der Ringhalle (pteron) an anspruchsvolle Sakralbauten denken läßt.[334] Über die tatsächliche Größe und die Ausstattung des Pythionike-Monumentes ist damit freilich nichts gewonnen; sicher wird es hinter dem Weltwunder in Halikarnass weit zurückgestanden haben; wieweit es den Bau des Istrianers übertraf, muß offenbleiben.

So wenig die bisher genannten Nachrichten und daran anknüpfende Überlegungen dazu beitragen können, eine konkrete Vorstellung über den Preis eines einzelnen Grabreliefs wie z. B. des der Hegeso zu gewinnen bzw. ein solches Grabrelief auch nur in eine gewisse Relation zu den stolzen 30 Talenten des Pythionike-Denkmals zu bringen, so ist mit den Hinweisen vielleicht doch ein ungefährer Eindruck von dem sepulkralen Aufwand zu vermitteln, der aus volkswirtschaftlichen Gründen die gesetzlichen Einschränkungen des Demetrius verständlich machen kann. Auf der anderen Seite mag man an einzelne Denkmäler anderer Gattungen erinnern, für die be-

[334] Vgl. H. Riemann, RE XXIV 372 ff. (s. v. Pytheos).

stimmte Preise überliefert sind. So wurden für Einzelfiguren des Erechtheion-Frieses (H. ca. 60 cm) 60 Drachmen bezahlt, wobei es anscheinend nur um die bildhauerische Ausarbeitung geht, Entwurf oder Modell aber nicht inbegriffen sind ebensowenig wie etwa ein Materialpreis für den Marmorblock.[335] Oder man mag an die Urkundenstelen erinnern, die gerade aus dem 4. Jh. recht zahlreich erhalten sind. Dabei handelt es sich um schlichte Marmorplatten, deren Höhe selten 1 m übersteigt, deren Breite meist zwischen 30 und 50 cm schwankt, und die in der Regel zwischen 6 und 12 cm dick sind.[336] Mit Profil und glatter Leiste oder mit Giebel bekrönt tragen sie die Inschrift, die im Durchschnitt 900 bis 1600 Buchstaben umfaßt. Gelegentlich ist über der Inschrift ein Relief angebracht, dessen Höhe nur selten die Spanne von 30 bis 50 cm über- bzw. unterschreitet. Im späten 5. Jh. und im frühen 4. Jh. sind es meist zweifigurige Darstellungen, später sind auch mehrfigurige geläufig. „Für die Beschriftung“ dieser Stelen (εἰς τὴν ἀναγραφήν) wurden meist 30 Drachmen ausgezahlt, gelegentlich auch 20 oder 40, selten 50 Drachmen. Trotz starker Preisschwankungen[337] – eine Inschrift nennt für 100 Buchstaben den Preis von 2 Obolen (= 1/3 Drachme), eine andere für die gleiche Buchstabenzahl eine Drachme, und bei einer dritten Inschrift läßt sich ein Preis von etwa 2,5 Drachmen pro 100 Buchstaben errechnen[338] – bezeugen die ausreichend erhaltenen attischen Urkunden des 4. Jh., daß mit den pauschalen Summen von 20, 30 und 40 Drachmen die Länge der Inschriften aufs Ganze gesehen zunimmt oder das Format der Stelen. Daraus wird man schließen dürfen, daß mit den jeweils genannten Summen nicht nur das Einmeißeln der Inschrift bezahlt wurde, sondern auch voran-

[335] Vgl. Stevens/Caskey/Paton, The Erechtheum (1927) 413 ff. Zu Fragen der Entlohnung künstlerischer Tätigkeit vgl. zuletzt N. Himmelmann, JdI 94, 1979, 127 ff.

[336] Vgl. SIG I³ 165 ff.

[337] Zeitbedingte Preissteigerung ist dabei nicht zu fassen – vgl. dazu H. D. Zimmermann, Hellenische Poleis I (1974) 103 f.

[338] BCH 14, 1890, 399 (Delos, 279 v. Chr.); SIG I³ Nr. 249 (S. 426; Delphi, 339 v. Chr.); SIG I³ Nr. 317 (Athen, 323/2 v. Chr.).

gehende Arbeiten – teilweise oder ganz: Das Brechen des Blockes im Steinbruch, der Transport des Rohlings in die Werkstatt, das Zurichten des Steines, das Glätten und vielleicht auch das Aufstellen der Stele.[339] Betrachtet man nun die genannten Summen als Gesamtpreis der Urkunden – und allein dieser Preis scheint als öffentliche Ausgabe urkundlich bedeutsam zu sein –, dann steht dies offenbar in einer gewissen Relation zu den Kosten einer Friesfigur vom Erechtheion. Denn aus einem Rohling eine bewegte, in hohem Relief sich entfaltende Figur herauszumeißeln, dürfte erheblich mehr als doppelt soviel Arbeit und Geschick verlangt haben, als einen wenig größeren Rohling zu glätten und zu beschriften. Veranschlagt man dagegen bei den 30-Drachmen-Urkunden durchschnittlich 10 bis 15 Drachmen für die Beschriftung (nach der Faustregel: 1 Drachme pro 100 Buchstaben), dann bliebe der größere Betrag von 15 bis 20 Drachmen für die genannten Vorarbeiten.[340] Ungewißheit ergibt sich allerdings noch aufgrund jener Urkunden, die einschließlich eines Reliefs vollständig erhalten sind – und gerade sie müßten in unserem Zusammenhang von besonderem Interesse sein.[341] Würde man in diesen Fällen analog zur Mehrarbeit des Reliefs einen höheren Preis erwarten oder umgekehrt einen entsprechend kürzeren und damit billigeren Text, so geht diese Rechnung in den wenigen Fällen leider nicht auf: Bei drei der sechs ausreichend erhaltenen Ste-

[339] Vgl. zu diesen Fragen der Anagraphepreise zuletzt F. T. van Straten, BABesch 49, 1974, 184 mit Diskussion der älteren Literatur. Dazu vgl. die delische Stele BCH 14, 1890, 389ff., die etwas größer ist und (S. 399) genau abgerechnet wird: Ankauf 25 Dr., Transport vom Asklepieion ins Heiligtum 1,5 Dr., Beschriftung 1 Dr. für 300 Buchstaben, Blei und Holz zum Aufstellen 6 Dr., Aufrichten der Stele 2,5 Dr. – ohne Inschrift beliefen sich die Unkosten in diesem Fall bereits auf 35 Drachmen!

[340] Zu Transportkosten vlg. A. K. Orlandos, Ta Hylika Domis (1958) II 99ff.; zu Steinbruchkosten vgl. A. Burford, Greek Temple Builders at Epidauros (1969) 193. Dabei ist zu bedenken, daß diese Unkosten wohl nicht linear mit dem Steinformat anstiegen, sondern von einem gewissen Maß an stärker, da die Schwierigkeiten bei großen Blöcken sicher besonders groß waren.

[341] SIG I³ Nr. 184, 199, 206, 310, 341 und Hesp. 21, 1952, 355ff.

len müßte man zu dem Schluß kommen, daß die Arbeit für das Relief überhaupt nicht bezahlt wurde; nur bei zwei Stelen bleibt der Gesamtarbeitsaufwand (überschlagen aus Buchstabenzahl und Format) signifikant unter dem entsprechenden Wert reliefloser Stelen.

Versucht man trotz der unzweifelhaften Unsicherheiten von den genannten Nachrichten und Überlegungen auszugehen, dann ergäben sich z. B. beim Grabrelief der Hegeso schon für den Rohling ungefähr die zehnfachen Unkosten gegenüber den genannten 30-Drachmen-Urkunden. Für das Relief der Grabstele mag man sich an die etwa halb so großen Figuren vom Erechtheion-Fries halten, die sich freilich zu 3/4 vom Grund lösen: Eine 3-Figuren-Gruppe wird dort mit 200 Drachmen abgerechnet. Allzu viel wird man von dieser Summe für die vergleichsweise flache, aber fast doppelt so hohe Gruppe der Hegeso mit ihrer Dienerin kaum abstreichen können. Schließlich wären noch Unkosten für die Bemalung zu veranschlagen sowie vielleicht auch so etwas wie ein Honorar für den Entwurf. Als Mindestsumme mag man daher grob gerechnet 300 bis 400 Drachmen ins Auge fassen[342] – ein Preis, der bereits dem gleichkommt, was ein kleines Häuschen im Athen des mittleren 4. Jh. kostete. Größere Grabreliefs, deren höheres Relief und deren mehrfigurige Darstellung entsprechend mehr Arbeit verursachten, dürften dann sicherlich erheblich mehr gekostet haben und den von Demosthenes einmal genannten Preis von 700 Drachmen für ein ansehnliches Stadthaus erreicht und auch überschritten haben. Derartige Grabreliefs, aber auch schon eines in der Art des Hegeso-Reliefs lagen demnach beispielsweise für einen Sokrates weit jenseits seiner finanziellen Möglichkeiten – er selbst taxiert einmal sein ganzes Hab und Gut einschließlich Häuschen auf gute 500 Drachmen.[343]

342 Diese Summe erscheint auch plausibel im Vergleich zu den Akroterfiguren des Asklepios-Tempels in Epidauros, die mit 2240 Drachmen bezahlt wurden; ihre Höhe überschritt nur wenig 1 m, doch handelt es sich um freiplastische Figuren, vielleicht identisch mit Athen NM 155, 156 und 157 (vgl. C. Blümel, Griechische Bildhauerarbeit [1927] 14).

343 Xen. oik II 3.

Bedenkt man nun einerseits die große Zahl der erhaltenen ansehnlichen Frauenstelen à la Hegeso, dazu die Stelen der Jungverstorbenen und vor allem die noch aufwendigeren Familienbilder des späteren 4. Jh., auf der anderen Seite den Zusammenhang, in dem solche einzeln erhaltenen Grabreliefs ursprünglich standen: über einer mehr oder weniger großen Bezirksmauer eine ganze Reihe von Monumenten, z. B. seitlich der gewaltigen Palmettenstele (bis zu 4 m Höhe!) mehrere Grabreliefs und Marmorlekythen oder auch Lutrophoren, wie es im Kerameikos und neuerdings auch in Rhamnus anschaulich erhalten ist – bedenkt man dies, dann ist mit Unkosten zu rechnen, die rasch auf ein Vielfaches der für ein einzelnes Grabrelief veranschlagten Summe ansteigen. Insofern mag im Laufe einer relativ kurzen Zeit manche Familie durchaus ein Talent (etwas mehr als 26 kg Silber) oder auch mehr in ihrem Familienbezirk investiert haben – zum rühmenden Gedächtnis der Toten und zugleich zur Repräsentation des eigenen Ansehens und Wohlstands. Die klassische Bezeichnung der Gräber als „Heiligtümer der Toten“ [344] dürfte vor diesem Hintergrund auch einen recht realen Aspekt bekommen: Es sind nicht nur Heiligtümer, insofern man dort Opfer darbringt wie in den Heiligtümern der Götter; vielmehr sind die Friedhöfe eben auch materiell durchaus vergleichbar ausgestattet, nämlich mit Marmor und großem finanziellen Aufwand. So verwundert es auch keineswegs, daß auf den zufällig erhaltenen Denkmälern immer wieder Personen genannt werden, die selbst oder deren Verwandte nachweislich zu Leiturgien herangezogen wurden, d. h. zu jenen meist kostspieligen Leistungen wie Ausrichten von Festen oder Betreuen von Kriegsschiffen.[345] Es sind die Reichen, die in der Regel über ein Vermögen von mehr als 4 Talenten verfügten (das Fünfzigfache von Sokrates' Besitz) und deren Familien sich Grabbezirke und Denkmäler leisten konnten, die im Wert womöglich mehreren

[344] Vgl. dazu Karusos 29 f. mit Belegen.

[345] Vgl. Davies a. O.; über den Index S. 634 f. sind die entsprechenden Grabmäler, überwiegend Palmettenstelen, rasch zu finden. Nach Davies sind uns freilich nur 1 % dieser λειτουργοῦντες namentlich bekannt! – Zu den Leiturgien vgl. auch S. Lauffer, Hellenische Poleis (1974) I 147 ff.

stattlichen Häusern gleichkamen. Solchen enormen Aufwand einzuschränken, war offensichtlich Demetrius' Anliegen.

Die skizzierte Betrachtung zum ökonomischen Wert klassischer Grabreliefs mag zugleich einen ungefähren Anhalt sowohl für die frühere als auch für die spätere Zeit geben. Unmittelbare Hinweise zu den Kosten archaischer oder hellenistischer Grabmäler[346] fehlen, soweit ich sehe, ganz, und auch vereinzelte Angaben zu anderen Denkmälergattungen, mit deren Hilfe Unkosten analog und ungefähr abzuschätzen sind, führen nicht zu konkreteren Vorstellungen. Sicher darf man davon ausgehen, daß marmorne Grabmäler stets mit einem besonderen Aufwand verbunden waren, den sich nur begüterte Schichten leisten konnten. Dies gilt insbesondere auch für das archaische Attika, und als Beleg dafür darf man wohl werten, daß viele und gerade aufwendige Grabmäler vom attischen Land stammen, d. h. von den Gütern der Aristokratie.[347] Auf der anderen Seite ist natürlich nicht zu vergessen, daß solche Grabmäler nicht nur an entsprechenden Wohlstand gebunden waren, sondern sicher in erster Linie Ausdruck eines bestimmten Totenglaubens sind. Andere Vorstellungen vom Toten und seinem Wesen führten dazu, daß man z. B. schlichte Namenstelen bevorzugte wie in Westgriechenland, oder daß man auf große, weithin sichtbare Zeichen (semata) verzichtete und den Toten selbst reichlicher ausstattete, ihn vielleicht auch mit größerem Aufwand bestattete. Wohl nicht zufällig ist insofern, daß außerattische Gräberluxusgesetze wie das von Kea oder Delphi[348] nicht auf die Denkmäler zielen, sondern den Aufwand beim

[346] Was in hellenistischer Zeit an sepulkralem Aufwand gelegentlich getrieben wurde, beleuchten Inschriften wie IG XII 3, 330 (Testament der Epikteta in Thera, um 200 v. Chr.) und IG XII 7, 515 (Amorgos, 2. Jh. v. Chr.). Doch geht es hier um spätere Kosten, die zu Ehren des bzw. der Toten aufgewendet werden sollen (Opfer, Spiele etc.). Wird einmal ein Preis auf einem Grabstein genannt, dann gehört er schon römischer Zeit an: vgl. Pfuhl-Möbius Nr. 305.

[347] Vgl. zuletzt P. Themelis, Frühgriechische Grabbauten 61 ff. Archaische Grabmäler in Athen gelten auffallend häufig Fremden!

[348] Vgl. SIG III³ 1218; dazu F. Sokolowski, Lois sacrées des cités Grec-

Begräbnis einzuschränken suchen. Aufwendige Grabmäler waren hier anscheinend nicht üblich, freilich wohl sicherlich nicht aufgrund der ökonomischen Situation. Dieser Aspekt dürfte vielmehr von untergeordneter Bedeutung gewesen sein.

ques (1969) Nr. 97; Delphi: Corpus des inscriptions de Delphes I (G. Rougemont, Lois sacrées et règlements religieux 1977) Nr. 9 und S. 51 ff.

HISTORISCHER ÜBERBLICK

Die archaische Zeit

Unter den griechischen Grabreliefs archaischer Zeit bilden die attischen zweifellos die wichtigste Gruppe. Denn sie sind nicht nur nach Anzahl der erhaltenen Denkmäler am reichlichsten vertreten, vielmehr bieten sie auch nach Format und Qualität die bedeutendsten Beispiele. Zudem lassen sie sich über fast ein Jahrhundert hin verfolgen, wobei sich Veränderungen in der Stelenform, im Figurenstil und bis zu einem gewissen Grade auch in der Thematik abzeichnen. Darüber hinaus scheint im Fall der attischen Grabreliefs die Möglichkeit zu bestehen, dem Typus der Grabstele über eine Reihe bildloser Vorgänger weiter in die Vergangenheit nachzugehen.

Neben den attischen Grabreliefs ist die kleine Gruppe der Stelen von Prinias von Bedeutung, da sie dem 7. Jh. angehören und da ihre Bilder thematisch weiter ausgreifen als die der attischen Grabreliefs.[349] Andererseits stellen die Prinias-Stelen nicht nur eine lokal eng begrenzte, sondern auch eine nach Zeit, Technik und Stelenform recht einheitlich geschlossene Gruppe dar, die wahrscheinlich auch in besonderer Weise verwendet war. Ferner sind trotz fehlender Darstellungen die samischen Palmettenstelen zu erwähnen, die seit dem mittleren 6. Jh. in kontinuierlichem Wandel über gut zwei Generationen hin belegt sind.[350] Ihnen kommt besondere Bedeutung zu, da im Anschluß an sie die Tradition samischer und überhaupt ostionischer Grabreliefs bis in die Frühklassik hinein zu verfolgen ist, d. h. über das Ende der attisch-archaischen Reihe hinaus: Der Schritt vom archaischen zum frühklassischen Grabrelief scheint sich

[349] Lebessi.

[350] Zuletzt Samos XI 174ff.

hier in einzelnen Stufen, zugleich in unterschiedlicher Brechung nachvollziehen zu lassen.[351]

Trotz der inzwischen zahlreich nachgewiesenen Beispiele kommt dem Typus des lakonischen Heroenreliefs in unserem Zusammenhang nur eine untergeordnete Bedeutung zu.[352] Innerhalb einer gewissen Variationsbreite wird das Bild des thronenden Heros von spätarchaischer Zeit an benützt, sowohl in sepulkralem Zusammenhang wie als Votiv, überdauert, wie es scheint, ohne wesentliche Änderung den Epochenwechsel zur Klassik[353] und bleibt auf Lakonien beschränkt, offenbar ohne maßgeblichen Einfluß auf andere Landschaften und deren Denkmäler. Ähnlich gering ist im vorliegenden Rahmen der Aussagewert der übrigen, meist vereinzelt erhaltenen archaischen Grabreliefs anderer Landschaften. Bis auf wenige Beispiele stammen sie meist erst aus spätarchaischer Zeit.[354] Ihre konkrete Verwendung als freistehendes Denkmal oder in einem weiteren, baulichen Zusammenhang ist nicht immer eindeutig, auch ihre sepulkrale Funktion nicht immer zweifelsfrei zu beweisen oder plausibel zu machen; und noch weniger Gewißheit ist über evtl. Eigentümlichkeiten der Form oder Thematik zu erlangen. Da sich in der Regel keine vergleichbaren Denkmälergruppen zusammenstellen lassen, können Eigenarten landschaftlich bedingt sein, können auf den Einfluß anderer Denkmalgattungen deuten oder auch in einer besonderen Verwendung zu suchen sein. Zumindest wird es ratsam sein, solchen vereinzelten und oft aus abgelegenen Gebieten stammenden Grabreliefs nicht zuviel Gewicht beimessen zu wollen, von ihnen aus keine weitreichenden Schlüsse über Eigenart, Funktion und Sinn des griechischen Grabreliefs archaischer Zeit zu ziehen.

Für die Betrachtung der attischen Grabreliefs archaischer Zeit hat

[351] Vgl. vor allem E. Buschor, AM 74, 1959, 6ff.

[352] Vgl. zuletzt ADelt 24, 1969 B 135, Tf. 132a und 28, 1973 B 166ff., Tf. 145f.

[353] Vgl. z. B. die Terrakottavotive aus Amyklai: Prakt. 1956, Tf. 104f.

[354] Vgl. Friis Johansen a. O. 75ff. und vor allem Berger. Zu den frühen Stelen in Paros und Kimolos vgl. zuletzt Neumann Tf. 2 und 4a.

G.M.A. Richter durch zwei Arbeiten die Grundlage gelegt.[355] Über eine möglichst vollständige Erfassung und Dokumentation des damals Vorhandenen hinaus hat sie versucht, die Denkmäler typologisch und chronologisch zu ordnen. Dabei war für die chronologische Abfolge der Gedanke entscheidend, daß ähnlich wie in der archaisch-griechischen Plastik auch bei den archaischen Grabstelen eine Stilentwicklung vorliege, die von einer „schematischen zu einer naturalistischen, von einer massiven zu einer eleganten und verfeinerten Form" führe. Und diese stilistische Reihe bringe dann die Möglichkeit mit sich, nachzuzeichnen, wie sich ein Typus aus dem anderen entwickle. So stünden am Anfang pfeilerhafte Gebilde, bekrönt von einem leicht ausladenden Cavettokapitell als Träger einer Sphinx (s. Abb. 8). Im Folgenden gewinnt dies Kapitell an Höhe wie auch die Stele selbst, wird schlanker und reicher gegliedert, wird schließlich zu einem „elastischen und leichten" Glied, das aus zwei stehenden, gegenständigen S-Spiralen besteht, deren Voluten sich teils oben und unten, teils nur oben berühren, dabei aber in ihren Größenverhältnissen recht ausgewogen sind. Etwa zur gleichen Zeit setze der zweite Typus ein, „bescheidenere und einfachere" Stelen, deren dünne Schäfte in einer Palmette über einem Volutenpaar enden, eine bis in klassische Zeit gültige Lösung. Dabei sei zunächst noch der Zusammenhang mit dem ersten Typus zu erkenen, insofern die Form der gegenständigen S-Spiralen vorliege, lediglich in einer verdünnten, verfeinerten Form mit weit auseinanderliegenden unteren Voluten. Diese seien auch in ihrer Größe gegenüber den oberen reduziert und fielen bald ganz fort.

Die chronologische und die typologische Abfolge der attischen Stelen führten Richter zu zwei wichtigen historischen Folgerungen. Das Aufkommen der eigenartigen Volutenbekrönungen im Attischen im mittleren 6. Jh. verband sie mit den gleichzeitig einsetzenden Palmettenstelen in Samos, unter denen doppelgeschossige Volutenpaare bereits früh belegt sind. Von solchen ionischen Palmettenstelen sei die attische Volutenform angeregt, unter ihrem Einfluß

[355] Archaic Attic Gravestones (1944) und The Archaic Gravestones of Attica (1961).

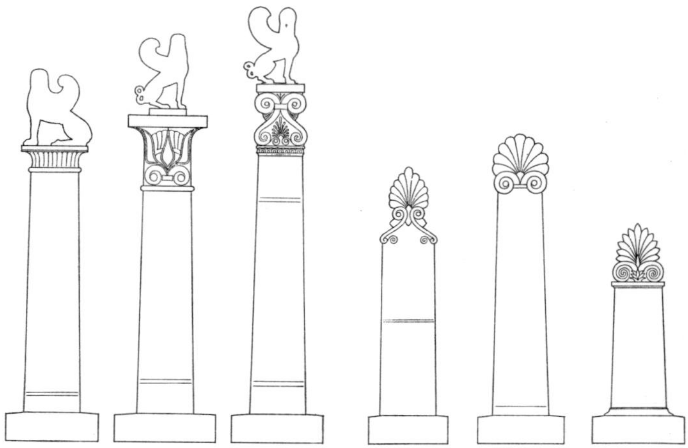

Abb. 8. Rekonstruierte Entwicklung zweier Typen archaischer Grabreliefs.

hätten attische Meister die traditionellen Cavettokapitelle zunächst umgeformt zu jenen Sphinxträgern, die aus gegenständigen S-Gliedern bestehen, und erst in einem zweiten Schritt hätten sie dann die Sphinx aufgegeben und auch die ionische Palmette übernommen. Der letzte Schritt in der von Richter rekonstruierten Reihe, der Verzicht auf die unteren Voluten, muß dann freilich vor dem Hintergrund der samischen Stelen wie ein Nachhinken wirken, da dort das einfache Volutenpaar mit Palmette schon zu Beginn, d.h. um die Jahrhundertmitte vorkommt.

Der zweite, historisch folgenreiche Aspekt ergibt sich mit dem Einsetzen der „bescheidenen und einfacheren“ Stelen. Hier handele es sich nicht um ein stilistisches Phänomen, sondern um ein ökonomisches des Aufwandes. Deshalb schlägt Richter vor, den zweiten Stelentypus mit dem von Cicero erwähnten Gesetz in Verbindung zu bringen, wonach „einige Zeit nach Solon“ der Gräberluxus eingeschränkt worden sei. Dabei räumt sie selbst ein, daß angesichts einer Grabstatue wie der des Aristodikos[356] oder auch angesichts einer

[356] Vgl. Karusos.

Stele wie der des Aristion, beides Werke der Spätarchaik, von einer Einschränkung des Gräberluxus nicht die Rede sein kann. Mit Hinweis auf solche Werke wurde ihr Vorschlag inzwischen mehrfach zurückgewiesen; neue Funde oder auch ein wiedergefundenes und erneut untersuchtes Fragment[357] lassen keinen Zweifel daran, daß auch im letzten Viertel des 6. Jh. hochaufragende Reliefstelen errichtet wurden, daß also solcher Aufwand in dieser Zeit keineswegs unterbunden war. Die Verknüpfung des fraglichen Gräberluxusgesetzes mit dem mehr oder weniger plötzlichen Ende aller attischen Sepulkralkunst um die Jahrhundertwende, wie sie bereits Milchhoefer vorgeschlagen hatte, bleibt somit wahrscheinlicher, ebenso die Verbindung dieses Gesetzes mit den Aktivitäten des Kleisthenes.[358]

Im Fall der „bescheideneren und einfacheren" Stelen des letzten Jahrhundertdrittels mag die Zufälligkeit der vor 20 Jahren erhaltenen bzw. bekannten Denkmäler ein trügerisches Bild vermittelt haben, das trotz einzelner gegenteiliger Indizien zu fragwürdigen historischen Folgerungen verleitete. Es bleibt die Tatsache, daß aus dieser spätarchaischen Zeit geritzte oder lediglich bemalte Stelen zahlreicher erhalten sind und daß sie demnach vielleicht beliebter waren als früher – ohne indessen die aufwendigeren Reliefstelen zu ersetzen. Weitaus problematischer sind dagegen Richters Beobachtungen und Folgerungen zur Typologie. Bei ihrem Vergleich der attischen und ostionischen Volutenbekrönungen verkennt sie nämlich einen wesentlichen Unterschied, insofern die ostionischen Stelenbekrönungen in aller Regel, insbesondere in der älteren Phase, die zwei Volutenpaare getrennt übereinandersetzen, wogegen die attischen Vertreter die übereinanderliegenden Voluten mit einem Volutenband zu einheitlichen, elastisch bewegten S-Gliedern verbinden, die ihrerseits, gegenständig gekoppelt, ein leierförmiges Motiv ergeben.[359] Erst vom späteren 6. Jh. an wird diese Leierform dann auch

[357] Vgl. AAA 2, 1969, 394 ff.; Neufund: AM 85, 1970, Tf. 16,1; dazu vgl. vielleicht auch Athen NatMus. M. 1541 und M 1542 (ADelt 29, 1973/4 B Tf. 52 f.).

[358] Vgl. zuletzt Stupperich 71 ff.

[359] Zu den samischen Stelen vgl. E. Buschor, AM 58, 1933, 22 ff. und 74, 1959, 6 ff.; zuletzt Samos XI 174 ff.

Abb. 9. Stilistische Entwicklung der Palmettenbekrönung archaisch-attischer Grabstelen.

in Ionien als Stelenbekrönung verwendet.[360] Neben dieser grundlegenden konstruktiven Andersartigkeit der beiden Volutengebilde entging Richter auch, daß die attischen Bekrönungen, für sich betrachtet, Abweichungen erkennen lassen, die im Sinne einer klaren Entwicklung verstanden werden können, wie F. Hiller gezeigt hat.[361] Demzufolge (Abb. 9) zeichnen sich die älteren Bekrönungen dadurch aus, daß sie als eigenständige Glieder separat gearbeitet und optisch bzw. konstruktiv durch einen Blattstab vom Stelenschaft getrennt sind, daß ihre oberen Voluten mächtig ausladen und von breiten, elastisch geschwungenen und sich verjüngenden Volutenbändern getragen werden. Im Folgenden verlieren die oberen Voluten an Größe und werden den unteren angeglichen; zugleich wird das Volutenband zu einem gleichförmig breiten, gelängten und vor allem geradlinig geführten Steg. Schließlich büßt die trennende Leiste zwischen Schaft und Bekrönung (anfangs ein Blattstab) zusehends an Bedeutung ein, wird endlich ganz aufgegeben, womit nun eine Lösung gefunden ist, die aus den ursprünglichen Einzelteilen ein einheitliches Ganzes werden läßt. Dabei setzt sich der Stelenschaft im Volutenglied fort und wird verjüngt bis zum Ausgangspunkt der Palmette: aus dem Aufsatz ist ein mit der Stele verschmolzenes End-

[360] Wohl eindrucksvollstes erhaltenes Beispiel eine Bekrönung in Amorgos: ADelt 29, 1973/74 B Tf. 651 a.

[361] MarbWPr 1967, 18 ff.

glied geworden, Vorstufe für die späteren, sich zentral entfaltenden Volutenpaare.

Trotz der wenigen ausreichend erhaltenen Denkmäler sind Hillers Beobachtungen und Überlegungen nicht zu übersehen, womit sich gleich mehrere Folgerungen ergeben. Die attische Lösung der Palmettenbekrönung über gegenständigen S-Voluten ist nach Konstruktion und Entwicklung etwas so Eigenständiges, daß Abhängigkeit von ostionischen Vorgängern auszuschließen ist. Eher muß man damit rechnen, daß solche Palmettenbekrönungen auch schon um und vor der Jahrhundertmitte verwendet wurden – d. h. neben den bislang allein erhaltenen Sphinxträgern –, zumal entsprechend dünne Stelen bekannt sind, denen man die Belastung durch ein Cavettokapitell einschließlich Sphinx nicht recht zumuten möchte.[362] Auch scheint z. B. im Fall der Ritzstele von der Pnyx[363] ein vollplastischer Aufsatz zu aufwendig zu sein im Vergleich zur einfachen Technik des Bildes. – Die zweite Folgerung betrifft ein angeblich typologisches Merkmal. Wichtiger Unterschied der beiden von Richter rekonstruierten Stelentypen war die Tatsache, daß die Sphinxträger separat gearbeitet und auf den Stelenschaft aufgesetzt waren, wogegen die Palmettenbekrönungen der wenigen erhaltenen Stelen mit dem Schaft aus einem Stück gearbeitet sind. Die Entwicklung der attischen Palmettenbekrönung zeigt indessen, daß am Anfang ein eigenständiger Aufsatz steht, ein durch den Blattstab unübersehbar abgesetztes Volutenglied, das erst im Laufe der folgenden Zeit zu einer Einheit mit dem Schaft integriert wird. Vermutlich schlug sich die ursprüngliche Eigenständigkeit des Volutenaufsatzes auch im technischen Befund nieder, insofern er tatsächlich separat gearbeitet und aufgesetzt war, wie entsprechend deutbare Fragmente zeigen. Stelen mit derartiger Zurichtung auf der Schaftoberseite müssen dann nicht zwangsläufig ein Cavettokapitell mit Sphinx getragen haben. – Schließlich ergibt sich aus diesen Überlegungen, daß die

[362] E. Harrison, Hesp. 25, 1956, 35f. vermutete bereits für zwei Fragmente wegen ihrer Dicke als Abschluß eine Palmette! Vgl. im übrigen als Beispiel aus einem anderen Bereich BCH 86, 1962, 635 Abb. 7.

[363] AA 1963, 431ff. (obere Dicke des Schaftes vermutlich etwa 9 cm).

Sphinxträger in Form der leierförmigen S-Voluten[364] nicht eine Stufe in einer kontinuierlichen Entwicklung vom Cavettokapitell zur Palmettenbekrönung vertreten, wie Richter meinte. Vielmehr sind sie wohl als Mischform zu verstehen, die zwischen den beiden gleichzeitigen Bekrönungsformen steht. Die Funktion als Sphinxträger, ihre beträchtliche Dicke und die auch auf die Seiten übergreifende Ausarbeitung verbinden sie mit den Cavettokapitellen; die elastisch tragende Form der gegenständigen S-Voluten kann dagegen wohl nur in Abhängigkeit von entsprechenden Palmettenakroteren verstanden werden.[365]

Trotz der skizzierten Einwände vermag G. M. A. Richters Arbeit auch heute noch eine ungefähre Vorstellung von den attischen Grabreliefs archaischer Zeit zu vermitteln, auch wenn die Denkmäler meist nur fragmentarisch erhalten sind. Die hohen, schlanken Stelen zeigen in der Regel eine Figur im Profil nach rechts gewandt; fast immer sind es männliche Personen (Tf. 1 f.). Seit dem zweiten Viertel des 6. Jh. wird gerne unter der Figur des Verstorbenen ein „Predellabild" angebracht, teils in Relief, teils gemalt. Dabei kann sich das Thema dieses Bildes auf den Verstorbenen beziehen, zeigt teils ihn selbst einfach beritten oder in Waffen den Kriegswagen besteigen, teils auch nur seinen nackten Pferdeknecht zu Pferd; oder ein „unpersönliches" Zeichen weist über den Toten hinaus, so eine Gorgo im Knielaufschema oder ein Tier in geduckter Haltung, vielleicht ein Stier.[366] Solche Predellen tragen dazu bei, die Höhe der Stelen zu steigern, und gleiches bewirken die Streckung der Bekrönung und die schlankeren Proportionen des Schaftes selbst.[367] Im letzten Drittel des 6. Jh. sieht man von solchen Predellen auch wieder ab, die Länge des Schaftes kommt gewissermaßen ganz dem Bild des Toten

[364] Richter Nr. 37, 38 und 41, dazu neuerdings ADelt 22, 1967 B Tf. 94 (dies Fragment wichtig im Hinblick auf die Bemerkung Hillers a. O. 23 Anm. 14).

[365] Anders Neumann 9f., der Richter folgt.

[366] AM 85, 1970, 36 Tf. 16,1.

[367] Dabei fallen die merkwürdigen „Leerflächen" über dem Bildfeld in die Augen: Richter Nr. 24, 28f., 37 und AAA 2, 1969, 89.

zugute, der es mit seiner gestreckten Proportion füllt. Im gleichen Zusammenhang mag man die schlichteren Palmettenbekrönungen sehen. Zu Beginn des 6. Jh. sind die vollplastischen Aufsatzfiguren immer wieder belegt, waren vielleicht für aufwendige Denkmäler üblich und zogen sicherlich ebenso die Aufmerksamkeit des Betrachters auf sich wie das Bild des Toten, dem das Denkmal galt, und die Predella darunter. Die mit dem dritten Jahrhundertviertel vorherrschenden Voluten-Palmetten-Bekrönungen verzichten dagegen auf die vollplastische Form und die vielschichtige Aussage der Sphinx,[368] sie lenken weniger vom Bild des Toten ab, der als „Hauptthema" der Stele um so mehr in den Vordergrund tritt. Im gleichen Sinne mag man schließlich noch geltend machen, daß die Stelen im Laufe der etwa drei Jahrhundertviertel fast stetig dünner werden und auf die Front hin angelegt sind. Ein vereinzeltes frühes Beispiel aus dem zweiten Viertel des 6. Jh. ist noch fast als Pfeiler anzusprechen (Tf. 1,1),[369] dessen Dicke beinahe die halbe Breite ausmacht, der auf allen vier Seiten sorgfältig mit Stuck überzogen war, so wie auch die zu vermutende Bekrönung, wohl eine Sphinx als vollplastische Figur, zu allseitiger Betrachtung herausforderte. Fragmente von entsprechenden Cavettokapitellen tragen mehrfach sogar an den Seiten ornamentalen Schmuck, und einzelne Beispiele sind selbst auf der Rückseite sorgfältig verziert.[370] In der Folgezeit wird jedoch die Rückseite zusehends summarischer hergerichtet, auch an den Seiten der Stelen verzichtet man nach und nach auf die sorgfältige Glättung, und gleichzeitig werden die Stelen dünner: wie wenn es jetzt nur noch auf die Front der Stelen als Träger des Bildes ankäme, werden Seiten und Rückseiten nur mehr kursorisch mit Zahneisen oder gar Spitzeisen geebnet.[371] Das Bild des Verstorbe-

[368] Neben dem Thema Sphinx wurden gelegentlich wohl auch andere benutzt, so Gorgo (AM 77, 1962, 92 ff.) und vielleicht Löwe (Keram. VI 2, 412).

[369] Kriegerstele im Kerameikos: Richter Nr. 23; zu ihr zuletzt K. Kübler, AA 1973, 172 ff. und B. v. Freytag AA 1975, 465 ff.

[370] Dazu vgl. auch das Fragment aus Marathon ADelt 29, 1973/4 B Tf. 9.

[371] Vgl. E. Harrison, Hesp. 25, 1956, 25 ff.

nen scheint so vorrangig zu interessieren, daß man auf die übrige Ausarbeitung des Stelenschaftes wenig Wert legt.

Ein älteres Denkmal wurde bereits beiläufig erwähnt, der mächtige Porospfeiler im Kerameikos vom Anfang des 6. Jh. (Abb. 4). Bis vor kurzem vermutete man für ihn ein gemaltes Bild des Toten, womit er die Reihe der später folgenden Grabreliefs eröffnen würde.[372] Auf allen vier Seiten sorgfältig ausgearbeitet und mit Ornamenten geschmückt, zugleich im Grundriß einer pfeilerhaften Dicke noch eng verhaftet verträte dieses Denkmal eine entscheidende Station innerhalb der Entwicklung vom Grabpfeiler mit quadratischem Querschnitt zum flachen, frontbezogenen Grabrelief. Indessen hat vor kurzem F. Willemsen gezeigt,[373] daß dieses Denkmal wohl doch keine figürliche Darstellung, sondern auf allen vier Seiten schlichten, freilich um so einprägsameren linearen Dekor trug, wobei die Front durch einen besonders großen Blattstern ausgezeichnet war. Pfeilerformat, Blattstern und fehlendes Bild des Toten ließen Willemsen fragen, ob es sich hier vielleicht nicht um einen Vorläufer der wenig später bezeugten Grabreliefs handle, sondern um einen vereinzelten, frühen Beleg der klassischen Namenstelen (s. Abb. 2): Diese freilich erst zwei Jahrhunderte später so reichlich vertretenen Denkmäler zeigen vergleichbare Rosetten, verzeichnen immer wieder nur die Namen der Verstorbenen und sind mehrfach von ähnlich pfeilerhaft wuchtigem Format.[374] Zur Unterstützung seiner Vermutung legte Willemsen ein Fragment aus dem Kerameikos vor, das wohl zu einem entsprechend proportionierten Denkmal gehörte, und das einen Rest der senkrecht angeordneten Inschrift aufweist, die an dem erhaltenen Porospfeiler aufgrund seiner Wiederverwendung verlorengegangen sein mag. Dennoch ergeben sich Bedenken

372 Vgl. zuletzt in diesem Sinne K. Kübler, Kerameikos VI 2, 407 ff.

373 AM 85, 1970, 23 ff. Auch die von Kübler a. O. 408 vermutete Gesamthöhe des Denkmals von „reichlich 4 m“ ist nach Willemsens Ausführungen sehr fraglich.

374 Besonders eindrucksvoll z. B. die Stele des Nikodemos in Dekeleia, die bei 3,14 m Höhe 0,62 m breit und bis zu 0,31 m dick ist; sie hat übrigens auch seitlich Rosetten (vgl. Willemsen AM 89, 1974, 177 f.) wie die ähnlich dicke, noch höhere Stele im Kerameikos IG II^2 6609.

gegenüber Willemsens Vorschlag, so ansprechend er zunächst auch erscheint. Denn der zeitliche Abstand zu den klassischen Rosettenstelen mit Palmettenbekrönung und mit Nennung des Verstorbenen bzw. mit namentlicher Auflistung der Verstorbenen ist so beträchtlich, daß ein unmittelbarer Zusammenhang fraglich erscheinen muß. Ferner sind die besagten klassischen Stelen in ihrer Funktion festgelegt, insofern sie offenbar den patres familiae gelten, wogegen eine auch von Willemsen erwähnte Marmorstele in Brauron, gleichfalls nur mit senkrecht angeordneter Inschrift versehen, einem anscheinend früh verstorbenen Sohn vom Vater errichtet wurde.[375] Schließlich bezeugt diese gleiche Stele, die nach der Buchstabenform in das dritte Viertel des 6. Jh. gehören mag, daß auch solche schlichten Namenstelen im Laufe der Zeit das dicke Pfeilerformat zugunsten dünner Brettartigkeit aufgaben,[376] ganz ähnlich wie die reliefierten Stelen. Der gedrungene Querschnitt des ornamentierten Porospfeilers im Kerameikos ist demnach kein typologisches Merkmal, was übrigens ebenso für die klassischen Palmettenstelen gilt, die gleichfalls oft erstaunlich dünne Platten sind; die bloße Nennung des Namens ist gegenüber dem Relief zwar ein typologisches Merkmal, doch ist eine entsprechend abweichende, konkrete Funktion solcher archaischer Namenstelen nicht zu fassen. Schließlich scheinen die Kreismotive des Porospfeilers, der Blattstern der Front sowie Rosette und Wirbel an den Seiten in ihrer Unterschiedlichkeit und Anordnung eher einer zeitgemäßen Freude am Ornament zu entsprechen, als daß sie mit den typischen Rosetten der klassischen Palmettenstelen zu verbinden sind und mit deren mehr oder weniger konkreter Aussage.

So liegt es wohl doch näher, den Porospfeiler im Kerameikos trotz des fehlenden Bildes mit den wenig später einsetzenden, meist reliefierten Bildstelen im Zusammenhang zu sehen. Mag er eine Inschrift getragen haben wie das von Willemsen publizierte Grabmal des Semiades, oder mag er allein durch den sparsamen linearen und

[375] Zu ihr vgl. auch MarbWPr 1979, 35 Anm. 96.

[376] Bei einer Höhe von 2,06 m unten 0,134 m dick, oben 0,11 m; Breite unten 0,309 m, oben 0,262 m.

farblichen Dekor geschmückt gewesen sein, wogegen die Inschrift vielleicht doch wie sonst üblich auf der Basisvorderseite zu lesen war[377] – eine andere Funktion als die der Reliefstelen ist kaum plausibel zu machen. Als hochaufragendes Mal hielt der Pfeiler die Erinnerung an den Verstorbenen wach, und bedeutungsvolle Zeichen wie Blattstern, Wirbel und Rosetten kündeten vom „Lebensglanz" des Toten.[378] Dessen eigenes Bild wird man nur vermissen, wenn man von der Gleichwertigkeit der monumentalen Grabstatuen und der Grabreliefs ausgeht.[379] Doch diese Gleichwertigkeit wäre für diese Zeit erst nachzuweisen; im späteren 6. Jh. scheint es jedenfalls Hinweise dafür zu geben, daß Grabstatuen und Grabreliefs nicht unterschiedslos, womöglich allein nach ökonomischen Gegebenheiten errichtet wurden. Insofern ist eher damit zu rechnen, daß Grabpfeiler wie der vom Kerameikos in der Zeit der Jahrhundertwende die prägende Form waren, von der die folgende Entwicklung der archaisch-attischen Grabreliefs ihren Ausgang nahm – obwohl das Bild des Toten zunächst fehlte. Denkbar erscheint, daß die bildliche Vergegenwärtigung des Verstorbenen im „erzählenden", profil-gebundenen Relief erst mit einer gewissen Verzögerung der statuarischen Form der Grabkuroi folgte: deren körperhafte Unmittelbarkeit verzichtet auf jegliche Handlung, auf jegliche menschliche Attitüde wie das Halten von Stab, Lanze, Blüte oder Kranz; vielmehr gilt sie ausschließlich der greifbaren Präsenz des Toten, der dadurch freilich über den irdischen Bereich wie ein Götterbild hinausgehoben wird. Die „erzählenden" Grabreliefs rücken dagegen den Toten in eine gleichsam menschlichere Sphäre und Nähe, ein Vorgang, der die Grabstatue als Gattung wohl voraussetzt.[380]

Das von G. M. A. Richter skizzierte Bild ist in einem wesentlichen Punkt zu ergänzen. Das von ihr erfaßte und besprochene Fragment aus Anavyssos (Tf. 3,1), das allem Anschein nach eine Frau mit einem Kind zeigt, ist in Richters Arbeit das einzige seiner

377 Vgl. E. Harrison, Hesp. 25, 1956, 39.
378 Kübler, Kerameikos VI 1, 157.
379 Vgl. Kübler, Keram. VI 2, 409.
380 Zu diesen Gattungsunterschieden vgl. Rodenwaldt 9ff.

Art und sei „ohne Vorgänger innerhalb der archaisch-attischen Grabreliefs“ [381]. Beschränkt man sich auf die erhaltenen Grabreliefs bzw. Fragmente, so wäre die Aussage auch heute noch bedenkenswert. Berücksichtigt man dagegen auch die weniger in die Augen fallenden Reste von Stelenbasen, dann sind zunächst drei seit langem bekannte Blöcke anzuführen, deren Oberseiten längliche und relativ schmale Einlassungen aufweisen, die nur zur Aufnahme relativ breiter Stelen gedient haben können.[382] Der auf der Basisvorderseite jeweils genannte Frauenname läßt vermuten, daß die Stelen eine sitzende Frau zeigten und deshalb das ungewöhnliche Breitformat hatten. Damit gewinnen aber zwei lange bekannte Stelen zusätzliches Interesse, eine oft als Weihrelief angesprochene Darstellung einer sitzenden Frau mit einer kleiner proportionierten stehenden Dienerin oder Adorantin (Tf. 3,2),[383] sowie eine größere Stele in Aegina mit thronender Frau und stehendem, kleiner gebildetem Mann, die im Handschlag verbunden sind (Tf. 4).[384] Beide Stelen gehören ihrem Stil nach bereits ins frühe 5. Jh., in eine Zeit, aus der Grabdenkmäler ansonsten nicht oder kaum bekannt sind.[385] In beiden Fällen kann es sich aber aufgrund von Format und Bildtypus nur um Grabreliefs handeln. Wie die o. g. Denkmäler zeigen, stehen sie in

[381] Richter Nr. 59; im Exkurs S. 55 erwähnt sie auch die Stele NM 36 sowie die Aegina-Stele, doch verbindet sie sie mit den spartanischen Heroenreliefs und erschließt einen Votivcharakter.

[382] Vgl. L. H. Jeffery, BSA 57, 1962, 115 ff. Nr. 12, 24 und 27.

[383] Athen NM 36: zuletzt D. Willers, AM 4. Ergh. 56, Tf. 31,2.

[384] Berger 110. Hiller 140.

[385] Wichtig ist in diesem Zusammenhang natürlich die Datierung der Denkmäler aufgrund ihres Stiles, die in einzelnen Fällen durchaus umstritten ist. Die Frauenstele von Anavyssos wird z. B. von Richter Nr. 59 um 530 datiert, von W. Deyhle (AM 84, 1969, 28) dagegen wohl mit Recht erst gegen Ende des 6. Jh. Die Frauenstele NM 36 setzt Willemsen (AM 85, 1970, 39) um 510 v. Chr. an, während sie sonst in der Regel erst nach der Jahrhundertwende angesetzt wird (vgl. Willers a. O. und V. v. Graeve, IstMitt 25, 1975, 64). Bezeichnend insofern die kontroverse Einordnung der Ballspielerbasen: Deyhle a. O. 27 ff.; oder die Datierung des New Yorker Reliefs: J. Frel, AA 1973, 193 ff. Insgesamt zur Chronologie: Stupperich 77 ff.

einer klaren Tradition, da es eben schon im 6. Jh. Frauenstelen gegeben haben muß. Ein unscheinbares Fragment im Kerameikos beseitigt letzte Zweifel: Das erhaltene Thronbein, Fußschemel, Fuß und Gewand einer sitzenden Frau erinnern unmittelbar an die Stele in Aegina, und Willemsens glückliche Ergänzung der Meistersignatur zu Aristokles epoiesen sichert uns das Werk eines inzwischen oft bezeugten Meisters, der gerade im späten 6. Jh. zahlreiche Grabdenkmäler gearbeitet hat.[386] Schließlich sind noch drei weitere, vor etlichen Jahren gefundene Stelenbasen zu nennen, deren Einlassungen gleichfalls auf Frauenstelen schließen lassen.[387] Im einen Fall sichert das Epigramm für Oinanthe diese Deutung; wieder handelt es sich um ein Werk des Aristokles, und zugleich gibt die Schriftform einen Hinweis für die Datierung: Demnach mag das Denkmal vielleicht noch vor 520 v. Chr. entstanden sein.[388] Wichtig ist dabei, daß die epigraphisch um 550/540 v. Chr. datierte Basis der Kleito nun nicht mehr ein isolierter Vorläufer ist, sondern ältester Vertreter einer Denkmälerreihe, die offenkundig verstorbenen Frauen galt. Ob dabei der Bildtypus der erhaltenen zweifigurigen Grabstelen des frühen 5. Jh. (NM 36 und Aegina-Stele) schon für die Vorgänger teilweise oder gar regelmäßig vorausgesetzt werden darf, ist nicht sicher zu entscheiden. Allenfalls könnte man die so gut wie kanonische Einfigurigkeit der Männerstelen geltend machen, die zumindest eine regelmäßige Zweifigurigkeit der Frauenstelen fraglich erscheinen läßt.[389] Andererseits muß man mit der „Erfindung“ dieses sepulkralen Bildtypus spätestens in der Zeit um 500 v. Chr. rechnen,

[386] AM 85, 1970, 34ff. Tf. 15,2.

[387] AM 78, 1963, 122f., Beil. 74,2; ADelt 20, 1965 B 86 Tf. 51; BCH 92, 1968, 738f. Dazu vgl. L. H. Jeffery, BSA 57, 1962, 121, Nr. 12.

[388] So der Vorschlag von Stavropullos, ADelt a. O.; Willemsen, AM 85, 1970, 39 datiert dagegen um 510 v. Chr.

[389] Vgl. z. B. G. Daux, ArchClass 25/26, 1973/74, 243, der sich im Fall der Oinanthe gegen Zweifigurigkeit ausspricht. Andererseits vermutete Jeffery (BSA 57, 1962, 129) für die frühe Stele der Keramo zwei sitzende Figuren, was eine Stelenbreite zur Folge hätte, für die die Dicke von 8 cm kaum ausreicht. Vgl. auch Ridgway 167, die Jeffery folgt.

wenn man nicht annehmen will, daß die wenig später entstandenen und zufällig erhaltenen Stelen in Aegina und Athen tatsächlich die ersten ihrer Art wären. Ähnlich unsicher bleibt auch, ob das Handschlagmotiv der Aegina-Stele ebenfalls auf älteren Frauenstelen vorgegeben war, oder ob es erst eine Möglichkeit vertritt, die das Ende der archaischen Epoche mit sich brachte, so wie auch formale Möglichkeiten in dieser Zeit gleichsam tastend erprobt werden, Möglichkeiten, die über den archaischen Kanon hinausgehen, ohne indessen den Umschwung zur Klassik zu vollziehen.[390]

Fassen wir alle Hinweise zusammen, dann lassen zwei Relieffragmente und 6 Stelenbasen keinen Zweifel daran, daß in der zweiten Hälfte des 6. Jh. Grabstelen auch für Frauen errichtet wurden, freilich sehr selten im Vergleich zu den vielen Stelen männlicher Verstorbener.[391] Trugen sie alle wie die beiden erhaltenen Fragmente bildliche Darstellungen, dann wird man aufgrund des Formates mit Reliefs sitzender Frauen rechnen müssen, womit das klassische Thema der Hegeso im Grunde um mehr als ein Jahrhundert vorweggenommen ist. Wie in klassischer Zeit wird es sich dabei um verheiratete Frauen gehandelt haben, was im Fall des Fragmentes von Anavyssos auch durch das kleine Kind als gesichert gelten kann[392] und was im Fall der Oinanthe im Epigramm sogar ausgesprochen ist.

Bleibt man zunächst noch beim formalen Aspekt, so ist festzuhalten, daß unter archaischen Grabstelen das schlanke Hochformat offensichtlich männlichen Verstorbenen vorbehalten ist, wogegen das breitere, für Sitzende geeignete Bildformat den verheirateten Frauen zukommt.[393] Dieser anscheinend so klare Sachverhalt ver-

[390] Vgl. z. B. Karusos 20 ff.

[391] Nicht eingerechnet ist die Inschriftstele der Keramo (s. oben Anm. 389) sowie die Berliner Ritzstele (s. oben Anm. 187).

[392] Anders die Deutung bei L. A. Schneider, Zur sozialen Bedeutung der archaischen Korenstatuen (1975) 52 – doch geht es hier sicher nicht um die „Darstellung familiären Zusammenseins", sondern um konkrete Erzählung bzw. Charakterisierung der Hauptperson (wie bei den klassischen Reliefs): Die Frau starb jung an den Folgen der Geburt.

[393] Nur das Fragment aus Velanideza (ADelt 21, 1966 A 102 ff., Tf. 43)

wundert, wenn man auch Grabstatuen berücksichtigt. Denn in dieser Gattung ist das Motiv des Sitzens ebenso für Männer belegt, sogar häufiger als für Frauen. Nur eine, noch dazu recht frühe, sitzende Frauenfigur ist dem Fundort nach (Kerameikos) als Grabfigur anzusprechen,[394] wogegen außer einer gleichfalls vom Kerameikos stammenden männlichen Figur noch mindestens zwei Grabmalbasen auf Sitzfiguren männlicher Verstorbener schließen lassen.[395] Merkwürdigerweise scheint dieses Motiv des würdevollen Sitzens fast oder gar überhaupt nicht für Grabreliefs verstorbener Männer verwendet worden sein.

Ganz ähnlich verhält es sich mit einem weiteren Figurentypus, der bis vor kurzem in sepulkraler Verwendung kaum bezeugt war: Der Typus der „Kore“, des stehenden Mädchens. Waren bisher nur zwei Basen mit Epigramm bekannt, die die Existenz solcher Grabkoren sicherten,[396] ohne daß man sich allerdings eine genauere Vorstellung von diesen Statuen machen konnte, so hat ein Neufund vor einigen Jahren erheblichen Aufschluß gebracht. Denn so gut wie vollständig erhalten, paßt die in Merenda gefundene Kore mit ihrem Bleiverguß genau in die Plinthenleere der einen bekannten Basis, die der unverheiratet verstorbenen Phrasikleia galt.[397] Der damit als Grabstatue gesicherten Figur entsprechen indessen in Stand, Haltung oder Tracht drei weitere, teils nur fragmentarisch erhaltene Koren, deren Fundorte in zwei Fällen zu einer sepulkralen Funktion sehr wohl

zeigt eine sitzende, männliche Figur; doch könnte es sich in diesem bislang vereinzelten Fall auch um den Rest einer metopenartigen Ausschmückung eines größeren Grabbaues handeln. Der sitzende Aineios des Marmordiskus (Berger 155 ff.) darf als Sonderfall außer Betracht bleiben.

[394] Zuletzt P. Kranz, AM 87, 1972, 25 f., Tf. 15 und R. Özgan, Untersuchungen zur archaischen Plastik Ioniens (1978) 24 f.

[395] Vgl. F. Willemsen, AM 78, 1963, 139 ff.; er verbindet die eine der drei Basen mit der erhaltenen Sitzfigur im Kerameikos (zu ihr zuletzt W.-H. Schuchhardt, AntPl VI 13, Abb. 4 f.). Daß die beiden Basen Jeffery, BSA 57, 1962, 127 f. Nr. 2 Sitzfiguren trugen, ist mir unwahrscheinlich. Zum 'Dionysos' von der Platia Eleutherias vgl. Ridgway 136.

[396] Vgl. Karusos 60 ff., A 8 und A 15.

[397] Vgl. AAA 5, 1972, 298 ff.

passen würden.[398] Dieser Reihe von nunmehr fünf mutmaßlichen Grabkoren sind indessen merkwürdigerweise keinerlei entsprechende Grabreliefs zur Seite zu stellen, obwohl sich für das hohe, schmale Bildfeld der Jünglingsstelen die Seitenansicht strenger, geschlossener Gewandfiguren durchaus geeignet hätte. Die Eigentümlichkeit des Sachverhaltes sticht um so mehr in die Augen, als es eine bezeichnende Ausnahme gibt. Denn vor dem Jüngling der fast ganz erhaltenen Stele in New York (Tf. 1,2) ist die kleine „Schwester" dargestellt, in verhaltener Schrittstellung, wie sie gleichzeitige Mädchenfiguren der Akropolis mehrfach vor Augen führen, und in zierlicher Gebärde hält sie eine Blüte vor sich.[399] Jedoch ist unübersehbar, daß der Jüngling die Hauptfigur ist, und daß das Mädchen die Erzählung des Bildes gleichsam nur ergänzt. Umgekehrt beleuchtet dieses Beispiel noch schärfer die Merkwürdigkeit, daß Grabreliefs für Koren allem Anschein nach fehlen, obwohl es einige wenige Grabstatuen für Koren gibt – so wie es Grabstatuen sitzender Männer gibt, ohne daß sich entsprechend auch Grabreliefs nachweisen lassen, und wie umgekehrt für verheiratete Frauen gelegentlich Reliefs, aber fast keine Grabstatuen beizubringen sind.

Die skizzierten Verhältnisse lassen sich natürlich bis zu einem gewissen Grade in Zweifel ziehen, da gerade bei wenigen Denkmälern der Zufall der Erhaltung stark ins Gewicht fällt. Mit diesem Zufall ist stets zu rechnen, wie das Beispiel der Phrasikleia zeigt. Doch ist gerade deshalb an die Vielzahl der ebenso zufällig erhaltenen Grabkuroi und Grabreliefs von Jünglingen und Kriegern zu erinnern. Aufs Ganze ist daher zu fragen, ob die skizzierte Situation nicht doch signifikant ist und eine Aussage erlaubt. Gerade das völlige Fehlen von Koren-Grabreliefs kann man sicher nicht allein dem Zufall der Erhaltung und Entdeckung zuschreiben, und gleiches gilt für die Seltenheit von Sitzbildern.

[398] Berlin, Antikensammlung 1800 (vgl. Jeffery, BSA 57, 1962, 142; C. Blümel, Die archaischen griechischen Skulpturen der Staatlichen Museen zu Berlin, 1963, 7ff.; zur Deutung vgl. E. Simon, RA 1972, 214); Athen NM 3859 (G. M. A. Richter, Korai Nr. 40; stammt aus Moschato wie der Kuros: Karusos 65 B 1); BCH 92, 1968, 754. Vgl. auch Hiller 130 Anm. 29.

[399] Richter Nr. 37.

Weitere Bedenken ergeben sich unter einem anderen Gesichtspunkt. Die bisherigen Beobachtungen und Überlegungen gingen von attischen Grabreliefs aus, so als bildeten diese eine landschaftlich völlig einheitliche Gruppe. Doch die Inschriften der Denkmäler bezeugen immer wieder, daß die Verstorbenen, denen sie galten, mitunter nicht aus Attika stammten. Gerade unter den Denkmälern im bzw. aus dem Kerameikos scheint der Anteil, der für Fremde errichtet wurde, bemerkenswert groß zu sein.[400] Selbst unter den Bildhauern, die solche Grabmäler schufen, wird man mehrfach mit Fremden rechnen müssen; zumindest einer von ihnen, Aristion, nennt sich Parier, nicht ohne Stolz und Geschäftssinn, insofern der Hinweis auf die berühmte Marmorinsel wohl zugleich als Anspielung auf ihre Handwerkstradition verstanden werden darf.[401] Damit stellt sich indessen die Frage, inwieweit Vorstellungen der nichtattischen Verfertiger oder Besteller das jeweilige Denkmal mitprägten, sowohl im stilistischen Habitus wie auch in der Ikonographie.[402] Beispielsweise ist hinsichtlich des Sitz-Motives an die ostionischen Sitzfiguren zu erinnern, die insbesondere in den Jahrzehnten um die Jahrhundertmitte im milesischen Gebiet sehr beliebt waren, dort freilich vor allem als Votive verwendet wurden.[403] Denkbar wäre also, daß entsprechende Grabreliefs oder Grabstatuen eben unter ostionischem Einfluß zu sehen wären. Dennoch vermag dieser Gesichtspunkt kaum zur Klärung der oben angeschnittenen Fragen beizutragen. Denn von den genannten seltenen und daher wohl untypischen Grabmälern sind nur ganz wenige durch die Inschrift als Denkmal eines Fremden oder als Werk eines nichtattischen Meisters ausgewiesen, so die Stele der Lampito, die „fern der Heimat starb",

[400] Vgl. P. Themelis, Frühgriechische Grabbauten (1976) 61 ff.

[401] Zu Endoios und Philergos vgl. U. Knigge, AM 84, 1969, 86.

[402] Vgl. J. A. Papapostolou, ADelt 21, 1966 A 112 f.; dazu Hiller 132 f.

[403] Vgl. K. Tuchelt, Archaische Skulpturen von Didyma (IstForsch 29, 1970) 215 ff. Zur Chronologie vgl. R. Özgan, Untersuchungen zur archaischen Plastik Joniens (1978). Drei Sitzfiguren in Paris scheinen indessen aus der Nekropole von Milet zu stammen (Tuchelt a. O. 35; vgl. auch G. Kleiner, Die Ruinen von Milet, 1968, 177).

die mutmaßliche Sitzfigur des Anaxilas von Naxos oder die Grabstatue der Phrasikleia, die Aristion von Paros fertigte. Es sind zu wenige Beispiele, um verbindliche Schlußfolgerungen zu ziehen, zumal die zahlreicheren typischen Grabmäler zu bedenken sind, vor allem Grabkuroi, die für Fremde errichtet oder von fremden Meistern geschaffen wurde. Außerdem ist nicht zu vergessen, daß gerade die älteste erhaltene, wohl als Grabstatue verwendete Kore, die in Berlin, vom attischen Land stammt, demnach einer Angehörigen einer attischen Adelsfamilie galt und im Stil als rein attisch anzusprechen ist; sie bietet insofern keinerlei Ansatz, irgendwelchen außerattischen Einfluß zu vermuten. Gleiches trifft für die beiden Sitzfiguren vom Kerameikos zu. Will man daher die Häufigkeit der Grabkuroi und der Grabreliefs für Jünglinge und Krieger, die Seltenheit von Frauenstelen, von Grabstatuen sitzender Frauen, sitzender Männer und stehender Mädchen sowie das Fehlen von Grabreliefs für Koren und wohl auch für sitzende Männer weder als Zufall abtun noch auf hypothetische Vorstellungen nichtattischer Besteller oder Verfertiger zurückführen, dann bleibt als einziger Weg, die Denkmäler selbst genauer zu betrachten.

An den erhaltenen Grabreliefs männlicher Verstorbener[404] fällt die Unterschiedlichkeit auf, mit der der Tote gekennzeichnet ist. Meist ist er unbekleidet, gelegentlich in Waffen, selten im einfachen Mantel, einmal in Mantel und Chiton dargestellt. Einige Male trägt er Sandalen, die auch nur gemalt gewesen sein können, meist aber sind die Füße bloß. Die Krieger mit Panzer, Helm und Lanze, einmal mit dem Schild ausgestattet, sind, soweit erhalten, regelmäßig bärtig gegeben. Doch gibt es daneben junge Krieger, die nackt und unbärtig auftreten, und die als einziges Zeichen ihres Kriegertums die Lanze tragen. Nur die frühe Kriegerstele aus Poros im Keramei-

[404] Außer den bei Richter und Jeffery, BSA 57, 1962, 115 ff. erfaßten Stelen vgl. AA 1963, 433; ADelt 21, 1966 A Tf. 47; AAA 2, 1969, 89 f. (Bart nachträglich zugefügt?) und 394 f.; AM 85, 1970 Tf. 16; ADelt 29, 1973/74 B Tf. 52 f.; Festschrift Kontoleon Tf. 247 sowie das immer wieder übersehene Fragment Schrader-Langlotz-Schuchhardt, Archaische Marmorbildwerke von der Akropolis Nr. 432.

kos (Tf. 1,1) weicht merkwürdig ab, insofern der Mann wohl bärtig war,[405] ein Schwert umgegürtet trägt und in der rechten Hand demonstrativ einen Stab hält, wie ihn sonst alte Männer benutzen. Noch eigentümlicher ist, daß anscheinend Farbreste auf einen Chiton deuten, der den voll ausgearbeiteten, nackten Körper des Mannes bedeckt hätte. Stab, Chiton und Bart würden sich sinnvoll ergänzen, doch bleibt dann um so auffälliger das Schwert, und ebenso ungewöhnlich ist der technische Befund der insgesamt sorgfältigen Reliefarbeit, die durch Farbe, d. h. Chiton und Bart im Sinne einer thematischen Änderung überdeckt worden wäre.

Es bleibt noch ein Hinweis zu den Jünglingsstelen. Sie zeigen den nackten Jüngling mit Diskus, Kranz oder Aryballos, und einmal hält er zusätzlich einen Granatapfel (Tf. 1,2; 2,1). Die Haare fallen in der früheren Zeit als langer Schopf bis auf die Schultern, später sind sie kurz geschnitten, wie es auch an den Kuroi zu beobachten ist. Einmal trägt ein nackter Jüngling fast schulterlange, gedrehte Locken, wobei drei Locken vor dem Ohr bis zur Kinnlinie herabfallen – eine auffällig sorgfältige, gleichsam künstlich gelegte Haartracht, die in Widerspruch zu dem durch die Lanze angedeuteten Kriegerstatus zu stehen scheint. Eher scheint eine solche Frisur zu den beiden Manteljünglingen zu passen, die als gepflegte und müßige Bürgersöhne im Bilde zweier anderer Stelen festgehalten sind. Mit Jünglingen möchte man schließlich analog zur Darstellung einer Kurosbasis zwei unscheinbare Fragmente verbinden, die den Verstorbenen in Begleitung eines Hundes zeigen. Im einen Fall waren beide, Herr und Hund, wohl in schlichter Staffelung nebeneinander aufgereiht, im anderen Fall wandten sie sich in lebhafter Bewegung einander zu, waren im Spiel miteinander verbunden – ein Thema, das den Rahmen der übrigen archaischen Grabbilder offensichtlich sprengt, und das im frühen 5. Jh. dann im außerattischen Bereich mehrfach aufgegriffen und variiert wird (Tf. 5,2). Von dort mag das auf der Agora gefundene Fragment auch beeinflußt sein, stammt vielleicht von einem nach Attika eingewanderten ionischen Meister, wie der Stil

[405] K. Kübler AA 1973, 188 notierte dunkelrote Farbreste; die S. 185 f. erwähnte Ansatzstelle der Bartspitze vor dem Kinn ist nicht eindeutig.

vermuten lassen könnte.[406] Doch wichtiger erscheint, daß ein so neuartiges bewegtes Thema am Ende der archaischen Zeit ins Bildrepertoire attischer Grabreliefkunst aufgenommen werden konnte – man denkt unwillkürlich an ähnlich erweiterte Themen wie Mutter mit Kind, Frau mit Dienerin, Frau und Mann im Handschlag oder an die beiden quasi im Kampf stehenden jungen Männer.

Schließlich seien noch zwei vereinzelte Themen erwähnt, das Bild des Lyseas, wohl als Priester zu deuten, wie Tracht und Attribute nahelegen, und das Bild eines Faustkämpfers (Tf. 2,2), kenntlich an der erhobenen und mit Schlagriemen umwickelten Hand sowie an den eigenwillig drastisch gezeigten Auswirkungen seiner Kunst, der eingeschlagenen Nase und dem verschwollenen Ohr. Zu diesem Grabrelief mag man an ein Bruchstück eines Epigrammes erinnern, in dem auf einen Sieg in den Olympischen Spielen sichtlich voller Stolz hingewiesen wird.[407] Singulär war demnach ein Bild wie das des Faustkämpfers vielleicht doch nicht. Wie hier und wohl auch bei Lyseas in durchaus persönlicher Kennzeichnung über den Toten, seine Qualitäten berichtet wird, so wird wohl auch in recht persönlicher Weise in den wenigen zweifigurigen Bildern auf die Toten eingegangen. Die New Yorker „Geschwisterstele" (Tf. 1,2) wurde schon kurz erwähnt, der Jüngling wird in diesem Fall mehr oder weniger gleichzeitig mit seiner kleinen Schwester ums Leben gekommen sein. Ähnliches gilt wohl für die beiden jungen Krieger, die parallel nebeneinander stehend oder auch einmal agierend als Bild kameradschaftlicher Treue in der Erinnerung der Hinterbliebenen weiterleben.

Überschaut man die Reihe dieser Grabreliefs, so ist offenkundig, wie trotz eines gewissen verbindlichen Schemas keine Stele der anderen gleicht, wie immer wieder in Einzelheiten der Tracht, Attribute oder Armhaltung variiert wird. Nicht nur im einzelnen Bild wird

[406] Vgl. Hiller 137f. Im Hinblick auf das wenige, was erhalten ist, scheint Vorsicht angebracht, zumal vergleichbare Formen am Ende des 6. Jh. belegt zu sein scheinen: vgl. AM 84, 1969, Tf. 3.

[407] AM 78, 1963, 110ff.

„erzählt" [408]: Der Jüngling faßt eine Lanze oder trägt eine Blüte, ist sorgfältig frisiert oder pfleglich gekleidet, wie es der Anstand fordert. Vielmehr gilt es ebenso für die Gattung insgesamt, daß sie in jeweils unterschiedlicher, eben „individueller" Weise über den Verstorbenen berichten. Diese Eigenart fällt noch deutlicher in die Augen, wenn man sich die stattliche Reihe der Grabkuroi vergegenwärtigt. Denn sie treten regelmäßig unbekleidet, in der vollen Schönheit ihres Leibes vor den Betrachter, und stets sind die Arme ohne Attribute an den Seiten herabgeführt. Nur die Frisur zeigt Unterschiede, die aufs Ganze gesehen zeitlich gewertet werden dürfen. In der Frühzeit fallen die reichlichen Haare bis auf die Schultern herab, am Ende des Jahrhunderts ist dagegen der kurze Schnitt üblich.[409] Doch ist dergleichen kaum im Sinne persönlicher Kennzeichnung zu verstehen – denn für individuelle Charakterisierung ist das Bild des Kuros offensichtlich nicht angelegt, vielmehr geht es hier um die unmittelbare leibliche Vergegenwärtigung des Verstorbenen. Auch wenn das Grabmal z.B. einem im Krieg Gefallenen gilt, bleibt das Kurosschema unverändert.

Angesichts der Vielfalt der Grabreliefs wirken die Grabkuroi zweifellos wie überpersönliche Zeichen, und so verwundert es nicht, wenn die Meinung vertreten wurde, daß Jünglingsbilder und Grabreliefs „den Verstorbenen im Glanz seiner Jugend" zeigen, daß sie „sein höheres unsterbliches Leben sichtbar" werden lassen.[410]

Doch wären bei einer so allgemeinen, überpersönlichen Deutung die mannigfaltig variierenden Bilder der archaischen Grabreliefs kaum verständlich, die immer wieder abweichende Charakterisierung des Toten entbehrte ihres Sinnes. Sie kann doch wohl nur als porträthafte Gestaltung verstanden werden. Angesichts der gleichen sepulkralen Funktion der Grabkuroi als μνήματα fragt man sich allerdings, ob nicht auch sie im gleichen Sinne zu verstehen sind – trotz

[408] Hinzu kommt oft noch ein „erzählendes" Predellabild, das weitere Einzelheiten über den Toten berichtet.

[409] Vgl. dazu Ridgway 50 mit Hinweis auf mögliche Bedeutung.

[410] Vgl. z.B. K. Schefold, AntK 13, 1970, 104.

ihrer thematischen Einförmigkeit.[411] So ließen sich ihre regelmäßige Nacktheit und Bartlosigkeit entsprechend den Reliefs als Zeichen ihrer Jugend deuten, die durch die häufig fehlende Angabe des Schamhaares noch präzisiert würde.[412] Zu solcher Jugendlichkeit paßt, daß Basen mit Darstellungen spielender Jugendlicher eben Kuroi trugen: Sie erzählen gewissermaßen aus dem Leben des Verstorbenen, zeigen ihn beim Ballspiel, beim Ringkampf oder beim Spiel mit Katze und Hund; oder er wird beim Ausreiten gezeigt, als Unbärtiger mit schulterlangem Haar an der Spitze einer Kavalkade; die übrigen Reiter tragen eine knappe Frisur, und zwei von ihnen sind bärtig gegeben, also Ältere, die den Jüngeren jeweils folgen.[413] Schließlich sind in diesem Zusammenhang Epigramme zu erwähnen, die wiederholt darauf hinweisen, daß der Betreffende „unzeitig", zu früh starb, daß er schön, also wohl noch jung war; oder es wird betont, daß der Vater dem Sohn das Grabmal errichtete, gelegentlich auch die Mutter, woraus zu schließen ist, daß der oder die Verstorbene eben noch recht jung waren. Zugleich wird mit solchen Formeln auf einen Sachverhalt hingewiesen, der von Herodot (I 87,4) einmal als widersinnig bezeichnet wird, den aber schon Homer herausstellt, nur mit anderen Worten (XXIII 222 ff.): Dort werden die Eltern, denen der Sohn im heiratsfähigen Alter stirbt, als elend, bemitleidenswert bezeichnet, und um das Ausmaß des Jammers des um Patroklos trauernden Achilles zu verdeutlichen, wird er mit dem Vater verglichen, der um seinen früh verstorbenen Sohn trauert. Es ist das Thema des frühzeitigen, des zu frühen Todes, das auch bei den Tragikern mehrfach anklingt. Ihr Los, der Tod der jungen Menschen, die das Ziel des Lebens, die Ehe, noch nicht erreicht hatten, die andererseits über das Kindesalter hinausgewachsen waren und ihr unbeschwertes, junges Leben bewußt auskosteten, ihr Tod wird immer wieder als besonders beklagenswert hingestellt, fordert im Epi-

411 Aufgrund der Überlebensgröße mancher Grabkuroi vermutet Ridgway 169 heroische Bedeutung.

412 Gelegentlich war das Schamhaar freilich gemalt, so beim Kroisos (Richter, Kuroi[2] Nr. 136); für Beispiele und Formen vgl. Karusos 72 ff.

413 AM 78, 1963, 105 ff., Beil. 57 ff.

gramm den Wanderer zur Klage auf, und ihr Los scheint im Bild der Kuroi, aber auch in den Darstellungen der Grabreliefs angesprochen zu werden. In der unmittelbaren Schönheit ihres jungen Leibes werden sie vor Augen geführt, gleichsam Sinnbilder des Lebens oder dem Bilde eines jugendlichen, nie alternden Apollon angeglichen.

Erst wenn man die Kuroi als Abbilder junger Menschen versteht,[414] läßt sich auch eine Eigentümlichkeit deuten, die an einem Kuroskopf vom Kerameikos auffällt. Außer der kurzen Frisur eines Palästriten hat er merkwürdig verschwollene Ohren,[415] wohl Kennzeichen seiner sportlichen Fähigkeiten wie beim Faustkämpfer-Relief. Es ist, soweit ich sehe, ein vereinzelter Fall, daß an einem Kuros durch ein fast verstecktes Detail in porträthafter Weise über die „apollinische" Erscheinung hinaus auf den Verstorbenen hingewiesen wird. Wären die Kuroi nur allgemeine, völlig unpersönliche Zeichen, dann wäre ein solches Merkmal unverständlich. Als Abbilder junger Menschen können sie aber offenbar durch vereinzelte, persönlich erzählende Details bereichert und gleichsam individualisiert werden – zumindest in Ausnahmefällen –, auch wenn der Kurostypus ansonsten von individueller Charakterisierung absieht und auf die Vergegenwärtigung des jugendlich-schönen Toten zielt: Weder Kleidung noch Attribute sollen den Blick ablenken vom „apollinischen" Wesen des Toten. Augenfälliger und unmittelbarer wirkt sich dagegen die Porträtabsicht in der Gattung des erzählenden Reliefs aus, wie die Reihe der so reich variierenden Stelenbilder zeigt. Sie berichten ausführlich über den Toten, über seine Stellung im Leben, über seine Fähigkeiten und Leistungen. In dieser Gattung war es ebenso möglich, z.B. Lyseas als reifen Mann in der Tracht seines Amtes vorzuführen. Daß er überhaupt ein solches aufwendiges Grabmal bekam, wird durch die glücklicherweise erhaltene Inschrift erklärt: Der Vater errichtete ihm das Grabmal. Lyseas starb also ent-

[414] Vgl. z.B. auch E. Buschor, Altsamische Standbilder 8; F. Hiller, MarbWPr 1967, 19 Anm. 4. Mit anderer Akzentuierung: V. Zinserling, Eirene, Studia Graeca et Romana 13, 1975, 19ff. (Zum Bedeutungsgehalt des archaischen Kuros.)

[415] Vgl. AM 84, 1969, 70, Tf. 29.

gegen der natürlichen Reihenfolge vor dem Vater und war demzufolge wohl noch relativ jung. Ein ähnliches Schicksal mag auch manche Kriegerstelen erklären, an denen zunächst verwundert, daß es so etwas wie zwei Typen gibt, den bärtigen, gerüsteten Krieger und den unbärtigen, nackten Jüngling mit Lanze. Im ersten Fall dürfte es sich um Männer handeln, die vielleicht im besten Mannesalter im Kampf gefallen waren, womöglich aber noch zu Lebzeiten des Vaters, und die deshalb mit einem so aufwendigen Grabmal bedacht wurden. Die anderen Grabreliefs gelten dagegen wohl Epheben, jungen Männern, die gerade erst ihren Militärdienst abgeleistet hatten und dann als mutige „Vorkämpfer" in vorderster Reihe gefallen waren, wie es das Epigramm z. B. für Kroisos bezeugt.

Schließlich wird vor diesem Hintergrund der zahlreichen Grabmähler jung bzw. zu früh Verstorbener auch verständlich, daß es vereinzelt andere Denkmäler gibt, so die wenigen Statuen sitzender Männer, die alle erst dem letzten Jahrhundertviertel angehören, die seltenen Reiterfiguren, einfache Inschriftenstelen oder ein bislang singuläres Denkmal wie den mit einer Gorgo geschmücken Block des Kalliades.[416] In all diesen Fällen handelt es sich offenbar um Denkmäler von Menschen, die in reiferem, vielleicht gar hohem Alter verstorben waren, und die nun z. T. eben als würdig sitzende Männer dargestellt wurden, oder die gar ohne Abbild „verewigt" wurden. Grund zu besonderer Klage bstand in solchen Fällen wohl nicht. Bei einem 100jährigen hält das Epigramm zu Beginn des 4. Jh. fest, daß er „glücklich" starb und seinen Kindern Anlaß zu „einer schönen Trauerfeier" gab.[417] Welchen Grund es für die Errichtung der genannten archaischen Grabmäler gab, darüber könnte man nur spekulieren. Wichtiger ist, daß sie offensichtlich Ausnahmen sind, die den Regelfall um so deutlicher werden lassen: Thema der archaisch-attischen Grabmäler sind die jugendlich oder zu früh Verstorbenen, vor allem ihnen setzte man große und bildliche μνήματα.[418]

416 BMMA 16, 1958, 187 f.; Ridgway 169 f.

417 ADelt 24, 1969 A 23 ff., Tf. 27.

418 Vgl. L. H. Jeffery, BSA 57, 1962, 150 f.; E. Griessmair, Das Motiv der

Unter diesem Aspekt verwundert dann freilich, daß Korenstatuen allem Anschein nach sehr selten waren, und daß Grabreliefs für Koren offenbar überhaupt fehlen. Nimmt man gar den erhaltenen Denkmälerbestand ernst als ungefähren Hinweis für die Verteilung der Grabmäler auf bestimmte Personengruppen, dann ist festzuhalten, daß die Grabreliefs sitzender Frauen als Denkmäler Verheirateter diejenigen der unverheirateten Koren an Zahl deutlich übertreffen – ganz im Gegensatz zu den Verhältnissen bei den männlichen Toten. Allenfalls mag man als gewisse Entsprechung geltend machen, daß das Thema der Kore durch die statuarische Form ausgezeichnet ist gegenüber dem an die Gattung Relief gebundenen Thema der verheirateten Frau.[419] Dabei ist zu erwähnen, daß diese Grabreliefs ganz überwiegend dem späten 6. Jh. angehören, mithin vielleicht auch thematisch als Möglichkeit des Epochenendes zu verstehen sind, wogegen die erhaltenen Grabkoren älter sind, dem zweiten Jahrhundertviertel angehören bzw. nur wenig die Jahrhundertmitte überschreiten.

Insgesamt fällt natürlich auf, wie sehr die Grabmäler weiblicher Verstorbener gegenüber denen der männlichen in der Minderzahl sind, wie sehr diese im archaischen Attika dominieren. Dazu mag man an die gesellschaftliche Situation erinnern, die grundsätzlich als patriarchalisch bestimmt bezeichnet werden darf. Die Worte Hektors beim Abschied von Andromache (VI 490 ff.): „Doch du geh ins Haus und besorge deine eigenen Werke: Webstuhl und Spindel, und befiehl den Dienerinnen, an ihr Werk zu gehen. Der Krieg ist Sache der Männer..." (übers. W. Schadewaldt) kennzeichnen die Stellung der Frau auch in den folgenden Jahrhunderten. Während der Mann in den Kampf zieht und ruhmreiche, entscheidende Taten vollbringt (vgl. auch VI 476 ff.), ist die Frau ans Haus gebunden, prägt Häuslichkeit gewissermaßen ihr Wesen. Die Stille und Zurückgezogenheit dieser Sphäre bringt indessen kaum etwas, das über den Tod

Mors immatura in den griechischen metrischen Grabinschriften (1966); anders Karusos 27 ff. und Ridgway 51.

[419] Abgesehen von der vereinzelten und relativ frühen Sitzfigur vom Kerameikos.

hinaus im Gedächtnis der Nachwelt haften bleibt.[420] „Wenn du gestorben bist“, kann daher Sappho zu einer reichen Frau sagen (ed. M. Treu, fragm. 58 D), „wird es weder eine Erinnerung an dich geben noch ein Verlangen“ (noch wird man dich vermissen), und sie selbst entgeht diesem Schicksal nur, so darf man aus dem Zusammenhang ergänzen, dank ihrer musischen Begabung. Für die Männer ist dagegen seit Homer (z. B. VI 446) entscheidendes Motiv ihres Handelns die Aussicht auf den allein unsterblichen Ruhm, den das Grabmal über den Tod hinaus der Nachwelt immer wieder in Erinnerung ruft (vgl. z. B. VII 87 ff.; 24, 80 ff.).[421] Dergleichen Vorstellungen und Verhaltensmuster dürften zumal in einer aristokratisch geprägten und an Homer orientierten Gesellschaft mit dazu beigetragen haben, mehr oder weniger einseitig männliche Verstorbene mit einem dauerhaften Grabmal zu ehren, wogegen für Frauen in der Regel dafür kein Anlaß bestand.[422]

Gegenüber den homerischen Zeugnissen weichen freilich die späteren, archaischen Grabdenkmäler Attikas deutlich ab, sofern wir sie oben richtig deuteten. Denn das Thema des frühen Todes steht bei Homer zumindest nicht im Vordergund. Zwar wird z. B. auch bei Hektor (XXIV 725) betont, daß er jung zugrunde ging, und für Helden wie Achill ist Jugendlichkeit nicht weniger bezeichnend wie andere heroische Tugenden.[423] Doch inwieweit hier bereits bei Homer eine Anschauung späterer Zeit konkret vorgeprägt ist, wonach gerade der jugendlich Verstorbene mit einem aufwendigen Grabmal zu ehren ist, ist zweifelhaft. So unvermittelt nach unserer heutigen Kenntnis das Bild des Grabkuros im späten 7. Jh. in Attika

[420] Den Ruhm Penelopes zu schildern (Od. 19, 108 ff.) greift Odysseus zum Bild des milden und gerechten Königs – ein der Frau angemessener Maßstab fehlt!

[421] Vgl. z. B. W. F. Otto, Tyrtaios und die Unsterblichkeit des Ruhmes, Geistige Überlieferung 2, 1942, 66 ff.

[422] L. H. Jeffery, BSA 57, 1962, 149 weist in diesem Zusammenhang darauf hin, daß Frauen “did not carry the burden of public duties”.

[423] In diesem Zusammenhang natürlich wichtig die Alternative kurzes, aber ruhmreiches Leben oder aber langes Leben ohne Ruhm: IX 410 ff.

auftaucht, dabei gleich in deutlich überlebensgroßem Format und erst mit Verzögerung gefolgt von den figürlichen Grabreliefs, so fraglich erscheint die Vorstellung einer allein an Homer anknüpfenden und von seinen Normen aus sich entfaltenden Entwicklung. Neue, zu Homers Zeit unbekannte Grabmalformen wie Grabstatue und figürliches Relief brachten zweifellos nicht nur neue Ausdrucksmöglichkeiten mit sich, sondern wohl auch neue, veränderte Möglichkeiten der Aussage, die vielleicht an nur ganz allgemeine Vorstellungen jugendlicher Heroen anknüpften und diese in einem konkreten, nämlich sepulkralen Zusammenhang in ein neues Licht rückten.

In Verbindung mit der homerischen Frühzeit, d.h. der spätgeometrischen Epoche des 8. Jh. v. Chr., ist es angebracht, noch kurz auf die bildlosen Vorgänger der attisch-archaischen Grabreliefs hinzuweisen. Denn vereinzelte, schlichte Stelen des 7. Jh., darunter eine mit Inschrift für eine Frau (s.o. Anm. 389) eröffnen die Möglichkeit, die Tradition der Gattung Stele bis in geometrische Zeit zurückzuverfolgen, bis hin zu den bescheidenen Steinplatten, die mehrfach über geometrischen Gräbern nachgewiesen sind, so z.B. im Kerameikos oder auch in Eleusis. Innerhalb dieser Reihe ist bereits eine Entwicklung zu erkennen, insofern die frühen Vertreter des 10. und 9. Jh. v. Chr. „quaderartige Blöcke" sind, während im 8. und 7. Jh. plattenartige, dünne Steinmale verwendet werden. Im letzten Viertel des 7. Jh. wandelt sich, wie K. Kübler beobachtet hat,[424] „die Substanzlosigkeit dieser Plattenmale in größere Gewichtigkeit" bis hin zur Monumentalität des großen Porospfeilers im Kerameikos (Abb. 4).

Angesichts der Seltenheit solcher frühen Grabstelen zumal im 7. Jh. mag es fragwürdig erscheinen, eine formale Entwicklung schlüssig nachweisen zu wollen. Doch sei in diesem Zusammenhang noch auf einen Aspekt der Deutung bzw. Funktion kurz eingegangen. Von den Grabungen in Eleusis und im Kerameikos ausgehend hatte Friis Johansen betont,[425] daß die Aufstellung dieser schlichten

[424] Kerameikos VI 2, 407.

[425] The Attic Grave-Reliefs 68 ff.

Steine genau über dem Grab, unmittelbar am Grubenrand oder hinter dem Spendegefäß auf eine enge Verbindung zwischen Totenkult und Grabstein schließen lasse: „Am Grabstein werden die Opfer dem Toten dargebracht, er selbst wird zum Gegenstand der Verehrung, wird gesalbt, bekränzt und mit heiligen Binden umwunden", wie es später die weißgrundigen Lekythenbilder oft zeigen. Die Grabstele sei demnach „Ersatz" für den Toten selbst. Für diese Vorstellung konnte Johansen auch vereinzelte, z. T. freilich erheblich ältere Befunde anführen, in denen merkwürdigerweise in einem Kenotaph ein Stein oder eine primitive Figur gefunden wurde.[426]

Mit Verweis auf Johansens Ausführung ist J. Thimme noch einen Schritt weitergegangen.[427] Er spricht von der „ursprünglichen Identität von Grabzeichen und Toten" und erinnert in diesem Zusammenhang an den Bericht des Plutarch, demzufolge in Plataiai die in den Perserkriegen Gefallenen jährlich durch Festzug und Stieropfer geehrt wurden, wobei ihre Grabstelen vom Archon selbst gewaschen und gesalbt wurden – „ganz wie man es bei den Toten selber tat"[428]. Stellvertretend für den Toten wird die Grabstele selbst Objekt der heiligen Handlung, der Verehrung. Wird nun aber der Tote selbst auf der Stele abgebildet – man mag z. B. wieder an Hegeso denken –, so ergibt sich fast zwangsläufig, daß „das Bild eine anspruchsvollere Funktion hat, als eine mehr oder minder belanglose Situation der irdischen Vergangenheit der Verstorbenen in Erinnerung zu rufen". Vielmehr sei „Sinn der Grabstele", Zeugnis davon abzulegen, daß „die Verstorbene das ihr Zustehende – Gaben, Opfer und Kulthandlungen – erhielt" und somit ein „neues, über das Irdische hinaus gewachsenes Sein" erreicht habe: „einer Heroine sehr ähnlich wird sie dargestellt".

Die Folgerungen lassen sich abschätzen, die sich aus einem derartigen Verständnis der Grabstele für die Interpretation der Darstellungen, insbesondere der Handschlagszenen klassischer Zeit erge-

[426] Dazu vgl. vor allem E. v. Hall, Over den Oorsprong van de Grieksche Grafstele (1942) und Rez. von C. Watzinger, Gnomon 1949, 81.

[427] AntK 7, 1964, 24; ähnlich W. Schiering, AA 1974, 652 f.

[428] Aristides XXI (332).

ben. Doch ebenso offenkundig ist, wie Johansen bereits sah, daß ein solches Verständnis in Widerspruch geraten muß zu Vorstellungen, wie sie z.B. Homer bezeugt. Denn für ihn hat die Grabstele allein die Funktion, „die Erinnerung an den Toten zu erhalten und von seinem Ruhm zu künden“ [429] – der Blick der Nachfahren wird also durch die Stele auf das irdische Leben des Verstorbenen gelenkt. Freilich ist denkbar, daß dies eine einseitige, eine „rationalistische“ (Johansen) Anschauung Homers ist, die womöglich mit volkstümlicher Vorstellung nichts zu tun hat. Andererseits ist ein solcher Volksglauben in seiner konkreten Form nur schwer zu belegen. Eine z.B. bei Platon vorgetragene, angeblich volkstümliche Anschauung spricht eher gegen die Identität von Stele und Toten. Denn dort (Phaed. 81 c/d) ist davon die Rede, daß sich bestimmte Seelen, „wie man sagt, im Bereich der Denkmäler und Gräber herumtreiben“ – eine Vorstellung, die nicht recht zur Annahme paßt, daß Grabmal und Toter identisch seien. Auch haben die Steinmale geometrischer Gräber im Kerameikos und in Eleusis anscheinend eine eher ergänzende Bedeutung. Denn neben den vor allem im 8. Jh. zu monumentaler Größe gesteigerten Amphoren und Krateren, die in dieser Zeit meist noch durch bildlichen Schmuck ausgezeichnet sind, wirken die kleinen Steinplatten recht bescheiden, stehen gleichsam im Hintergrund, was sogar wörtlich verstanden werden darf. Denn die großen Grabgefäße dienten bei Brandbestattungen nachweislich zugleich als Spendengefäße und waren unmittelbar über der Aschenamphora aufgestellt, um die Spende direkt zum Toten zu leiten; sie erfüllten demnach im Rahmen des Totenkultes eine zentrale Funktion. Dagegen standen die Steinmale, soweit sie überhaupt errichtet wurden, nur selten über der Aschenamphora, meist etwas versetzt „hinter“ dem großen, sichtbaren Spendengefäß, gelegentlich am Rande außerhalb der eigentlichen Grabgrube, und in einigen Fällen scheinen sogar zwei Stelen aufgestellt worden zu sein.[430]

Der Zusammenhang solcher Steinmale mit dem Toten, mit seinen sterblichen Überresten scheint demnach in Attika nicht sonderlich

[429] Vgl. M. Andronikos, ArchHom. W 36 (Totenkult).
[430] Vgl. AEphem 1912, 36, Kerameikos V 1, Grab 7.

eng gewesen zu sein. Welches auch immer die spezielle Funktion dieser insgesamt nur selten errichteten Male[431] gewesen sein mag, der archäologische Befund führt nicht schlüssig zur Folgerung, die Grabsteine würden selbst „zum Gegenstand der Verehrung", „Grabstein und Toter seien identisch". Selbst die Tatsache, daß z. B. in Thera im 7. Jh. mehrfach Opfersteine (trapezai) bzw. Opferplätze (pyrai) vor oder neben einem schlichten Steinmal gefunden wurden, ist kein unzweifelhaftes Argument.[432] Denn daß die Totenopfer in unmittelbarer Nähe des Grabes dargebracht wurden, mithin in unmittelbarer Nähe des σῆμα, liegt auf der Hand. So wie man je nach den lokalen Gegebenheiten die Opfer vor oder seitlich der Stele vollzog, so konnten sie auch gelegentlich in gewissem Abstand von Grab und Grabmal vollzogen werden.[433] Wichtiger scheint aber zu sein, wie gerade im Kerameikos zu beobachten ist, daß im 7. Jh. die Stelen als Bekrönung der Grabhügel offensichtlich die Funktion haben, markantes Zeichen des Grabes, weithin sichtbar zu sein. Das Grab selbst konnte durchaus genau unter der Stele liegen, doch konnte dieses ebenso „um der Höhenwirkung willen weit zurückgesetzt" sein, um „ausgesprochene Schauseiten" zu ermöglichen.[434] Der Charakter des Erinnerungsmales scheint hier durchaus in homerischer Tradition im Vordergrund zu stehen, nichts deutet auf eine unmittelbare kultische Funktion der Stele. Diese Bedeutung als erinnerndes Zeichen, als Denkmal wäre demnach an den späteren, figürlich geschmückten Grabstelen des 6. Jh. als ein offenbar traditionelles Element zu bewerten, das in Einklang steht mit der Interpretation der Darstellungen als „porträthaften" Wiedergaben des Toten, wie er im Leben war.

In Anbetracht der skizzierten Beobachtungen und Überlegungen können die meist vereinzelten außerattischen Grabstelen archaischer

[431] Z. B. sind in der Nekropole von Anavyssos mit ca. 100 geometrischen Gräbern keine Steinmale nachgewiesen: ADelt 29, 1973/4 B 108f.

[432] Vgl. z. B. Prakt. 1971, 228f.; 1975, 230f.

[433] Vgl. z. B. Prakt. 1965, 183f.: Der Grabkuros stand offensichtlich etwas abseits von Grab und pyra und war auch nicht auf sie ausgerichtet.

[434] Kübler, Kerameikos VI 1, 89 und 96.

Zeit kaum dazu beitragen, ein schärferes oder anders akzentuiertes Bild zu vermitteln. Zwei frühe Bildstelen von Paros bzw. Kimolos,[435] beides wahrscheinlich Grabstelen, gelten Frauen, stellen sich also gewissermaßen neben die älteste erhaltene Inschriftstele Attikas, die Keramo, der Tochter des Enialos, galt (s. o. Anm. 389). Doch eröffnen sie keine für uns faßbare Tradition. Die Möglichkeit einer Beziehung zu den späteren attischen Frauenstelen muß völlig offenbleiben. Gleiches gilt für den gewaltigen Menhir auf Naxos, der am Eingang einer geometrischen Nekropole steht[436] und der an den monumentalen Porospfeiler im Kerameikos denken läßt. Die Einzigartigkeit des Denkmals im Kykladenbereich sowie der zeitliche Abstand zu dem attischen Pfeiler verbieten schlüssige Aussagen.

Entsprechendes gilt für ein Flachrelief des mittleren 6. Jh. aus Chalkedon.[437] Es steht nicht nur innerhalb seines Fundbereiches einzig dar, vielmehr findet die vielfigurige Darstellung, wohl eine Geburtsszene mit beistehenden und klagenden Angehörigen, überhaupt unter den archaischen Grabreliefs keine Parallele und nimmt sich wie ein kühner Vorgriff auf klassische Bilder des 4. Jh. aus.[438] Allenfalls könnte man an die attischen Tontafeln des 6. Jh. erinnern, die an Grabbauten befestigt waren und die vor allem die Aufbahrung des Toten und Klagende zeigen.[439] Zu einer ähnlichen Funktion der Chalkedon-Tafel paßt das einst annähernd quadratische Format sowie die geringe Dicke der Platte ebenso wie der, soweit erkennbar, gleichförmige Rahmen des Bildes. So könnte die Tafel an einem Grabbau angebracht gewesen sein, schmückte diesen in auszeichnender Weise und erzählte zugleich vom Los der Toten, war demnach aber nicht selbständiges Denkmal wie die freistehenden Grabreliefs.

435 Vgl. zuletzt Neumann 5f., Tf. 2 und 4.

436 ADelt 20, 1965 B 515, Tf. 648; Neumann Tf. 1.

437 Pfuhl-Möbius Nr. 1; zur Funktion vgl. N. Kontoleon, Aspects de la Grèce Préclassique (1970) 13ff.

438 Vgl. z. B. Conze 307ff.

439 AM 53, 1928, 17ff.; BSA 50, 1955, 51ff.

Ähnliche Überlegungen drängen sich angesichts der Stelen von Prinias auf, wie bereits A. Lebessi ausgeführt hat.[440] Mehrfach zeigen die Darstellungen eine allseitig umlaufende Rahmung, und keine der dünnen Platten weist so etwas wie einen Sockel auf, der geeignet wäre, in eine entsprechende Vertiefung einer Basis eingezapft zu werden. So schlug Lebessi aufgrund einer theräischen Analogie vor, die Platten könnten kubische Grabbauten wohl an ihrer Front ausgeschmückt haben. Auch in diesem Fall mag man überlegen, ob diese Funktion ähnlich wie bei den attischen Pinakes vielfältigeres und ausführlicheres Erzählen der Bilder ermöglichte. Denn die Themen erstrecken sich auf durchaus unterschiedliche Altersgruppen und Gesellschaftsschichten, neben dem wohl jungen stehenden Mädchen mit Taube ist ebenso der würdig sitzende Mann vertreten, was gerade im Hinblick auf die erst etwa eine Generation später einsetzenden Grabreliefs Attikas in die Augen fällt. Mit dieser mehr dekorativen Bildfunktion könnte schließlich auch zusammenhängen, daß in einer Darstellung eine zweite Figur in sehr kleinem Format zugefügt ist. Die etwa ein Jahrhundert späteren Heroenreliefs Lakoniens verbinden in ähnlicher Weise Heros und Adoranten, und dieser Aspekt könnte auch bei dieser Prinias-Stele angedeutet sein.[441] Freilich handelt es sich eben nicht um ein frei stehendes, selbständiges Monument, das den Toten repräsentativ oder gar zu heroischer Würde gesteigert vor Augen führt, vielmehr schmückte wohl auch diese Tafel einen Grabbau, bereicherte dies Denkmal mit einem anschaulich erzählenden Bild, wie es Weihreliefs späterer Zeit ganz ähnlich in Heiligtümern taten.

Wie die genannten Denkmäler geben auch die übrigen vereinzelten außerattischen Grabreliefs des 6. Jh. kaum Aufschluß über Verwendung, Funktion oder Sinn des griechischen Grabreliefs oder über seine Entwicklung.[442] Allenfalls kann eine Stele wie die aus Syme attischen Einfluß bezeugen, freilich in provinzieller Brechung

[440] Oi stiles tou Prinia (Athen 1976).

[441] Etwas anders Lebessi 93f.

[442] Vgl. zu den beiden Mädchenstelen aus Malesina und in Komotini: Hiller 136f.

(unbärtiger Jüngling im Mantel mit Lanze); oder eine Darstellung wie die aus Kos[443] mit einer Symposionszene verdeutlicht, wie weit der thematische Rahmen sepulkraler Denkmäler im ionischen Osten gespannt sein kann, wobei aber wieder einschränkend zu bedenken ist, daß es sich um ein Relief handelt, das sicherlich in den architektonischen Zusammenhang eines Grabbaues eingebunden war. Erst mit der Wende zum 5. Jh. scheint sich die Situation zu ändern. Denn nach Ausweis der Denkmäler greift die Sitte, figürliche Grabreliefs zu errichten, nun recht plötzlich und weit um sich; während die Reihe der Grabmäler in Attika abbricht, wohl aufgrund eines Kleisthenischen Gesetzes, sind nun nicht nur aus Zentren wie dem Kykladenbereich oder Samos Grabreliefs bekannt, sondern auch aus abgelegenen Gebieten wie Akarnanien, Arkadien, Kreta oder dem Schwarzmeergebiet.[444] Aus der ersten Hälfte des 5. Jh. sind dann insgesamt so viele Grabreliefs bekannt, wenn auch oft nur in Fragmenten erhalten, daß es möglich ist, landschaftliche Gruppierungen nach dem Stil vorzunehmen oder auch ikonographischen Eigenheiten bzw. Zusammenhängen nachzugehen.[445]

Äußerlich betrachtet scheinen die außerattischen Grabreliefs dieser Zeit an die attisch-archaischen Vorgänger durchaus anzuschließen (Tf. 5). Wie bei diesen herrscht das hohe, schlanke Stelenformat vor, ebenso die Einfigurigkeit der Bilder, und mehrfach sind bzw. waren die Stelen nachweislich von einer Palmette bekrönt. Auch Einzelheiten scheinen auf eine Tradition zu weisen, so die überwiegende Bewegungsrichtung der Figuren nach rechts, die Rahmung der Darstellungen durch eine schmale Leiste, von der aus der Bildgrund langsam in sanfter Kehlung zurückweicht, oder auch das – freilich vereinzelte – Beibehalten eines Sockelbildes, das vielleicht

[443] Zu den beiden Reliefs vgl. Berger 58ff.; Pfuhl-Möbius Nr. 7f.

[444] Vgl. die Fundkarte bei Berger a. O. Zu Kreta: Lebessi 101f. Tf. 42; zu Arkadien: ADelt 24, 1969 B 130, Tf. 119; Argos: ADelt 24, 1969 B 108, Tf. 87.

[445] Vgl. vor allem Hiller; dies., AA 1976, 230ff. Ferner vgl. H. Biesantz, Die thessal. Grabreliefs (1965); W. Schild-Xenidou, Böotische Grab- und Weihreliefs archaischer und klassischer Zeit; A. Kostoglu, ADelt 24, 1969 A 118ff. Tf. 58.

wie die früheren „Predellen“ geschmückt war. Allerdings häufen sich mit fortschreitender Zeit die mehrfigurigen Darstellungen, auf seitliche Rahmung wird zusehends verzichtet, und gleiches gilt für den Sockel.

Anders scheint zunächst die Thematik der außerattischen Stelen der Zeit um und nach 500 v. Chr. in ihrer Mannigfaltigkeit kaum an die attischen Vorgänger anzuknüpfen. Stehende bürgerliche Männer mit Knotenstock und Hund, meist bärtig, sitzende bärtige Männer und auch stehende Mädchen bestimmen das Bild (Tf. 5f.). Bilder gerüsteter Krieger fehlen fast ganz, Jünglinge sind erst wieder im zweiten Viertel des 5. Jh. häufiger vertreten, bisweilen im Mantel, vereinzelt frontal und nackt, z. T. vom pais begleitet, der auf einer Stele vom Jahrhundertanfang auf der Rückseite des Denkmals seinem Herrn den Hocker gleichsam nachträgt. War in der archaisch-attischen Reihe gelegentlich der Knappe mit Pferd in der „Predella“ in winzigem, „erzählendem“ Bild zugefügt, so ist er nun zu gleichberechtigtem Format quasi erhoben, doch noch auf die untergeordnete Rückseite verwiesen. Erst zwei Jahrzehnte später steht der pais im Bild mit seinem Herrn vereint. Erst jetzt hat sich der Bildraum der Jünglingsstele so geweitet, daß beide Figuren in lockerem Nebeneinander Platz finden.[446] Diese Erweiterung des Bildraumes und der Figurenzahl dürfte als formale Möglichkeit durch Frauenstelen angeregt worden sein. Erhalten sind vor allem bescheidene, teils provinzielle Grabreliefs, eines mit allein sitzender Frau in Thasos, noch dem späten 6. Jh. angehörend, eines in Theben, wohl noch aus dem 1. Drittel des 5. Jh., eines mit sitzender Frau und Kind in Volos, sicher erst nach der Jahrhundertmitte entstanden, zwei Stelen aus Sinope mit Frau und Dienerin sowie ein bedeutenderes Werk gleichen Themas aus der Nähe von Komotini, wohl kurz vor der Jahrhundertmitte entstanden. Doch sicherlich handelt es sich hier nur

[446] Oder sollte auch diese Möglichkeit bereits in spätarchaischer Zeit in Attika „erprobt“ worden sein? Vgl. C. Blümel, Die archaisch griechischen Skulpturen der Staatlichen Museen zu Berlin (1963) 17 zu Nr. 8: Die Ausrichtung der erhaltenen Figur nach links spricht für die angedeutete Möglichkeit (vgl. dazu Hiller 68).

um bescheidene Reflexe, der Typus muß jeweils in einem bedeutenderen Werk paradigmatisch formuliert gewesen sein. In diesem Zusammenhang sind gerade die oben erwähnten Frauenstelen Attikas vom Ende der archaischen Zeit wichtig (Tf. 3 f.). Denn die Themen Mutter und Kind sowie Frau und Dienerin sind in den Fragmenten von Anavyssos bzw. aus Attika (NM 36) eindeutig vorgegeben, und für die allein sitzende Frau darf man Entsprechendes aufgrund der erwähnten Basen von Frauenstelen annehmen.

Hinsichtlich der Frauenstelen scheint die Aussage des archäologischen Befundes eindeutig zu sein. Denn was sich zunächst als Eigenart der außerattischen Grabreliefs des frühen 5. Jh. ausnimmt, die verschiedenen Variationen zum Thema „sitzende Frau“, eben dies ist innerhalb des Attischen bereits in spätarchaischer Zeit angelegt. Nicht viel anders steht es indessen mit den Grabreliefs männlicher Verstorbener. Denn z. B. taucht das Thema des Jünglings im Mantel erst am Ende des 6. Jh. auf; hinzu kommt der sorgfältig gekleidete, bärtige Lyseas, und sitzende, demnach wohl würdig-reife Männer sind ebenfalls erst im letzten Jahrhundertdrittel in statuarischer Form vertreten. Dazu ist an die beiden Stelenfragmente mit Herr und Hund zu erinnern sowie an die Kriegerpaare: Auch diese Grabreliefs sind – abgesehen von der vereinzelten Ausnahme der etwas älteren Geschwisterstele – gegen Ende des 6. Jh. einzuordnen, bereichern gleichfalls den Themenkreis archaisch-attischer Grabreliefs und bezeugen den Versuch, die schlichte Einfigurigkeit der archaischen Grabstele zu erweitern bzw. zu überwinden. Insgesamt scheint deutlich zu sein, daß gegen Ende des 6. Jh. noch innerhalb der attischen Denkmälerreihe eine fast bunt erzählende Mannigfaltigkeit einsetzt, die im folgenden Jahrhundert im außer-attischen Bereich anscheinend aufgegriffen und weiter ausgebaut wird.

Dabei sind insbesondere die breiteren, mehrfigurigen Darstellungen zu erwähnen, so z. B. das Arztrelief in Basel (Tf. 6), das den Bärtigen in Mantel und Chiton, mit Stock, auf einem Klappstuhl sitzend zeigt und ihm gegenüber einen nackten Knaben, wohl seinen Gehilfen. In diesem Fall kommt als Besonderheit hinzu, daß Attribute auf den Beruf des Mannes hinweisen. Es ist nicht ein palästritisches oder

Standesideal, das wie bei den archaischen Jünglingsstelen angesprochen wäre, auch kein Hinweis auf das im Tod gleichsam exponierte Kriegertum der archaischen Lanzenträger oder gerüsteten Hopliten; vielmehr ist es so etwas wie ein bürgerlicher Beruf, der vor allem durch die ärztlichen Werkzeuge der Schröpfköpfe angedeutet ist. Einen ähnlichen realitätsbezogenen Erzählwert führen auch andere Darstellungen vor Augen; so etwa Bilder, die den Verstorbenen mit der Leier, teils musizierend zeigen, oder solche, die den pais im Bild mit seinem Herrn vorführen, so als handele es sich um eine Szene in der Palästra.[447] Selbst einzelne Attribute wie die Sprunggewichte in den Händen des Jünglings in Çanakale[448] scheinen unmittelbarer auf die Tätigkeit in der Palästra hinzuweisen als der Aryballos, der einigen Jünglingen archaischer Stelen wie nebensächlich vom Handgelenk herabhängt.

Natürlich sind in diesem Zusammenhang auch die Frauenstelen zu erwähnen, sowohl jene, die Frau und Dienerin in gleichsam häuslicher Verbundenheit zeigen, wie jene, die die Verstorbene in einem weiteren Familienkreise vor Augen führen.[449] In solchen Fällen, etwa bei der Stele der Apollonia in Ikaria, greift die „Erzählung" so weit aus, daß Deutungen rasch auf Abwege gerieten.[450] Schließlich bleibt noch ein mehr formaler Gesichtspunkt zu bedenken, insofern die Figuren oft deutlich bewegt dargestellt sind, gerade auch Einzelfiguren. Sie stützen sich mit voller Last auf den Stock, wenden sich lebhaft dem Hund zu, halten hochgreifend die Lanze, oder sie treten mit einem Bein voll auf und setzen das andere locker vor. Nicht zufällig fühlten sich immer wieder Betrachter solcher Reliefs an Szenen erinnert, wie sie sich „mitten im täglichen Leben" abspielten.[451] Blickt man zurück auf die Reihe der archaischen Denkmäler Attikas, auch auf die verschiedenen Attribute und Einzelheiten, so ist die Andersartigkeit der genannten außerattischen Stelen offen-

[447] Vgl. Berger 148f. und 24ff.
[448] Vgl. Hiller 128, Anm. 13.
[449] Vgl. Hiller O 20f., N 1f. und K 6, I 2.
[450] Vgl. zuletzt AAA 9, 1976, 108ff.
[451] Friis Johansen a. O. 126.

sichtlich: „Das Thema der standbilderhaften archaischen Reliefgestalten ist verlassen, das der beweglichen klassischen Grabsteine ist angeschlagen.“[452]

Trotz dieser unbestreitbaren Unterschiede ist nicht zu übersehen, daß Stelenform, Einzelmotive und Thematik immer wieder Entsprechungen oder Ähnlichkeiten erkennen lassen, die auf eine lebendige Tradition, auf einen engen Zusammenhang mit den archaisch-attischen Grabreliefs deuten. Abweichungen scheinen sich zwanglos im Sinn einer Entwicklung verstehen zu lassen. Dabei fällt indessen wieder der Blick auf die Tatsache, daß bislang im Attischen keine archaischen Mädchenstelen nachgewiesen sind, wogegen dann im 5. Jh. im außerattischen Bereich gerade dieses Thema der Kore in eindrucksvollen Bildern gestaltet ist.[453] Die Merkwürdigkeit liegt weniger im Faktum selbst als darin, daß das Thema Kore gerade dem von den archaisch-attischen Grabmälern herausgestellten Los der Jungverstorbenen entsprechen würde, in der Gattung Relief aber fehlt, wogegen es dann im 5. Jh. nur eines unter vielen „lebensnahen“ Themen ist. Die von H. Hiller aufgrund der erhaltenen Denkmäler sicher zu Recht gezogene Folgerung,[454] daß „die Mädchenstele ... nicht vor Beginn des 5. Jh. im ionischen Raum geprägt worden“ sei, macht das Fehlen archaischer Korengrabreliefs in Attika nur noch augenfälliger, zumal im Hinblick auf die oben skizzierte Tradition. Da es gelegentlich Korenstatuen als Grabmäler gab, kann man sicher nicht pauschal von einer gesellschaftlichen Geringschätzung der unverheirateten jungen Frau sprechen, die das Fehlen entsprechender Reliefs erklären könnte. Auch befriedigt kaum, allein den Zufall der Erhaltung bzw. der Entdeckung dafür geltend zu machen. Vielmehr ist zu fragen, ob sich vielleicht Schwierigkeiten ergaben, die Möglichkeiten der Gattung Relief mit denen der Ikonographie des unverheirateten Mädchens im archaischen At-

452 E. Buschor, AM 74, 1959, 7.

453 Vgl. Hiller 130f.; dazu Lebessi 101 Tf. 42 und H. Biesantz, Thessal. Grabreliefs K 21 (die Stele ist wohl doch noch einige Zeit vor der Jahrhundertmitte entstanden).

454 a. O. 136.

tika in Einklang zu bringen. Denn wie die Stelen männlicher Verstorbener zeigen, handelt es sich zwar um eine standbildhafte Wiedergabe, jedoch zugleich um eine in Attributen und Gesten konkretisierte Erzählung, die den Toten in standesgemäßer Weise repräsentiert, wie es wohl öffentliches Auftreten, z. B. in der Palästra, mit sich brachte. Entsprechende Attribute für Mädchen waren jedoch in der Bildersprache nicht eindeutig. Spindel, Webstuhl und Wolle, wie sie in der epischen Erzählung als Kennzeichen häuslicher Tugend der vornehmen Frau durchaus beigelegt wurden, kennzeichnen in der attischen Bildersprache des 6. Jh. offenbar dienende Frauen, wohl Sklavinnen, die ansonsten ikonographisch nicht weiter als solche charakterisiert sind.[455] Gegenstände wie Schmuck oder Spielzeug hätten dem Bild einen betont häuslichen, fast intimen Akzent verliehen, der einem den Grabreliefs männlicher Toter vergleichbaren öffentlichen „Repräsentationsbild" eines vornehmen Mädchens nicht zukam. Es bliebe als wohl einziges „unverdächtiges" Attribut die Blüte, die in mythologischen Vasenbildern bisweilen auch Göttinnen halten, die innerhalb der Grabreliefs anscheinend auch Jünglinge hielten,[456] und die tatsächlich die einzige Kore auf einem Grabrelief hält, die kleine „Schwester" der Stele in New York (Tf. 1,2). Doch ergibt sich gerade damit ein letzter Aspekt. Denn sicher nicht zufällig tritt hier das Mädchen in Begleitung des Bruders an die Öffentlichkeit – selbst hier, d. h. im Bild des Grabreliefs öffentlich allein aufzutreten, wie es der Jüngling in der Palästra tat, war offenbar für ein attisches Mädchen ungehörig.[457] Das gleiche Motiv in der statuarischen Fassung der Korenstatue scheint dagegen der menschlichen Sphäre bis zu einem gewissen Grade entrückt gewesen zu sein.[458] Hier handelt es sich nicht um ein gleichsam

455 Vgl. N. Himmelmann, Archäologisches zum Problem der griechischen Sklaverei, AbhMainz 1971, 625f.

456 Vgl. AM 73, 1958, 3.

457 Vgl. z. B. Xenophon, Oikon. 7; dazu vgl. K. F. Hermann-H. Blümner, Griechische Privatalterthümer (1882) 66ff.; J. Voigt, AbhMainz 1960, 214; L. A. Schneider, Zur sozialen Bedeutung der archaischen Korenstatuen 5ff., 34f.

458 Zum Verhältnis Relief–Statue vgl. Himmelmann 38.

historisch erzählendes Bild wie beim Relief, das den Verstorbenen zeigt, wie er im Leben war; vielmehr steht hier z. B. die verstorbene Phrasikleia in ihrer Schönheit leibhaftig und unmittelbar vor Augen, jenseits eines „historischen" Zusammenhanges, und zu dieser ihrer Schönheit gehört die Blüte in ihrer Hand.[459]

Das 5. Jh. bringt indessen in den außerattischen Grabreliefs nicht nur bewegte Bilder anstelle der standbildhaften Starrheit, sondern auch beschaulichere, fast genrehafte Bilder, die so etwas wie eine persönliche, stimmungshafte Sphäre wiedergeben. Diese eröffnet nun auch die Möglichkeit, das Mädchen aus gutem Hause allein im Bild vorzuführen, mit ihrem Lieblingstier oder mit Blüte und Schmuck „beschäftigt". Solchen Darstellungen liegt jetzt kein sich repräsentierendes Standesideal mehr zugrunde wie den archaischen Jünglings- und Kriegerstelen Attikas, sondern ein, so könnte man vielleicht sagen, eher in sich gekehrtes Menschenbild (s. auch noch Tf. 7).

Trotz des angedeuteten, tiefgreifenden Unterschiedes zwischen den archaischen Grabreliefs und denen aus der 1. Hälfte des 5. Jh. gibt es ein Merkmal, das es rechtfertigt, den Zusammenhang einer Tradition zu betonen und die Zäsur zum klassischen Grabrelief erst danach zu setzen. Denn nach wie vor dominiert in den Darstellungen die Figur des bzw. der Verstorbenen so deutlich, daß man weiterhin fast von einfigurigen Bildern sprechen kann. Selbst dort, wo pais oder Dienerin zugefügt sind, sind sie der Hauptfigur untergeordnet, sind ihr oft fast attributiv zugeordnet, um sie oder die Sphäre zu charakterisieren. Oder aber durch Format und Gesten ist, wie im Fall des Grabreliefs der Apollonia, der Abstand zwischen der Toten und den Hinterbliebenen so drastisch ausgedrückt, daß man an Weihreliefs dachte und die Szene in diesem Sinne deutete. Selbst im Fall der Thronstele in Aegina vom Anfang des 5. Jh. (Tf. 4), die sogar zwei Personen im Handschlag verbunden zeigt, ist der Abstand zwischen der Verstorbenen und dem offenbar Hinterbliebenen unübersehbar, der in deutlich kleinerem Format gleichsam an den Rand des Bildes gerückt ist. Das heißt, auch in diesem Bild domi-

[459] Vgl. dazu Schneider a. O. 23 ff. (dazu Gnomon 49, 1977, 431).

niert die Verstorbene, ein gleichwertiges Gegenüber von Verstorbener und Hinterbliebenem liegt nicht vor. Aber gerade dies kennzeichnet die Situation der klassischen Grabreliefs (s. Tf. 8,2; 10,1; 11 ff.), die im Bilde der Verbundenheit zugleich die Trennung durch den Tod vor Augen führen – als „verinnerlichten geistigen Vorgang“[460]. Nur ein Grabrelief scheint in diesem Sinne über die aeginetische Thronstele deutlich hinauszuführen, eine Stele aus Pherai in Thessalien,[461] die einen sitzenden Mann im Handschlag verbunden mit einer stehenden Frau zeigt, beide in einem etwa gleichgewichtigen Größenverhältnis, beide durch Nennung des Namens ausgezeichnet. Die Frage nach der Hauptperson stellt sich erst angesichts solcher Bilder als Problem. Indessen handelt es sich hier nach Aussage der erhaltenen Denkmäler um ein vereinzeltes Beispiel, dazu um eines, das wohl erst nach der Jahrhundertmitte entstanden ist, vielleicht sogar in einer Zeit, in der schon erste attische Grabreliefs anregend wirkten. So wenig sich in diesem Punkt Sicherheit gewinnen läßt, wichtiger ist, daß die frühe Handschlagszene der aeginetischen Stele im außerattischen Bereich offensichtlich nicht aufgegriffen und weiter ausgestaltet wurde. Vielmehr blieb man bei der archaischen Lösung, den Toten unzweideutig herauszustellen. Neu gegenüber den archaischen Bildern Attikas ist die Mannigfaltigkeit der Themen, die den Vorrang der Jungverstorbenen ablöst und auch im Gehalt der Bilder Lebensnähe anspricht.

Die klassische Zeit

Anders als in der vorangehenden Epoche sind die attischen Grabreliefs klassischer Zeit, d. h. die des späteren 5. und des 4. Jh. nicht nur herausragende Vertreter ihrer Gattung, vielmehr bestimmen sie geradezu einseitig das Bild. Während noch um die Mitte des 5. Jh. andere Kunstzentren, voran die Kykladen, vorbildliche Grabreliefs

460 Himmelmann 40.

461 Biesantz a. O. K. 30 (Möbius, DLZ 54, 1933, 1034 hält Mann und Frau für verstorben); ähnlich zu ergänzen das Fragment K 38.

liefern, die auch nach Attika ausstrahlen (Tf. 7,1), setzt sich mit dem letzten Jahrhundertviertel die attische Kunst zusehends durch, bestimmt die Bild- und Figurentypen und selbst den Gewandstil bis zu einem gewissen Grade. Klassische Grabreliefs aus Rhodos und Kos, vereinzelte Beispiele, vor allem des 4. Jh., aus Kreta, Samos, von den Kykladen, aus Milet, Lesbos und Pergamon, zahlreichere aus Amphipolis und der Propontis bezeugen in aller Deutlichkeit den attischen Einfluß, der bis ins Schwarzmeergebiet reicht, und nur in Abweichungen der Thematik oder Motive verrät sich lokale Eigenheit bzw. Tradition.[462] Beispielsweise ist das Thema des sitzenden Jünglings in Attika ungewöhnlich, in Ionien dagegen offensichtlich beliebter und könnte insofern für die vereinzelten attischen Beispiele[463] prägend gewirkt haben.

Nur Böotien ist als eigenständige Landschaft zu erwähnen.[464] Denn nicht nur quantitativ ist die Gattung der Grabreliefs dort reichlicher vertreten; vielmehr ist trotz aller Einflüsse von seiten des benachbarten Attika eine gewisse Eigenständigkeit zu beobachten, so in der Bevorzugung des einheimischen Kalksteines (s. S. 63ff.), in

[462] Vgl. Pfuhl-Möbius Nr. 32ff.; BCH 80, 1956, 342; 85, 1961, 895; ADelt 15, 1933/35, Parart. 78f.; 23, 1968 B Tf. 368; 19, 1964 B Tf. 521; 20, 1965 B Tf. 720 (Kreta); ADelt. 22, 1967 B Tf. 340 (Amorgos); G. Despinis, AntPl VII 77ff. (Tinos); ADelt 11, 1927/8, Parart. 18 (Lesbos); BCH 86, 1962, 613 (Nauplia); ADelt 2, 1916, Parart. 50; 19, 1964 B Tf. 346 (Preveza); ADelt 24, 1969 B Tf. 262 (Leukas); ADelt 23, 1968 B Tf. 172 (Haliartos) und 190 (Tritaia); ADelt 26, 1971 B Tf. 204 (Lamia); ADelt 28, 1973 B Tf. 294 (Pharsalos); ADelt 26, 1971 B Tf. 394 (Thessalien); AAA 9, 1976, 128f. (Vergina); BCH 79, 1955, 121ff. (Thasos); BCH 90, 1966, 889 (Komotini); AAA 2, 1969, 194 (Thrakien); zu Amphipolis vgl. z.B. Prakt 1956, Tf. 47; 1957, Tf. 23f.; 1958, Tf. 55f.; 1960, Tf. 58; 1977, Tf. 33. – Bei Stelen des 5. Jh. herrscht in der Regel der ionische Einfluß vor, vgl. z.B. BCH 86, 1962, 262f.

[463] Vgl. ADelt 20, 1965 B Tf. 64; AM 81, 1966, 139f.

[464] Vgl. Schild-Xenidou, Böotische Grab- und Weihreliefs archaischer und klassischer Zeit (1972). Auch sei an die eigentümlichen, T-förmigen Denkmäler Böotiens erinnert, die im 4. Jh. anscheinend aufkommen: Fraser-Rönne.

der gelegentlichen Technik der geritzten, meist schwärzlichen Platten (s. S. 91ff.) und ebenso in der Thematik. Denn die lebhaft bewegten Krieger in Ausfallstellung auf jenen geritzten Stelen sind im späten 5. Jh. auf repräsentativen Grabmälern sonst unüblich, und gleiches gilt für die Reiter,[465] teils abgesessene, wie sie in Attika allenfalls auf „erzählenden", bescheideneren Denkmälern wie Marmorlekythen wiederholt gezeigt werden.

Angesichts der überwältigenden Vorherrschaft der attisch-klassischen Grabreliefs ist indessen nicht zu vergessen, daß in anderen Landschaften Grabdenkmäler durchaus nicht „ausgestorben" sind. Im Gegenteil, die Sitte, dem Verstorbenen ein bleibendes Erinnerungsmal zu errichten, lebte natürlich allenthalben fort. Nur beschränkte man sich in der Regel offensichtlich auf schlichte Namenstelen, die von der Forschung freilich meist wenig beachtet wurden.[466] Zwar mag bei der Wahl dieser Grabsteine z.T. auch der ökonomische Gesichtspunkt eine Rolle gespielt haben, insofern man sich den Aufwand für Grabreliefs nicht immer leisten konnte. Doch spielten sicher auch andere Faktoren eine Rolle, standen z.T. sicher im Vordergrund, so z.B. das Festhalten an der altehrwürdigen Form der Namenstele bzw. die Scheu vor der bildlichen Vergegenwärtigung des Toten. Zumindest läßt sich das Fehlen bzw. die Seltenheit bildlich geschmückter Grabsteine in wirtschaftlich potenten Zentren wie z.B. Rhodos ganz sicher nicht mit dem ökonomischen Aspekt erklären – zumal dort auch in hellenistischer Zeit Grabreliefs relativ selten sind.[467]

Für die Betrachtung griechischer Grabreliefs klassischer Zeit darf man sich angesichts des Denkmälerbestandes auf Attika konzentrieren. Anders als im Fall der archaischen Vorgänger liegt seit Beginn

465 Zur Deutung der Reiter vgl. K. Stähler, AA 1976, 70. Ausnahme bilden in Attika Staatsgrabmäler und von ihnen beeinflußte private Denkmäler wie der Dexileos. – Zu den Kriegern in Ausfallstellung vgl. auch die Stele in Tegea ADelt 20, 1965 B Tf. 150.

466 Vgl. z.B. eine jüngere, lokal begrenzte Zusammenstellung wie ADelt 29, 1974 A 100ff.

467 Vgl. die Übersicht bei Fraser.

dieses Jahrhunderts eine repräsentative Materialsammlung vor, das von A. Conze herausgegebene Corpus der attischen Grabreliefs, das die Denkmäler nach Bildtypen geordnet vorführt. Doch erst eine Generation später hat H. Diepolder (1931) den Versuch unternommen, diese Materialvorlage stilkritisch zu nutzen, d. h. die Denkmäler nach ihrem Stil, nach ihren formalen Unterschieden zu ordnen, um so ein historisches Bild zu gewinnen. Dieser Versuch ist bemerkenswerterweise bislang der einzige geblieben, obwohl sich der Bestand an Grabreliefs seither, soweit ich sehe, um etwa ein Drittel vermehrt hat. Entweder wurde in jüngeren Arbeiten nur ein zeitlich beschränkter Ausschnitt ins Auge gefaßt, so etwa von T. Dohrn, oder man konzentrierte sich auf bestimmte Denkmälertypen, oder der Blick wurde auf noch engere Bereiche wie die bärtigen Köpfe von Grabreliefs gelenkt, die aber dann schon gar nicht mehr allein um ihrer selbst willen betrachtet wurden, sondern im Hinblick auf Porträts großer Persönlichkeiten des 4. Jh.[468]

H. Diepholders Entwurf zur Entwicklung des attisch-klassischen Grabreliefs hat trotz kritischer Stimmen, trotz mancher fälliger Korrekturen und trotz der zahlreichen Neufunde bis heute seine Gültigkeit weitgehend bewahrt. In der gedruckten Fassung geht er von einer vergleichsweise bescheidenen Auswahl von Denkmälern aus, ordnet sie aufgrund von Ähnlichkeiten bzw. Übereinstimmungen zu mehr oder weniger kleinen Gruppen, die er ihrerseits in eine relative stilistische Abfolge bringt. Fest datierte Denkmäler wie Parthenonfries oder Urkundenreliefs geben ihm dann die Möglichkeit, die Reihe der Gruppen auch mit absoluten Daten zu verknüpfen.

Schon in den Rezensionen zu Diepolders Arbeit wurde seinerzeit auf einige Schwierigkeiten hingewiesen. So ging z. B. G. Lippold auf die Frage der Meister- bzw. Werkstattverbindungen ein.[469] Er wies darauf hin, wie problematisch dies Unterfangen bei den Grabreliefs

[468] S. Dohrn. Lokale Beschränkung: H. Biesantz. Schmaltz. A. Prukakis-Christodulopulos, AM 85, 1970, 54ff.; Kokula. K. Braun, Untersuchungen zur Stilgeschichte bärtiger Köpfe auf Grabreliefs und Folgerungen für einige Bildnisköpfe (1966).

[469] Gnomon 10, 1934, 186ff.

sei – im Gegensatz zur Vasenmalerei. Die Fragwürdigkeit der üblichen Kriterien ist offensichtlich, bis hin in jüngste Vergangenheit. Abgesehen von ganz wenigen „schlagenden" Zuweisungen ist immer wieder zu beobachten, daß Vorschläge ebenso rasch und nachdrücklich zurückgewiesen wurden, wie sie vorgetragen wurden. Die Subjektivität des Betrachters macht sich gerade in diesem Bereich voll geltend.[470] Ebenso wichtig ist indessen, daß solche Meister- oder Werkstattzuschreibungen natürlich unmittelbar chronologische Folgen haben. Denn Werke e i n e r Hand rücken unter Umständen auch im historischen Ablauf enger zusammen, als wenn die Denkmäler aus verschiedenen Werkstätten stammen, können aber ebensogut auf größere Zeiträume verteilt werden, wenn die Unterschiede als Entwicklung des ausführenden Meisters gewertet werden. Gerade Lippolds Hinweise beleuchten die Tragweite dieser Fragestellung. Denn wenn man mit ihm bestimmte Grabreliefs auf große Meister wie Skopas oder Timotheos bzw. deren Werkstatt zurückführt, dann sind die Lebensdaten solcher Meister zu berücksichtigen, und zugleich wird man solche Meisterwerke gerne als richtungweisende Vorbilder verstehen und daher recht früh einordnen. Es wundert daher nicht, daß großartige Grabreliefs von ihm um mehr als eine Generation früher datiert werden als von Diepolder.

Eine weitere Schwierigkeit bereitete für Lippold seinerzeit Diepolders Terminologie bzw. Kriterien. In der Tat ist es nicht immer leicht, Diepolders souveräner Charakterisierung eines Werkes zu folgen, zumal oft von handgreiflichen Formen abgesehen wird und statt dessen nur „Stimmung" oder „Ausdruck" geltend gemacht werden. Selbst Begriffe wie „unstatischer Bau" oder Mangel an „Standfestigkeit" bleiben gelegentlich als fast aphoristisch angedeutete Merkmale unverbindlich oder zweifelhaft oder fordern gar zu Widerspruch heraus, der freilich in der Regel auch nur wieder auf subjektivem Eindruck beruht.

470 Vgl. z. B. den Vorschlag von Chr. Karosos (MüJb 20, 1969, 13 f.), das Grabrelief der Philo (Philusia) als frühes Werk des Meisters von NM 3716 zu verstehen. Oder vgl. die Diskussion um die „Katzenstele": Gnomon 30, 1958, 51.

In diesem Zusammenhang weist Lippold auch auf die Gefahr hin, daß Stil und Motiv nicht sorgfältig genug auseinandergehalten werden. Am Beispiel einiger Mädchenstelen wird deutlich, daß sich Diepolder gelegentlich von der motivischen Ähnlichkeit so stark beeindrucken ließ, daß er die Unterschiede vernachlässigte, so das rigorose Profil der Eteoklea gegenüber der kompliziert, fast eckig bewegten Schrägstellung der Timarete,[471] oder auch das Verhältnis des Gewandes und seiner Bewegung zum organischen Körper darunter. Sorgfältige Reihen einzelner Figurentypen oder auch Gewandmotive, wie sie A. Kaltenhäuser einige Jahre nach Diepolders Arbeit vorgelegt hat, tragen hier zweifellos zur Klärung bei, obwohl sie natürlich umgekehrt die Gefahr mit sich bringen, daß motivisch Verwandtes leicht zu eng miteinander verbunden wird, daß die Tradition bestimmter Motive eingeengt oder die Möglichkeit von Rückgriffen zuwenig bedacht wird.

Einen letzten grundsätzlichen Aspekt hat Lippold nur angedeutet, während H. Möbius nachdrücklicher auf ihn hinwies.[472] Mehrfach spricht Diepolder bei der Bewertung späterer Grabreliefs von Auflösungserscheinungen, gebraucht z. B. zur Charakterisierung des Rhamnunter Denkmals für Hieron und Lysippe (Abb. 3) gar den Ausdruck „morbide Lockerung“ und beschließt seine Arbeit mit den beiden Sätzen: „Das Luxusgesetz des Demetrius traf diese Kunst nicht unvorbereitet. Innerlich hatte sie ihre Aufgabe erfüllt.“ Die Entwicklung der attisch-klassischen Grabreliefs wird hier als ein teleologischer Prozeß verstanden,[473] der nach einem Höhepunkt auf den Verfall zusteuert, und dieser hat das Ende der Gattung quasi zwangsläufig zur Folge. Demetrius von Phaleron fällt dabei die Rolle zu, gleichsam als Vollstrecker der geschichtlichen Entwicklung selbst aufzutreten.[474]

471 Diepolder Tf. 39.

472 DLZ 54, 1933, 1033 ff. (jetzt mit Nachtrag in Studia Varia 58 ff.); vgl. auch AA 1969, 510.

473 Vgl. Himmelmann, MarbWPr 1960, 15 f.

474 In diesem Zusammenhang ist daran zu erinnern, daß staatliche Beamte dafür sorgten, daß dem Gräberluxusgesetz Folge geleistet wurde; dies dürfte

Es liegt auf der Hand, daß Diepolders Sicht auf die hohe Klassik hin orientiert ist, auf Werke des späteren 5. Jh., an denen die folgende Entwicklung gemessen wird. Dies gilt auch für Denkmäler der 1. Hälfte des 4. Jh., selbst wenn Diepolder sie gelegentlich als „vollendete Fassung" würdigt, wie im Fall des Mnesarete-Reliefs in München (Tf. 13, 2). Denn was die Vollendung hier ausmacht, ist die „bildhafte Ausgeglichenheit", die sich aus der Stellung der Figuren, ihrer Bewegung und ihrem Verhältnis zum Grund ergibt – eine Einheit, die mit etwas anderen Worten auch am Hegeso-Relief hervorgehoben wird, und die bei beiden Frauenbildern dem „reinen Sein der Gestalten" gilt. Mit Blick auf solche „bildhafte Ausgeglichenheit" muß Diepolder dann bei den Grabreliefs des späteren 4. Jh. konstatieren, daß hier nun „eine formale Bindung der Kompostion" aufgegeben ist: an ihre Stelle tritt die „Bindung durch seelischen Ausdruck der Figuren" – „eine letzte große Wendung innerhalb der Entwicklung der attischen Grabreliefs des 4. Jh.".

Man kann sich mit Möbius auf ein einzelnes Werk konzentrieren,

ausschlaggebend dafür sein, daß mit dem Ende des 4. Jh. die attischen Grabreliefs schlagartig aufhören. Dennoch ist zu fragen, ob es gelegentliche Ausnahmen gab, z. B. in abgelegenen Gebieten auf dem Land. So könnte die lebensgroße Statue in New York aus Velanideza (Richter, Catal. Nr. 201) sehr wohl in einem großen Naiskos gestanden haben; freilich ist die Datierung ins frühe 3. Jh. nicht ohne Widerspruch geblieben (s. Richter und neuerdings für die frühe Datierung eintretend R. Horn, Samos XII 160). Freilich ist dann auch für die Budapester Figur (A. Hekler, Sammlung antiker Skulpturen 1929, Nr. 26) zu überlegen, ob sie als Grabfigur in spätklassischer Tradition zu sehen ist, wie R. Horn früher meinte, inzwischen aber widerrief (a. O. 146). Vergleicht man die Figur mit motivisch entsprechenden des frühen bis späten 2. Jh. v. Chr. (vgl. z. B. P. GettyMusJ I, 1974, 73 ff.; ADelt 21, 1966 A Tf. 1 ff.; BCH 96, 1972, 791; ADelt 21, 1966 B Tf. 486; ADelt 21, 1966 A Tf. 6; dazu Grabreliefs wie Pfuhl-Möbius Nr. 263, 1486, 253; BCH 98, 1974, 451 Nr. 50), dann ist unübersehbar, wie sehr bei der Budapester Figur körperliches Volumen und organische Bewegtheit betont sind (wie die 3/4-Ansichten erkennen lassen!). Gerade dies aber scheint in Fortführung spätklassischer Figuren eher verständlich als im 2. Jh. (vgl. z. B. das späte Weihrelief Athen NM 2958: Süsserott a. O. Tf. 24,3).

beispielsweise auf das genannte Rhamnunter Grabrelief, und man kann hier mit ihm, im Gegensatz zu Diepolder, „die Schlichtheit und morbide Lockerung der überschlanken Gestalten, zugleich das Differenzierte, Gleitende der Stimmung“ als neue Elemente verstehen, die bereits auf die folgende Epoche des Hellenismus hinführen. Oder man kann versuchen, von der retrospektiven, auf die Hochklassik bezogenen Betrachtungsweise Diepolders abzusehen, um die Eigenheit, den Eigenwert einer jeden Phase der Entwicklung schärfer ins Auge zu fassen. Beide Ansätze führen indessen nicht nur in Einzelfällen zu einer anderen Bewertung, ermöglichen es, in einem Werk nicht nur den Abschluß der vorangehenden Entwicklung zu sehen, sondern auch zugleich den Anfang für neue Tendenzen. Darüber hinaus führt ein derartiger Standpunkt unweigerlich auch zu unterschiedlichen Datierungen.

Trotz all dieser Bedenken bleibt festzuhalten, daß die von Diepolder skizzierte Entwicklungsgeschichte des attisch-klassischen Grabreliefs auch heute noch als ungefährer Leitfaden gelten kann. Neue Funde haben das Bild zweifellos bereichert, haben bislang isolierte Werke in einen gewissen Zusammenhang gerückt oder haben auch Korrekturen notwendig gemacht.[475] Ferner hat die veränderte Bewertung mancher längst bekannter Denkmäler dazu beigetragen, das Bild des stilistischen Wandels teilweise zu modifizieren. Erinnert sei hier nur an die Einschätzung und Datierung der Nikebalustrade, die immer wieder ins letzte Jahrzehnt datiert wurde, inzwischen aber doch überzeugend ins vorletzte Jahrzehnt gerückt wurde.[476] So gering dieser Zeitunterschied von 10 Jahren auch erscheinen mag, so wichtig ist das Ergebnis. Denn nunmehr sind Erechtheionfries und Nikebalustrade nicht mehr als gleichzeitige Möglichkeiten zu deuten, sind nicht mehr mit ihren Gegensätzlichkeiten Zeugnis entsprechend unruhiger Zeiten; vielmehr ergibt sich

[475] Vgl. z. B. AAA 1, 1968, 85ff.; AM 79, 1964, 85ff.

[476] Vgl. Dohrn 24ff.; P. N. Boulter, AntPl X 23; A. Delivorrias, Attische Giebelskulpturen und Akrotere des 5. Jh. (1974) 186f. Anders z. B. W. Fuchs, Gnomon 33, 1961, 239 und ders., Skulptur der Griechen (1969) 443ff.; ebenso wohl auch H. Lauter, AntPl XVI 41.

aus ihrem Nacheinander nun eine schrittweise Abfolge der Stilentwicklung, in die sich manche Grabreliefs jetzt auch anders einfügen lassen als zu Diepolders Zeiten.

Ein historisches Problem besonderer Art bildet der Wiederbeginn der attischen Grabreliefkunst in klassischer Zeit. Diepolder meinte, mehrere Grabreliefs in „das 1. Jahrzehnt nach der Jahrhundertmitte" datieren zu müssen, erst bei folgenden Stelen sei der „unverkennbare Einfluß der Frieskunst" des Parthenon zu beobachten. Da vorher Grabreliefs in Attika fehlen, wohl aufgrund eines Gräberluxusgesetzes des Kleisthenes, muß dies Verbot entweder formell aufgehoben worden sein, oder es muß gewissermaßen in Vergessenheit geraten sein und wurde nicht mehr eingehalten. Die Entscheidung ließ Diepolder in diesem Punkt offen, wichtiger war ihm, daß das erneute Einsetzen der attischen Grabmalkunst „mit der gesteigerten Kunsttätigkeit der perikleischen Zeit zusammenhänge".

Von zwei Seiten her läßt sich dieser Standpunkt in Frage stellen. Datiert man z.B. mit T. Dohrn die ältesten erhaltenen Grabreliefs klassischer Zeit aufgrund ihres Stiles erst an das Ende des 5. Jh., so ist der Annahme Diepolders, die perikleische Kunsttätigkeit habe sich auch auf sepulkralem Gebiet ausgewirkt, die Grundlage entzogen. Einen möglichen historischen Hintergrund für den Wiederbeginn attischer Grabreliefs kurz vor 400 v. Chr. meint Dohrn in Nachrichten fassen zu können, wonach eine 410/9 v. Chr. eigens eingesetzte Kommission in Athen ältere Gesetze durchzusehen und zu kodifizieren hatte, und wonach etliche Jahre später alte Gesetze neu beantragt wurden. Im Zuge solcher Aktivitäten sei auch das alte Grabmäleredikt außer Kraft gestzt worden. So vage solche Vermutungen bleiben, da keinerlei Hinweise auf sepulkrale Gesetze vorliegen, so sicher spricht der Stil der Grabreliefs gegen Dohrns Auffassung. Denn ausnahmslos werden sie von ihm zu spät datiert, wie W. Fuchs mit Recht betont.[477]

Freilich bezieht nun Fuchs auch seinerseits einen ähnlich einseitigen Standpunkt. Denn seine Frage nach „tiefer greifenden Ursachen" für das Wiedereinsetzen der attischen Grabreliefs führt ihn

[477] Gnomon 33, 1961, 241.

zur Annahme, „nur eine Katastrophe konnte den in Athen verschütteten Brauch des Aufrichtens reliefgeschmückter Stelen am Grabe wiederaufleben lassen". Diese Katastrophe sei in Thukydides' Schilderung der Pest (II 48 ff.) des Jahres 430 v. Chr. anschaulich festgehalten, nur ihre furchtbare Wirkung, die Verwahrlosung und Zerrüttung der Grabsitten hätten dazu geführt, daß als Folgeerscheinung der Katastrophe dann wieder Grabstelen errichtet wurden. Die Worte des Thukydides (II 52), wonach infolge der Pest alle früheren Bestattungsbräuche und Gesetze in Unordnung gerieten, wonach man gleichgültig wurde gegenüber allem, was durch Religion oder Brauchtum bislang als heilig galt, diese Beschreibung der damaligen Situation nötigt freilich dazu, das Aufstellen von Grabreliefs als mittelbare Folgeerscheinung zu verstehen, als wenig spätere Reaktion, „gleichsam als Sühne". Die Grabstele wird daher von Fuchs nicht nur als „Zeichen der Versöhnung der Lebenden mit den Toten" gedeutet, sondern auch als „Denkmal der Versöhnung mit den mächtigen Göttern, die die furchtbare Krankheit schickten".

Besonders diese Deutung der Grabstele ruft Bedenken hervor. Denn den Grabreliefs wird hiermit eine Aufgabe zugedacht, die gegenüber den Göttern ansonsten durch klar sanktionierte Verfahren wie Opfer, auch Weihgeschenke und spezielle Sühneopfer erfüllt wurde. Und inwieweit gegenüber den Toten durch Errichtung eines Grabmals eine „Versöhnung" vollzogen wurde, bleibt vollends offen. Eine wenig spätere Äußerung wie die der Sophokleischen Elektra (447) läßt wenigstens vermuten, daß übliche Spenden eher als geeignete Sühneopfer angesehen wurden. Zudem muß man sich klarmachen, daß nach der Auffassung von Fuchs die „nach dem Brauche der Großväter" errichteten Stelen nun eine ganz neuartige Funktion erfüllten, eben aus akutem Anlaß Lebende und Tote in einem Zeichen zu versöhnen; eine Funktion, die eine außerordentlich reiche und 100jährige Denkmälerreihe angeblich eröffnete, eine Tradition auslöste, für die nach Aussage der Epigramme dann doch der Gedanke des Erinnerungsmales im Vordergrund stand bzw. maßgebend war, wie schon in früherer Zeit.[478] Beide Vorstellungen,

[478] Vgl. z.B. Peek Nr. 8, 11, 34, 54, 57, 79, 122.

sowohl die der Versöhnung von Toten und Lebenden wie jene, daß nur eine Katastrophe den Wiederbeginn der Grabreliefs verständlich machen könne, scheinen mir eher modernen Anschauungen zu entsprechen als den antiken.

Es bleibt schließlich als letzter Gesichtspunkt, daß der Stil einiger Denkmäler der Auffassung von Fuchs entgegensteht. Denn in die Zeit vor der Pest (430) dürften Grabdenkmäler mit bildlichem Schmuck nicht datiert werden. Gerade dies ist aber nicht zu umgehen, wenn man sich allein an den Stil der Reliefs hält. Hilfreich für Datierungen ist dabei ein Grabrelief im Kerameikos, das dem Jüngling Eupheros gilt (Tf. 7,2), und das sich dem Grabungsbefund nach zweifelsfrei auf ein bestimmtes Grab beziehen läßt.[479] Die keramischen Beigaben dieses Grabes weisen es an den Anfang der 20er Jahre, in dieser Zeit wird auch das Grabrelief geschaffen worden sein. Damit ist eine zuverlässig datierte Vergleichsmöglichkeit gewonnen; als früheres Denkmal bleibt vor allem der Parthenonfries, und angesichts dieser Denkmäler kommt man nicht umhin, einige Grabreliefs in die Zeit dazwischen, in die Jahre um oder kurz nach 440 v. Chr. einzuordnen. Genannt seien hier nur zwei Mädchenstelen, von denen die eine schon von Diepolder als früh erkannt wurde.[480] Mögen es insgesamt auch nur wenige Grabreliefs sein, die vor der Pest entstanden sind, so reichen sie doch aus, auch von dieser Seite her in Zweifel zu ziehen, daß erst die Pest und nur diese Katastrophe den alten Brauch wiederaufleben lassen konnte, reliefgeschmückte Stelen am Grabe zu errichten.

So bleibt die Frage nach einem sinnfälligen historischen Anlaß für das Wiedereinsetzen der attischen Grabreliefs vorerst doch offen, vielleicht ist es sogar besser, man verzichtet mit Diepolder darauf, nach einem bestimmten historischen Ereignis als dem auslösenden Faktor Ausschau zu halten. So sicher die Grabreliefs historische Zeugnisse sind und demzufolge auch historisches Geschehen bis zu

479 AM 79, 1964, 85 ff.

480 Athen NM 910: Diepolder Abb. 1; NM 3254: ADelt 30, 1975 A 35 ff. Tf. 17. Vgl. ferner das frühe Doppelrelief aus Brauron: Kokula 4 f. (hier ist die Entwicklung der Form Indiz für die Datierung).

einem gewissen Grade widerspiegeln, so unzweifelhaft sind sie doch auch Erzeugnisse der Kunst, die einer eigenen Tradition folgt. „Die gesteigerte Kunsttätigkeit der perikleischen Zeit" könnte daher doch der allgemeinere Hintergrund sein, vor dem auch das Wiedereinsetzen der Grabreliefs zu sehen ist. Dabei sei daran erinnert, daß diese Kunst gerade zu Beginn deutlichen Einfluß der blühenden Nachbarkunst der Kykladen zeigt, sowohl im Typus (Mädchenstele) als auch im Motiv (mit Pyxis beschäftigt).[481] Bildhauer von den Inseln, die zur Neugestaltung der Akropolis nach Athen strömten, brachten ihre Bräuche und Vorstellungen mit und müssen anregend gewirkt haben, so wie umgekehrt die Kunst des Parthenon gelegentlich unmittelbar in der Heimat dieser Meister zu fassen ist.[482]

Diepolders großes Verdienst ist es, sich auf die stilistische Betrachtung der Grabreliefs als einer einheitlichen Gattung konzentriert zu haben. Dabei ging es ihm besonders um formale Merkmale: Inwieweit das Gewand mit seinen Falten den organischen Bau des Körpers betont, inwieweit es auf eine „linienhaft schwingende Bewegtheit" zielt, oder inwieweit es im Sinne eigener Stofflichkeit charakterisiert ist; oder ob „das Einhüllen in schwere Gewänder" das Volumen der Figuren betont im Sinne einer massigen Einheit, die womöglich durch „Höhen und Tiefen bildende Faltengruppen" aufgelockert wird, wobei ein „Spiel von Licht und Schatten" hervorgerufen wird. Nicht weniger achtete Diepolder auf das Verhältnis der Figuren zum Reliefgrund, auf ihren in feinen Schichten ablesbaren Bau und ihre damit offensichtliche Gebundenheit an den Hintergrund; oder auf ihr plastisches Volumen, das als einheitlicher Körper gleichsam nach vorne drängt, sich vom Grund löst und zu ihm in ein Spannungsverhältnis gerät; auf die Bewegung der Figuren, die auf den Reliefgrund bezogen die „bildliche Einheit" betont oder aber die Eigenständigkeit des Körpers gegenüber dem Hintergrund herausstreicht. In diesem Zusammenhang berücksichtigte er natürlich auch

[481] Vgl. z. B. auch AM 79, 1964, 101 zur 'Salamis-Stele'.

[482] Vgl. A. Kostoglu-Despini, Problemata tis parianis plastikis tou 5. aiona (1979) 86 ff. A. Choremis, Festschrift N. Kontoleon 555.

das Verhältnis der Figuren zueinander sowie zur Stelen-Architektur, das Ausbreiten der Figuren am Reliefgrund mit gelegentlichen, fast zeichnerischen Überschneidungen, das Gegenüber zweier aufeinander bezogener Körper, ihre halbkreisförmige Anordnung im Raum, teils vor dem gerahmten Hintergrund, teils im Rahmen einer bühnenhaft gestalteten Stelen-Architektur und endlich das Nebeneinander isolierter Figuren.

Behält man all diese Aspekte mit Diepolder im Blick, dann liegt es nahe, sie an unmittelbar vergleichbaren Figuren ein und desselben Typus zu verfolgen. Selbst feine Unterschiede fallen dabei rasch ins Auge, die natürlich jeweils auch unter dem Aspekt der Qualität zu betrachten sind. Ferner ist zu bedenken, daß bestimmte Figurentypen zu bestimmten Zeiten besonders beliebt waren, immer wieder gestaltet und verändert wurden, während andere zur gleichen Zeit mehr schablonenhaft wiederholt wurden, vielleicht in Anlehnung an ein prägendes Vorbild. So verwundert es nicht, wenn die mehr als ein Jahrhundert lange Tradition nicht an ein und demselben Figurentypus in gleichbleibend intensiver und lebendiger Ausgestaltung und Variation zu überblicken ist. Im folgenden möchte ich an zwei beispielhaft herausgegriffenen Figurentypen die formale Entwicklung des klassisch-attischen Grabreliefs skizzieren.

Die überragende Qualität des New-Yorker Grabreliefs einer sitzenden Frau (Tf. 8,1)[483] und die stilistische Nähe zum plastischen Schmuck des Parthenon lassen am attischen Ursprung nicht zweifeln, auch wenn die Lekythos in der erhobenen Linken der Frau innerhalb der Gattung bisher singulär ist.[484] Der Reichtum der Falten, die sich z. T. überlagern im Sinner feiner „Plisseefalten" und stärke-

[483] New York, Metropolitan Museum 08. 258.42: G. M. A. Richter, Catal. of Greek Sculpture Nr. 75; Diepolder Tf. 7; zuletzt Stupperich 180, Nr. 490.

[484] Auch die Einzigartigkeit der Tänie in der Hand der Frau NM 1822 (Tf. 8,1) ist kein Beweis für außerattischen Ursprung. Dazu ist zu überlegen, ob die Lekythos im Zusammenhang mit vereinzelten wgr. Bildern wie ARV² 995f. Nr. 122, 130 zu sehen ist. Außerattische Beispiele: vgl. H. Biesantz, Thessalische Grabreliefs Tf. 5; Pfuhl-Möbius Nr. 61 und 63.

rer Zugfalten des Gewandes, die Dichte des Stoffes, die den ganzen Körper deckt, dennoch aber wichtige Körperteile in ihrer organischen Form hervortreten läßt, die Bewegung des Gewandes, die die Körperteile in ihrer Funktion oder in ihrer Form betont – dergleichen findet enge Entsprechungen am Parthenon, namentlich im Bereich des Ostgiebels. In den späten 30er Jahren dürfte das Grabrelief geschaffen worden sein.

Etwa 20 Jahre später muß das Grabrelief einer sitzenden Frau mit Dienerin in Athen (Tf. 8,2)[485] entstanden sein, wie der Vergleich mit Platten der Nikebalustrade und des Erechtheionfrieses zeigt. Der lineare Wert der Falten ist gesteigert, z. T. zu kalligraphischen Schnörkeln, die sich gelegentlich wie dicke Schnüre vom Untergrund lösen. Dieser Untergrund ist teils amorphe Fläche, quasi freihängendes Gewand, ist z. T. aber unmittelbar daneben Körper, der wie durch naß aufliegenden, dünnen Stoff durchscheint. Noch einen Schritt weiter führt das Hegeso-Relief. Denn hier haben die Falten des Gewandes ihren Wert als eigene Stege eingebüßt, sind meist nur Kanten, die in feinster Schichtung einzelne Flächen voneinander absetzen. Dabei tritt der Körper kaum mehr in seiner organischen Form zutage, sondern wird nur noch partiell angedeutet durch Flächenwerte und sich stauende Gewandpartien. Wohl nicht zufällig gibt hier nun rahmende Stelenarchitektur dem Bild zusätzlich Halt.

Folgende Frauenstelen wie die der Phrasikleia, Phainarete und Philo (Tf. 11 f.)[486] bauen Schritt für Schritt letzte graphische Elemente ab, so auch im Gewand, betonen statt dessen zusehends die stoffliche Eigenart des Gewandes, zugleich seinen plastischen Wert sowie die voluminöse Einheit von Körper und Gewand. Der frühere Aufbau der Figuren in flachen Schichten ist aufgegeben, die Figuren wenden sich stärker in die Frontale und lösen sich damit vom Grund, um sich als eigenes körperliches Gebilde vor ihm zu behaupten. Gerade diese Tendenz führen Stelen wie Athen NM 3780, 726,

[485] NM 1822: Diepolder Tf. 21; jetzt vollständig: ADelt 23, 1968 B Tf. 2.

[486] Vgl. Diepolder Tf. 19, 17, 18.

Chalkis Mus. 104, die der Mnesarete, Kopenhagen I. N. 1515 und die der Euandria weiter (Tf. 12–15).[487] Dabei kommt bis zu einem gewissen Grade wieder die alte Profilstellung zur Geltung, doch nicht, um die Figur in Schichten quasi aufzufächern, sondern um den vom Gewand umspannten Körper durch die entschiedene Bewegungsrichtung des einheitlichen Profils in seiner Eigenständigkeit um so deutlicher vom Grund abzusetzen. Dieser Hintergrund tritt gegenüber den früheren Reliefs gewissermaßen weiter zurück und macht sich lediglich noch insofern bemerkbar, als die Bewegung der Figuren parallel zu ihm verläuft. Wie diese Figuren in ihrem Handeln und in ihrer Körperlichkeit an Eigenständigkeit gewonnen haben, so gilt dies umgekehrt auch für den Hintergrund, der nicht mehr ausgefüllt wird, sondern gleichsam als weiter Raum zwischen und über den Figuren zur Geltung kommt. Den letzten Schritt vollzieht dabei die Stele der Euandria; denn hier ist zwischen Hintergrund und Handschlagszene eine Nebenfigur, die klagende Dienerin eingeschoben: Noch offensichtlicher lösen sich die Hauptfiguren vom Reliefgrund, stehen durch die Raumschicht der Dienerin getrennt frei davor und bilden mit der Dienerin eine räumliche Gruppe, die so etwas wie einen Halbkreis beschreibt. Zugleich überschneiden die Figuren in souveräner Eigenmächtigkeit die Stelen-Architektur, die weniger Rahmen eines Bildes oder Geschehens ist als vielmehr Beiwerk, das in den Hintergrund gerückt ist.

Es bleibt noch ein Wort zur Wiedergabe des Gewandes. Die fast aufdringliche Schwere des Stoffes bei der Philo ist aufgegeben, das Verhältnis zum Körper ist dichter, und straffer umspannen ihn die Falten, wodurch die Einheit von Körper und Gewand betont wird – doch nicht im Sinne des organisch geformten Leibes wie im 5. Jh., sondern im Sinne eines kompakten Volumens. Dies führt zusehends zu stärkerer Massigkeit der Figuren, deutlich bereits an Euandria, eine Massigkeit, in der im folgenden dann Körperformen und Körperbewegung immer mehr aufgehen. Die Oberfläche wird dabei von

[487] Vgl. Diepolder Tf. 26, Abb. 6, Tf. 27, 44; Poulsen, Catal. (1951) Nr. 198.

tiefen Furchen aufgelockert, nicht der plastische Wert des einzelnen Faltensteges interessiert, sondern nur ein Andeuten überkommener Schemata durch Linien, durch Licht und Schatten.

Urkundenreliefs bezeugen seit dem Jahrzehnt vor der Mitte des 4. Jh. halbkreisförmige Gruppierungen in der Art der Euandria-Stele. Zweifellos spiegeln sie Kompositionen wider, die wenig vorher durch bedeutendere Werke vorgegeben wurden. In dieser Zeit, in den Jahren um 360 v. Chr., muß auch die Stele der Euandria entstanden sein. Dieser Datierung fügt sich das Grabrelief der Korallion im Kerameikos (Abb. 7), für das aufgrund der Baugeschichte der Grabbezirke ein Datum nach der Jahrhundertmitte, aber noch vor 338 v. Chr. erschlossen wurde.[488] Noch massiger als Euandria, wie in sich versackt, sitzt Korallion da, noch stärker wird die Oberfläche durch schattige Furchen quasi zerlegt, und noch weniger wird Körpervolumen durch umschreibende Falten ansichtig gemacht. Das tragende Gerüst und der für die plastische Form wichtige Zusammenhang der Oberfläche werden aufgegeben zugunsten von Massigkeit und Schwere, die im folgenden zusehends in der Fläche ausgebreitet werden. Angesichts dieser Entwicklung gewinnt die Stelen-Architektur sicher nicht zufällig an Bedeutung und tritt als Rahmen in den Vordergrund, um der Komposition und den Figuren selbst einen gewissen Halt zu geben.

Der stilistische Wandel in der 2. Hälfte des 4. Jh. läßt sich noch anschaulicher am Typus des stehenden Mannes verfolgen, beispielsweise an dem, den der Thraseas des Euandria-Reliefs vertritt (Tf. 15,2). Im Anschluß an ihn zeigen Männerfiguren wie Hippon, Phainippos und die der Stelen Athen NM 1986 und 768,[489] wie die den Körper tragende und seine Glieder verbindende Bewegung an Geltung verliert (Tf. 17f.), wie Gewandanordnung und Falten im Beckenbereich den Bewegungsrhythmus ins Stocken bringen und schließlich zu gegensätzlichen und kleinteiligen Faltensystemen ausgebaut werden, die so etwas wie ein Eigenleben führen. Zugleich

[488] Vgl. AA 1965, 343ff.

[489] Vgl. Diepolder Tf. 45,1; 42,2; V. Stais, Marbres et Bronzes du Mus Nat. (1910) 144f.; Conze Nr. 448 (dazu vgl. jetzt ADelt 24, 1969 B Tf. 2).

nimmt die Massigkeit der Figuren stetig zu, die von der Handlung bestimmte Profilwendung wird mehr und mehr zu einem 3/4-Profil, endlich zu einer annähernden Frontalstellung, die den Körper in einem blockhaft erstarrten Umriß dem Betrachter darbietet. Im Fall des Reliefs NM 768 war der Kopf des Mannes sicherlich der sitzenden Frau zugewandt, während sein ganzer Unterkörper frontal ausgerichtet ist, sein rechter Fuß sogar ein wenig nach außen weist. So ist trotz des geschlossenen Umrisses doch Bewegung angedeutet, die jedoch nicht den ganzen Körper einheitlich erfaßt, sondern nur wie eine Teilbewegung Kopf und rechtes Bein bestimmt, nur die Extremitäten, und die gerade zu dem so blockhaft geschlossenen, in kleinteilige Liniensysteme aufgeteilten Leib in einen spürbaren Gegensatz gerät. Eine Fortführung dieser Gestaltungsweise bietet die Zeus-Figur des Urkundenreliefs von 318/7 v. Chr.,[490] die dem Mann des Grabreliefs in Bau und Oberflächengliederung aufs engste entspricht. Gleichsam vermittelnd zwischen Athena und dem Geehrten scheint der Gott soeben eine Wendung vollzogen zu haben, die an Kopf und Beinen abzulesen ist, am nahezu frontal gezeigten Leib aber so gut wie gar nicht zur Geltung kommt. Wie beim Grabrelief ergibt sich damit der Eindruck einer momentanen Bewegtheit, die an der Götterfigur noch gesteigert wird durch die gelängte Proportion und den Gegensatz zwischen massigem Leib und auffallend schmalem Stand. Das Unvermittelte dieser Bewegung bildet gegenüber den vorangehenden Figuren zweifellos etwas Neues. Während die älteren Figuren in ihrer Bewegung gleichsam auf sich selbst bezogen sind und in sich ruhen, scheinen die zuletzt genannten mit ihrer momentanen Bewegung quasi über sich selbst hinauszuweisen. Der Mann des Grabreliefs NM 768 war dabei sicher nicht so lebhaft bewegt wie die Zeus-Figur, ist auch noch gedrungener proportioniert und dürfte daher etwas älter sein. Etwas spätere Grabrelieffiguren mögen dem Zeus noch enger entsprochen haben, dürften wie er mit unruhig-abrupter Bewegtheit ihre Eigenständigkeit vor dem Grund betont haben und zugleich bei weitgehender Frontalität den

[490] Vgl. dazu H. K. Süsserott, Griechische Plastik des 4. Jh. (1938) 67 Anm. 128.

Eindruck eines gesteigerten Anspruches vermittelt haben, wie er bei NM 768 bereits anklingt.

Es bleibt noch ein Hinweis zur Komposition. Wie gerade das Grabrelief NM 768 beispielhaft erkennen läßt, ist die halbkreisförmige Anordnung der Jahrhundertmitte wieder aufgegeben. Statt dessen herrscht eine klare Aufteilung in zwei Raumschichten vor, in eine vordere Ebene, in der sich die oft fast vollplastisch gearbeiteten Protagonisten die Hand reichen, und in eine Hintergrundsebene, in der ein oder gar mehrere Hinterbliebene in meist flachem Relief am Hintergrund „kleben". Wie auch am Grabrelief NM 768 zu erkennen, neigen die Figuren zu einer frontbezogenen Ausbreitung, womit in die Tiefe führende Linien vermieden sind. Die den Halbkreis einst als Raum erschließenden Bezüge sind aufgegeben, wie Kulissen schieben sich die beiden Ebenen hintereinander, wobei die Illusion der Bühne durch die rahmende Architektur noch verstärkt wird. Damit kommt den in der Hauptebene weitgehend frontal ausgebreiteten Figuren eine gesteigerte Bedeutung zu, ein gesteigerter Anspruch, insbesondere wenn sie sich auch mit ihrem Gesicht dem Betrachter zuwenden, statt den Bezug zueinander zu suchen.

Es ist wichtig, sich diese nur sehr grob skizzierte Entwicklung zu vergegenwärtigen, um abschätzen zu können, inwieweit die genannten Veränderungen im Sinne eines lediglich formalen Wandels zu verstehen sind, oder inwieweit sich auch oder gar vorrangig ein Wandel der Aussage, der inhaltlichen Bedeutung abzeichnet. Mehrfach weist Diepolder auf den Gehalt der Darstellung hin. So spricht er z. B. bei Mnesarete von einer „tief innerlichen Stimmung", bei wenig späteren Reliefs betont er den „stark stimmungshaften Ausdruck", und für die zweite Jahrhunderthälfte scheinen ihm „gesteigerte Individualisierung der Figur" und eine „noch stärkere Betonung des seelischen Lebens" bezeichnend zu sein. Auf die Aussage des dargestellten Geschehens bezogen, sieht Diepolder im Einzelfall, etwa im Bild der Rhamnunter Stele des Hieron und der Lysippe (Abb. 3), die „höchste Vergeistigung jenes alten Motives, des Verbundenseins zweier Gestalten im Händedruck".

Anknüpfend an Diepolder hat 25 Jahre später N. Himmelmann Gesten, Ausdruck und Stimmung der Figuren schärfer und systematisch ins Auge gefaßt[491] und dabei gerade auch auf das Verhältnis der Figuren zueinander geachtet. Ausgangspunkt war für ihn die Überzeugung, daß „die Stelen an den attischen Gräbern der klassischen Zeit Verbundenheit darstellen", unverkennbar bezeugt im Handschlag der Gestalten. Zumal in diesen Bildern, aber auch in einfigurigen Darstellungen sei zu beobachten, wie das Eigene des Toten als das zentrale Anliegen der Gattung herausgestellt werde. Drei Stufen seien zu erkennen: „Nacheinander wird das Eigene des Toten in seiner Versunkenheit, in seiner Entrückung und in seiner Verklärung deutlich." Zwar betont Himmelmann zugleich, daß es sich um „einen alten Gedanken" handle, der „in der Folge zeitgebundener Verkörperung bis zur letzten Klarheit geführt" sei, womit die skizzierten Veränderungen im Wesen des Toten so etwas wie eine Entsprechung zum stilistischen Wandel darstellen, lediglich auf einer anderen Ebene. Dennoch ist nicht zu übersehen, daß auch nach Himmelmanns Auffassung diese Veränderungen zugleich tiefer reichen, was bereits die verwendeten Begriffe andeuten. Denn „den Heroisierungstendenzen der Zeit hat sich Attika auf die Dauer nicht verschlossen". Einzelne Meister, die offenbar ihrer Zeit voraus waren, wiesen schon kurz nach der Jahrhundertmitte den Weg, so der Meister des Ilissos-Reliefs, der seinen „Helden in so mächtiger Wendung herausblicken" läßt, der ihn „nicht nur durch die Nacktheit des Jägers als Heros charakterisiert, ... sondern auch im gesteigerten Ausdruck, in der inneren Mächtigkeit des Blickes". Mit dem letzten Jahrhundertdrittel sind dergleichen Vorstellungen dann offenbar „etwas Selbstverständliches", wie Frontalität und „heroische Haltung" zeigen. Doch finden sich eben diese Merkmale gelegentlich an beiden Vordergrundsfiguren, frontale oder fast frontale Stellung sogar häufiger.[492] Gerade diese Eigenart scheint nach dem oben skizzierten Abriß zur Stilentwicklung eine vor allem formale Erscheinung zu sein, die z. B. auch innerhalb der Weihreliefs zu fas-

[491] Studien zum Ilissosrelief (1956).

[492] Vgl. Epichares und Platon Conze Nr. 700, dazu die Deutung bei Himmelmann 28; zu Epichares vgl. den Asklepios NM 1335 (Neumann Tf. 45a). Vgl. ferner die Sitzenden Prakt. 1978, Tf. 3 und Chikago 22.1928.

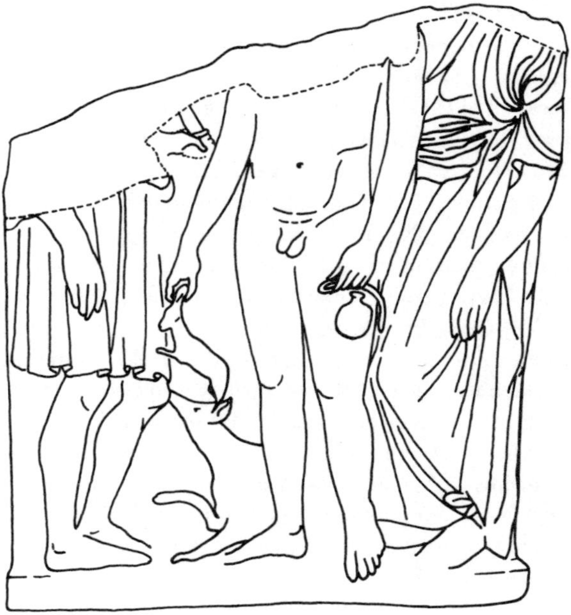

Abb. 10. Grabstele eines Jünglings in Brauron, Mus.

sen ist.[493] Im Zusammenhang des stilistischen Wandels wird es demnach zumindest schwierig, genauer abzugrenzen, inwieweit ein Unterschied wie etwa Profil – Frontalität als solcher der Form anzusehen ist oder als veränderte inhaltliche Aussage. Zumal bei Gegenüberstellung thematisch entsprechender Darstellungen (vgl. z. B. Diepolder Tf. 15,1 u. 54) wird dies Dilemma deutlich, mit verbindlichen Kriterien zu entscheiden, inwieweit die offenkundigen Abweichungen im Sinne des Stilwandels formal zu werten sind oder inwieweit sie zugleich oder gar vorrangig eine veränderte Aussage implizieren.[494]

[493] Vgl. Neumann 54.

[494] Vgl. z. B. auch Mädchenstelen wie Athen NM 3891 und New York, Richter Catal. Nr. 80 mit Richter a. O. Nr. 94 und Diepolder Tf. 52,1.

Ein' Ansatz, die angedeuteten Fragen zu klären, ergibt sich von einer ganz anderen Seite. Denn gerade Himmelmanns Ausgangspunkt, seine Überzeugung, Verbundenheit sei das zentrale Thema klassischer Grabreliefs, ist einer genaueren Betrachtung wert. Beim Überblick über die erhaltenen Denkmäler fällt nämlich auf, daß der Handschlag, das unverkennbare Zeichen der Verbundenheit, durchaus nicht ausnahmslose Regel ist. Im Gegenteil, die Gruppe der Jünglinge und Mädchen, auf zahlreichen, oft lebensgroßen und meisterhaften Grabreliefs vertreten, scheint an dieser Verbundenheit insgesamt nicht teilzuhaben. Immer wieder werden Jünglinge als Palästriten in Einzelbildern vorgeführt, allenfalls begleitet von ihren pais, und ganz ähnlich verhält es sich mit Mädchen, die an Frisur und Tracht als unverheiratet kenntlich sind (Tf. 7; 9; 10; 16; 19).[495] Werden sie aber doch mit Angehörigen im Bild zusammen gezeigt, dann sind sie in aller Regel nicht mit ihnen durch den Handschlag vereint (Abb. 10). Ausnahmen sind selten,[496] zugleich bezeichnend, sofern es sich um junge Männer handelt. Denn diese sind in Handschlagszenen fast regelmäßig als bürgerlich gekennzeichnet, sie sind in den üblichen Mantel gekleidet und tragen dann auch meist kein Palästragerät (Tf. 10,1).

Die zahllosen Einzelbilder von Jünglingen und Mädchen könnte man zunächst als typologisch bestimmt abtun. Doch fragt sich angesichts der mehrfigurigen Darstellungen, die Jüngling oder Mädchen den Angehörigen ohne Handschlag gegenüberstellen, ob nicht im vorliegenden Zusammenhang auch den Einzelbildern Bedeutung zukommt. Dabei ist zu bedenken, daß es sich bei diesen Reliefs so gut wie regelmäßig um Naiskosstelen handelt, dazu immer wieder um Stelen von ansehnlichem Format. Auf bescheideneren Denkmä-

495 Vgl. MarbWPr 1979, 24 ff.

496 Mädchen im Handschlag: AEphem 1939/41, Chron. 3 Nr. 13; isoliert: Conze Nr. 1131; MarbWPr 1979, Tf. 5; „Sostrate" (Richter a. O. Nr. 83); Mädchenstele in Laon Mus. 371196 (A. N. Rollas, Guide Catal. du Musée de Laon 1975, 15, Tf. 5); Palästrit im Handschlag: Conze Nr. 630. Wichtig in diesem Zusammenhang die 3figurige Palästritenstele der Zeit um 400 v. Chr. in Brauron: der nackte Jüngling steht frontal in der Mitte, gerahmt von zwei Profilfiguren (Abb. 10).

lern wie Marmorlutrophoren oder Bildfeldstelen begegnen dagegen Palästriten und junge Mädchen mit den genannten Charakteristika fast nie bzw. nur selten. Von daher kann kein Zweifel sein, daß allein schon durch den Typus der anspruchsvollen Naiskosstele das Thema jener Jungverstorbenen hervorgehoben wird. In diesem gleichen Sinne der Auszeichnung ist wohl die Einfigurigkeit der zahlreichen Darstellungen zu verstehen und ebenso die Isolierung der Jungverstorbenen in den gelegentlichen mehrfigurigen Bildern.

Neben diesen Grabreliefs sind es vor allem Frauenstelen, die die Verstorbene allein oder mit Dienerin zeigen, gelegentlich auch mit einem oder einer Angehörigen in einfachem, gestisch unverbundenem Beieinander (Tf. 8;11 ff.). Diesen Darstellungen steht, besonders seit dem 2. Drittel des 4. Jh., eine in der Tat beeindruckende Anzahl von Frauenstelen gegenüber, die die Sitzende mit Angehörigen beiderlei Geschlechts im Handschlag verbindet. Vorher taucht der Handschlag innerhalb der Grabreliefs dagegen gar nicht so häufig auf; etliche Male sind es zwei Krieger, die sich die Hand reichen, oder auch zwei bürgerlich gekleidete Männer (Tf. 10,1). Angesichts der zahlreichen Frauenstelen à la Hegeso ist es indessen kaum zulässig, das Thema der Verbundenheit, ausgedrückt im Handschlag, als das von Beginn an für die Gattung bezeichnende anzusprechen. Dies empfiehlt sich insbesondere auch deshalb nicht, weil der Handschlag im Bereich der bescheideneren Denkmäler wie Marmorlekythen und -lutrophoren so gut wie von Anfang an und fast regelmäßig die Darstellungen kennzeichnet. Das Motiv des Handschlages ist demnach sowohl im Zusammenhang mit den Denkmal-Typen wie im Zusammenhang mit den dargestellten Figuren und der jeweiligen Zeit zu sehen, ist aber nicht generelles Thema der Grabreliefs schlechthin.

Man mag zunächst von den Frauenstelen ausgehen. Bei ihnen überwiegen im späteren 5. Jh. und im frühen 4. Jh. jene Darstellungen, die die Sitzende allein zeigen oder ihr eine Dienerin gegenüberstellen, selten einen Mann oder eine weibliche Angehörige. Die im Handschlag ausgedrückte Verbundenheit bleibt dagegen ausgesprochen selten und wird erst gegen Ende des ersten Drittels häufiger, um dann etwa seit der Jahrhundertmitte fast Allgemeingut zu werden, wobei meist ein Mann der Sitzenden die Hand reicht. Als konkretes Beispiel solcher Darstellungen mag man das Relief der Korallion nennen (Abb.7), das noch heute im ursprünglichen Zusammenhang des Grabbezirkes steht. Dieser Zusammenhang legt die Deutung nahe, daß Korallion als Verstorbene mit ihrem Mann Agathon im Handschlag verbunden ist. Als Hauptperson ist sie durch das Motiv des Sitzens und die attributiv zugeordnete Dienerin ausgezeichnet, ebenso durch den breiten Raum, den sie einnimmt, und selbst auf den Schoßhund zu ihren Füßen mag man verweisen, da er sich ihr zuwendet. Schließlich stand ursprünglich allein ihr Name in monumentalen Lettern auf dem Epistyl. Die Änderung der Inschrift, durch die nun auch ihr Mann Agathon namentlich genannt wird, läßt sich wohl nur dadurch erklären, daß Agathon starb und sein Name jetzt mit erscheinen sollte. Ungeachtet der besonderen Charakterisierung Korallions galt nun die Stele zwei Toten, zeigte zwei Verstorbene im Handschlag.

Doch auch die dritte Person, der Mann im Hintergrund, scheint kein Hinterbliebener zu sein, und zwar wohl von Anfang an. Denn er steht näher bei Korallion, wendet sich aber ihr nicht teilnahmsvoll zu, sondern blickt wie abwesend aus dem Bild. Die Inschrift der großen Palmettenstele neben dem Korallion-Naiskos sowie die Darstellung der beiden Marmorlekythen auf den Ecken der Frontmauer lassen darauf schließen, daß es sich um Agathons Bruder Sosikrates handelt, der vermutlich vor Korallion starb und im Bild als Verstorbener näher bei ihr steht. Die Darstellung zeigte demnach zunächst zwei Tote, von denen nur Korallion inschriftlich genannt und auch besonders hervorgehoben war; und Korallion war im Handschlag mit einem Mann verbunden, der sicher Agathon darstellte, freilich als noch Lebenden. Als er starb, wurde auch sein Name auf dem Epistyl eingetragen – das Relief zeigte nun nur noch Verstorbene, allerdings nach wie vor Korallion als Hauptperson.

Es liegt auf der Hand, daß es in einem solchen Fall nicht darum gehen kann, die Szene im Sinne eines Abschiedes oder eines Wiedersehens festzulegen. Vielmehr steht offensichtlich der Gedanke der Verbundenheit, und zwar familiärer Verbundenheit im Vordergund, und dieser Gedanke erlaubt es, Lebende und Tote im Bild ebenso verbunden vorzuführen wie nur Verstorbene. Die oft diskutierte Frage nach dem Toten, dem allein das Denkmal galt, nach seiner Charakterisierung verliert vor diesem Hintergrund entschieden an Dringlichkeit.[497]

Daneben bleibt freilich festzuhalten, daß Korallion ikonographisch klar hervorgehoben ist. Dies könnte man zunächst mit dem speziellen Fall erklären, wonach Korallion eben vor Agathon starb und von ihm dies Denkmal errichtet bekam. Doch muß auffallen, daß gerade in diesen Jahrzehnten um die Jahrhundertmitte der gleiche Bildtypus immer wieder begegnet; das umgekehrte Verhältnis, sitzender Mann und stehende Frau, ist, soweit ich sehe, kaum bezeugt, obwohl sicher oft die Männer vor ihren in der Regel erheblich jüngeren Frauen starben.[498] Zu Beginn des 4. Jh. und vorher dominieren aber eindeutig die Stelen, die die Frau allein oder mit Dienerin zeigen. Damit wird deutlich, daß diese Grabreliefs mit ihren Darstellungen weniger auf die konkreten Gegebenheiten des Lebens, die zufälligen Sterbefälle, Bezug nehmen, sondern so etwas wie künstliche bzw. kunstvolle Bildtypen sind, die allenfalls aus dem Zusammenhang aller Denkmäler zu verstehen sind.

Die Gattung der angesprochenen Frauenstelen lenkt den Blick auf die Palmettenstelen, die, wie schon A. Brueckner gesehen hatte,[499] in aller Regel den patres familiae gelten. Zahlreiche Beispiele bezeugen, daß auf diesen hoch aufragenden, schlanken Stelen die Namen der Männer verzeichnet wurden, die Generation für Generation das Geschlecht fortführten. Das Beispiel der Koroibos-Stele (Abb. 2) wurde bereits oben erwähnt. Aus diesem Sachverhalt sowie aus der Existenz der zahlreichen Frauenstelen à la Hegeso zog bereits Brueckner den Schluß, daß es sich hier um feste Denkmaltypen für bestimmte Personengruppen handelt. Die patres familiae wurden

[497] In diesem Zusammenhang ist auch an die oben S. 105ff. erwähnten Fälle von Wieder-/Weiterverwendung zu erinnern.

[498] Bei Stelen wie Diepolder Tf. 39,1 handelt es sich um die verstorbene Tochter, die vor dem sitzenden Vater steht. Ähnlich vielleicht auch bei NM 4507 (AAA 1, 1968, 85ff.) – wohl kein Zufall, daß es sich nicht um den üblichen Handschlag handelt.

[499] Brueckner 105f.

auf den Palmettenstelen lediglich verzeichnet, bekamen kein eigenes Grabrelief errichtet, wogegen den Matronen eben diese Form des Denkmals zukam, da sie auf den Palmettenstelen in der Regel nicht genannt wurden.

Vergegenwärtigt man sich nun diese Denkmäler in ihrer tatsächlichen Aufstellung – und dabei mag man an den Koroibos-Bezirk denken, auch wenn der unmittelbare familiäre Zusammenhang von Hegeso und Koroibos-Sippe fraglich ist (s. o.) –, dann liegt der Gedanke nahe, daß durch die Zusammenstellung von Palmetten- und Frauenstele im Grabbezirk das Thema familiärer Verbundenheit angesprochen wird,[500] jedoch noch nicht in der geschlossenen Form eines Bildes. Diese Möglichkeit scheint sich, abgesehen von recht vereinzelten Vorläufern, erst mit dem Ende des ersten Jahrhundertdrittels zu eröffnen und wird dann rasch und fast allgemein genutzt. Sie zeigt, wie nun auch die patres familiae im Bild familiärer Verbundenheit nach bildlicher Repräsentation im Grabrelief streben. Dabei treten sie zunächst noch als untergeordnete Figur auf wie im Fall des Korallion-Reliefs, die Frau bleibt eindeutig die Hauptfigur. Wenig später mehren sich jedoch die Darstellungen, die den sitzenden Mann im Handschlag mit einer weiteren männlichen Figur verbinden; gelegentlich handelt es sich dabei sicher um Vater und Sohn, und die Mutter steht im Hintergrund.[501] In einzelnen Fällen wird nun der sitzende Vater so augenfällig hervorgehoben, daß man auch ihn für verstorben hielt, was analog zum Korallion-Relief durchaus möglich ist. Doch wichtiger als diese Frage nach dem zufällig Verstorbenen ist die Tatsache, daß im Bildtypus die Frau in den Hintergrund gerückt ist, daß der pater familias nun auch im Bild die angemessene Rolle spielt, und daß beide Protagonisten so gleichwertig gekennzeichnet sind, daß die Verbundenheit als familiäres Beisam-

[500] Vgl. dazu das Epigramm der Stele Conze Nr. 1616. Nicht verschwiegen sei in diesem Zusammenhang die Tatsache, daß aus dem 5. Jh. bislang Palmettenstelen nicht bekannt sind (s. Möbius, Ornamente), womit sich zweifellos ein Problem ergibt.

[501] Vgl. z.B. Conze Nr. 700, 718, 721; NM 4796 (BCH 96, 1972, 557); Prakt. 1978, Tf. 3a (?); Chicago, Mus. 22.1928.

mensein des formelhaften Handschlages gar nicht mehr unbedingt bedarf.[502] Man kann sich in solchen Fällen fragen, ob im Bezirk jetzt eine Palmettenstele überhaupt noch errichtet wurde – Agathon hatte für sich noch eine aufstellen lassen –, oder ob sich angesichts solcher realistischer Familienbilder eine Palmettenstele erübrigte.

Der Gedanke familiärer Verbundenheit wird im Laufe der über 100jährigen Entwicklung in unterschiedlicher Weise zum Ausdruck gebracht, und der Handschlag ist, wie wir sahen, seit dem 2. Drittel des 4. Jh. eine besonders geläufige Chiffre für diesen Gedanken. Doch weist das Motiv noch auf einen weiteren Aspekt. Schon erwähnt wurde, daß bei mehrfigurigen Jünglingsstelen der Handschlag gelegentlich dann auftaucht, wenn der junge Mann im bürgerlichen Mantel auftritt;[503] bei Palästriten ist dagegen Isolierung, das unverbundene Nebeneinander die Regel (s. z. B. Abb. 10). Sie stehen, so könnte man folgern, bis zu einem gewissen Grade außerhalb der bürgerlichen Norm und außerhalb der Familie. Gleiches gilt für Mädchen, ist allerdings hier nicht immer so eindeutig zu fassen. Für das Handschlagmotiv ergibt sich daraus ein Zusammenhang mit dem bürgerlichen Auftreten: Es ist die familiäre Geborgenheit in einer bürgerlichen Welt, die in diesen Handschlagszenen angesprochen ist.

Dabei tritt nun im Laufe der Zeit nicht nur der Aspekt der Familie als bildliche Aussage in den Vordergrund, zugleich wird auch das bürgerliche Element betont. Denn im Verhältnis von Palästriten- zu Familienbildern überwiegen letztere in der 2. Hälfte des 4. Jh. eindeutig. Dabei wird das Thema des vor den Eltern verstorbenen Sohnes mehrfach in solchen späten Familienbildern behandelt; Inschriften, einzelne Palästrageräte oder teilweise Nacktheit lassen an der Deutung keinen Zweifel.[504] Doch der Sohn tritt eben nicht als nackter Palästrit mit pais auf, im Einzelbild oder in strikter Isolierung, wie sie z. B. das Ilissos-Relief zeigt. Vielmehr ist er zumindest teil-

[502] Neben Conze Nr. 700 vgl. auch Conze Nr. 297 und 304, und wohl Prakt 1976, Tf. 24c.

[503] Vgl. z. B. Diepolder Tf. 23, 24, 25.

[504] Vgl. oben Anm. 501; dazu vgl. entsprechende Reliefs junger Männer

weise bekleidet und mehrfach im Handschlag mit seinem Vater verbunden. Das Einzelbild des nackten Palästriten bleibt zwar bis in die Spätzeit als Möglichkeit erhalten, doch wird es seltener, und daneben wird das Thema zusehends in familiärem und bürgerlichem Rahmen variiert.

Die Beobachtungen zum Handschlagmotiv rechtfertigen es, noch kurz auf die bescheideneren Denkmaltypen einzugehen, die von diesem Motiv schon sehr viel früher Gebrauch machen als die großen Grabreliefs. Insbesondere die Marmorlekythen verdienen Aufmerksamkeit, da sie von Anbeginn an die Personen immer wieder im Handschlag verbunden zeigen. Dabei handelt es sich um unterschiedlichste Personengruppen, um Krieger, die sich die Hand reichen, um Bürger und Frauen, die einem Krieger die Hand geben, um Frauen allein oder um Mann und Frau, die man gerne als Ehepaar verstehen möchte, zumal wenn Kinder mit erscheinen. Hier wie überhaupt in vielfigurigen Szenen nehmen die Marmorlekythen offenbar auf Gegebenheiten der Familie Bezug, schildern den familiären Kreis,[505] und der beliebte Handschlag präzisiert die Aussage im Sinne familiärer Verbundenheit. Der Gedanke liegt nahe, daß derartige Szenen die späteren Familienbilder der Grabreliefs mit angeregt haben.

Dabei ist einschränkend zu bedenken, daß die Marmorlekythen sicher nicht im Sinne der Palmettenstelen oder Naiskoi als weithin kündendes Mal zu verstehen sind. Zumal im 5. Jh. forderten die weit um den zylindrischen Leib geführten Darstellungen zu eingehenden Betrachtungen, zum Umschreiten der Lekythos auf, erst so erschloß sich die Darstellung. Ihr in der Vielfigurigkeit erzählender Charakter und ihre nur aus der Nähe und im Umschreiten zu erfassende Form deuten darauf hin, daß es sich bei diesen Denkmälern vor al-

mit sitzender Frau wie Diepolder Tf. 45,1; AntPl IX 70 Abb. 5; Dresden, Nr. 145 (Herrmann, Verzeichnis); Philadelphia, Univ.Mus. 53; Piräus Mus. 433.

505 Bezeichnend sind insofern auch die 2szenigen Bilder, die sich vor allem auf Marmorlekythen finden (vgl. Schmaltz 108 f.), aber nicht nur dort: vgl. ADelt 25, 1970 B Tf. 72; 29, 1973/4 B Tf. 67.

lem um ausschmückende Bilder des Bezirkes handelt, die neben den weithin kündenden Zeichen der Palmettenstele und des Naiskos eine mehr untergeordnete Funktion ausfüllten. Und eben dies entspricht der Tradition der Marmorlekythos, die ohne die vorangehenden Tonlekythen nicht zu denken ist. Solche Tonlekythen, in denen ursprünglich das Öl für die Salbung des Leichnams oder der Spendeguß enthalten war, werden mit dem 3. Viertel des 5. Jh. zusehends nicht mehr als Behälter verwendet, sondern als ausschmückende Gabe, die dem Toten bei der Aufbahrung zur Seite gestellt und anschließend mit ins Grab gegeben wurden. Zumal bei den großen Tonlekythen, die bis zu 1 m hoch sein konnten,[506] ist evident, daß von der ursprünglichen Funktion ganz abgesehen statt dessen Größe und reiches Bild einseitig die ausschmückende Bedeutung in den Vordergrund rückten.

Die Marmorlekythen setzten diese Tradition fort, steigern den Anspruch durch Umsetzung in Marmor und weitere Größenzunahme. Trotzdem ändert sich zunächst die Funktion nicht grundsätzlich. Der dekorative Wert ist bestimmend, wie eine qualitätvolle Marmorlekythos vom Jahrhundertende zeigt, die durch die Inschrift als „Grenzstein des Grabbezirkes" ausgewiesen ist;[507] sie mag an einer der Ecken eines reichen Bezirkes gestanden haben. Erst im 4. Jh. muß dann die Lekythos mehr und mehr eine eigene Denkmalfunktion bekommen haben, wie an den Darstellungen abzulesen ist. Denn die Bildtypen entsprechen immer häufiger denen der großen Grabreliefs, weisen aber bezeichnende Unterschiede auf, die es in der Regel ausschließen, daß solche Lekythen als bloßer Dekor großen Naiskoi zuzuordnen sind. Vielmehr dürften sie bestimmten Personengruppen als bildliches Denkmal gedient haben, waren zugleich aber untergeordnete, mehr ausschmückende Glieder in der Reihe der großen Monumente.

Tradition und Funktion der Marmorlekythos lassen keinen Zweifel daran, daß vielfigurig erzählende Darstellungen gerade für die früheren Marmorlekythen bezeichnend sind, und daß demnach das

[506] Vgl. MM 10, 1969, 155ff.
[507] Schmaltz A 21.

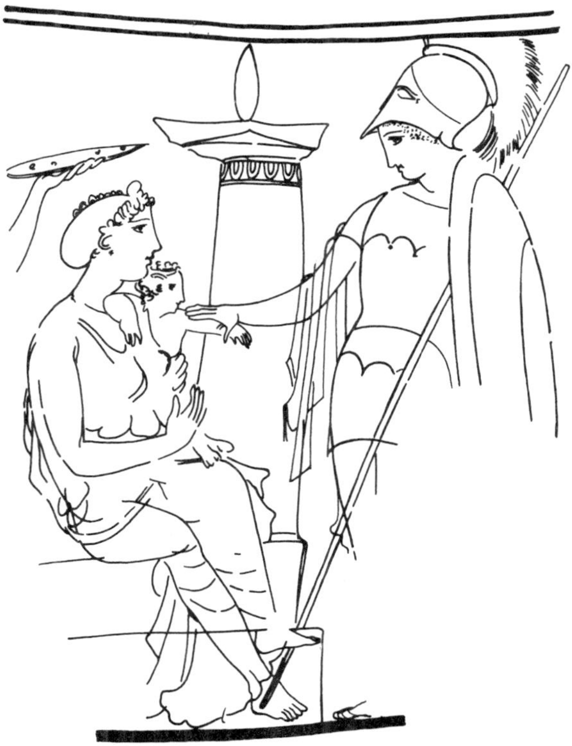

Abb. 11. Mittelszene einer weißgrundigen Lekythos, London BritMus. 1928. 2–13.2.

Thema familiärer Verbundenheit gerade für diese Gattung geeignet war. Bedenken lassen sich allenfalls noch vorbringen, wenn man die tönernen Lekythen ins Auge faßt. Denn ihre Bilder zeichnen sich aufs Ganze gesehen gerade dadurch aus, daß Verbundenheit nicht durch den Handschlag angedeutet ist, und daß in aller Regel die Hauptfiguren als jugendlich gekennzeichnet sind, womit als Grundthema dieser Bilder fast stereotyp der Tod junger Menschen angesprochen ist, nicht aber das Eingehen auf familiäre Gegebenheiten[508]. Indessen ist zu berücksichtigen, daß ungefähr mit dem Beginn des letzten Jahrhundertdrittels gelegentlich Kinder, Jugendliche und Kleinkinder in den Darstellungen der weißgrundigen Bilder vorkommen, wobei es sich offensichtlich nicht um eine bloß attributive Erweiterung handelt, sondern doch um eine familiäre Charakterisierung der Szene.[509] Einige Male ist in solchen Bildern die enge Verbundenheit der Menschen besonders augenfällig dargestellt (Abb. 11), sogar bis hin zu einem vereinzelten Handschlag.[510] Daß dieser ansonsten regelmäßig fehlt, dürfte sich dagegen als Eigentümlichkeit der Gattung erklären. Denn wie die zahllosen mythologischen Vasenbilder zeigen, ist die Gattung insbesondere für konkrete Erzählung genutzt, schildert Kampf, Raub und andere heroische Taten, und in solchem Zusammenhang kommt dem Handschlag ebenso konkrete Bedeutung zu, meint er Abschied oder Begrüßung. Darum aber ging es in den weißgrundigen Lekythenbildern offensichtlich nicht, auch nicht in den wenigen familiären Szenen, vielmehr ist hier bereits eine über jegliche Situation hinausreichende Verbundenheit thematisch bestimmend. Die Marmorlekythen stehen dagegen jenseits der Gesetzmäßigkeiten der Vasenbilder, auch wenn sie an die Gattung der Tonlekythen anknüpfen. Sie stehen den großen Denkmälern offensichtlich näher, die in ihren Bildern kein Geschehen beschreiben, sondern denkmalhaft einen Zustand wiedergeben. In diesem Zusammenhang bot der Handschlag die Möglichkeit, in besonders anschaulicher Weise Verbundenheit zuständlich auszudrücken.[511]

Das Eingehen auf die Marmorlekythen erschien sinnvoll, um die

[508] Schmaltz 88 f.

[509] Vgl. z. B. ARV² 1237, 17; 1242, 4 und 8; 1244,4; 1383, 7.

[510] Vgl. ARV² 1169, 84; 1243,2; 999, 180 (fast Handschlag).

[511] Stupperich 183 f. vermutet, daß der Handschlag „als Bild der Homonoia" der gemeinsam Kämpfenden von entsprechenden Darstellungen der Staatsgräber angeregt „schnelle Aufnahme auf den neuen Grabreliefs" fand, was bedeutet, daß eine besondere Art der Verbundenheit sehr rasch und nachhaltig umgedeutet worden wäre. – Eine Tradition innerhalb der Gattung ist angesichts der seltenen Vorläufer (Thronstele von Aegina, Stele von Pherai/Biesantz, Thessalische Grabreliefs Tf. 19) unwahrscheinlich.

Ursprünge des Familienbildes zu klären. Seine mit dem 2. Drittel des 4. Jh. vordringende repräsentative Form im Grabrelief ist im Rahmen einer Entwicklung zu sehen, die außerhalb der Gattung ihren Ursprung hat. Diese Grabreliefs, d. h. die Naiskos-Stelen zeigen im 5. Jh. jugendlich Verstorbene und Frauen. Jünglinge und Mädchen werden in der Regel im Einzelbild gezeigt oder aber im mehrfigurigen Bild in heraushebender Isolierung, und dies gilt auch für das 4. Jh. Die Frauenstelen, z. B. in der Art der Hegeso, sind dagegen zunächst im engen Zusammenhang des Grabbezirkes zu sehen, d. h. in Verbindung mit der großen Palmettenstele des Mannes sowie vielleicht in Verbindung mit Stelen jung verstorbener Familienmitglieder. Die Reihe aller Denkmäler vergegenwärtigte dann familiäre Verbundenheit, wie sie vielleicht gleichzeitig in der umlaufenden Darstellung einer ausschmückenden Marmorlekythos geschildert wurde. Erst im vorgerückten 4. Jh. wird der Bildtypus der Frauenstele dann häufiger dazu benutzt, familiäre Verbundenheit im geschlossenen Bild vor Augen zu führen, insofern Anverwandte, vor allem der Mann der Frau die Hand reicht. Und neben diese Bilder tritt dann in der zweiten Jahrhunderthälfte, vor allem im letzten Jahrhundertdrittel, das „echte" Familienbild, das der Realität entspricht, insofern es den Vater sitzend zeigt, die Mutter im Hintergrund und den als Hauptperson gekennzeichneten Sohn auf der anderen Seite. Es ist die bürgerliche Welt des späten 4. Jh., die hier im repräsentativen Bild familiärer Verbundenheit vorgeführt wird, mehrfach ausgestattet mit durchaus realistischen Merkmalen der Trauer und des Alters (Tf. 20)[512].

Gegenüber dieser Entwicklung bewahren die Bilder der jugendlich Verstorbenen eine bemerkenswerte Kontinuität. Die Einzelbilder dominieren, und selbst in mehrfigurigen Darstellungen, die im 4. Jh. dann mehrfach benutzt werden – gleichsam Zugeständnis an das inzwischen beliebte Familienbild –, bleiben die Jungverstorbenen isoliert, bleiben „Einzelbild". Was sich in der Quantität und

[512] Vgl. z. B. Diepolder Tf. 49, 53 f.; NM 4796 (BCH 96, 1972, 557); NM 2885 (MarbWPr 1979, Tf. 5); NM 3552; Worcester, ArtMus 1923.2 (E. Bielefeld, Zur griechischen Vasenmalerei, Abb. 41).

Qualität, im Format und Denkmaltypus (Naiskos) zeigt, wird auch hier im Einzelbild deutlich: Das Thema der Jungverstorbenen ist auch im klassischen Grabrelief herausgehoben, ist das zentrale Thema geblieben,[513] das es schon in archaischer Zeit war und wie es schon in den Bildern der weißgrundigen Lekythen die Regel ist. Ist es jedoch in archaischer Zeit fast ausschließliches Thema, das im Kuros oder im Grabrelief gestaltet wohl auch alleiniges, fast zeichenhaftes Denkmal eines Familienbezirkes war, so steht es nun in klassischer Zeit neben anderen Denkmälern, neben Palmetten- und Frauenstele, ist trotz seiner Betonung eingebunden in diesen Rahmen, der in gewisser Weise Familie demonstriert. Die zunehmende Beliebtheit der Familienbilder à la Korallion-Relief schränkt dann, vor allem gegen Ende des 4. Jh., die Bedeutung der Jünglings- und Mädchenstelen ein, die bürgerliche Familie rückt in den Vordergrund.[514]

Abschließend erscheint noch ein Hinweis zu den vieldiskutierten Heroisierungstendenzen attischer Grabreliefs sinnvoll. Vom Ausdruck der Gesichter her solche oder ähnliche Aussagen der Darstellung zu erschließen, liegt zwar nahe, ist aber fragwürdig, da weitgehend subjektives Empfinden den Ausschlag gibt.[515] Zudem zeigt die skizzierte Entwicklung, daß selbst bei einem anscheinend so offenkundigen Beispiel wie der Ilissos-Stele noch Einschränkungen ange-

[513] Das besonders Beklagenswerte des frühen Todes wird in klassischer Zeit innerhalb der Grabreliefs dadurch unterstrichen, daß über den Bildern unverheiratet Verstorbener immer wieder klagende Sirenen erscheinen, gleichsam mythische Sinnbilder der Klage (einmal im Bild: ADelt 19, 1964 B Tf. 69); anders E. Buschor, Musen des Jenseits (1944) 61 ff.

[514] Dabei unterbleiben aber Hinweise auf bürgerliche Berufe, auch auf bescheideneren Denkmälern. Der Sosinos (Conze Nr. 618) ist „Ausländer"; merkwürdig bleibt der Xanthippos (Diepolder Tf. 4). Das Priesteramt sowie musische Betätigung (vgl. z.B. AM 89, 1974, 167 ff. und ADelt 29, 1974 A 88 ff.) gelten wohl kaum als bürgerlicher Beruf.

[515] Vgl. z.B. die entsprechenden Äußerungen zum Aristonautes: 84. BerlWPr 5 und 9 f. Der Aristonautes scheint übrigens unverheiratet gewesen zu sein, wie der Fuß eines Marmorgefäßes, wohl einer Lutrophore bezeugt, die als Mittelakroter diente.

bracht sind. Denn die Isolierung des Jünglings, das Fehlen des verbindenden Handschlages, ist, wie gezeigt, Kennzeichen der Jungverstorbenen schlechthin. Selbst die Wendung des Kopfes zum Betrachter war zu dieser Zeit nicht ganz beispiellos.[516] Ungewöhnlich bleibt die Jagdkeule in Verbindung mit der Nacktheit und dem pais, dazu die formale Gestaltung des Jünglings.

Sicherer ist hingegen die Grundlage bei der Mädchenstele NM 3891 vom Anfang des 4. Jh. (Tf. 9). Denn in diesem Fall ist offensichtlich, daß ein bekanntes Götterbild „zitiert" wird, eine Aphrodite-Statue.[517] Im Typus dieser Göttin ist das verstorbene Mädchen bildlich festgehalten, erscheint den Hinterbliebenen gleichsam als Aphrodite selbst – kein Zweifel, daß die Familie vom neuen, Aphrodite-haft erhöhten Sein der Verstorbenen überzeugt war. Durch ähnlich sinnfällige „Zitate" mag auch in anderen Fällen heroisches Wesen angesprochen worden sein.[518] Insgesamt scheint jedoch diese Möglichkeit selten genutzt worden zu sein, gewisser-

[516] Vgl. z. B. Diepolder Tf. 35, 37; ADelt 20, 1965 B Tf. 64; Athen NM 3716 (MüJb 1969, 8 ff)?

[517] Vgl. A. Delivorrias, AntPl VIII, 19 ff. (zu NM 3891 vgl. bes. S. 29).

[518] Vgl. Karusos, MüJb 1969, 7 ff.; Diepolder Tf. 16 (vgl. dazu den Doryphoros des Polyklet und das mythische Paar Achill und Patroklos); zum Jüngling des Ilissos-Reliefs vgl. den Heros des Ringes BCH 85, 1961, 823; vgl. ferner den Jüngling von Eleusis Athen NM 254 (dazu s. P. Zanker, Klassizist. Statuen 21, der eine späthellenist. Entstehung der Figur zu begründen versucht) oder auch den Jüngling im Piräus 340 (Antike 14, 1938, Tf. 18) sowie den Jüngling des Kallithea-Monumentes (knüpfen mehr oder weniger eng an den Dresdner Knaben an); weniger eindeutig der Kopfschmuck des Mädchens E. Brummer Collection (Auktion 16./19.X.79 Zürich) II Nr. 599 (dazu vgl. Conze Nr. 852!). In diesem Zusammenhang ist auch an die relativ seltenen Thronenden zu erinnern (vgl. AM 93, 1978, 85 und 93 f.); schon die Seltenheit des Möbels zeigt, daß es als Auszeichnung zu verstehen ist. Schließlich ist auch an Kriegerdenkmäler zu erinnern, die im Bild oder als Schmuck den korinthischen Helm zeigen, nicht den zeitgemäßen attischen Helm (vgl. z. B. ADelt 27, 1972 B Tf. 106; ArchCl 25/26, 1973/4, Tf. 91); auch hier hat das unübliche Gerät offensichtlich eine über die Sphäre des Alltages hinausweisende Bedeutung.

maßen als Ausnahme, die unabhängig von der Entwicklung der Gattung war. Freilich ist dabei nicht zu vergessen, daß insgesamt schon das Material des Marmors und vor allem die bildliche Repräsentation, zumal die im Einzelbild, für den Verstorbenen eine Auszeichnung bedeuteten und ihn über die Sphäre des Alltages und die der Mitmenschen hinaushoben.[519] Sicherlich war die vollplastische Vergegenwärtigung im Kuros eine Erhöhung, die gegenüber dem Relief eine deutliche Steigerung mit sich brachte, die in der Klassik jedoch offensichtlich unüblich war.[520] Trotzdem wirkten Aussage und Anspruch der archaischen Statue bis in die Klassik nach, insofern gerade Jungverstorbene weitgehend frontal dargestellt sind,[521] damit aus einem erzählenden Zusammenhang gelöst sind und unmittelbarer vergegenwärtigt werden als Profilfiguren, die für Frauenstelen und Familienbilder üblich waren. So ergibt sich eine klare Abstufung erhöhender Darstellungsweisen, das erzählende Profil, das den bürgerlichen Bereich der Familie kennzeichnet, das isolierte En-face-Bild, das die Jungverstorbenen mit ihrem besonderen Schicksal heraushebt, und das Zitat einer heroischen oder göttlichen Gestalt, das den Verstorbenen nun tatsächlich jeglicher menschlichen Sphäre enthebt und sein neues Wesen als heroisch bzw. göttlich beschreibt. Doch auch diese Form der Heroisierung wird allein mit Mitteln der Kunst vorgetragen, ohne Heroenattribute oder entsprechende Bildtypen.

[519] In diesem Zusammenhang sei auch auf den üblichen Fußschemel hingewiesen, der nach Aussage der Vasenbilder kein alltägliches häusliches Utensil war. Dazu paßt, daß im Fall eines späten Grabreliefs aus Rhamnus (Prakt. 1976, Tf. 11 f.) die Dienerin demonstrativ den Schemel trägt – wohl nicht als bloßes Gerät des Alltages, sondern weil eine gewisse erhöhende Bedeutung damit verbunden war, ohne daß dies gleich Heroisierung meinte.

[520] Vgl. AM 93, 1978, 94 f.

[521] Diese Eigenart fällt insbesondere beim Vergleich mit den ionischen Jünglingsbildern des Strengen Stiles und der hohen Klassik auf, die meist im Profil gezeigt werden (vgl. Hiller 128).

Anders als im Fall der archaischen und klassischen Grabreliefs ist es für die hellenistische Zeit erheblich schwieriger, Aussagen über Form und Inhalt der Denkmäler zu machen. Dies liegt zum einen, wie oben (S. 52) bereits angedeutet, an dem unzureichenden Publikationsstand. Abgesehen von E. Pfuhls Arbeiten zu den Alexandrinischen Grabreliefs sowie zum „Beiwerk auf den ostgriechischen Grabreliefs" von 1905 brachte es die weitverbreitete „Abneigung der Ästhetiker" mit sich, daß hellenistische Grabreliefs bis vor kurzem wenig beachtet wurden. Erst nach dem 2. Weltkrieg bemühten sich Arbeiten wie die von N. Firatli, M.-Th. Couilloud und R. Horn um topographisch begrenzte Erfassung dieser Denkmäler. Byzanz, Delos und die Kykladen sowie Samos sind dadurch erschlossen. 1977 bzw. 1979 konnte dann das von E. Pfuhl begründete Corpus der ionischen Grabreliefs publiziert werden, womit die Monumente des westlichen Kleinasiens einschließlich der thrakischen Südostküste von der Chersones bis zur Donaumündung zugänglich gemacht wurden. Gleichzeitig erschien der Überblick über die rhodischen Grabdenkmäler von P. M. Fraser, in dem alle Denkmalformen berücksichtigt sind. Diese Arbeit bietet, wie schon die früheren zu den boiotischen und westgriechischen Grabmälern, die Möglichkeit, gegenüber den Grabreliefs auch andere, bescheidenere Denkmäler kennenzulernen und damit so etwas wie einen Hintergrund zu gewinnen für die Bewertung der Grabreliefs selbst.

Die Grabreliefs der übrigen Inseln und Landschaften sind bislang nicht systematisch gesammelt, sind gelegentlich beiläufig in Berichten vorgelegt, meist aber noch unpubliziert. Zu nennen sind z.B. Kreta und Amorgos, Kea und Skyros sowie das nördliche Griechenland von Makedonien bis zur Chersones.[522] Selbst aus der abgelege-

[522] Vgl. z.B. BCH 81, 1957, 618 (Kreta); Prakt. 1961, Tf. 164 (Thera); ADelt 23, 1968 B Tf. 336 (Pholegandros); AntPl VIII 60, Abb. 18 (Melos); EA 4570 (Syros); ADelt 22, 1967 B Tf. 344 (Tinos); 26, 1971 B Tf. 233 (Karystos); AntK 17, 1974, Tf. 12 (Eretria); BCH 87, 1963, 175 (Argos); AAA 9, 1976, 11 (Volos); BCH 87, 1963, 804 (Vergina); BSA 39, 1938/9, Tf. 30 (Verria); ADelt 17, 1961/2 B Tf. 232 (Thessaloniki); 27, 1972 B

nen Mani ist ein künstlerisch beachtliches und ikonographisch bedeutsames Denkmal erhalten.[523] Insgesamt sind es sicherlich nicht allzu viele Grabreliefs, gerade im Vergleich zu Zentren wie Delos oder Smyrna. Doch zeigen Beispiele wie das Grabrelief aus der Mani, das der Adea in Verria oder das der Neikoptelema aus Stratoni,[524] mit welch eigenartigen und kaum zu erwartenden Möglichkeiten in hellenistischer Zeit gelegentlich doch zu rechnen ist. So ist bei Beobachtungen und Schlußfolgerungen immer wieder Vorsicht geboten, da eben vieles gerade aus abgelegenen Gegenden noch nicht publiziert ist, und da solche Denkmäler durchaus nicht immer nur provinzielle Reflexe auf Werke der Kunstzentren sind, sondern nach Form und Ikonographie mitunter eigenständige Lösungen bieten.[525]

Die angedeutete lokale Streuung trägt zweifellos ebenso dazu bei, daß Aussagen über die hellenistischen Grabreliefs nur mit Vorbehalten möglich sind bzw. Schwierigkeiten bereiten. Denn die weite Verbreitung bringt eine entsprechende Vielfalt an Denkmalformen, Bildtypen und ikonographischen Eigenheiten mit sich, die sich im Falle weniger Denkmäler kaum schlüssig auswerten lassen. Soweit jedoch zahlreiche Grabreliefs gleicher Herkunft bekannt sind, lassen sich landschaftliche Eigentümlichkeiten durchaus fassen, die z. T. in der modernen Literatur auch schon angesprochen wurden. So sind für den Kykladenbereich die „Bogenstelen" bezeichnend, wobei es mehrere, geringfügig abweichende Varianten gibt (Tf. 29,2; 30,2). Auch stehen die Figuren gerne auf einem „Podest", das zwischen den seitlich rahmenden Säulen eine Sockelzone bildet, meist die Inschrift trägt und gelegentlich in flacher Wölbung ausladt. Im Bereich Smyrnas ist dagegen ein ähnlicher Sockel gerne als Unterbau der ganzen Stele verwendet, auch die Säulen stehen darauf, und mehr-

Tf. 429 (Kilkis); 28, 1973 B Tf. 420 (Maronia); 24, 1969 B Tf. 361 (Amphipolis).

523 AAA 1, 1968, 121.

524 ADelt 18, 1963 B 233, Tf. 265 und 209, Tf. 249.

525 Als Beispiel sei das Bruchstück einer stattlichen Thronstele aus Maronia, Komotini Mus 933 genannt, wohl aus der Zeit kurz nach 200 v. Chr.

fach ist er durch Profile oben und unten geschmückt (Tf. 25). Über dem Bildfeld und einem anschließenden „Architekturglied" folgt meist eine Art Attika, so gut wie regelmäßig mit Demoskranz und Inschrift versehen, und erst darüber folgt der Giebel. Versteht man die besagten Sockel als Mittel einer bildhaften Erhöhung der Darstellung, so ist Ähnliches in Rhodos vielleicht dadurch ausgedrückt, daß hier mehrfach das Bildfeld von einer schlichten Leiste gerahmt wird, die sich ringsum von der Fläche der Stelenplatte abhebt;[526] oder aber die Szene ist mit einer schmalen Standleiste versehen und „schwimmt" auf der Fläche der Stelenplatte ohne unmittelbare Bindung an diese.[527] Freilich sind solche rhodischen Beispiele nicht in so überwältigender Viel- und Überzahl überliefert, daß man von einer festen lokalen Besonderheit sprechen müßte. Vielleicht ist nur eine Werkstatteigenheit zu fassen.

Bereits ikonographische Fragen werden mit besonderen Denkmalformen in Samos sowie im bithynischen Bereich angeschnitten. In Samos ist der Typus des Totenmahles besonders gerne sepulkral verwendet worden (Tf. 31,1). Gelegentlich erhaltene zapfenartige Ansätze an der Unterseite der Reliefs dienten offenbar der Befestigung. Ob man dabei an Einlassung in Basen, Postamente oder in den natürlichen Steinboden zu denken hat, muß offenbleiben.[528] Zumal bei breiten und dünnen Platten, deren Format an Weihreliefs erinnert, bleibt die Aufstellung völlig unklar, sofern der Zapfen fehlt und die untere Bildleiste auch noch sehr niedrig ist. Inwieweit bereits durch Form und Aufstellung die Aussage dieser Bilder bestimmt war, läßt sich überhaupt nicht abschätzen. Sicher aber werden durch die feierliche Versammlung oft mehrerer Personen ganz andere Vorstellungen angesprochen als durch das repräsentative Herausstellen des Verstorbenen im Einzelbild.

Im nordwestlichen Kleinasien sind dagegen mehrfach hohe,

[526] Vgl. Pfuhl-Möbius Nr. 108, 138, 439, 726, 733, auch 732 aus Kos.

[527] Zu dieser Erscheinung vgl. MarbWPr 1968, 83 ff. Pfuhl-Möbius Nr. 491, 756, 1011. Die Stelen Délos 30, Nr. 54 (Korfu) und 272 (Athen NM) wirklich von Delos?

[528] s. R. Horn, Samos XII 50 ff.

schlanke Stelen mit mehreren Bildern übereinander bezeugt, sog. Stockwerkstelen (Tf. 23). Als Bekrönung ist gelegentlich das Motiv des Adlers belegt, der mit einer sich windenden Schlange kämpft, ein sonst unbekanntes Thema.[529] Auch hier ist der Typus des Totenmahles immer wieder benutzt, in der Regel an oberster Stelle. Daneben wurde freilich das Totenmahl in diesem Bereich auch als Einzelbild häufig sepulkral verwendet, obgleich im Einzelfall oft Zweifel möglich sind. Dies gilt vor allem für andere Landschaften, denn sofern keine entsprechende Inschrift die Grabmalfunktion sichert, ist ebensogut mit der als Votiv zu rechnen, wie sie vor allem für die vorangehende klassische Zeit z. B. anhand vieler attischer Totenmahle sicher zu erschließen ist. Diese Tradition wirft freilich für die sepulkralen Totenmahle wieder die Frage nach der inhaltlichen Aussage der Bilder auf.[530]

Eine weitere formale Eigentümlichkeit der Stelenform betrifft den oberen Abschluß. Auf den Kykladen tragen etliche Stelen eine Palmette oder einen vegetabilischen Rankendekor als Bekrönung, sowohl über reicher „Architektur" mit seitlichen Säulen und Bogen über dem Bildfeld wie über einfachen, glatten Platten mit lediglich eingetieftem Bildfeld. Im östlich anschließenden Gebiet der kleinasiatischen Küste ist dagegen dergleichen sehr ungewöhnlich, der schlichte Giebel herrscht eindeutig vor, selbst horizontaler Abschluß ist selten. Auf der anderen Seite wird die Palmettenbekrönung gerade im festländischen Gebiet tradiert, sowohl in Thessalien als Abschluß einfacher Namenstelen, also in Analogie zu den klassisch-attischen Palmettenstelen, wie im makedonischen Bereich auch als Abschluß von Bildfeldstelen.[531] Die attische Tradition des

529 Vgl. allenfalls Ch. Karusos, Festschrift W.-H. Schuchhardt (1960) 113 ff.

530 Dazu zuletzt Pfuhl-Möbius II 353 ff.

531 Vgl. z. B. die vorzügliche Palmettenstele mit Bildfeld für Paterinos in Verria (J. Touratsoglou, Kernos, Festschrift G. Bakalakis 153 ff., Tf. 44 f.; zu fragen ist hier wohl, ob es sich wirklich um ein klassizistisches, „neuklassisches" Werk des späten Hellenismus handelt oder eher um eines des 3. Jh. in klassischer Tradition). Zu den thessalischen Palmettenstelen vgl. C. Wolters, La Thessalie, Actes de la Table-Ronde, Lyon, 1975, 81 ff.

4. Jh. scheint hier in der Tat nachzuwirken, und gleiches könnte auch für die Stelen der Kykladen gelten.

In diesem Zusammenhang sind auch die Bilder selbst zu betrachten. Die Grabreliefs der Kykladen zeigen nämlich immer wieder den Typus der sitzenden Frau im Handschlag mit dem Mann, wogegen beide Elemente, das Sitzen der Frau und der Handschlag, im kleinasiatischen Bereich auffallend selten sind, z. B. in einem Zentrum wie Smyrna fast ganz fehlen. Dort stehen Mann und Frau, wenn sie überhaupt im Bild zusammen erscheinen, in der Regel nebeneinander, meist so gut wie frontal, und wie in Entsprechung zu dieser isolierenden Frontalität ist auf den verbindenden Handschlag dann verzichtet. Hinzu kommt, daß die Grabreliefs der Kykladen fast immer ihre Figuren vor einem leeren Hintergrund zeigen. Nur Hermen sind als Beiwerk häufiger belegt, stehen freilich seitlich der Figur, um als Stütze zu dienen, sind aber nicht den Raum erweiternde Hintergrundselemente. Da Hermen meist mit jugendlichen Männern verbunden sind, handelt es sich wohl um ein inhaltlich bedeutungsvolles Attribut, das auf die Sphäre der Palästra weist. Ansonsten bleibt jedoch der Bildgrund in aller Regel leer,[532] ganz im Gegensatz zu östlichen Grabreliefs, bei denen das „Beiwerk“ eine bezeichnende Eigentümlichkeit darstellt. Behält man zunächst nur den formalen Unterschied im Auge, so liegt es wieder nahe, mit den Kykladenstelen die attisch-klassischen Grabreliefs zu vergleichen. Dabei ist indessen der zeitliche Abstand zu bedenken. Denn die überwältigende Mehrheit der delischen und sonstigen Kykladenreliefs stammt erst aus dem 2. Jh. v. Chr., vor allem aus der 2. Hälfte, ist also von den attischen Reliefs der Klassik um etwa anderthalb Jahrhunderte getrennt. Dennoch sind die Entsprechungen, Handschlag, Sitzen der Frau und freier Hintergrund, zu offensichtlich, als daß sie nur

[532] Abzusehen ist von den Grabreliefs der im Meer umgekommenen Seeleute, die an felsigen Gestaden sitzen; oft ist auch das Schiff angedeutet. Kein Zweifel, daß es sich hier um Bildelemente handelt, die auf das besondere Schicksal verweisen. Auch die Ausnahme der Stele Délos 30, Nr. 58 ist bezeichnend, da die Weinlaube geradezu zeichnerisch nur angedeutet ist und völlig vereinzelt ist.

zufällig sein könnten. Vielmehr muß ein Zusammenhang bestehen, der angesichts des Zeitabstandes als bewußter Rückgriff, als Klassizismus zu werten ist – ein teilweiser Rückgriff auf attische Kunst der klassischen Zeit, der angesichts der politischen Verhältnisse in Delos im 2. Jh. v. Chr. nicht verwundern wird.

Die skizzierten landschaftlichen Eigenheiten hellenistischer Grabreliefs lassen sich auch an einzelnen Figurentypen ablesen, insofern diese in der einen Landschaft besonders beliebt sind, in der anderen aber fast oder ganz fehlen.[533] So verständlich solche Unterschiede zunächst erscheinen, da sepulkrale Kunst zweifellos besonders von Traditionen geprägt ist, so sind diese Unterschiede doch zugleich erstaunlich. Denn die gemeinsame Verwendung einzelner Figurentypen in Abhängigkeit berühmter Vorbilder – es sei nur an die Tyche von Antiochia erinnert – läßt keinen Zweifel an gewissen Verbindungen der Landschaften untereinander. Diese sind noch offensichtlicher bei Entsprechungen, die nicht durch ein so berühmtes Vorbild wie die Tyche zu erklären sind; zwei Beispiele wurden oben S. 131ff. bereits im Zusammenhang mit möglichen Werkstatt-Traditionen kurz angesprochen. Mögen solche Verbindungen nun auch in erster Linie das äußere Formengut betreffen, die Verbreitung und Beliebtheit bestimmter Figurentypen und der in ihnen gestalteten Formmöglichkeiten, so bleibt bemerkenswert, daß trotzdem Eigenheiten der Landschaft in Denkmalform, Bild- und Figurentypus oder in Einzelheiten wie dem Beiwerk so klar zu fassen sind. Gerade diese landschaftliche Eigenständigkeit erschwert es aber, Gemeinsamkeiten in angemessener Gewichtung und Nuancierung herauszustellen, um allgemeinere Aussagen über das hellenistische Grabrelief zu machen.

[533] Vgl. z. B. die sitzenden Frauen Délos 30, Nr. 88, 132 und 159, zwei Typen, die geringfügig variiert auf den Kykladen immer wieder auftauchen, im Osten aber fehlen; dies gilt auch für den Typus der stehenden Frau Délos 30, Nr. 78ff., wogegen umgekehrt die verschiedenen Varianten des Pudicitia-Typus z. B. in Smyrna ausgesprochen beliebt sind, in Delos sehr selten benutzt sind. Ebenso kehrt der Typus des stehenden Mannes Délos 30, Nr. 56 in Delos immer wieder, ist in Smyrna ungebräuchlich; dort sind die männlichen Figuren heftiger bewegt oder in starker Verschränkung gezeigt.

Es kommt als letzte Schwierigkeit hinzu, daß die Chronologie der hellenistischen Grabreliefs durchaus nicht als verbindlich gelten kann und nicht über jeden Zweifel erhaben ist. Dies engt die Grundlage für ein historisch zuverlässiges Bild ein, das weiterreichende Aussagen ermöglichen soll. Die Seltenheit fest oder annähernd fest datierter Denkmäler, insbesondere das Fehlen unmittelbar vergleichbarer, da gattungsgemäßer Zeugnisse, wie sie die Urkundenreliefs für die klassische Zeit darstellen,[534] die Unsicherheit gegenüber Stilphänomenen der hellenistischen Zeit, vor allem der früheren und späteren Phase, das Nebeneinander verschiedener Kunstlandschaften mit unterschiedlichen Traditionen und unterschiedlichem Gewicht[535] und schließlich die z. T. sicher nachhaltig wirkende Tendenz zu klassizistischen Rückgriffen[536] – all dies trägt dazu bei, daß auch Grabreliefs dieser Zeit immer wieder verschieden datiert werden.[537] Dabei scheint zunächst ein vielversprechender Ansatz durch die delischen Grabreliefs gegeben zu sein. Denn aufgrund der politischen bzw. wirtschaftlichen Verhältnisse ist davon auszugehen, daß das Gros der Denkmäler in die Zeit wirtschaftlicher Blüte gehört, d. h. in die Zeit nach Erklärung von Delos zum Freihafen 166 v. Chr. Entsprechend lassen sich auch mehrfach Namen der Grabreliefs mit solchen in Verbindung bringen, die auf anderen, z. T. fest datierten Monumenten des späten 2. bzw. frühen 1. Jh. v. Chr. genannt werden. Das Ende der Denkmäler-Reihe ist aufgrund der Katastrophen der Jahre 88 und 69 v. Chr. so gut wie sicher anzunehmen. Trotz dieses zeitlichen Rahmens gibt es natürlich auch Grabreliefs, die älter sind, z. B. ins 3. Jh. gehören, was man der Buchstabenform bzw. dem Figurenstil ansehen zu können meint. Mag es daneben auch manche Zweifelsfälle geben, deren Datierung fraglich erscheint, so sind insgesamt die Verhältnisse in Delos zu übersehen, helfen aber trotzdem nur wenig, wenn es gilt, Grabre-

[534] Vgl. Pfuhl-Möbius 42 ff.

[535] Vg. z. B. zur Problematik D. Pinkwart, Gnomon 47, 1975, 406 ff. und 52, 1980, 41 ff.

[536] Vgl. z. B. B. J. Marcadé, Au Musée de Délos (1969) 278 ff.

[537] Vgl. z. B. die mehrfach abweichenden Datierungen von Möbius gegenüber Pfuhl.

liefs anderer Landschaften zu datieren, denn Denkmalform, Bild- und Figurentypus sind meist so verschieden, daß der Vergleich kaum verbindliche Folgerungen zuläßt. Allenfalls können stilistische Entwicklungsreihen einzelner Figurentypen, zunächst innerhalb lokaler Grenzen, dann über diese hinaus, dazu beitragen, den Ablauf des Stilwandels zu klären, um von da aus auch andere und einzelne isolierte Grabreliefs einzuordnen.

Diese Überlegungen seien an zwei Beispielen kurz erläutert. Der Typus der Demeter-Priesterin, kenntlich an Fackel, Mohnkapsel und Ähren, ist auf Smyrna beschränkt und läßt sich anhand einer ganzen Reihe von Grabreliefs verfolgen, wobei neben geringfügigen motivischen Veränderungen vor allem die stilistischen auffallen (Tf. 25f.).[538] Die Zuspitzung der Proportion, d. h. die stete Verkleinerung des Oberkörpers im Vergleich zu dem immer gewichtigeren Teil unterhalb der Gürtung, die schrittweise Erstarrung der Körperbewegung und die Begradigung des Umrisses, die formale Funktion der beiden im spitzen Winkel auf die linke Hand zulaufenden Mantelwulste und der eingeschlossenen Binnenfalten im Hinblick auf die ausschwingende Standbeinhüfte und die Bewegung der ganzen Figur, die zunehmende Bedeutung der Steilfalten zwischen den Beinen – all diese Merkmale erlauben es, eine relative Abfolge zu rekonstruieren, deren Tendenz und ungefähre Datierung sich anhand annähernd vergleichbarer Frauenfiguren vom Telephosfries des großen Altares von Pergamon (kurz vor 150 v. Chr.) und vom Fries des Hekate-Tempels in Lagina (etwa 130/120 v. Chr.) abschätzen lassen.[539] Dabei scheint die Figur der ersten Priesterin in Proportion und gespanntem Aufbau noch älter zu sein als der Telephosfries, was dazu paßt, daß gerade diese Figur motivisch wie stilistisch einem herausragenden pergamenischen Werk der Altarzeit nahesteht, der sog. Tragodia.[540]

[538] Vgl. Pfuhl-Möbius Nr. 530, 855, 406, 410 und 409 (wohl handwerklicher, doch etwa gleichzeitig mit Nr. 406), 405, 872, 407, 524.

[539] Vgl. AvP III 2, Tf. 31,7 und 32,2; A. Schober, Fries des Hekataion von Lagina Tf. 23, 32 u. a. Ferner gut zu vergleichen Pfuhl-Möbius 405 und AvP VII Nr. 53 (geht über den Telephosfries noch etwas hinaus).

[540] AvP VII Nr. 47.

Doch man muß wohl noch einen Schritt weitergehen. Denn die Herophanta eines smyrnäischen Grabreliefs (Tf. 24,2) ist, wie Fakkel und Ähren zeigen, zweifellos im gleichen Sinn als Demeter-Priesterin zu verstehen wie die übrigen Frauen.[541] Doch weicht der Gewandtypus ab. Auch ist in der Proportion der Oberkörper stärker betont, im Umriß und in der Führung der wichtigsten Faltenzüge ist verhaltene Körperbewegung nachgezeichnet; die Figur ist weniger als die Tragodia durch ein eigenwertiges Liniensystem des Gewandes gegliedert, das Gegensätzlichkeit und Spannung erzeugen würde; vielmehr umschreiben die Falten in großen Zügen den Körper und folgen seiner Bewegung, auch wenn die organischen Einzelformen des Leibes so gut wie ganz in der Masse der Gesamterscheinung aufgehen. Schließlich bleibt der Zusammenhang der Oberfläche durchgehend gewahrt; die Faltentäler greifen nicht als tiefe, verschattete Furchen in die plastische Form ein, vielmehr bleibt die Einheit des deckenden Stoffes gleichsam als Hülle eines Volumens anschaulich. All dies gilt in ganz ähnlicher Weise auch für die Frauenfigur eines weiteren Grabreliefs, dessen Herkunft unbekannt ist, das aber wohl gleichfalls aus Smyrna oder der Umgebung stammt (Tf. 24,1).[542] Bemerkenswert ist in diesem Fall, daß sich die Figur insgesamt leicht zur Seite wendet, so als suche sie den Kontakt zum frontal stehenden Mann neben ihr. Diese verhaltene Bewegung sowie die entsprechende Gliederung des Gewandes erwecken den Eindruck einer fast klassisch schwingenden Bewegtheit, und in der Tat entspricht die Figur auch motivisch aufs engste einer spätklassischen Grabrelieffigur wie der Demetria des großen Naiskos im Kerameikos,[543] die lediglich flächiger ausgebreitet ist.

Die Herophanta gehört sicherlich nicht dem mittleren oder gar späteren 2. Jh. v. Chr. an. Denn typologisch genau entsprechende Statuen aus Erythrai und Pergamon zeigen, wie in der Zeit des Tele-

[541] Pfuhl-Möbius Nr. 529; jetzt im P. Getty-Museum (C. Vermeule-N. Neuerburg, Catal. 1973, Nr. 29).

[542] Pfuhl-Möbius Nr. 533.

[543] Diepolder Tf. 51,1.

phosfrieses bzw. wenig später dieser Typus gestaltet wird.[544] Andererseits sind zwei weitere typologisch entsprechende Statuen zu nennen, die eine nur in römischer Kopie überliefert, die „Iuno Cesi", die andere eine klassizistische, graphisch bestimmte Arbeit der Zeit um 100 v. Chr. aus Thasos, die sich zweifellos an einem Vorbild des 4. Jh. orientiert.[545] Mit dieser thasischen Figur stimmt die Herophanta zwar gewandmotivisch erstaunlich eng überein, zeigt aber trotz des kleinen Formates und der Gattung Relief deutlicher das Volumen und den räumlichen Wert der Gestalt. Insofern entspricht sie recht gut der „Iuno Cesi", die ansonsten in der Gewandanordnung ein wenig abweicht. So liegen die Verhältnisse ganz ähnlich wie bei der Frauenfigur des anderen genannten Grabreliefs, der Typus lehnt sich eng an spätklassische Vorbilder an, doch wird der räumliche Wert des aus Körper und Gewand bestehenden Volumens anschaulich gemacht, ohne daß es wie in der Folgezeit ein blockhaft-massiges Gebilde wird, das nur noch auf der Oberfläche durch unruhiges Linienspiel aufgelockert wird. So sind beide Grabreliefs offenbar noch im 3. Jh. entstanden.

An einem anderen Beispiel mag die Gestaltung des Hintergrundes mit einbezogen werden. Es handelt sich um ein nach Format und Qualität bescheidenes Grabrelief in Samos, das im Bild zwei Frauen im Handschlag zeigt (Tf. 21,2).[546] Die Inschrift nennt gleichwohl auch mehrere Männernamen, einen gleich an erster Stelle. Demnach darf man annehmen, daß die Namen erst anläßlich einer Zweitverwendung eingetragen wurden. Der epigraphische Befund gibt also für das Bild der Stele allenfalls einen chronologischen terminus ante quem. So wird man für die Datierung zunächst von den beiden Frauenfiguren ausgehen, die sich durch gleichförmige Schlankheit

[544] Vgl. RM 38/39, 1923/24, Tf. 7 und AvP VII Nr. 85 (dazu vgl. K. Stähler, Das Unklassische im Telephosfries Tf. 17b).

[545] Vgl. A. Linfert, Kunstzentren hellenistischer Zeit 108 und 125, Abb. 251 und 291 f. Zur Datierung der Juno ins 3. Jh. vgl. N. Himmelmann, AbhMainz 1975, 12f.; zur Datierung der thasischen Figur vgl. D. Pinkwarth, Gnomon 52, 1980, 47f.

[546] Samos XII Nr. 131; Pfuhl-Möbius Nr. 702.

auszeichnen. Ihr Umriß verbreitert sich nicht von der Gürtung nach unten, wie es z. B. an der Reihe der betrachteten Priesterinnen in zunehmendem Maße zu beobachten war; vielmehr lädt die rechte Gestalt von unten zur Hüftpartie hin geringfügig aus, und auch bei der anderen Frau kann man keineswegs von einem pyramidalen Umriß sprechen, schon weil das Spielbeinknie angewinkelt ist, so daß die Figur sich zunächst nach unten ein wenig verjüngt, um erst unterhalb der Knie breiter zu werden, was durch den nachgezogenen rechten Fuß verursacht wird. Ebenso wichtig ist, daß beide Figuren nicht in starrer Frontalität dargestellt sind, sondern sich in unterschiedlicher Weise einander zuwenden, wobei dem Grad der Zuwendung – Profil bzw. 3/4-Profil – die im Umriß ablesbare Körperbewegung entspricht: Das Vorsetzen des Standbeines und das Nachziehen des anderen bei der entschiedener bewegten Profilfigur und die schwach angedeutete S-Schwingung der fast blockhaft im 3/4-Profil gegebenen Frau gegenüber. Schließlich bleiben die schlichte Faltenführung zu erwähnen, die der Bewegung der Gestalten gilt, sowie die stoffliche und plastische Dichte der Oberfläche oder auch die auffällige Einheit von Körper und Gewand, die selbst am Spielbein kaum eine Trennung erlaubt. Vergegenwärtigt man sich die vorhin betrachtete Reihe der Priesterinnen, dann fällt es schwer, die samische Stele im 2. Jh. einzuordnen.

Es bleibt noch das merkwürdige „Beiwerk" zu nennen, zwei antenartige Vorsprünge mit glatt abgeschrägtem Abschlußprofil. Wie Scherwände schieben sie sich von beiden Seiten ins Bild, der linke reicht ein wenig mehr zur Mitte als der andere, und zugleich sind sie trotz der Flachheit des Reliefs zum Bildgrund hin ein wenig versetzt. Die schmalere rechte Ante steht weiter im Vordergrund, wird auch nicht überschnitten, wogegen die andere, von der linken Figur weitgehend verdeckt, weiter im Hintergrund steht, dafür aber um weniges mehr zur Bildmitte reicht. So unklar die inhaltliche Bedeutung dieser „Anten" ist – sollte damit eine Tür, ein Tor angedeutet sein?[547] –, so offenkundig ist die formale Wirkung: „Ein räumlicher

547 Türen sind freilich sonst anders dargestellt: vgl. Pfuhl-Möbius Nr. 137, 415 u.a.

Eindruck entsteht." Dieser aber steht in unmittelbarem Zusammenhang mit der Gestaltung der Figuren selbst, die sich mit ihrer schlanken, plastisch-dichten Form und mit ihrer unterschiedlichen Wendung als eigenständige Körper vom Grund lösen, sich gleichsam in einem freien Raum bewegen, der in seiner Tiefendimension durch die „Scherwände" geöffnet wird.

Bis in die Schulter- oder Kopfhöhe reichende Postamente, Scherwände, durchgehende Borde oder Wände mit Deckplatten sind auf hellenistischen Grabreliefs durchaus geläufig, insbesondere in Smyrna und Umgebung. In der Regel dienen sie als Träger irgendwelcher Gegenstände. Völlig ungewöhnlich sind dagegen die bis zum oberen Bildrand geführten „Anten" des genannten samischen Grabreliefs, und zwar nicht nur ungewöhnlich innerhalb der samischen Reliefs, die überhaupt dergleichen Beiwerk selten aufweisen (abgesehen von den Totenmahlen). Insofern kommt diesen „Anten" sicherlich besonderes Gewicht zu. Vielleicht sind sie für die „Erzählung" des Bildes bedeutungsvoll, womit auch die asymmetrische Anordnung und unterschiedliche Wendung der Figuren zusammenhängen könnte: Die aktivere Frau an der Seite und die weniger bewegte, fast frontale Hauptfigur nahe der Bildmitte könnten im Sinne eines Abschiedes gekennzeichnet sein, die „Anten" könnten sogar eine Lokalität ansprechen, was freilich durch keinerlei Parallelen zu erhärten ist. Andererseits bleibt gerade im Hinblick auf die eher bescheidene Qualität des Reliefs ebenso der formale Wert der „Anten" zu bedenken, der eine Steigerung des Räumlichen im Bild bedeutet sowie eine Betonung des Körperhaften der Gestalten. Für die Räumlichkeit bietet die freilich gemalte Stele der Hediste aus Demetrias-Pagasai eine gewisse Parallele, insofern durch Scherwände, Türwand und offenstehende Tür die Illusion einer geradezu unbegrenzten Tiefendimension suggeriert wird.[548] Mit diesem nur ungefähren Vergleich ergibt sich ein chronologischer Anhaltspunkt, zu dem das zweite Merkmal, die Art der plastischen Form, paßt. Denn das unruhige Verspannen oder gar Zerlegen der Oberfläche, wie es Figuren des 2. Jh. kennzeichnet, geht den beiden Frauen des

[548] Vgl. z. B. K. Schefold, Die Griechen und ihre Nachbarn Abb. 245.

samischen Reliefs ab. Einer noch späteren Datierung, einer Zuordnung zu womöglich klassizistisch beruhigter Formgebung, steht aber der Mangel an Flächigkeit entgegen: Statt bildhafter Ausbreitung graphischer Werte bestimmen Körperhaftigkeit und raumgreifende Bewegung die Figuren.

Eine Datierung des samischen Grabreliefs ins 3. Jh., wohl ins mittlere Drittel, mag noch ein kurzer Vergleich stützen. Die Mädchenfigur einer smyrnäischen Stele (Tf. 22,1)[549] läßt sich vom Figurentypus her gut der rechten Frau des samischen Reliefs gegenüberstellen. Bei ähnlicher Dichte der Oberfläche und ähnlichem Verhältnis von Körper und Gewand ist die Figur jedoch lebhafter bewegt, lädt breiter aus und ist auch um einen Grad zugespitzter als die samische Figur. Dieser Mädchenfigur aus Smyrna scheint nun aber die Applik einer Ptolemäerkanne zeitlich nahezustehen, die der Berenike II. (246–222 v. Chr.) gilt.[550] Auch wenn hier Gattung und Herkunft als gewichtige Faktoren beim direkten Vergleich zu bedenken sind, so sind die Ähnlichkeiten in Aufbau, Bewegung und Gewandbehandlung doch so eng, daß der zeitliche Abstand nicht groß sein kann.

Die Grabreliefs der Demeter-Priesterin aus Smyrna, das samische Relief und die Mädchenstele aus Smyrna müssen hier als Beispiele genügen, um die Schwierigkeiten der Chronologie zu verdeutlichen. Doch sind die Folgerungen abzusehen. Denn nach den in den ›Ostgriechischen Grabreliefs‹ vorgeschlagenen Datierungen stammt mehr als die Hälfte (ca. 56%) der erhaltenen hellenistischen Grabreliefs aus dem 2. Jh. v. Chr., vor allem aus der 2. Hälfte, und nur etwa 17% stammen angeblich aus dem 3. Jh. Wie die Beispiele oben zeigen, scheinen aber mehr Grabreliefs dem 3. Jh. anzugehören. Dies ist nicht nur für allgemeinere Fragen der handwerklichen und ikonographischen Tradition wichtig, sondern hat auch unmittelbare Bedeutung für die Bewertung der Grabreliefs selbst. Denn von den beiden zuletzt besprochenen Grabreliefs ausgehend, ist zu fragen,

[549] Pfuhl-Möbius Nr. 749.

[550] D. Burr-Thompson, Ptolemaic Oinochoai (Oxford 1973) Nr. 75, Tf. 27.

inwieweit z.B. das Thema des Handschlages und das des Mädchens[551] im Rahmen einer ikonographischen Entwicklung zu sehen sind, inwieweit sie vielleicht im 3. Jh. noch geläufiger sind als im 2. Jh. oder gar noch später.

Verfolgt man diesen ikonographischen Aspekt weiter, dann ist es trotz der skkizzierten Schwierigkeiten und entsprechender Einschränkungen möglich, einige Eigentümlichkeiten des hellenistischen Grabreliefs herauszustellen, zumal im Vergleich zur vorangehenden Epoche. So ist das Bild des nackten Palästriten, das im 4. Jh. in Attika in zahlreichen großen und oft meisterhaften Naiskosstelen gestaltet wurde, in hellenistischer Zeit so gut wie unbekannt. Einige vereinzelte Beispiele, etwa aus Rhodos, stammen aus dem früheren 3. Jh. und sind insofern als Ausläufer der klassischen Tradition zu verstehen.[552] Bereits gleichzeitige und vor allem spätere Grabreliefs nehmen dann zwar auf das Thema Bezug, doch handelt es sich nicht um das klassisch-ideale Zustandsbild, sondern um eine gleichsam aktualisierte Fassung. Denn der Siegespreis in Form einer Amphora (Tf. 21,1), einer Binde oder eines Kranzes wird gezeigt, der pais hält die Siegespalme oder der Tote bekränzt sich gar selbst.[553] Außerdem ist der Verstorbene bekleidet (Tf. 22,2), meist sogar in bürgerlicher Weise in Mantel und Chiton, was zum gymnischen Sieg gar nicht paßt. Diese bürgerliche Erscheinung des Verstorbenen trotz seines anscheinend herausragenden Athletentums ist nicht weniger bezeichnend als die insgesamt bemerkenswert geringe Anzahl solcher Stelen, insbesondere im Vergleich mit den immer wieder gezeigten

[551] Die Figur hält die Traube einem Kleinkind oder Tier (bei Zweitverwendung beseitigt?) hin, ist also im Spiel dargestellt; die Körperformen sind aber so entwickelt, daß kein Kind gemeint sein kann.

[552] Vgl. Pfuhl-Möbius Nr. 138, 120, 121 (?).

[553] Vgl. Pfuhl-Möbius Nr. 126, 137f., 146 (falls es sich hier um eine panathenäische Amphora handeln soll, sind die Henkelvoluten und die Kürze des Halses merkwürdig, auch fehlt der Deckel; vgl. CVA Berlin 5, Tf. 52; vgl. auch AAA 9, 1976, 247ff.) und 2319; 117, 140f., AA 1979, 61; 146, 149 (hier fehlen freilich weitere Hinweise auf einen athletischen Sieg, weshalb der Kranz vielleicht auch eine andere Bedeutung hat).

einfachen Bürgern. Diese lassen sich in verschiedenen Typenreihen verfolgen, und sie bestimmen ganz offensichtlich das Bild. Dabei ist zu berücksichtigen, daß sie z.B. in Delos mehrfach mit Hermen verbunden sind, gerade unbärtige Männer, und daß damit wohl ein Hinweis auf die Sphäre der Palästra gegeben ist (Tf. 29,2). Oder man mag an Stelen der kleinasiatischen Küste denken, die mehrfach den Verstorbenen in der Ephebentracht zeigen, d. h. im Mantel, der auf der rechten Schulter mit einer Fibel gehalten wird (Tf. 21,1; 32).[554] In beiden Fällen handelt es sich offenbar um jüngere Männer, z.T. eben um solche, die im Ephebenalter, während oder unmittelbar nach ihrem Militärdienst starben, und insofern ist etwa das gleiche Alter angesprochen wie bei den klassischen Palästritenstelen. Um so wichtiger ist, daß nicht der Typus des Palästriten im Bild verwendet, nicht der ideale Zustand des schönen Jünglings bildhaft vergegenwärtigt wird. Vielmehr wird so etwas wie Aktualität gesucht, mehr Realität: In der Tracht seiner Dienstzeit steht der junge Mann da oder als Sieger bestimmter Spiele oder als ordentlich bekleideter Bürger neben der Herme, oft begleitet vom ebenso ordentlich angezogenen pais.

Nicht viel anders steht es mit den Mädchenbildern. Gab es in klassischer Zeit feste Bildtypen, die das unverheiratete Mädchen allein oder mit Dienerin zeigten, gerne mit Schmuck oder Spielzeug „beschäftigt“, so ist Entsprechendes in hellenistischer Zeit kaum nachzuweisen. Wieder stammen einige Ausnahmen aus dem 3. Jh. (Tf. 22,1), eine Figur geht offensichtlich auf ein bekanntes Vorbild zurück, das auch in Kopie großplastisch überliefert ist;[555] doch sind es so vereinzelte Beispiele, daß von einem Bildtypus „unverheiratetes Mädchen“ nicht die Rede sein kann. Hinzu kommt, daß dann im 2. Jh. v. Chr. bei vergleichbaren Figuren das Kindliche so in den Vordergrund rückt, daß eben ein anderes Alter gemeint ist als bei den klassischen Mädchenstelen. Umgekehrt ist nicht zu übersehen, daß insgesamt bei den weiblichen Personen der hellenistischen

[554] Vgl. z.B. Pfuhl-Möbius Nr. 126ff., 289, 538f., 640f., 1429ff. und den Philomusos AA 1979, 61.

[555] Pfuhl-Möbius Nr. 368.

Grabreliefs eher matronale Würde im Bild angesprochen ist als blühende Jugend.

In diesem Zusammenhang ist schließlich zu erwähnen, daß der klassische Bildtypus der im Kindbett gestorbenen Frau, deren Dienerin oder Angehörige das Wickelkind hält, in hellenistischer Zeit außerordentlich selten ist.[556] Dies hängt sicherlich nicht mit einem entsprechenden und plötzlichen Fortschritt der damaligen Medizin zusammen, weshalb nun Frauen bei oder unmittelbar nach der Geburt nicht mehr so häufig gestorben wären wie im 4. Jh. Vielmehr wird gerade in diesem Fall deutlich, daß es sich in erster Linie um ein ikonographisches Phänomen handelt, um einen Wandel der Bild-Tradition. Das besondere Frauenschicksal, neues Leben mit dem eigenen bezahlen zu müssen oder gar statt Leben zu schenken doppelten Tod ernten zu müssen, dieses Thema so vieler klassischer Frauenstelen hat in hellenistischer Zeit offenbar an Geltung verloren; es ist als Bildthema jetzt verdrängt von anderen Themen, die die Frau in matronaler Würde zeigen, allein oder neben dem Mann stehend und frontal dem Betrachter zugewandt, ausgestattet mit Insignien ihrer häuslichen oder weiblichen *arete*, Spiegel, Fächer, Schminkbüchse, Wollkorb, Spindel und Dienerin.

Faßt man die drei wichtigen Themen klassischer Grabreliefs ins Auge, Jüngling, Mädchen und junge Frau, so muß man feststellen, daß sie in hellenistischer Zeit an Bedeutung stark eingebüßt haben. Denn neben Kleinkindern, Kindern, Jünglingen und Mädchen herrscht das Bild des Erwachsenen vor. Auf das Alter wird dabei in der Darstellung nicht näher eingegangen, auch nicht bei Männern, denn die Bartlosigkeit ist ebensogut Mode und muß ganz und gar nicht Jugend bedeuten. Selbst 80- und 90jährige treten im gleichen Typus auf wie die anderen.[557] Wichtiger scheint die Betonung des Bürgerlichen zu sein, so in der angemessenen Tracht, in der gebührenden Begleitung durch dienendes Personal und im kleinasiatischen Bereich in Hinweisen auf Bildung und Reichtum (Buchrollen, Leier

[556] Pfuhl-Möbius Nr. 382, 419 (?), 443, 1050. Die vereinzelten Bilder Gebärender wie Pfuhl-Möbius Nr. 996f. stehen in spätklassischer Tradition.

[557] Vgl. Pfuhl-Möbius Nr. 142, 344.

und Füllhorn)[558] bzw. hausfrauliche Tüchtigkeit, Gepflegtheit und Wohlstand (Wollkorb, Spindel, Fächer, Spiegel und Sonnenschirm)[559]. In Smyrna kommt sogar noch ein besonderer Aspekt hinzu, der dort anscheinend regelmäßig berücksichtigt ist. Denn stets wird dort das Grabrelief mit einem in flachem Relief ausgeführten Kranz versehen, der meist inschriftlich als Ehrenkranz des Demos ausgewiesen ist. Selbst Grabreliefs kleiner Kinder sind auf diese Weise ausgezeichnet. Dennoch wird es sich nicht analog zu den öffentlichen Ehrenstatuen um Denkmäler handeln, die auf Kosten der Gemeinde errichtet wurden. Einzelne inschriftlich gesicherte

558 Zum Füllhorn vgl. H. Kyrieleis, AF 2, Bildnisse der Ptolemäer 164.

559 Die Häufung solcher *arete*-Attribute im kleinasiatischen, vor allem smyrnäischen Bereich und das Fehlen dieser Kennzeichen im Inselbereich lenken den Blick auf eine andere Unterschiedlichkeit. Denn gerade im Inselbereich ist die inschriftliche Bezeichnung des Verstorbenen als χρηστός sehr geläufig (Délos 30, 255), auf den weiter östlich gelegenen Inseln dann seltener und z. B. in Smyrna völlig unüblich (vgl. Pfuhl-Möbius Nr. 989 – kaiserzeitlicher Nachtrag? – und 1072 – Stele importiert? Zum Fußprofil vgl. rhodische Stelen!). Von daher ist zu überlegen, ob im Inselbereich mit dem inschriftlichen χρηστός -Hinweis ganz Ähnliches angesprochen ist wie mit den Attributen im kleinasiatischen Bereich, nämlich bürgerliche Tüchtigkeit bzw. Tugend (in diesem Sinne eindeutig die Grabinschrift in Thasos: L. Robert, Hellenica VII 152)! Dabei ist daran zu erinnern, daß der Begriff χρηστός im klassischen Athen vor allem auf bescheidenen Denkmälern auftaucht, die vor allem Fremden, wohl Sklaven, gelten; fast doppelt so häufig werden Frauen als χρηστή bezeichnet, was ihre Rolle in der Gesellschaft scharf beleuchtet. Als Bezeichnung eines „Verehrung genießenden höheren Wesens“ kann der Begriff χρηστός ganz sicherlich in klassischer Zeit nicht angeführt werden, und obige Überlegungen sprechen auch für hellenistische Zeit dagegen (vgl. A. Furtwängler, Slg. Sabouroff, Einl. 20). – Korr.-Zusatz: B. Kaeser verdanke ich den Hinweis auf die Arbeit von H. Raffeiner, Sklaven u. Freigelassene (Commentationes Aenipontanae XXIII, Innsbruck 1977), der S. 26ff. auf die Bedeutung von χρηστός in klass. Zeit im Sinne von „Brauchbarkeit“ eingeht. S. 54f. spricht R. eine veränderte Bedeutung des Wortes in späterer Zeit an, die sich aber nicht mit der anhand der hellenistischen Grabreliefs zu erschließenden Bedeutung deckt.

Fälle[560] sowie die Regelmäßigkeit der Demoskränze in Smyrna sprechen dagegen. Eher ist zu überlegen, inwieweit hier mit einer Formel darauf hingewiesen werden soll, daß der Tote ein hochgeachtetes, geehrtes Mitglied der Gemeinschaft war.[561] Dies hing sicherlich wesentlich vom Reichtum der Familie ab, da solche Achtung und Ehrung auf entsprechenden Leistungen für die Öffentlichkeit beruhte, und insofern konnte auch schon das kleine Kind einer solchen Familie im voraus mit dem Demoskranz auf seinem Grabstein geehrt werden, konnte seine bürgerliche Tugend betont werden.[562]

Blicken wir noch einmal auf die klassische Zeit zurück, so ist deutlich, daß innerhalb der anspruchsvollen Naiskosstelen die unverheiratet Verstorbenen und die Frauen, zum großen Teil die jungen Frauen dominieren. Damit steht in Einklang, daß andere Denkmalformen wie Palmetten-, Bildfeldstelen und Marmorlekythen offenbar anderen Altersgruppen, vor allem älteren Menschen, zukamen. Schon der Denkmaltypus gab so von weitem einen ersten Hinweis auf das Schicksal des Toten. In hellenistischer Zeit ist abgesehen von

[560] Pfuhl-Möbius Nr. 546 und 863.

[561] Vgl. dazu das Epigramm Conze Nr. 1323; die Denkmäler Conze Nr. 1321 ff. nehmen sich wie Vorläufer der smyrnäischen Sitte aus.

[562] Die formelhafte Verwendung des Kranzes schließt natürlich nicht aus, daß die Verstorbenen tatsächlich auch mit dem goldenen Kranz geehrt worden waren. Die Tatsache, daß bei Kinderstelen der Kranz meist ohne Demosinschrift bleibt – im Gegensatz zu den Erwachsenen! –, läßt darauf schließen, daß Kranz und Inschrift auf die tatsächliche Ehrung verweisen, der leere Kranz dagegen wohl nur Hinweis auf den ehrenvollen Stand ist, dem das Kind angehört. In einem Einzelfall wie Pfuhl-Möbius Nr. 419 könnte die Demosinschrift in den Kränzen über den Kindern in Entsprechung zum Kranz der Erwachsenen eingetragen worden sein; doch läßt sich natürlich auch nicht ausschließen, daß bereits kleine Kinder Ämter innehatten, die Ehrungen zur Folge hatten. – Es bleibt das Faktum, daß in Smyrna so regelmäßig auf dem privaten Grabdenkmal der Hinweis auf die öffentliche Ehrung festgehalten ist, im Gegensatz zu den übrigen Landschaften, wo die Sitte der Kranzverleihungen natürlich ebenso existierte. In Smyrna gehörte dieser Hinweis anscheinend mit zur Kennzeichnung des Verstorbenen, seiner bürgerlichen *arete*.

Kindern eine konsequente Scheidung verschiedener Altersgruppen nicht zu fassen, und entsprechend gibt es auch keine unterschiedlichen Denkmaltypen mehr.[563] Zwar sind schlichte Platten mit Giebel und eingetieftem Bildfeld erhalten, daneben solche mit seitlichen Anten oder gar Halbsäulen, die ein mehr oder weniger reiches Gebälk tragen, oder über den Anten folgt, wie auf den Kykladen mehrfach bezeugt, ein Bogen als Abschluß des Bildes. Dennoch ist nicht zu übersehen, daß es sich dabei nur um Varianten des gleichen Typus handelt, dessen Charakter als Platte stets dominiert. Selbst bei jenen mit reichlichen Architekturgliedern ausgestatteten Denkmälern ist deutlich, daß es sich nicht um „Gehäuse" handelt wie bei den klassischen Naiskoi, in denen die Figur allein oder im Verband einer Gruppe steht und sich eigenständig bewegt. Vielmehr bringen auch bei solchen aufwendigeren Denkmälern die Sockelzone, die Attika oder auch die Zwickelflächen seitlich des Bogens zum Ausdruck, daß es sich im Grunde nur um gerahmte Bildfelder handelt, die die Fläche der Steinplatte gleichsam ausschnitthaft öffnen.[564] Dabei wird selbst innerhalb dieses „Ausschnittes" die Plattenfläche bis zu einem gewissen Grade respektiert, insofern die Figuren in ihrer meist starren Frontalität auf diese Fläche bezogen sind.

Die bürgerliche Erscheinung der Verstorbenen und die einheitliche Denkmalform für jedermann, der reich genug war, sind allgemeinere Kennzeichen hellenistischer Grabreliefs über die landschaftlichen Grenzen hinweg. Nicht ganz so eindeutig gilt dies für ein anderes Merkmal, das wieder am besten im Vergleich mit klassischen Grabreliefs zu beschreiben ist. Ein zweifellos wichtiges Thema klassischer Zeit ist die Verbundenheit, ausgedrückt im Handschlag. Dieses Motiv wird im Klassischen benutzt im Rahmen der Begegnung, die sich gegen die Mitte des 4. Jh. zu einem räum-

[563] Einschränkend ist z. B. auf Rhodos zu verweisen, wo andere Denkmaltypen wie vor allem Altäre belegt sind: vgl. Fraser. Doch ist bislang nicht ersichtlich, ob die verschiedenen Typen auch auf verschiedene Alters- und Personengruppen zu beziehen sind.

[564] Ausnahmen wie z. B. Pfuhl-Möbius Nr. 422 sind sehr selten, und dennoch ist der Unterschied zum klassischen Naiskos deutlich.

lichen Geschehen in einer Halbkreis-Anordnung mehrerer Figuren erweitert, um dann gegen das Jahrhundertende in eine „Zweischichtigkeit" zerlegt zu werden, wobei die Hintergrundfiguren so etwas wie eine Folie bilden für die beiden Protagonisten, die mehrfach trotz Handschlag kaum aufeinander bezogen sind oder gar auch auf die äußerliche Verbindung verzichten. Versteht man diesen Wandel als Auflösung der Verbundenheit, dann setzen die hellenistischen Grabreliefs diese Entwicklung fort, vor allem im Osten. Denn gerade dort stehen die Figuren in den Darstellungen isoliert nebeneinander, sind auf den Betrachter ausgerichtet, und nur ganz selten, etwa bei Sitzfiguren, wird auf das Motiv des Handschlages zurückgegriffen. Im Inselbereich oder auch auf dem Festland[565] findet sich dagegen der Handschlag sehr viel häufiger. Dennoch ist dabei deutlich, daß es sich hier in der Regel nicht um das klassische Bild der Begegnung handelt. Denn die Figuren stehen meist in weitem Abstand voneinander, so daß die Arme übernatürlich gelängt die Distanz zu überbrücken suchen, sie dadurch freilich nocht sichtbarer werden lassen (Tf. 30,1). Hinzu kommt, daß die Stehenden fast immer frontal gezeigt werden und dem Kontrahenten nur den Kopf zuwenden, wobei auch nur die Richtung ungefähr angedeutet ist und von einer Hinwendung kaum die Rede sein kann.[566] Weitere Gesten solcher Zuwendung, wie sie in der Klassik durchaus belegt sind, fehlen gänzlich. Wie wenig in diesen Darstellungen das klassische Bild der Verbundenheit angestrebt ist, bezeugen schließlich in aller Drastik etliche dreifigurige Szenen, bei denen die dritte Figur seitlich, d. h. völlig separat neben der Handschlagszene aufgereiht ist (Tf. 30,2). Verbundenheit soll hier offensichtlich nicht als Geschehen anschaulich vorgeführt werden, sondern allenfalls als ein Nebeneinander, als eine Gemeinschaft angedeutet werden, die durch die Formel des Handschlages unterstrichen werden kann. Dabei mag man fragen, inwieweit die so erstarrte Formel des Händedrucks, die jenseits eines

[565] Vgl. AAA 1, 1968, 121 und 9, 1976, 11; dazu vgl. die gemalten Stelen von Demetrias-Pagasai.

[566] Ein Beispiel wie Pfuhl-Möbius Nr. 1032 ist vereinzelt, zugleich bezeichnend, da der Handschlag fehlt.

Handlungszusammenhanges liegt, eine konkrete Bedeutung haben könnte, analog zum Beiwerk der östlichen Grabreliefs. Da z.B. mehrfach Eheleute im Handschlag dargestellt und oft zu vermuten sind, könnte man überlegen, ob die Formel so etwas wie eine bürgerliche Tugend meint.

Trotz allem bleibt auch bei den Kykladenstelen der Eindruck der Isolierung vorherrschend, der an den kleinasiatischen Grabreliefs in die Augen sticht. Dort bieten die zwei- oder dreifigurigen Darstellungen im Grund nur aneinandergereihte Einzelbilder (Tf. 28), auch wenn die Inschrift sagt, daß es sich um eine Familie handelt. Statt eine dialogische Beziehung zur Nachbarfigur im Bild zu suchen, wenden sich die Dargestellten dem Betrachter zu, präsentieren sich gleichsam in ihrem bürgerlichen Status, womöglich gar mit Hinweis auf ihre Bildung und musische Begabung, auf Wohlstand und öffentliche Anerkennung. Damit setzen die hellenistischen Grabreliefs eine Tradition fort, die im Ansatz bereits im 4. Jh. in Attika zu fassen war. Denn dort beginnt das Bild familiärer Verbundenheit bereits in ein statisches Nebeneinander umzuschlagen, scheint die meist teilweise Wendung zum Betrachter die repräsentative Isolierung der Einzelfigur schon vorzubereiten. Freilich spielt sich die klassische Szene noch im „Gehäuse“ des Naiskos ab, vor einem leeren, gewissermaßen idealen Hintergrund. Ihn mit Gegenständen zu füllen, ihm dadurch Realität beizulegen, die für die Figur eine neuartige Bindung bedeutet, diesen Schritt vollziehen erst die hellenistischen Grabreliefs. Sie führen auch die Entwicklung weiter, die im 4. Jh. zusehends die Bilder der Jungverstorbenen verdrängte zugunsten der Darstellungen bürgerlicher Familien: Das Hauptthema der archaisch-attischen Grabmäler und das zentrale Thema der Klassik ist offenbar im Hellenismus ausgeschöpft, ist kein Thema mehr. Statt das besonders beklagenswerte Los der Jungverstorbenen im Bild des blühenden Lebens der Nachwelt vor Augen zu führen, bieten die hellenistischen Grabreliefs zufällige und jeweils isolierte Einzelschicksale in ihrem tatsächlichen, bürgerlichen Gewand – freilich in die Form geläufiger Figurentypen gekleidet.

Die bisherige Betrachtung konzentrierte sich auf die üblichen hochformatigen Grabreliefs mit Giebelabschluß und ein- bis dreifigurigem Bildfeld. Daneben wurde in hellenistischer Zeit, wie oben bereits erwähnt, auch der Typus des Totenmahles als Grabrelief benutzt, in manchen Gegenden wie z. B. Samos offenbar recht häufig (Tf. 31,1). Dabei können mehrere Männer liegend gezeigt werden, ebenso mehrere Frauen auf eigenem Sitz oder auch eine auf der Kline sitzend, und gelegentlich werden sogar Einzelfiguren oder mehrere Bildelemente eingefügt, wie sie von den anderen Grabreliefs her bekannt sind.[567] Wie die Inschriften bezeugen, kann eine Person allein verstorben sein, es können auch mehrere sein, und ebenso können alle namentlich als Tote verzeichnet sein. Die Aussage dieser Bilder gilt demnach nicht sosehr einer Einzelperson, sondern zielt, wie durchaus auch schon gesehen,[568] auf das feierliche Totenmahl, den Leichenschmaus bzw. das spätere Mahl zu ehrendem Gedächtnis der Toten. Dieser feierliche Anlaß bringt es mit sich, daß sich die Familie im Familienbezirk versammelt. Das „Beiwerk" im Hintergrund und gerade auch die verschiedenen Architekturen sind dabei durchaus „real" zu verstehen, sie beschreiben den Ort, z. T. wohl nach dem Vorbild der großen Heroa der Zeit, steigern im Bild den Anspruch, dem der tatsächliche Bezirk vielleicht gar nicht gerecht zu werden vermochte, und Waffen und Pferdeprotome weisen auf „heroische" Vorstellungen. In diesem Rahmen und gleichsam aus aktuellem Anlaß stellt sich die Familie als Gemeinschaft dar, als feierliche Versammlung, die zugleich dadurch, d. h. im feierlich-starren Bild doch auch über die Aktualität hinauswächst, in der die Frage nach Toten und Hinterbliebenen irrelevant ist.[569] Es ist die letzte Ausprägung des klassischen Familienbildes, das von der Begegnung zweier Menschen im Handschlag ausgeht,

[567] Vgl. z. B. Pfuhl-Möbius Nr. 1535, 1797, 1804, 1883 u. a.

[568] Vgl. Pfuhl-Möbius 353 f.

[569] Dies schließt nicht aus, daß gelegentlich einzelne Figuren betont sind, und daß gerade zu Beginn des sepulkralen Totenmahles, nachweisbar im Attischen im späten 4. Jh., sehr wohl der Gelagerte als Hauptperson herausgestellt wird – wohl in Anlehnung an die Votivmahle, die einem Heros gelten: Der Tote wird „im Jenseits beim ewigen Gelage" gezeigt (AM 80, 1965, 66). Doch schon das Charonrelief im Kerameikos (AM a. O. Beil. 24) rückt mit den beiden Ehepaaren den Gedanken der Gemeinschaft in den Vordergrund.

das den Kreis dann räumlich und numerisch erweitert und damit den Gedanken der Verbundenheit, die sich in der Handlung vollzieht, in Gefahr bringt und noch im 4. Jh. sprengt. In Fortführung dieser klassischen Entwicklung sehen die hellenistischen Grabreliefs im Typus des Totenmahles überhaupt vom verbindenden Handschlag ab und präsentieren als angemessene Bildform familiärer Gemeinschaft das feierlich-starre Nebeneinander der zum Totenmahl versammelten Familie.

Die Beliebtheit der sepulkralen Totenmahle in Samos, die Seltenheit dieser Reliefs im nahe gelegenen Delos bzw. ihr fast völliges Fehlen im gleichfalls benachbarten Smyrna kann noch einen letzten Aspekt zum Verständnis beitragen. Denn es steht zu vermuten, daß ihre Aussage nicht grundsätzlich abweicht von der, die der jeweils in Delos und Smyrna dominierende Bildtypus formuliert. Betrachtet man daher Totenmahle und mehrfigurige Grabreliefs auf mögliche Gemeinsamkeiten, dann fällt auf, daß die bürgerliche Erscheinung der Personen eindeutig vorherrscht, und daß diese bürgerliche Welt von den Erwachsenen bestimmt wird; dagegen werden Kinder und Jugendliche marginal bzw. selten berücksichtigt, sind dazu meist der Welt der Erwachsenen angepaßt in ihrer Aufmachung als „kleine Erwachsene“ oder in der Idylle des Kindlich-Verspielten. Hinzu kommt als weitere Gemeinsamkeit der Mangel an verbindender Handlung bzw. die Eigenart, selbst im Beieinander mehrerer Personen doch den einzelnen zu isolieren, ihn in seiner Isolierung gleichsam zu präsentieren. Dieser Absicht kommen charakterisierende Attribute entgegen, ebenso der inschriftliche Hinweis auf die Tüchtigkeit des Toten im Kykladenbereich. Freilich wird man zugestehen müssen, daß im Totenmahl der familiäre Charakter der Gemeinschaft etwas deutlicher vorgetragen ist – auch wenn durchaus nicht immer Mitglieder einer Familie versammelt sind –, und daß mit dem Anlaß dieser Versammlung gleichsam ein letzter Rest von „Handlung“ anklingt. Gerade die smyrnäischen Grabreliefs betonen dagegen mit ihren isolierten, auf den Betrachter ausgerichteten Figuren stärker die Vereinzelung des Dargestellten, und im gleichen Sinn wirken sich die hier besonders beliebten charakterisierenden Attribute aus, von der Buchrolle als Kennzeichen des „Bildungsbürgers“ bis hin zum Demoskranz als Hinweis auf öffentliche Auszeichnung. Wohl nicht zufällig ist daher in Smyrna das einfigurige Grabrelief bevorzugt, mehr als zwei Hauptfiguren im Bild sind insgesamt recht selten. Insofern scheint der ursprüngliche Sinn des Grabmals, den Toten im Gedächtnis der Nachwelt zu bewahren und deshalb ihn bildlich herauszustellen, in Smyrna deutlicher nachzuwirken, wogegen im Totenmahl stärker der Gedanke der Gemeinschaft angesprochen ist, in die der Verstorbene einbezogen ist – in Tradition des klassischen Familienbildes.

Die Einheitlichkeit des skizzierten Bildes, dem sich die überwältigende Mehrzahl der erhaltenen Grabreliefs fügt, erfordert es indessen, auch auf die Ausnahmen hinzuweisen. So ist im Bereich der kleinasiatischen Westküste mehrfach das Bild eines Reiters überliefert (Tf. 31,2), der frontal neben bzw. vor seinem Pferd steht, gelegentlich ganz nackt bzw. nur mit dem auf der Schulter befestigten Mäntelchen „bekleidet“, gelegentlich im Mantel, der um Hüfte und Oberschenkel geworfen den Oberkörper frei läßt, mehrfach in Mantel und Chiton und einmal in voller Rüstung.[570] Altar, Schlange und Baum bzw. Grabmal bezeichnen einige Male klar die Lokalität als Heroon, und dieser gesteigerten Aussage entspricht, wenn der Reiter quasi verdoppelt wird, wie im Fall eines milesischen Reliefs, wo zwei junge Männer in heroischer Nacktheit wie die Dioskuren erscheinen. Kein Zweifel, in diesen Fällen wird der Verstorbene der bürgerlichen Umwelt entrückt und ebenso dem militärischen Bereich, auf den Pferd, Knappe und Waffen verweisen. Gerade der mehrfach vorgeführte Kontrast zwischen dem angemessen gerüsteten Knappen und der teilweise oder ganz nackten Hauptfigur macht deutlich, daß diese einer „idealen“ Sphäre angehört, daß der Verstorbene in einem heroisch gesteigerten Sein gezeigt wird. Die Nacktheit ist dabei sicherlich auch in der Tradition der klassischen Palästritenbilder zu sehen, doch hat die ideale Nacktheit der klassischen Zustandsbilder jetzt eine konkretere Bedeutung bekommen, die sich insbesondere in dem gelegentlich zugefügten Altar fassen läßt: Es ist die heroische Würde des Toten, der Verehrung genießt.

[570] Vgl. Pfuhl-Möbius Nr. 647, 1429ff., 1477.

In späterer, meist römischer Zeit wird der Altar fast üblich, zumal bei aufgesessenen Reitern, die in angemessener Tracht würdevoll vorbeiziehen oder als Jäger dargestellt sind. Altar und Spende deuten hier handgreiflich auf die heroische Verehrung des Toten, dessen Bild selbst aber von diesem höheren Sein nichts mitteilt.

Die angesprochenen Grabreliefs lenken den Blick auf die Möglichkeit der Heroisierung in hellenistischer Zeit, die als Ausnahme neben dem üblichen Bild der bürgerlichen Welt anzusehen wäre. In diesem Sinne wurde oben am Beispiel der Philomusos-Stele (Tf. 32) (S. 120f.) schon auf andere Bildelemente hingewiesen, die zweifellos in die gleiche Richtung weisen. In Ergänzung dazu sind noch einige Frauenstelen zu erwähnen, bei denen das Bild der Toten mehr oder weniger genau ein berühmtes Vorbild, etwa eine Götterfigur „zitiert". Bekanntestes Beispiel dafür sind die „Wiederholungen" der Tyche von Antiochia, die vor allem auf Grabreliefs des Inselbereiches mehrfach wiederkehren.[571] Oder es ist an die frontal thronenden Frauen zu erinnern, die im Typus offenkundig eine Eigenart des Kybele-Bildes erkennen lassen.[572] Und ebenso sind einige Frauenstelen zu nennen, vor allem von den Inseln, die ganz gegen die Norm eine Kline andeuten, auf der die Verstorbene betont lässig sitzt.[573] Bezeichnend ist ebenso, daß der Mantel bis zum Schoß herabgeglitten ist und den nur vom dünnen Chiton bedeckten Körper in seiner leiblichen Schönheit sichtbar werden läßt. Die Vermutung liegt nahe, daß dieses für Grabreliefs so ungewöhnliche Bild einer bedeutenderen Vorlage verpflichtet ist, wohl dem Bild einer Göttin oder Heroine. Dabei wird für den Bildhauer des Reliefs sicher nicht nur die Vollendung der Form den Ausschlag gegeben haben, das Vorbild nachzuahmen, vielmehr wird ebenso für ihn wie für den Besteller des Grabreliefs auch der Inhalt wichtig gewesen sein, die Aussage und der Anspruch des großen Vorbildes, die beide bis zu einem gewissen Grade durch die Übernahme des Figurentypus auf die Ver-

[571] Vgl. BCH 98, 1974, 427ff.; Pfuhl-Möbius Nr. 1840.

[572] Pfuhl-Möbius Nr. 882ff. Dazu vgl. z.B. BCH 88, 1964, 239ff.

[573] Délos 30, Nr. 147ff.; BCH 98, 1974, 425ff., Nr. 15ff., 34; Pfuhl-Möbius Nr. 974.

storbenen übertragen wurden und sie über den üblichen bürgerlichen Kreis der Grabrelieffiguren hinaushob. Es ist die gleiche Art einer ikonographischen Erhöhung, die schon im klassischen Athen gelegentlich nachzuweisen ist, und von der in hellenistischer Zeit anscheinend etwas häufiger Gebrauch gemacht wird. Ob dabei bestimmte Altersgruppen im Vordergrund stehen, läßt sich angesichts der genannten Reiterbilder nur vermuten, aber insgesamt nicht schlüssig nachweisen.

In diesem Zusammenhang sei ein letzter Aspekt bedacht. Die klassischen Grabreliefs mit ihrem leeren, „neutralen" Hintergrund[574] geben eine gleichsam ideale Sphäre wieder. Attribute im Bild sind selten und beschränken sich im Grunde auf Palästragerät, Schmuck und Spielzeug, die in der Regel den jugendlich Verstorbenen in die Hand gegeben sind. Demgegenüber eröffnen die hellenistischen Grabreliefs mit ihrem gegenständlich als Wand, Öffnung oder Scherwand deutbaren Hintergrund ganz neue Möglichkeiten, die mit der Fülle des Beiwerkes genutzt werden. Dabei bleibt die Sphäre, die mit diesem Beiwerk angesprochen wird, meist eine gleichsam geschlossene, insofern der Verstorbene in seiner bürgerlichen Welt gekennzeichnet wird. Die Tradition der diesseitigen Szenen der klassischen Bilder wird offensichtlich gewahrt. Doch bringt das Beiwerk als eigenständiger Bedeutungsträger auch die Möglichkeit mit sich, den Rahmen, in dem der Tote steht, gewissermaßen zu erweitern. Psyche und Satyriskos-Herme im Bild des Philomusos wurden als Beispiele schon genannt. Sie weisen bildhaft-handgreiflich über die irdische Welt hinaus und deuten auf Jenseitsvorstellungen bzw. -hoffnungen hin. Entsprechendes ist auch für andere, freilich seltene Darstellungen zu vermuten, in denen Psyche als

[574] Die Lutrophore im Bild klassischer Mädchenstelen wie Tf. 9 erweist sich als unmittelbar zur Person gehöriges Kennzeichen der Unverheirateten, ist insofern kaum als „Beiwerk", als Hintergrundselement anzusprechen. Gleiches gilt auch für den Pfeiler mit Sirene der Knabenstele ADelt 19, 1964 B Tf. 69, Hinweis auf den frühen Tod. Einzige Ausnahme scheint die leider sehr fragmentierte Stele Prakt. 1963, Tf. 4 f. zu sein, die eine trauernde Frau neben einer beschrifteten Stele zeigt!

geflügeltes Mädchen wiedergegeben ist (Tf. 26,2) oder in denen die Seele des Verstorbenen in der Gestalt des Schmetterlings angedeutet wird, womöglich gar an einer großen Traube, der Frucht des Dionysos, nippt.[575] Auch der vereinzelte delische Grabstein der Tertia Horaria ist hier zu erwähnen, insofern die Weinlaube sicherlich über den vordergründig-irdischen Bereich hinausweist.[576] Freilich bleibt festzuhalten, daß dergleichen Beispiele in hellenistischer Zeit ausgesprochen selten sind; üblich ist vielmehr die bildliche Vergegenwärtigung des Toten, wie er im Leben war. Erst spätere Zeiten konnten dann mit der Möglichkeit des Symbols oder der Allegorie über das Diesseits nachdrücklich auf eine jenseitige Welt hinweisen.

[575] Vgl. Pfuhl-Möbius Nr. 429, 746; AntK 22, 1979, Tf. 17 und eine ähnliche unpublizierte Stele in Basel; ADelt 18, 1963 B 209, Tf. 249c.

[576] Délos 30, Nr. 58. Unklar bleibt die Bedeutung der Niken auf dem Sockel des Grabsteins AAA 1, 1968, 121; zur sepulkralen Verwendung der Nike vgl. Pfuhl-Möbius Nr. XXI und tarentinische Denkmäler: H. Herdejürgen, Die tarentinischen Terrakotten des 6. bis 4. Jh. v. Chr. im Antikenmuseum Basel 1971, Nr. 64 und H. Lohmann, Grabmäler auf unteritalienischen Vasen, AF 7, 48; zu erinnern ist natürlich auch an die zahlreichen Terrakotta-Niken, die z. B. in Myrina im 2. Jh. v. Chr. den Verstorbenen mit ins Grab gegeben wurden: vgl. S. Mollard-Besques, Catal. raisonné des figurines et reliefs en terre-cuite Grecs et Romains II, Myrina 65 ff.

ABBILDUNGSNACHWEIS

Abbildungen:

1: AZ 29, 1872, Tf. 43. – 2: D. Ohly, in neue Deutsche Ausgrabungen im Mittelmeergebiet und im Vorderen Orient 1959, S. 259. – 3: Prakt 1977, 10 Abb. 5. – 4: AM 85, 1970, Tf. 9. – 5: AM 73, 1958, Tf. 1. – 6: BCH 46, 1922, Tf. 7. – 7: A. Conze, Die attischen Grabreliefs Tf. 98. – 8: G. M. A. Richter, Archaic Gravestones of Attica S. 3. – 9: F. Hiller, MarbWPr 1967, S. 21. – 10: Umzeichnung von B. Niemeier nach einer Photographie. – 11: Umzeichnung von B. Niemeier nach zwei alten Aufnahmen des DAI-Athen.

Tafeln:

1,1: DAI-Athen. – 1,2: By the Courtesy of the Metropol. Mus. New York. – 2,1: DAI-Athen. – 2,2: DAI-Athen. – 3,1: DAI-Athen. – 3,2: DAI-Athen. – 4: DAI-Athen. – 5,1: Alinari, Florenz. – 5,2: E. Berger, Das Basler Arztrelief, S. 56, Abb. 57. – 6: Basel, Antikenmuseum. – 7,1: DAI-Athen. – 7,2: DAI-Athen. – 8,1: By the Courtesy of the Metropolitan Museum New York. – 8,2: DAI-Athen. – 9: DAI-Athen. – 10,1: DAI-Athen. – 10,2: DAI-Athen. – 11,1: DAI-Athen. – 11,2: DAI-Athen. – 12,1: DAI-Athen. – 12,2: Bildarchiv Foto Marburg. – 13,1: DAI-Athen. – 13,2: Photo F. Kaufmann. – 14: Chalkis, Photo der Ephorie. – 15,1: The Ny Carlsberg Glyptotek, Copenhagen. – 15,2 : Berlin, Staatliche Museen. – 16: Copyright of the Trustees of the British Museum, London. – 17,1: The Ny Carlsberg Glyptotek, Copenhagen. – 17,2: Bildarchiv Foto Marburg. – 18,1: Bildarchiv Foto Marburg. – 18,2: Bildarchiv Foto Marburg. – 19: DAI-Athen. – 20: Athen, Nationalmuseum. – 21,1: DAI-Istanbul. – 21,2: DAI-Athen. – 22,1: Leiden, Rijksmuseum. – 22,2: DAI-Athen. – 23,1: Photo I. Luckert. – 23,2: Pfuhl/Möbius, Corpus der ostgriech. Grabreliefs II, 204. – 24,1: DAI-Rom. – 24,2: Pfuhl/Möbius, Corpus der ostgriechich. Grabreliefs. – 25,1: DAI-Athen. – 25,2: Berlin, Staatliche Museen. – 26,1: ÖJh 29, 1935, 51 Abb. 38. – 26,2: Photo I. Luckert. – 27,1: Photo I. Luckert. – 27,2: Bildarchiv

Foto Marburg. – 28,1: Wien, Kunsthistor. Museum. – 28,2: DAI-Istanbul. – 29,1: The Ny Carlsberg Glyptotek, Copenhagen. – 29,2: Copyright École Française d'Archéologie, Athènes. – 30,1: Copyright École Française d'Archéologie, Athènes. – 30,2: Copyright École Française d'Archéologie, Athènes. – 31,1: DAI-Athen. – 31,2: Pfuhl/Möbius, Taf.-Bd. II, 210. – 32: Photo A. Yaylali.

TAFELN

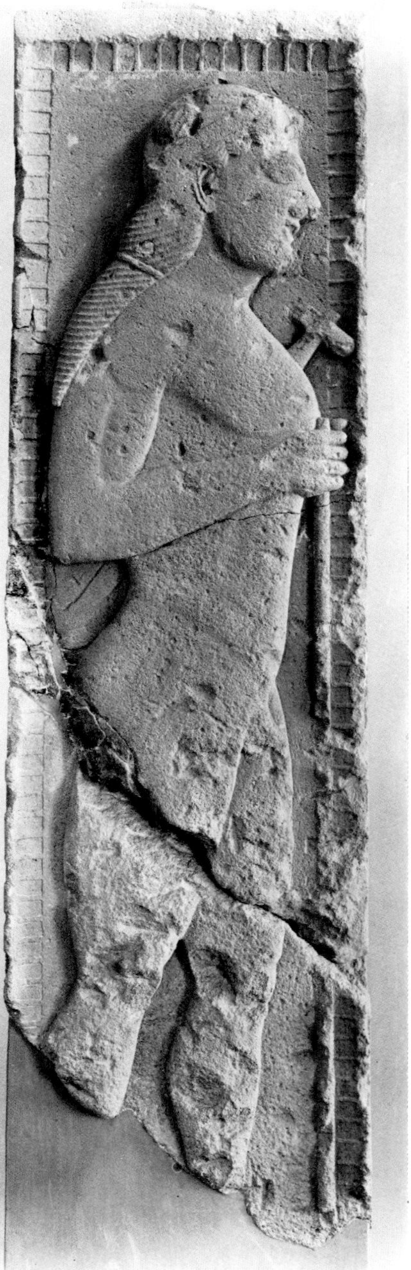

Tf. 1,1. Athen, Kerameikos-Mus. P 1132.

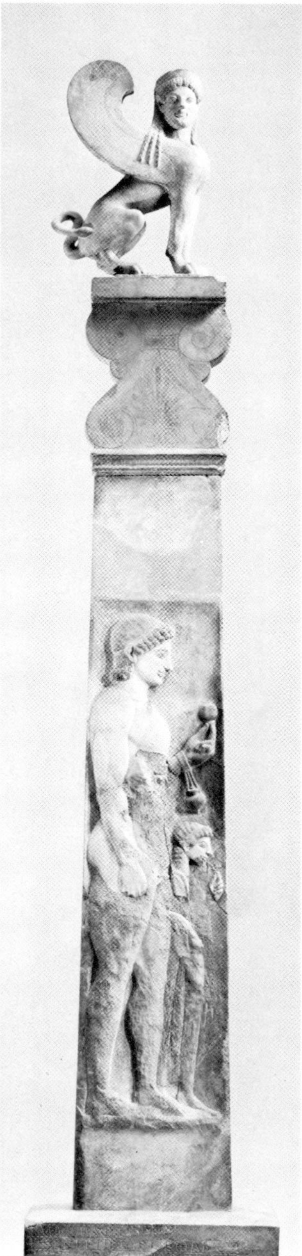

Tf. 1,2. New York, Metropol. Mus. of Art Acc. no. 11.185.

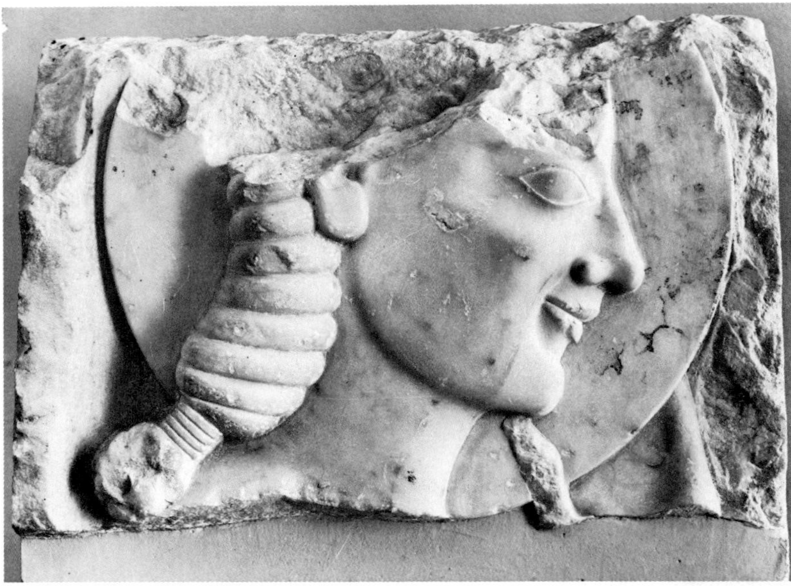

Tf. 2,1. Athen, Nationalmuseum 38.

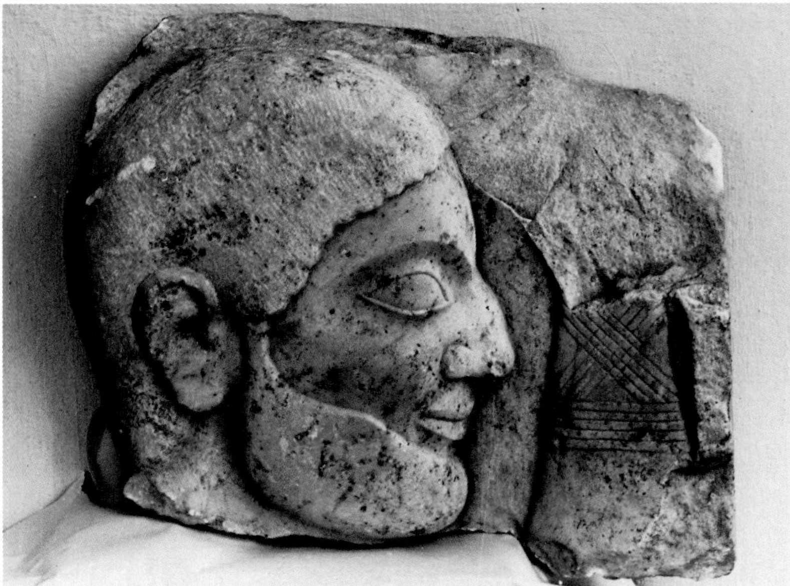

Tf. 2,2. Athen, Kerameikos-Mus.

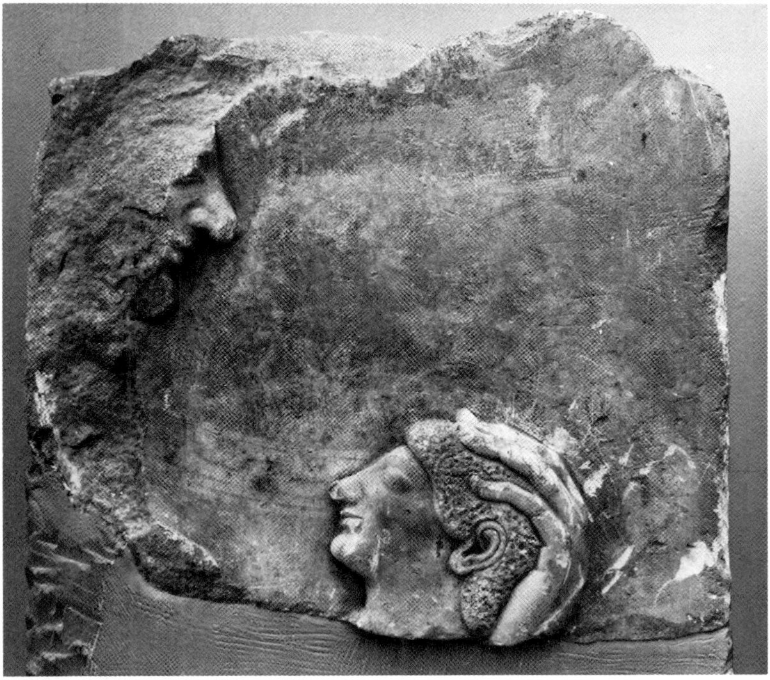

Tf. 3,1. Athen, Nationalmuseum 4472.

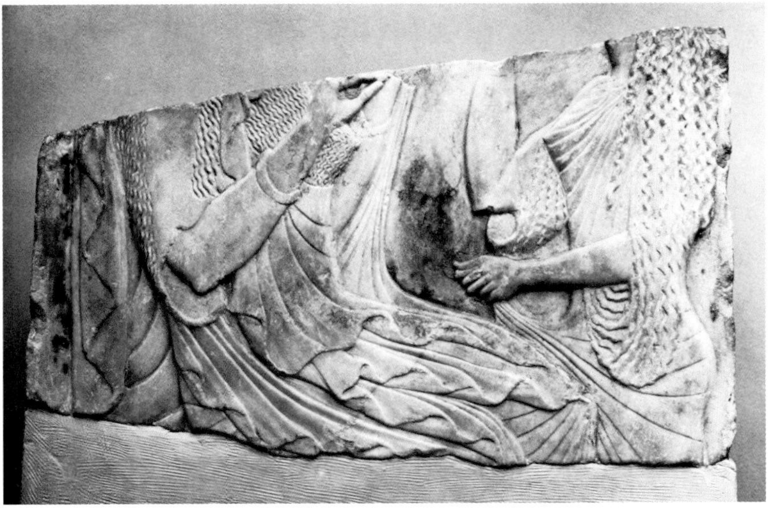

Tf. 3,2. Athen, Nationalmuseum 36.

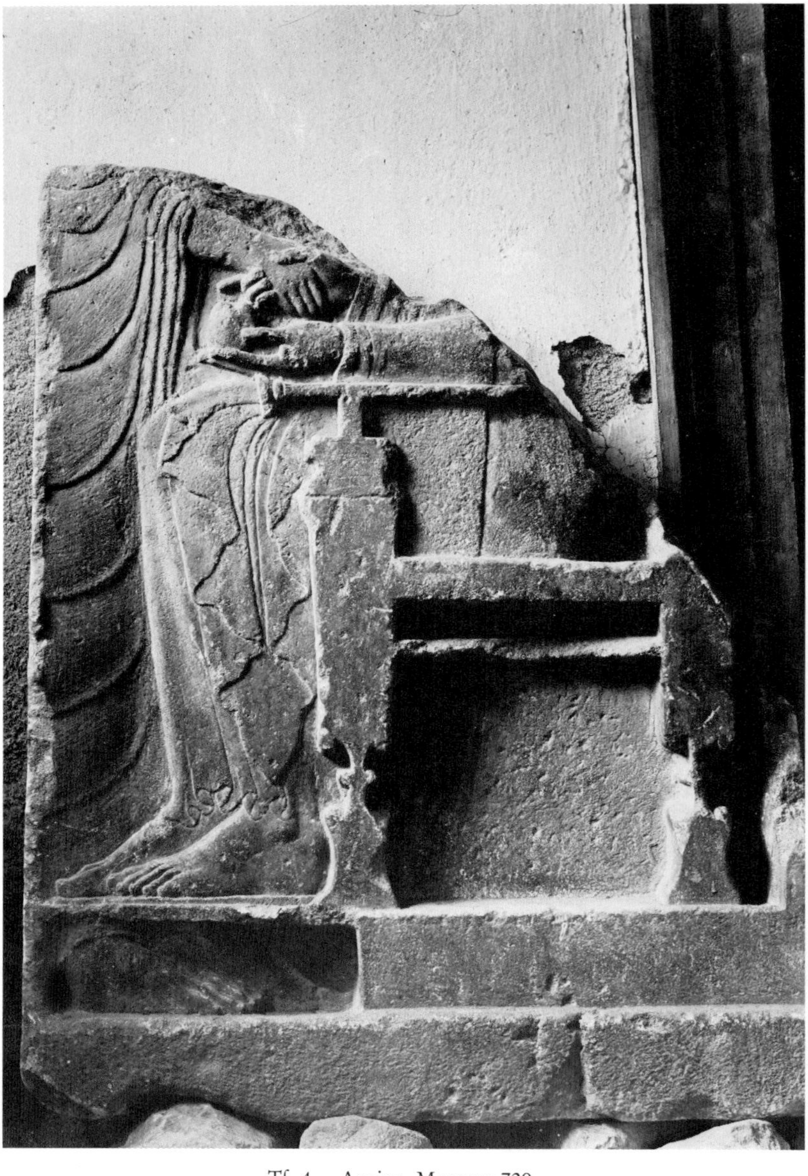

Tf. 4. Aegina, Museum 729.

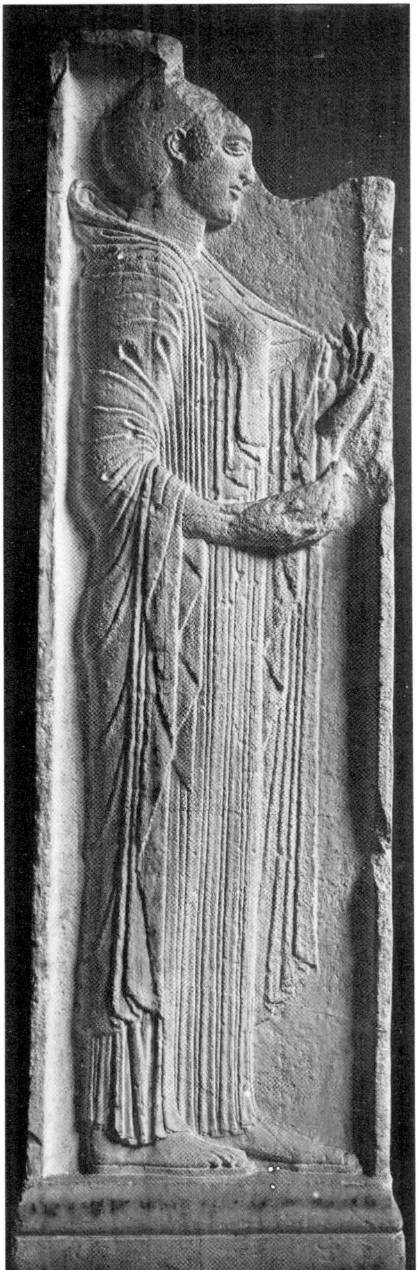

Tf. 5,1. Rom, Konservatoren-Palast 987.

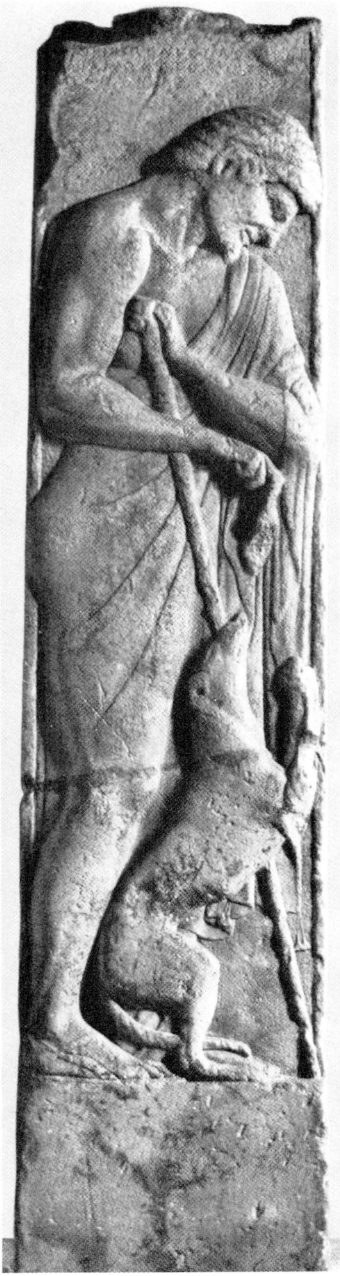

Tf. 5,2. Sofia, Archäolog. Nationalmuseum 727.

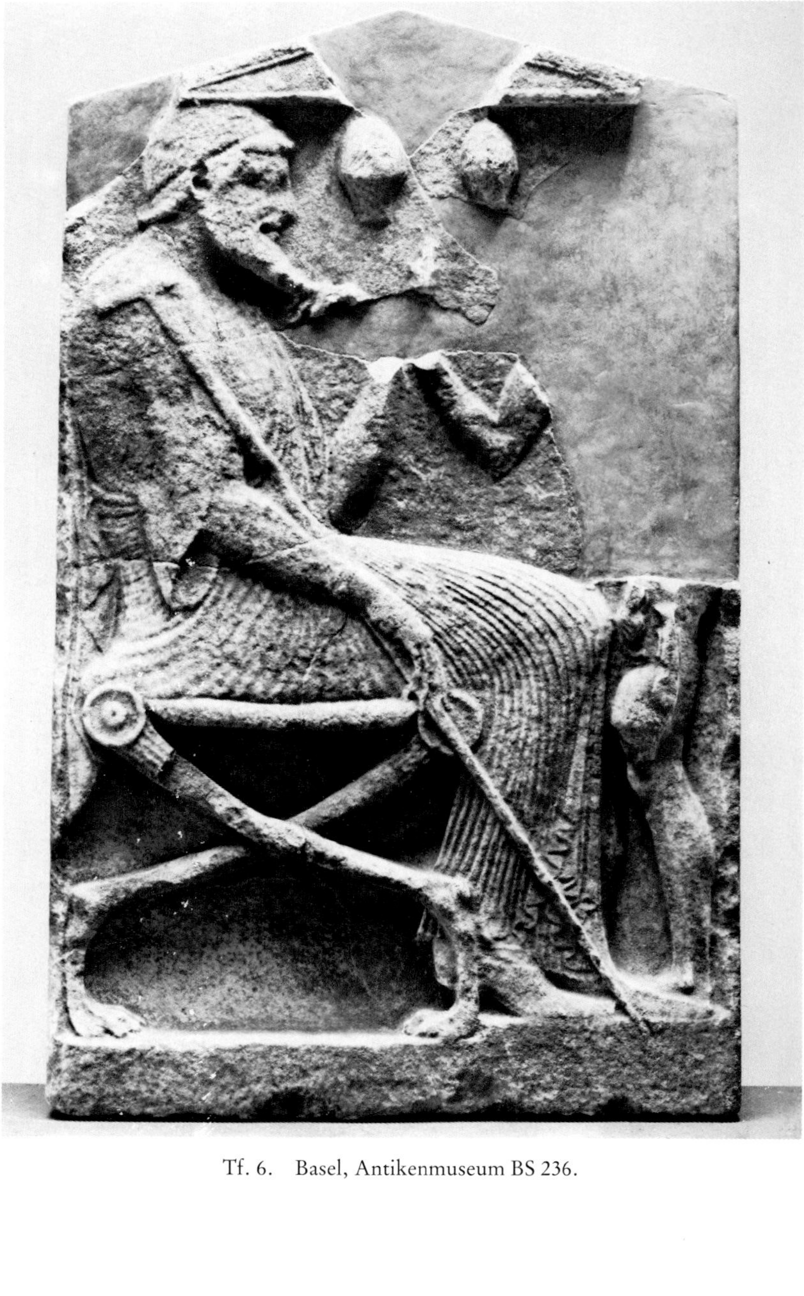

Tf. 6. Basel, Antikenmuseum BS 236.

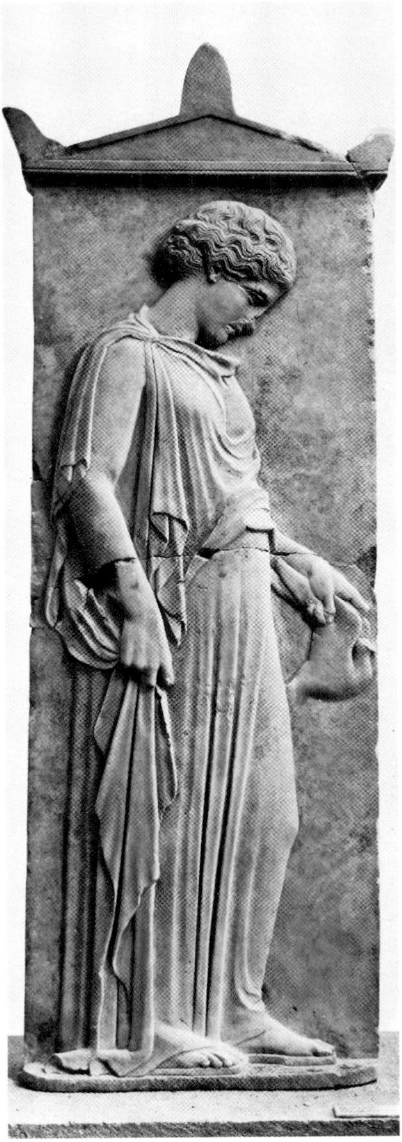

Tf. 7,1. Thessaloniki, Archäologisches Museum 6876.

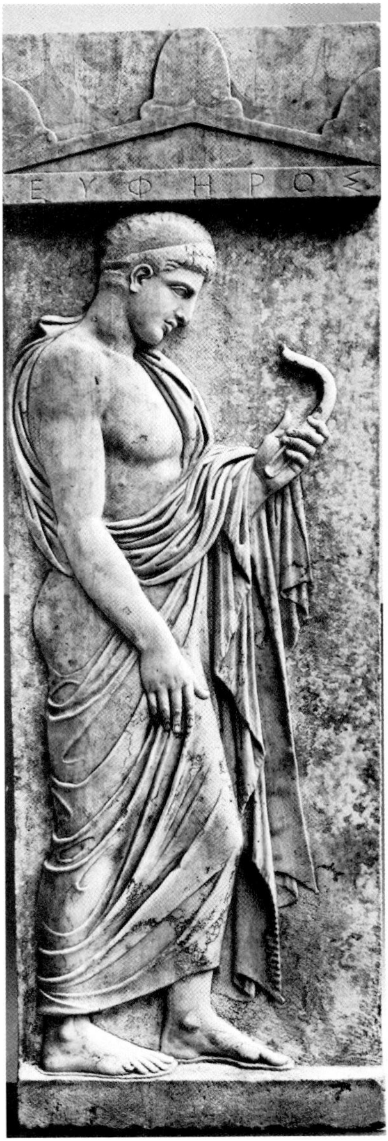

Tf. 7,2. Athen, Kerameikos-Mus. P 797.

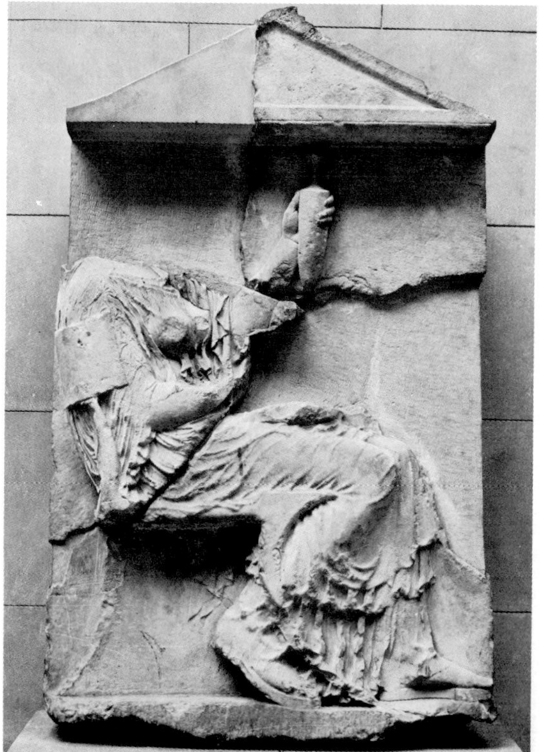

Tf. 8,1. New York, Metropolitan Museum 08.258.42.

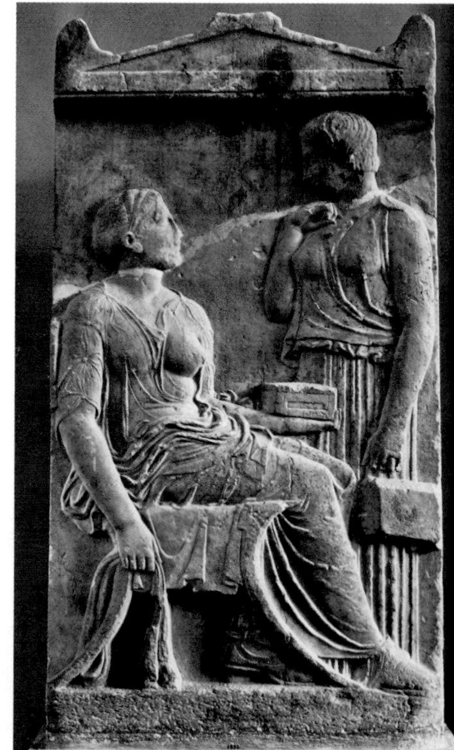

Tf. 8,2. Athen, Nationalmuseum 1822.

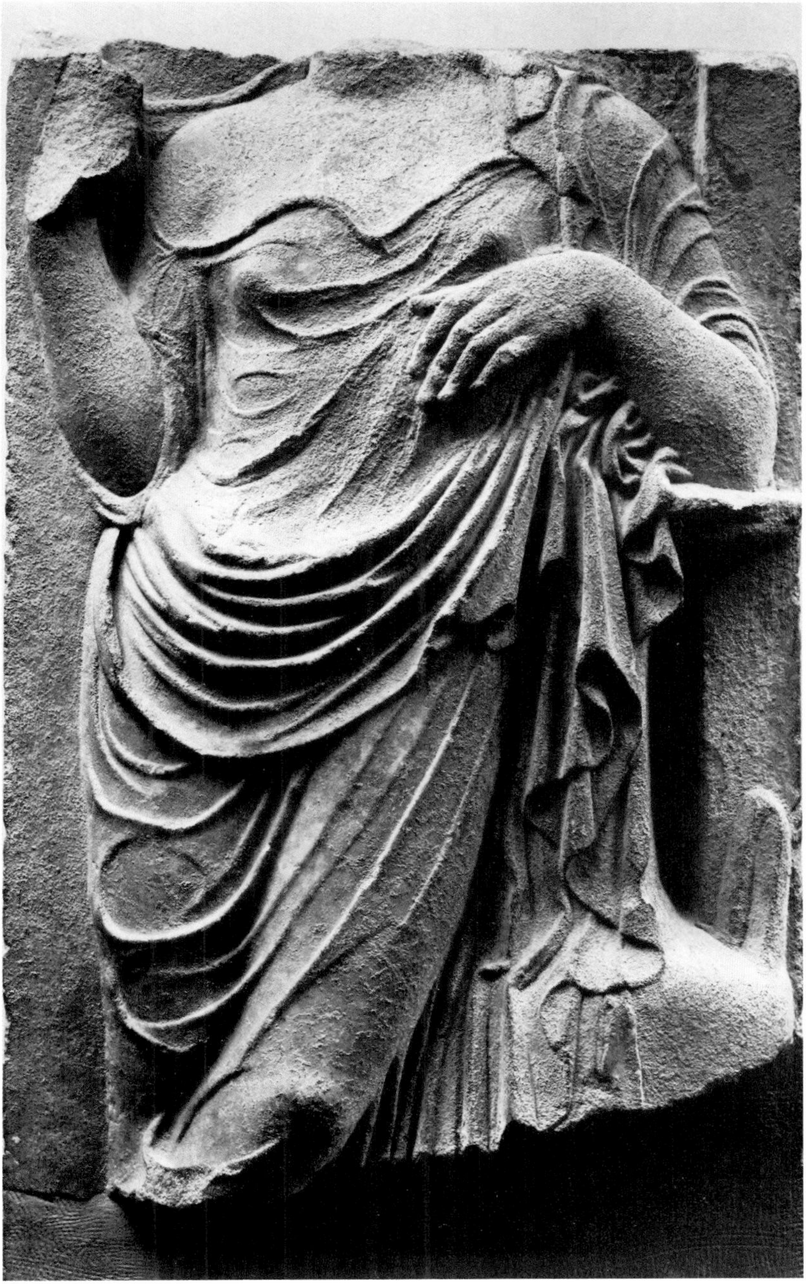

Tf. 9. Athen, Nationalmuseum 3891.

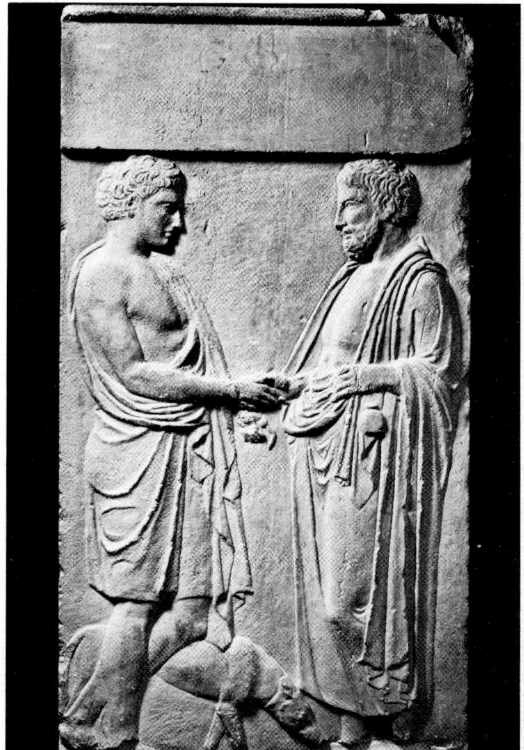

Tf. 10,1. Athen, Nationalmuseum 2894.

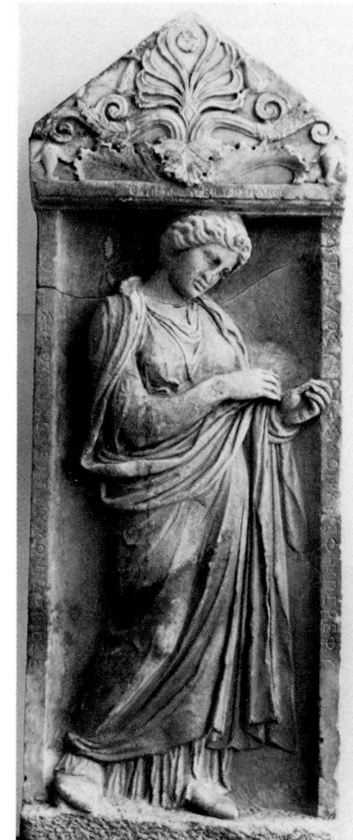

Tf. 10,2. Athen, Kerameikos-Museum P 1136.

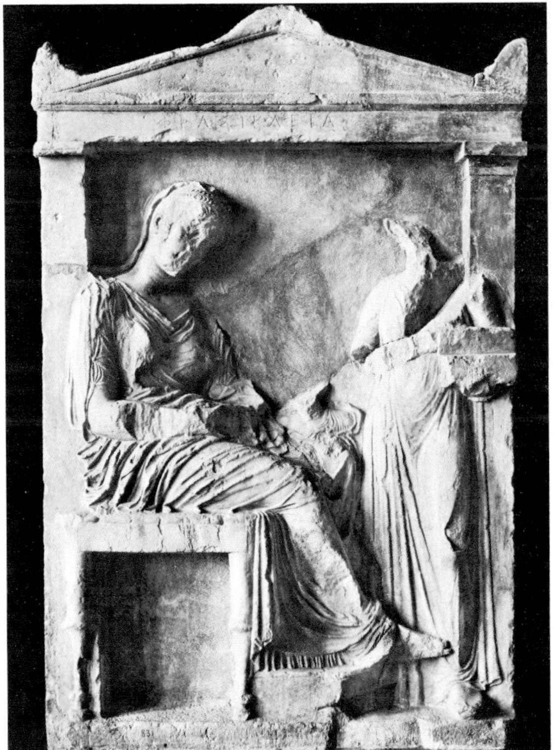
Tf. 11,1. Athen, Nationalmuseum 831.

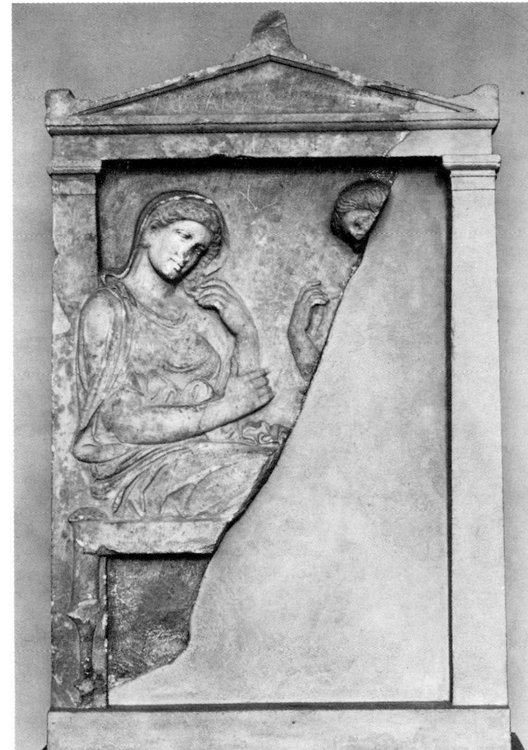
Tf. 11,2. Athen, Nationalmuseum 724.

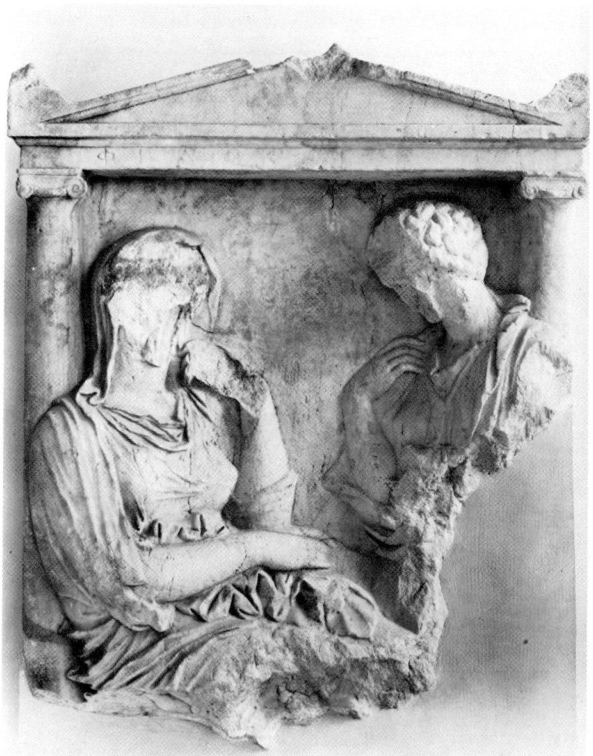

Tf. 12,1. Athen-Piräus, Museum.

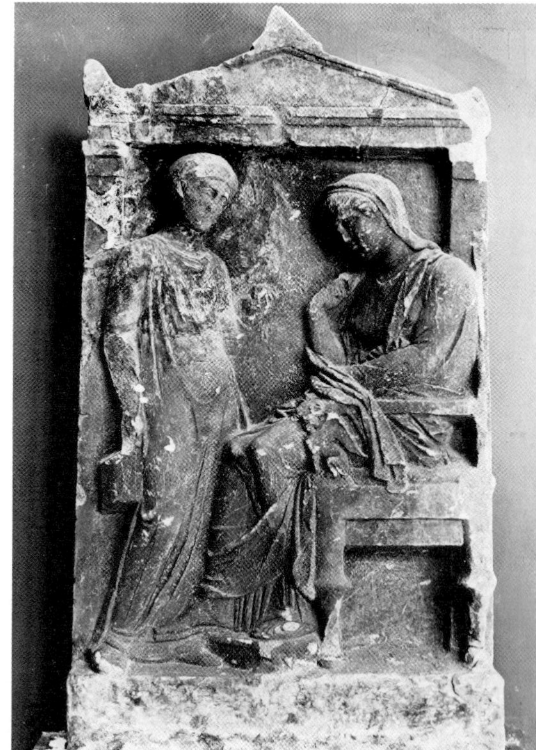

Tf. 12,2. Athen, Nationalmuseum 3780.

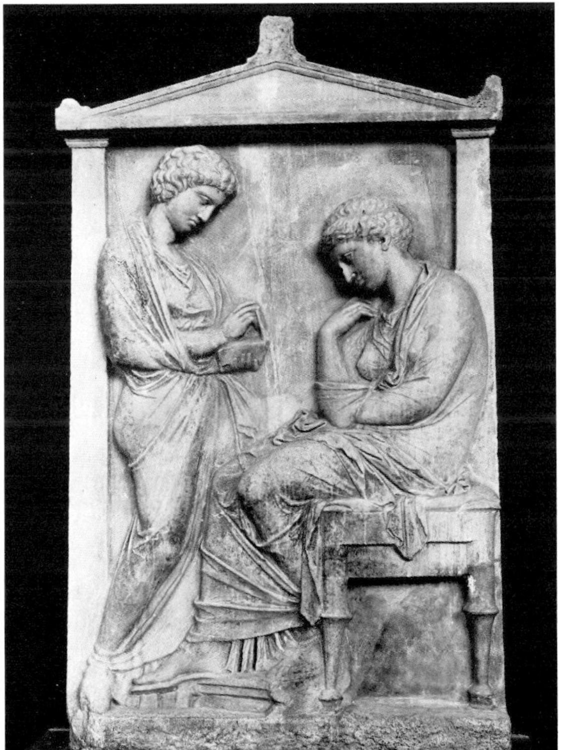

Tf. 13,1. Athen, Nationalmuseum 726.

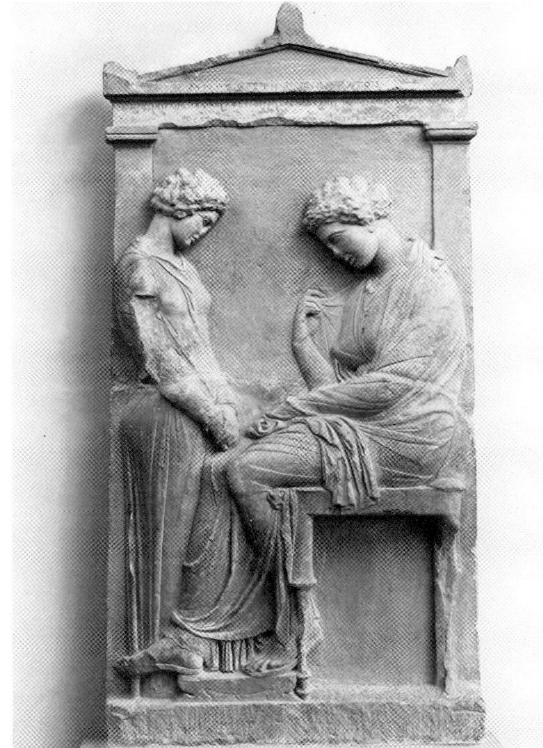

Tf. 13,2. München, Glyptothek 491.

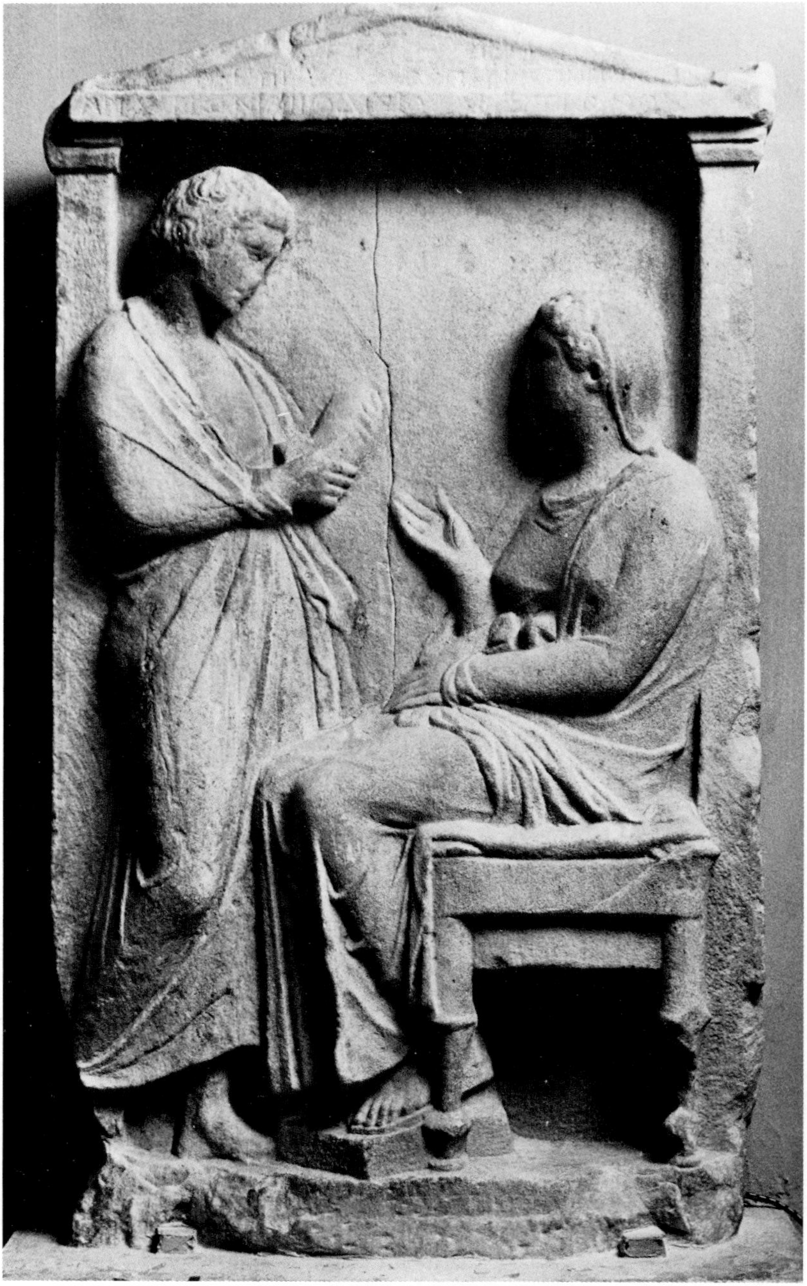

Tf. 14. Chalkis, Museum 104.

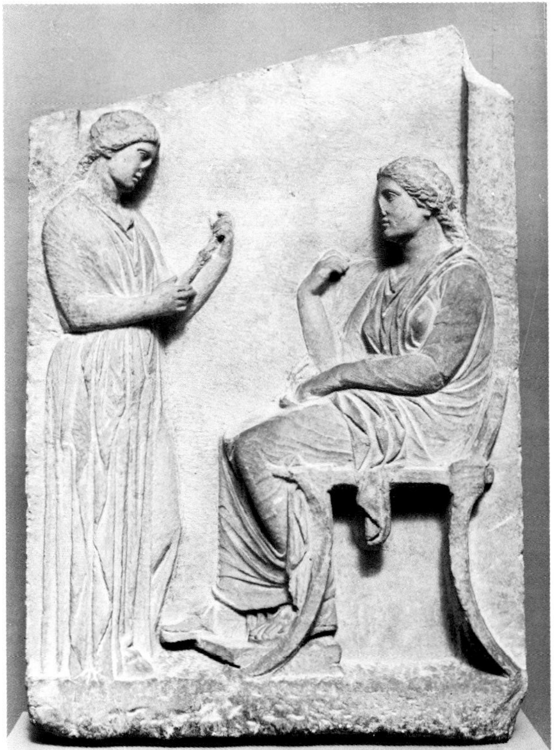

Tf. 15,1. Kopenhagen, Ny Carlsberg Glyptotek I.N. 1515.

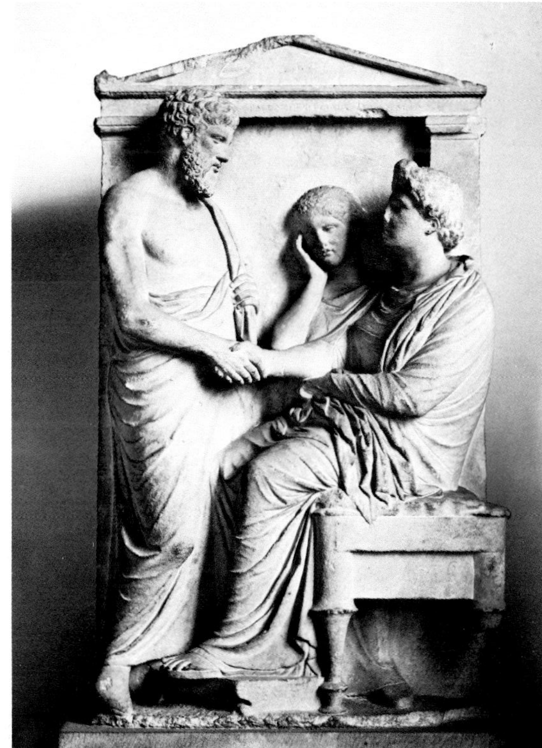

Tf. 15,2. Berlin, Staatliche Museen zu Berlin Sk 738.

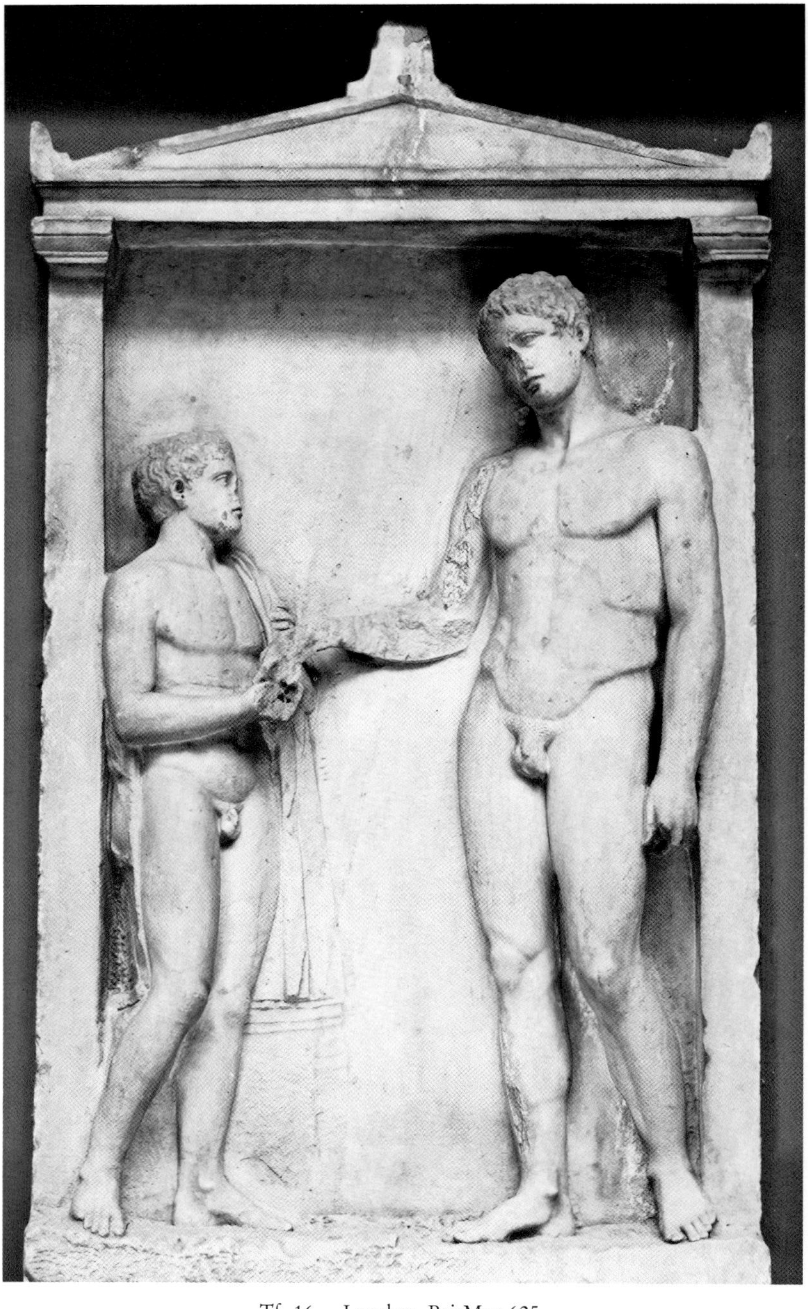

Tf. 16. London, BritMus 625.

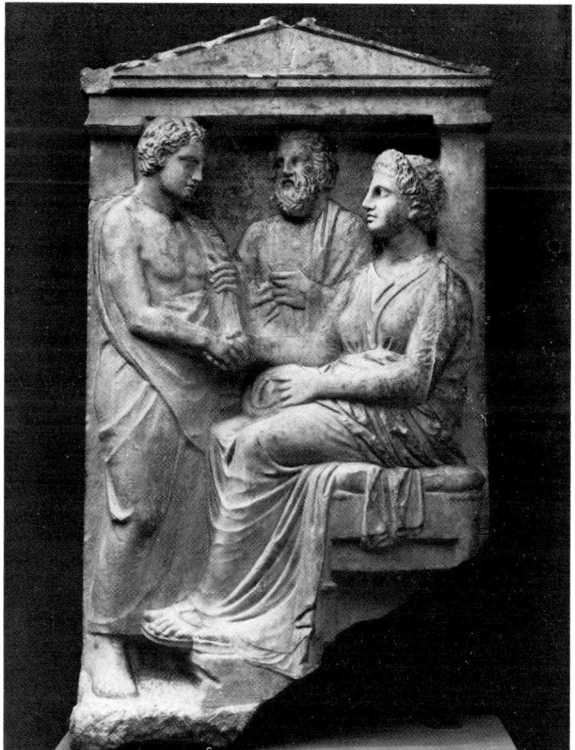

Tf. 17,1. Kopenhagen, Ny Carlsberg Glyptotek I.N. 2615.

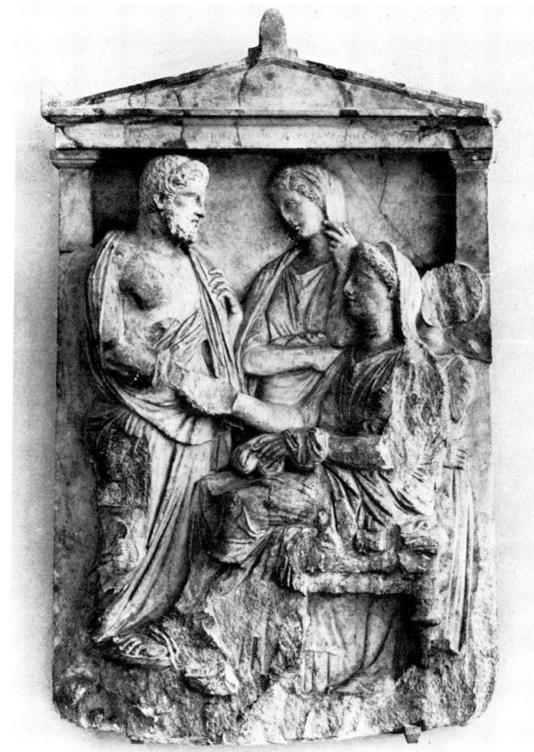

Tf. 17,2. Paris, Louvre 767.

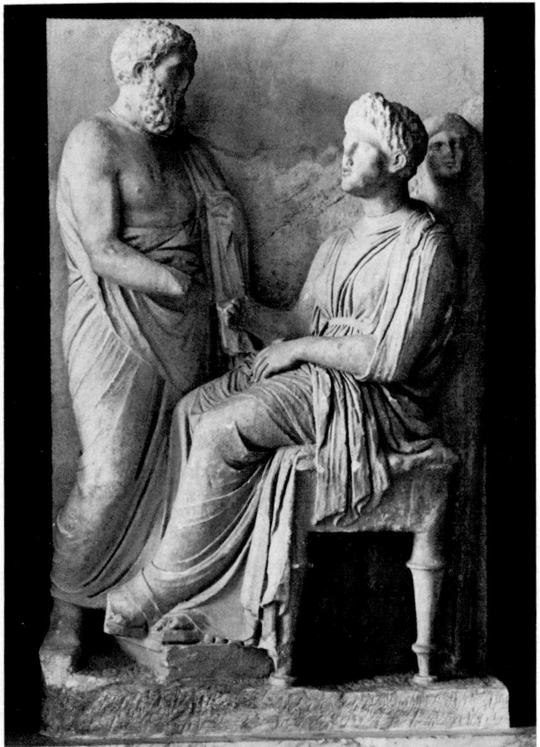

Tf. 18,1. Athen, Nationalmuseum 1986.

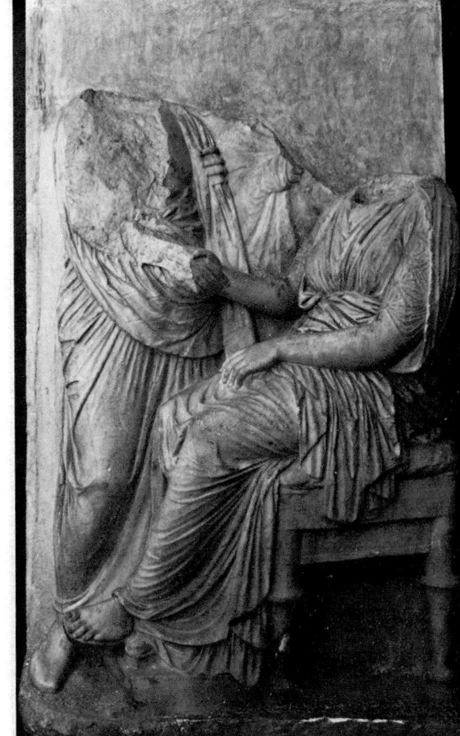

Tf. 18,2. Athen, Nationalmuseum 768.

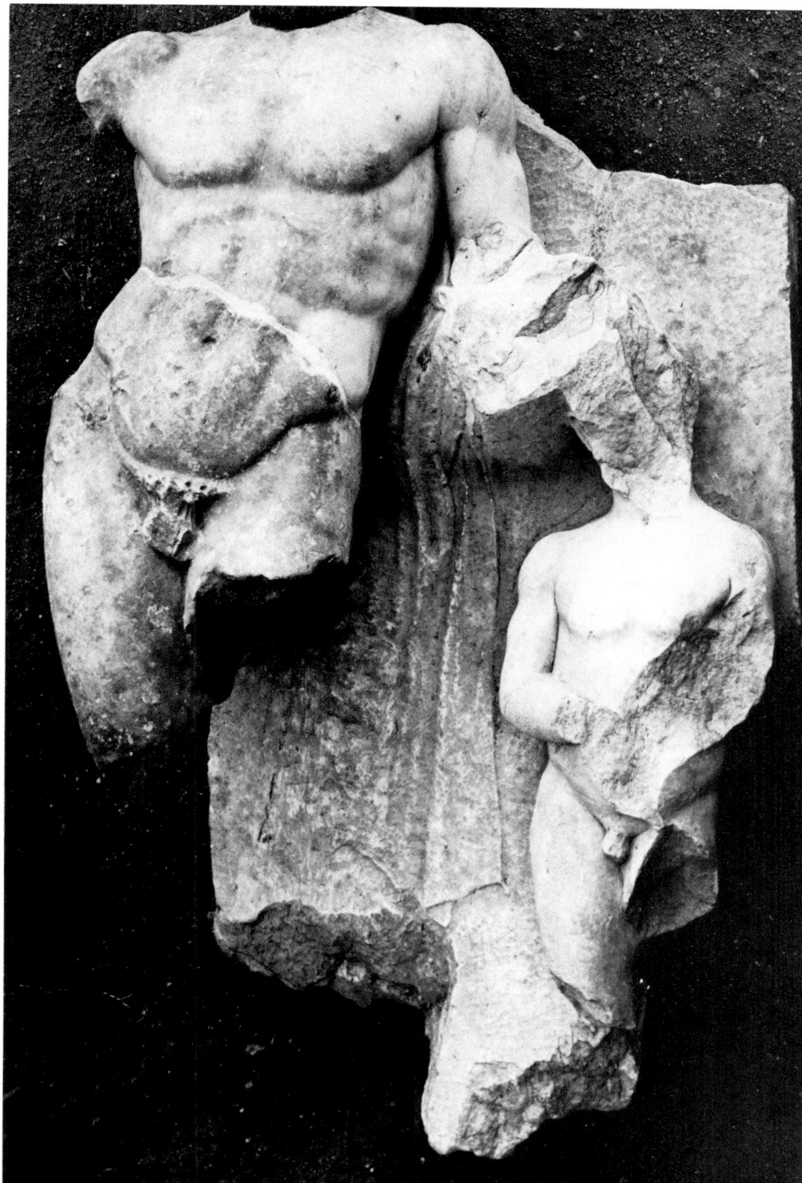

Tf. 19. Athen-Piräus, Museum.

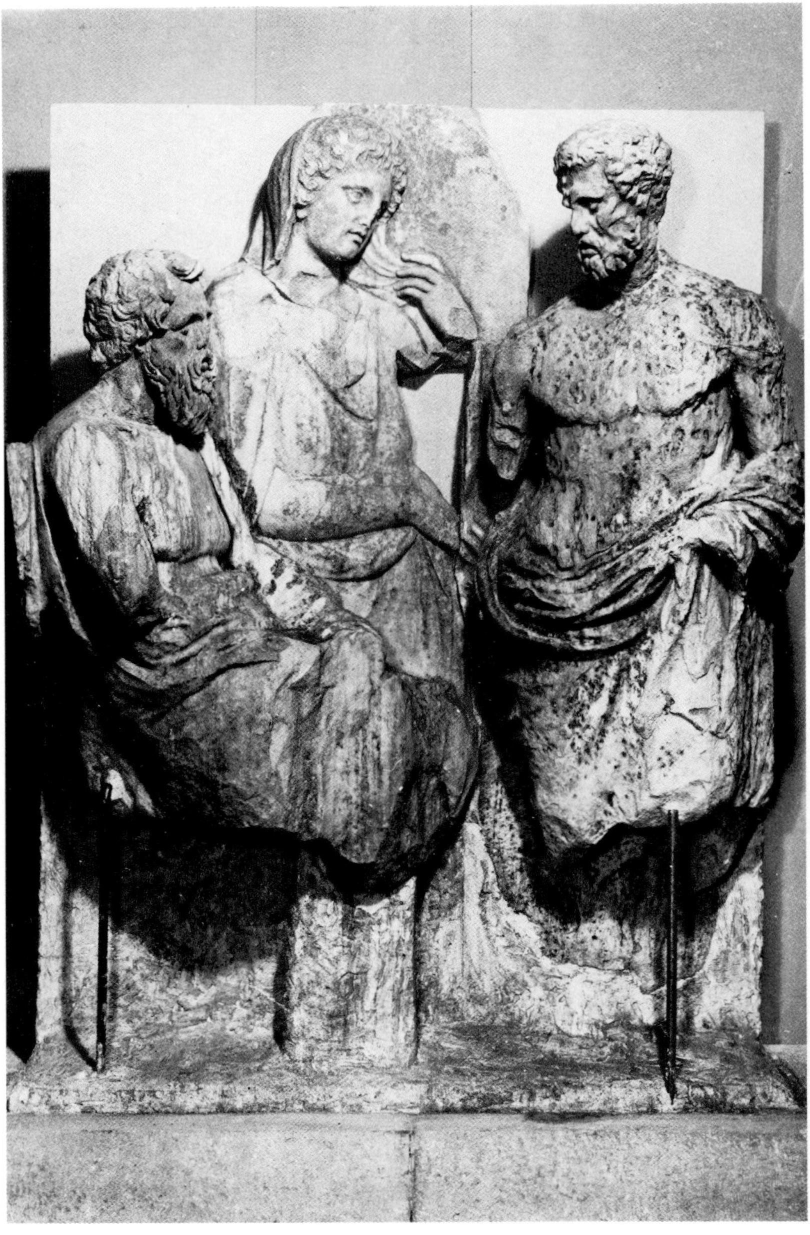

Tf. 20. Athen, Nationalmuseum 4796.

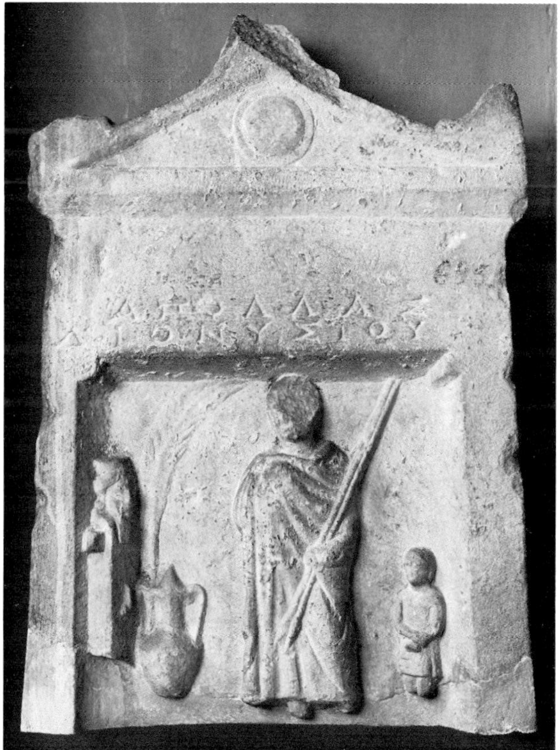

Tf. 21,1. Istanbul, Archäolog. Museum 695.

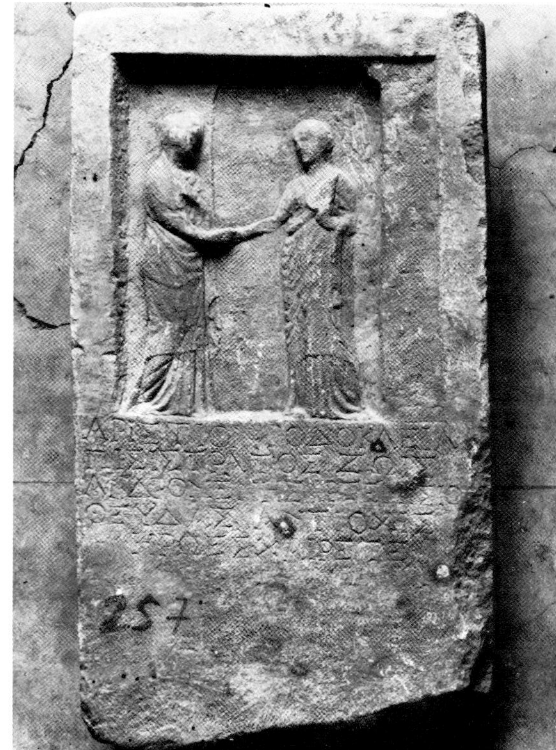

Tf. 21,2. Samos, Vathy Museum 257.

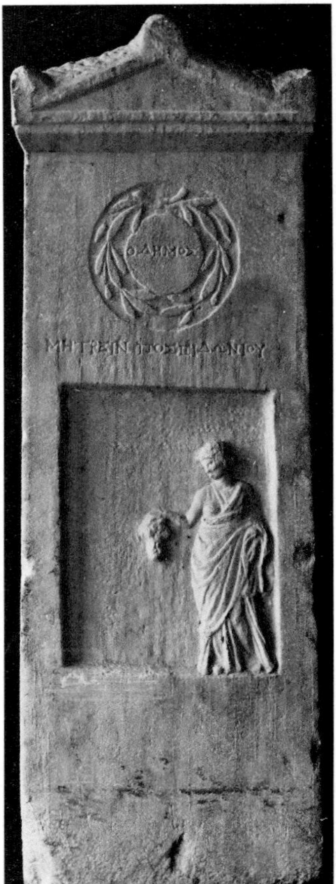

Tf. 22,1. Leiden, Rijksmus. 1901/7.3.

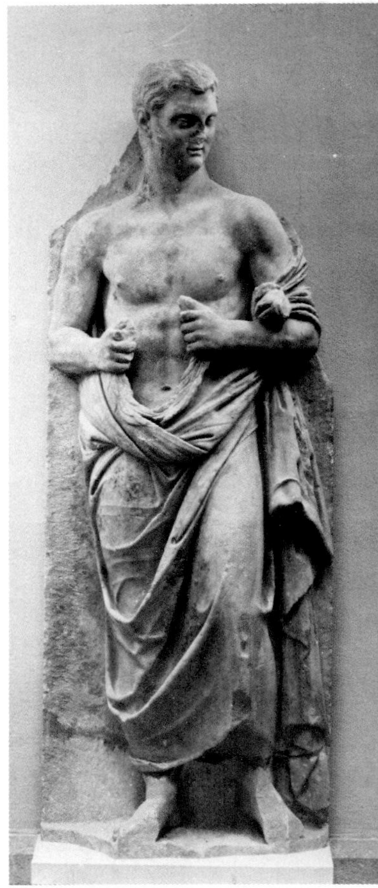

Tf. 22,2. Kos, Museum.

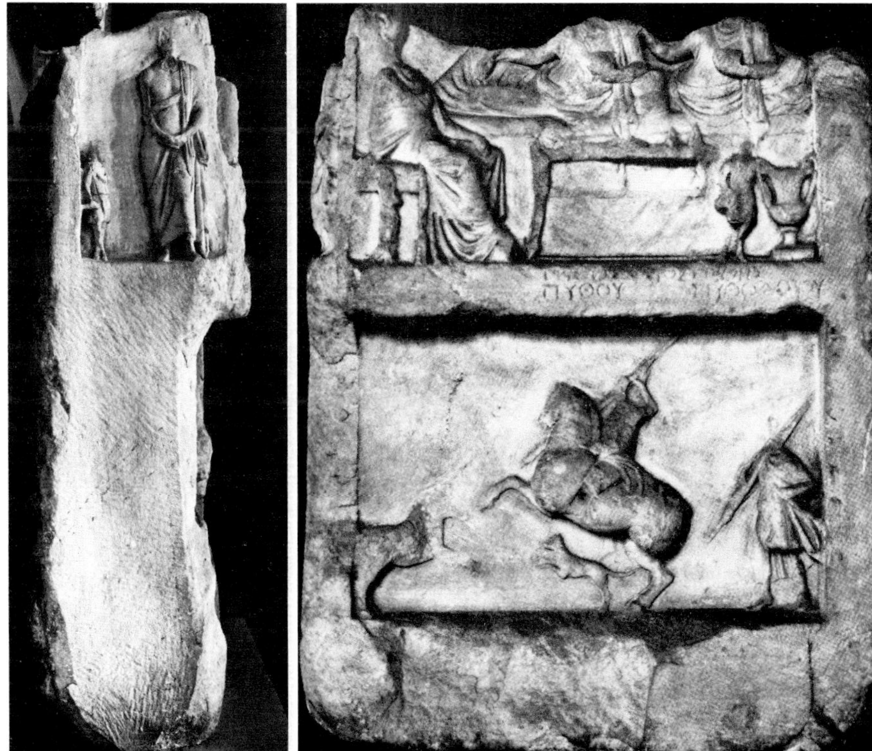

Tf. 23. Istanbul, Archäolog. Museum 352.

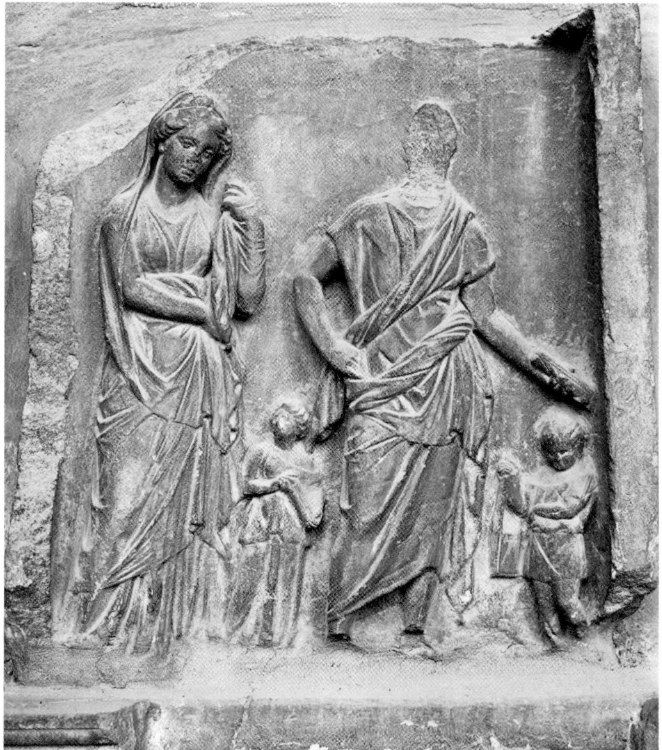

Tf. 24,1. Verona, Mus. Maffeiano.

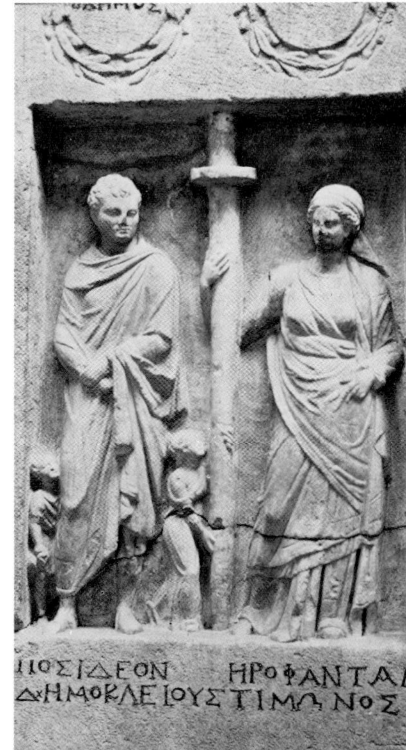

Tf. 24,2. Malibu, P. Getty Museum 71AA288.

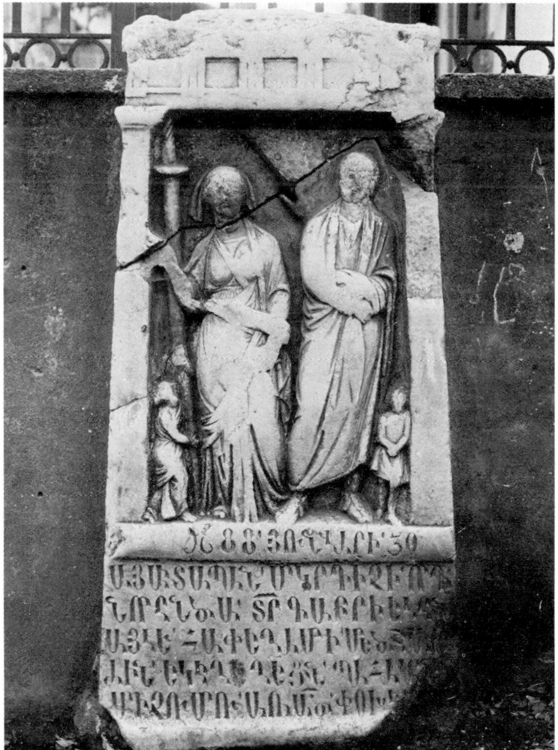

Tf. 25,1. Verbleib unbekannt.

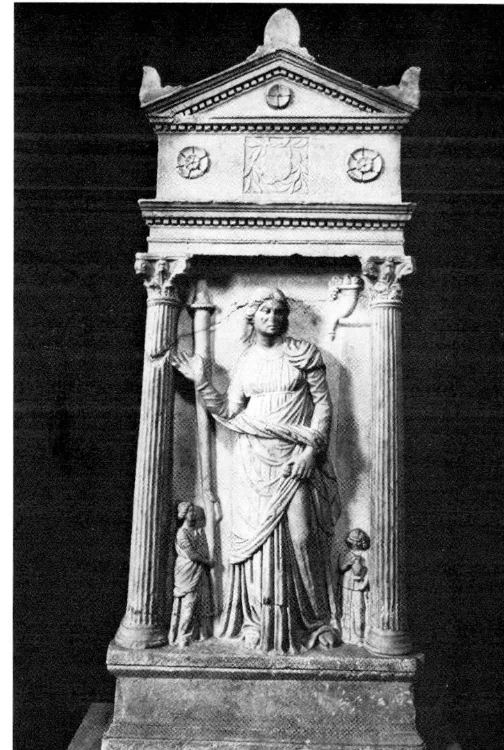

Tf. 25,2. Berlin, Staatliche Museen zu Berlin Sk 767.

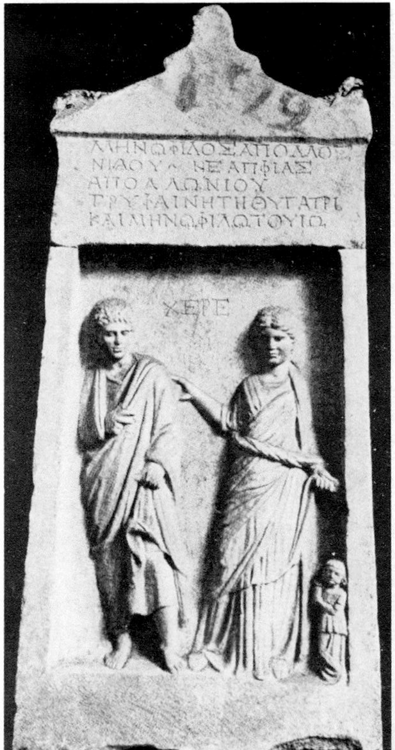

Tf. 26,1. Wien, Grinzinger Friedhof, Grab Trau.

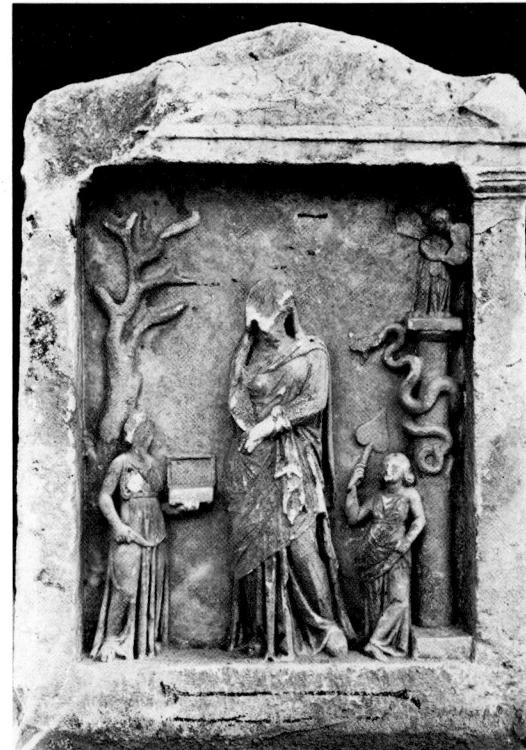

Tf. 26,2. Izmir, Kültürpark 31.

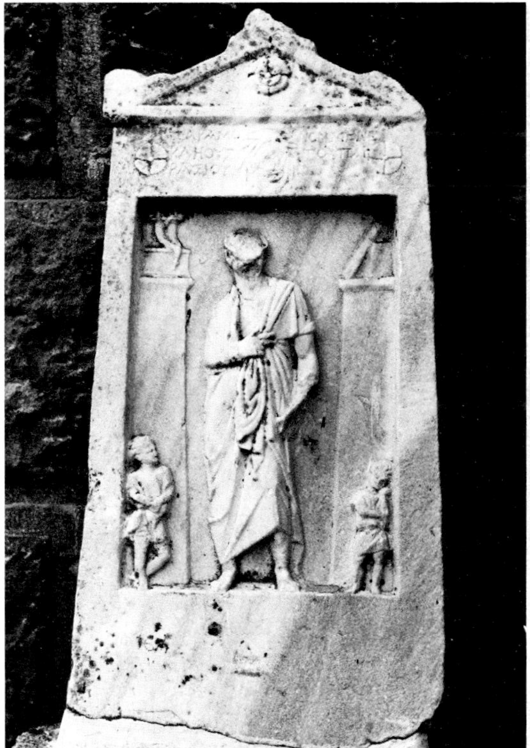

Tf. 27,1 Izmir, Kültürpark 164.

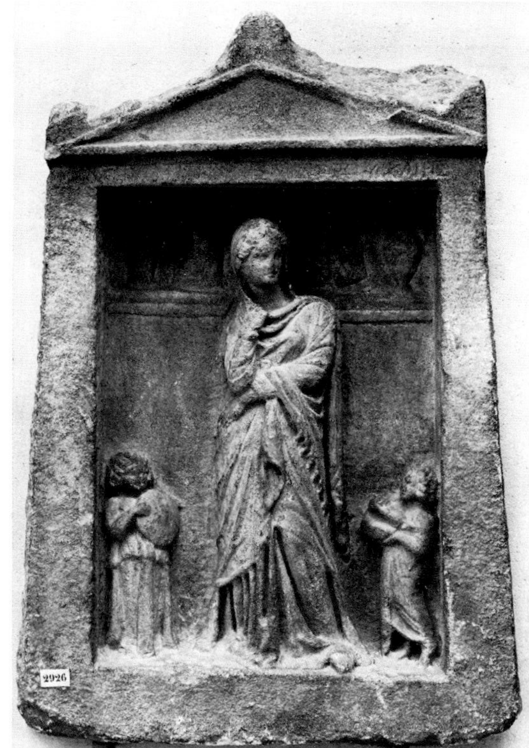

Tf. 27,2. Paris, Louvre MNB 434.

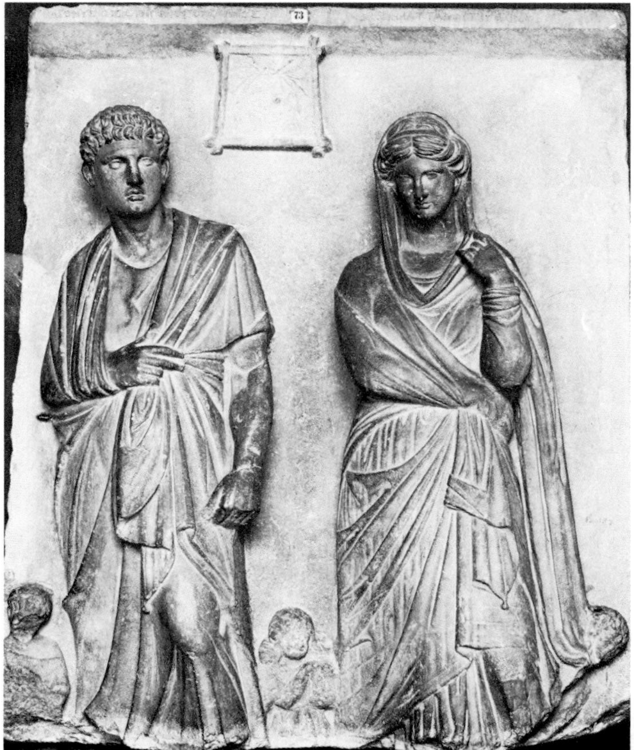

Tf. 28,1. Wien, Kunsthistor. Museum 1052.

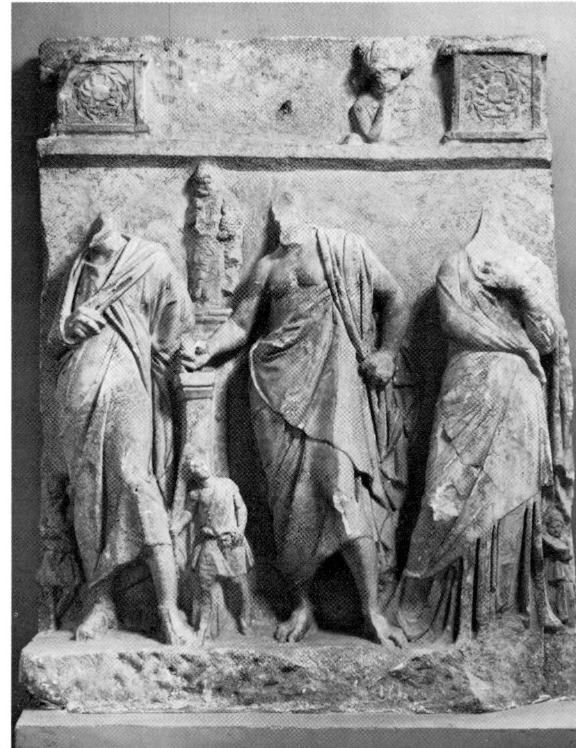

Tf. 28,2. Izmir, Kültürpark 519.

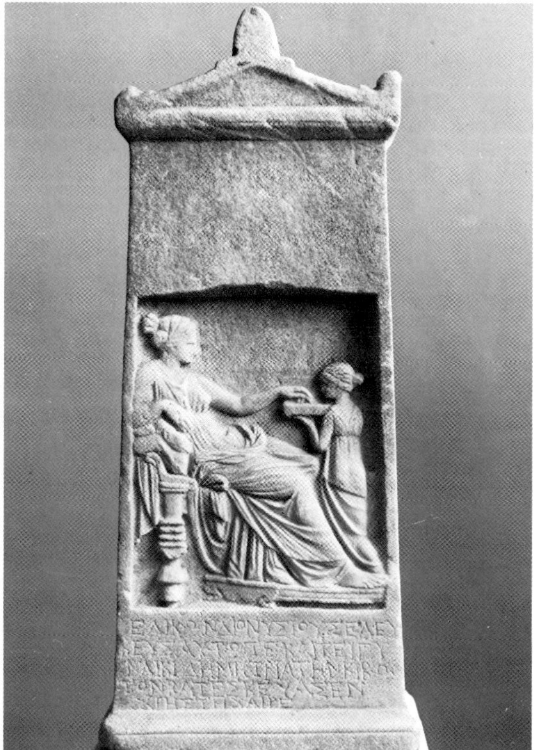

Tf. 29,1. Kopenhagen, Ny Carlsberg Glyptotek I.N. 2026.

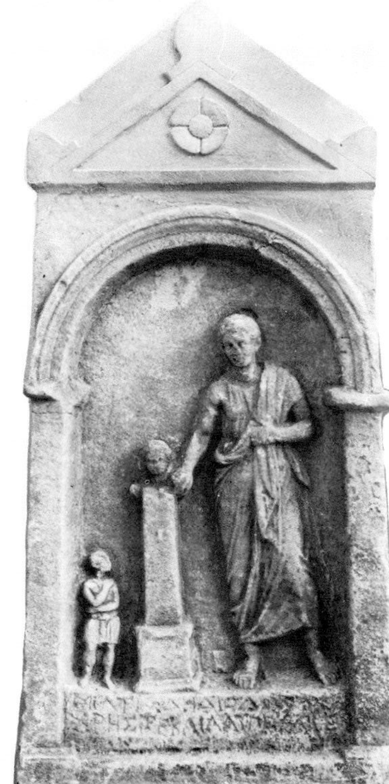

Tf. 29,2. Athen, Nationalmuseum 1318.

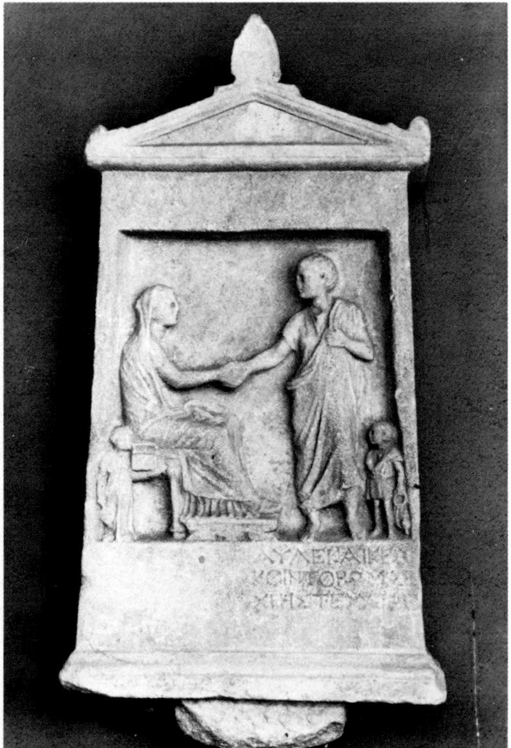

Tf. 30,1. Athen, Nationalmuseum.

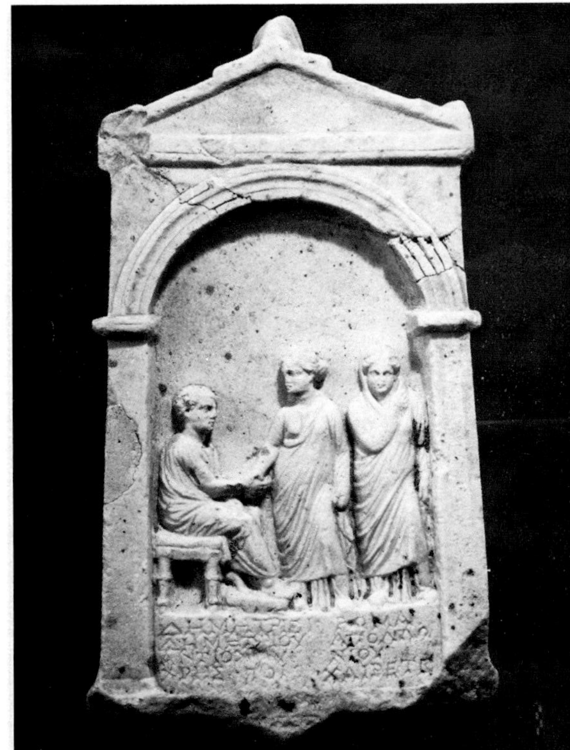

Tf. 30,2. Mykonos, Museum.

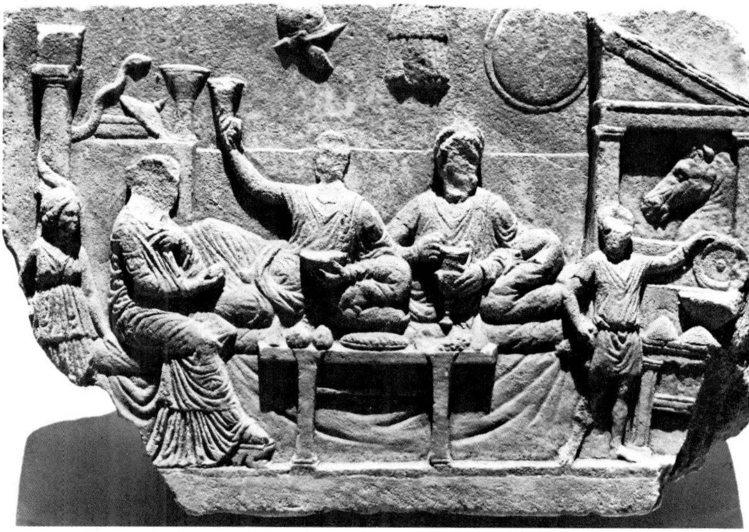

Tf. 31,1. Samos, Tigani, Museum.

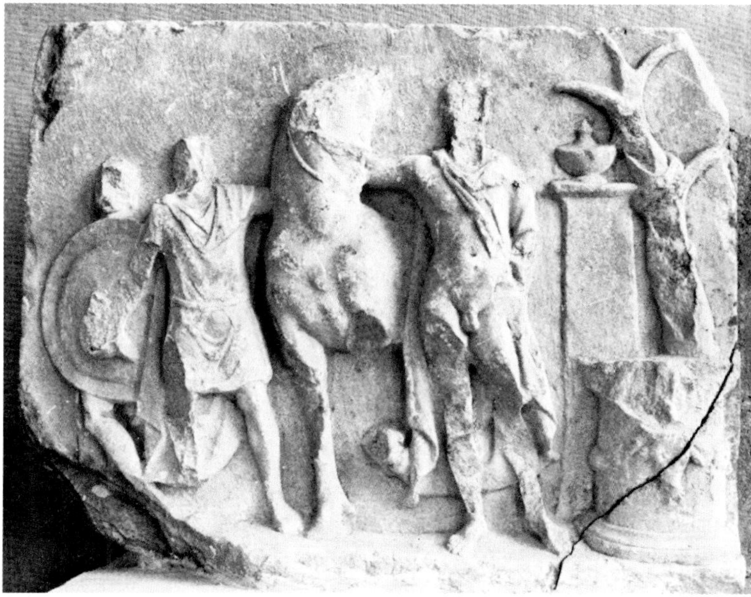

Tf. 31,2. Izmir, Kültürpark 3277.

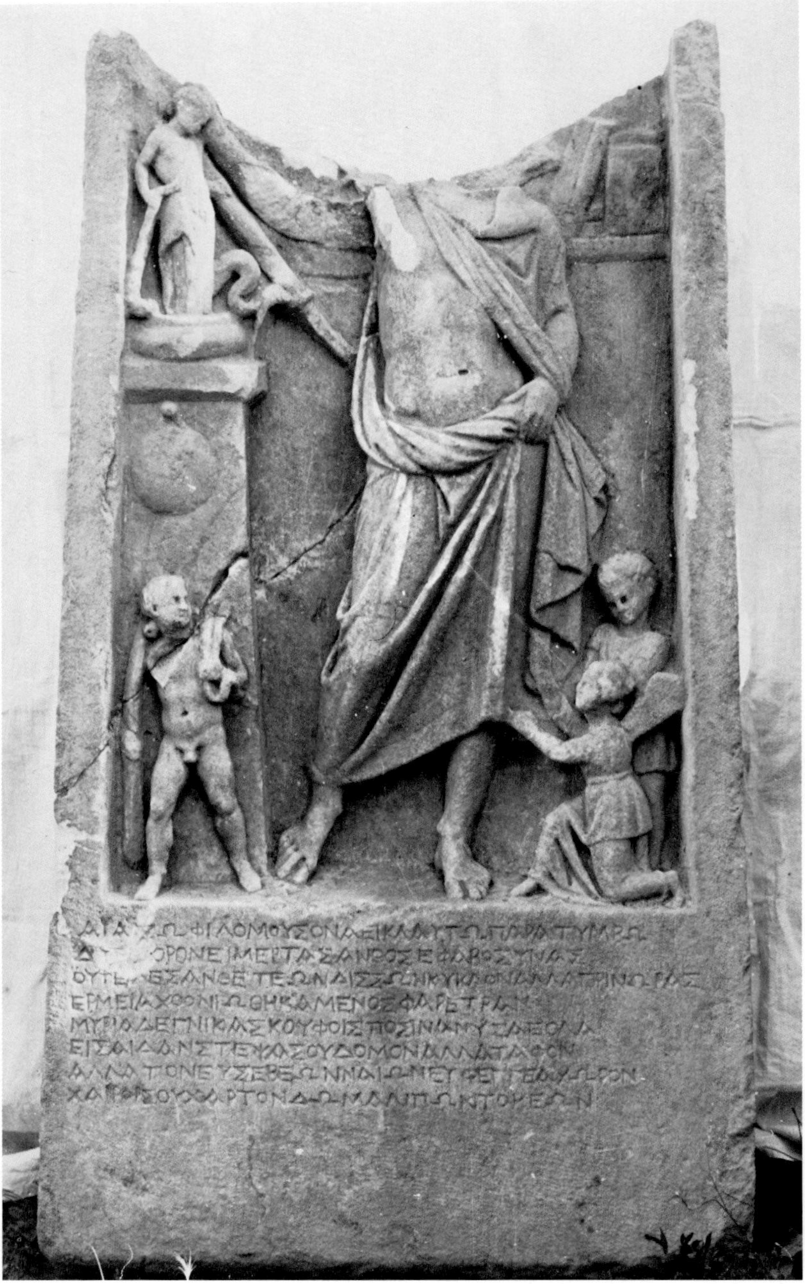

Tf. 32. Izmir, Basmahane-Museum.